Mapeando o Edital

DEFENSORIA PÚBLICA DA UNIÃO – DPU

Coordenadores
Mila Gouveia
Rodrigo de Souza

Mapeando o Edital

DEFENSORIA PÚBLICA DA UNIÃO – DPU

Quezia Custódio
Rodrigo Gonçalves de Souza

2019

EDITORA *Jus*PODIVM
www.editorajuspodivm.com.br

EDITORA *Jus*PODIVM
www.editorajuspodivm.com.br

Rua Território Rio Branco, 87 – Pituba – CEP: 41830-530 – Salvador – Bahia
Tel: (71) 3045.9051
• Contato: https://www.editorajuspodivm.com.br/sac

Diagramação: Marcelo S. Brandão *(santibrando@gmail.com.br)*

Capa: Ana Caquetti

D313 Defensoria Pública da União/ Mila Gouveia e Rodrigo de Souza –Salvador: Editora JusPodivm, 2019.
432 p. (Mapeando o Edital / coordenadores Mila Gouveia e Rodrigo de Souza)

Vários autores
Bibliografia.
ISBN 978-85-442-2947-7.

1. Defensorias. 2. Defensoria pública. I. Gouveia, Mila. II. Souza, Rodrigo de. III. Título.

CDD 341.413

COORDENADORES E AUTORES

COORDENADORES

Mila Gouveia

Advogada. Pós-graduada em Direito Público. Sócia-fundadora do Clube do Direito. Professora de Direito Constitucional e autora de obras jurídicas.

Rodrigo de Souza

Juiz Federal, ex-Defensor Público Federal e mestre em Direito pela Universidade de Brasília – UnB. Professor de Direito Administrativo e Direito Previdenciário em cursos de pós-graduação e preparatórios para concursos públicos. Autor do livro "Magistratura Federal - Coleção Aprovados" e coautor do livro "Mapeando o Edital - Magistratura Federal", ambos pela Editora Juspodivm.

www.rodrigodesouza.com.br

AUTORES

Quezia Custódio

Defensora Pública Federal, lotada em São Luís/MA. Ex-Analista do Tribunal Regional Federal da 5ª Região – Seção Judiciária do Ceará. Ex-Assessora do Ministério Público do Estado do Maranhão. Ex-Assessora do Núcleo de Tecnologias para Educação – UEMAnet. Autora de artigos na Revista dos Tribunais, na revista eletrônica Conteúdo jurídico. Coautora de capítulo de livro na obra O Direito no Século XXI e no livro Teorias Críticas e Direito Criminal. Aprovada nos concursos da Defensoria Pública da União, da Defensoria Pública do Estado de Pernambuco, da Defensoria Pública do Estado do Maranhão, da Defensoria Pública do Estado do Ceará, de Analista Judiciária do Tribunal Regional Federal da 5ª. Região, de Analista do Ministério Público da União, de Advogada da Ebserh-PI e MA, dentre outros. Professora de curso preparatório para concursos.

Rodrigo Gonçalves de Souza

Juiz Federal e ex-Defensor Público Federal.

Foi Defensor Público-Chefe da Defensoria Pública da União em Alagoas (DPU/AL). Atuou durante alguns anos perante as unidades do Acre (DPU/AC), Goiás (DPU/GO) e Minas Gerais (DPU/MG), principalmente nas áreas cível, previdenciária e criminal.

APRESENTAÇÃO

É difícil vencer uma batalha sem conhecer o terreno em que se luta. O General Sun Tzu já havia ensinado isso e Napoleão Bonaparte aprendeu a dura lição nos campos de Waterloo, quando, em 1814, fortes chuvas começam a cair, transformando o solo da região num charco, dificultando o movimento e o posicionamento de seus canhões.

Hoje, não há estrategista militar que negligencie o terreno e as condições climáticas da região onde se luta. Basta ver o que exército americano fez para a caçada ao terrorista Osama Bin Laden, morto em uma operação do governo dos EUA em 2011. A propósito, veja o filme "A Hora Mais Escura" (nome original: "*Zero Dark Thirty*").

Além desse paralelo bélico, os esportes nos ensinam muito sobre a necessidade de uma boa preparação.

Nos meus anos de "concurseiro", aprendi que estudar para concursos públicos é como se preparar para uma corrida. Não uma corrida qualquer, mas, uma longa prova de maratona (mais de 42 km e mais de 3h), em que o atleta será testado em todos os seus limites físicos e psicológicos até a completa exaustão.

Diferentemente das provas curtas - em que o corredor precisa de muita explosão para manter alta velocidade por um curto espaço de tempo, - a maratona exige persistência, constância e regularidade.

Mas não é só isso. As provas de maratonas mostram que apenas alguns conseguirão cruzar a linha de chegada, pois, muitos sequer completam a prova. Ou seja, o êxito dependerá também de mais dois fatores: preparação e estratégia.

O "concurseiro" deve se imaginar como um maratonista. O projeto de aprovação deve ser encarado como um projeto de longo prazo. Mais importante que a intensidade dos estudos é a regularidade na preparação ao longo dos anos. Ninguém corre uma maratona sem ter se preparado durante muito tempo, inclusive, seguindo um cronograma de treinamento evolutivo.

A estratégia também é fundamental para a vitória. Antes de chegar ao percurso, o maratonista estuda todo o trajeto da corrida. Ele conhece os declives da pista, os trechos escorregadios, as curvas mais fechadas e etc. Até mesmo o movimento do sol, a temperatura prevista e a força do vento devem ser considerados antes da largada.

Se o "concurseiro" também é um maratonista, como ele pode reunir dados para conhecer seu trajeto até a linha de chegada? Diferentemente do que alguns possam imaginar, isso não é nada fácil. Foi para responder tal questionamento que surgiu o projeto desta obra. Ou seja, um livro que tenta ajudar o candidato a conhecer cada centímetro da longa maratona que está prestes a começar.

Antes de iniciar os estudos para a Defensoria Pública da União, convém investir algum tempo para conhecer um pouco a formatação deste certame.

Em regra, a seleção para o cargo de defensor público federal será composta das seguintes etapas[1]:

(i) Primeira fase – prova objetiva, de caráter eliminatório e classificatório;

(ii) Segunda fase – provas dissertativas escritas, de caráter eliminatório e classificatório;

(iii) Terceira fase – provas orais, de caráter eliminatório e classificatório;

(iv) Quarta fase – avaliação de títulos, de caráter classificatório, e

1. É o que ocorreu, exatamente, com os concursos do Tribunal Regional Federal da 5ª Região, lançado em agosto de 2017, e do Tribunal Regional Federal da 1ª Região, lançado em março de 2015.

(v) Quinta fase – sindicância de vida pregressa e apuração dos demais requisitos pessoais, de caráter eliminatório.

Nos últimos concursos, a primeira etapa do certame foi realizada sempre pelo CESPE/CEBRASPE.

A análise do conteúdo programático disposto nos editais dos concursos mostra a expressiva quantidade de disciplinas a serem estudadas.

A preparação para concursos de alta complexidade – como é o caso dos concursos da Defensoria Pública – demanda estratégia.

O candidato precisa estar atento ao fato de que não é possível investir muita "energia" em uma determinada disciplina e, simplesmente, negligenciar as demais. É evidente que algumas matérias merecem maior atenção em função da probabilidade de serem cobradas na prova objetiva, mas o concurseiro precisa ter um domínio razoável dos outros conteúdos para que possa ter êxito.

Isso significa que, em termos estratégicos, o estudo para a primeira etapa do concurso da DPU precisa se pautar em uma distribuição adequada de tempo investido em cada uma das mais de 20 disciplinas previstas no edital.

Conhecer a estrutura básica do concurso da DPU é essencial para que o candidato possa traçar uma estratégia de estudo de longo prazo. Os próximos capítulos desta obra irão abordar, de maneira minuciosa, cada uma das matérias previstas no certame.

Lembre-se de que vocês estão prestes a correr uma maratona. Encham o pulmão de ar. Vamos correr juntos.

COMO USAR ESTE LIVRO?

A presente obra procurou mapear as questões cobradas nas provas objetivas dos últimos concursos, tendo como referência o conteúdo programático dos respectivos editais para provimento do cargo de defensor público federal de segunda categoria da carreira da Defensoria Pública da União (DPU).

A proposta não é ensinar ao leitor o conteúdo de cada uma das mais de 20 (vinte) disciplinas do programa, mas, sim, apontar alguns aspectos estatísticos acerca da incidência de cada tópico do edital nos últimos certames da Defensoria Pública da União.

Nesse sentido, serão apresentadas várias tabelas que permitirão ao leitor observar que existem, em cada tópico do programa, temas mais recorrentes nos últimos concursos públicos da DPU.

Em seguida, serão feitos alguns apontamentos específicos sobre a forma como o conteúdo tem sido cobrado pela banca examinadora, com especial atenção para a legislação ("legislação seca"), jurisprudência e doutrina.

Tudo isso permitirá que o candidato possa se preparar melhor para a prova objetiva. Afinal, é necessária muita estratégia para conseguir estudar o que há de mais importante em cada uma das vinte disciplinas que compõem o edital.

A carreira da Defensoria Pública da União tem sido cada vez mais prestigiada e, consequentemente, mais exigente com a preparação de seus futuros membros. Com você, querido(a) leitor(a), isso não será diferente. O propósito desta obra é contribuir para que você possa chegar até a prova objetiva no auge de sua preparação.

Está preparado? Então vamos iniciar, juntos, a nossa longa jornada rumo à vitória.

SUMÁRIO

Direito Civil 15

Direito Empresarial 39

Direito do Consumidor 51

Direito Ambiental 67

Direito Processual Civil 79

Direito Tributário 111

Direito Penal e Criminologia 127

Direito Processual Penal 155

Direito Penal Militar 183

Direito Processual Penal Militar 197

Direito Eleitoral 215

Direito Administrativo 229

Direito do Trabalho 249

Direito Processual do Trabalho 273

Direito Previdenciário 287

Princípios Institucionais da Defensoria Pública 305

Direito Constitucional 325

Direito Internacional 347

Direitos Humanos 365

Filosofia do Direito 385

Noções de Sociologia Jurídica 397

Noções de Ciência Política 409

DIREITO CIVIL

1. BIBLIOGRAFIA INDICADA

A análise do conteúdo programático disposto nos editais dos concursos da Defensoria Pública da União mostra a grande quantidade de disciplinas a serem estudadas. Esse talvez seja o maior diferencial – e, certamente, o maior desafio – do certame da DPU em comparação com os demais cargos públicos federais.

Em razão da quantidade de disciplinas que compõem o conteúdo programático – mais de 20 disciplinas –, a estratégia na distribuição dos estudos será fundamental para o sucesso do concurseiro.

O candidato precisa estar atento ao fato de que não é possível investir muita "energia" em determinada disciplina e, simplesmente, negligenciar as demais. É evidente que algumas matérias merecem maior atenção em função da probabilidade de serem cobradas na prova objetiva, mas o concurseiro precisar ter um domínio razoável dos outros conteúdos para que possa ter êxito na primeira etapa do certame.

Estrategicamente, o estudo para a primeira etapa do concurso da Defensoria Pública da União precisa se pautar na distribuição adequada de tempo investido em cada uma das mais de 20 disciplinas previstas no edital. Para o sucesso, a escolha do material de estudo adequado torna-se crucial.

A escolha da bibliografia, não apenas para o Direito Civil, depende muito do gosto de cada candidato. Alguns fazem questão de estudar por obras mais completas. Outros, como no meu caso, preferem materiais mais resumidos. Aqui, darei apenas as minhas impressões pessoais para os candidatos que almejam o concurso da DPU.

Particularmente, acredito que o livro "Manual de Direito Civil", do professor Flávio Tartuce, é atualmente uma das melhores obras sobre o assunto. Trata-se de um Manual completo e com bom nível de aprofundamento em cada tópico. Além disso, a obra tem sido continuamente atualizada e é de fácil obtenção no mercado, apesar do preço elevado. Por fim, o autor tem se consagrado como um dos renomados juristas no ramo.

Outra obra que já se consagrou como uma das favoritas dentre os concurseiros é o "Novo Curso De Direito Civil", de Pablo Stolze Gagliano e Rodolfo Pamplona Filho. O conteúdo é amplo, exposto de maneira didática e atualizado com a jurisprudência dos Tribunais.

Outras obras que poderiam ser citadas. O "Manual de Direito Civil", dos professores Cristiano Chaves de Farias, Nelson Rosenvald e Felipe Braga Netto, tem recebido muitas críticas positivas. Tem um direcionamento para concursos públicos e está sendo continuamente atualizado. Aliás, esse livro chegou a ser mencionado pelo CESPE em uma das questões da prova objetiva da DPU, o que demonstra o interesse da banca examinadora pela obra.

Além dos livros doutrinários, recomendo os livros com resolução de exercícios. É o caso, p. ex., da coleção "Revisaço", disponibilizado pela Ed. Juspodivm.

Por fim, convém dar uma conferida nas obras do "Dizer o Direito", que trazem com excelente didática os principais julgados do STF e do STJ.

2. CONTEÚDO PROGRAMÁTICO NOS EDITAIS DA DPU

A Resolução n. 118, de 05 de novembro de 2015, dispõe sobre os concursos públicos para ingresso na carreira de Defensor Público Federal, destacando mais de vinte disciplinas a serem objeto de arguição nas provas objetivas, dissertativas e orais.

Vejamos o conteúdo programático de Direito Civil, nos últimos quatro concursos já realizados:

Edital	Conteúdo Programático (Direito Civil)
6º Concurso (Edital publicado em 12 de junho de 2017, com retificação)	1 Aplicação da lei no tempo e no espaço; interpretação da lei; analogia. 1.1 Princípios gerais do direito e equidade. 2 Das pessoas. 2.1 Pessoas naturais: personalidade e capacidade, direitos de personalidade, extinção da personalidade, ausência, morte presumida, tutela, curatela. 2.2 Lei nº 13.146/2015 (Estatuto da Pessoa com deficiência). 2.3 Das pessoas jurídicas. 3 Domicílio, registro. 4 Bens: conceito e classificação. 5 Fatos jurídicos: negócio jurídico, atos jurídicos. 5.1 Forma, prova, modalidades, defeitos, nulidade, anulabilidade, inexistência, ineficácia e consequência. 5.2 Atos ilícitos. 5.3 Prescrição e Decadência. 6 Prova. 7 Modalidades contemporâneas de família. 7.1 União estável. 7.1.1 Caracterização, efeitos alimentícios e sucessórios, dissolução. 7.1.2 Uniões homoafetivas. 7.2 Concubinato. 8 Relações de parentesco. 8.1 Adoção. 8.2 O menor sob guarda. 8.3 Alimentos: pressupostos. 9 Direitos reais. 9.1 Posse e propriedade. 9.1.1 Conceito, classificação, aquisição, perda, proteção e efeitos. 9.1.2 Condomínio. 9.2 Enfiteuse. 9.2.1 Terrenos de Marinha. 9.3 Hipoteca. 9.4 Penhor. 9.5 Uso e usufruto. 9.6 Servidões. 9.7 Concessões especiais de uso. 10 Obrigações. 10.1 Modalidades das obrigações. 10.2 Efeitos das obrigações. 10.3 Cessão de crédito. 10.4 Adimplemento e extinção das obrigações. 10.5 Inadimplemento das obrigações. 11 Contratos: generalidades, elementos e efeitos dos contratos. 11.1 Teoria da imprevisão e revisão contratual. 11.2 Compra e venda. 11.3 Doação. 11.4 Locação. 11.5 Empréstimo. 11.6 Depósito. 11.7 Mandato. 11.8 Fiança. 11.9 Arrendamento mercantil. 11.10 Alienação fiduciária. 11.11 Mútuo. 11.12 Comodato. 11.13 Contratos no âmbito do Sistema Financeiro de Habitação (Leis nº 4.380/1964, 5.741/1971, 8.009/1990 e suas alterações, 10.150/2000, Decreto-Lei nº 70/1966) e Lei nº 9.514/1997 (Sistema Financeiro Imobiliário). 11.14 Lei nº 10.188/2001 (Programa de Arrendamento Residencial). 11.15 Lei nº 11.977/2009 (Programa Minha Casa Minha Vida). 11.16 Contrato de Gaveta. 12 Responsabilidade civil. 13 Sucessões. 13.1 Vocação hereditária. 13.2 Herdeiros. 14 Lei nº 10.741/2003 e suas alterações (Estatuto do Idoso).

Edital	Conteúdo Programático (Direito Civil)
5º Concurso (Edital publicado em 31 de outubro de 2014).	1 Aplicação da lei no tempo e no espaço; interpretação da lei; analogia. 1.1 Princípios gerais do direito e equidade. 2 Pessoas naturais e jurídicas. 2.1 Capacidade, domicílio, registro. 3 Bens: conceito e classificação. 4 Fatos e atos jurídicos. 4.1 Forma, prova, modalidades, defeitos, nulidade, anulabilidade, inexistência, ineficácia e consequência. 4.2 Atos ilícitos. 4.3 Prescrição. 5 Modalidades contemporâneas de família. 5.1 União estável. 5.1.1 Caracterização, efeitos alimentícios e sucessórios, dissolução. 5.1.2 Uniões homoafetivas. 5.2 Concubinato 6 Relações de parentesco. 6.1 Adoção. 6.2 O menor sob guarda. 6.3 Alimentos: pressupostos. 7 Direitos reais. 7.1 Posse e propriedade. 7.1.1 Conceito, classificação, aquisição, perda, proteção e efeitos. 7.1.2 Condomínio. 7.2 Enfiteuse. 7.2.1 Terrenos de Marinha. 7.3 Hipoteca. 7.4 Penhor. 7.5 Uso e usufruto. 7.6 Servidões. 7.7 Concessões especiais de uso. 8 Modalidades das obrigações. 8.1 Efeitos das obrigações. 8.2 Cessão de crédito. 9 Contratos: generalidades, elementos e efeitos dos contratos. 9.1 Teoria da imprevisão e revisão contratual. 9.2 Compra e venda. 9.3 Doação. 9.4 Locação. 9.5 Empréstimo. 9.6 Depósito. 9.7 Mandato. 9.8 Fiança. 9.9 Arrendamento mercantil. 9.10 Alienação fiduciária. 10 Responsabilidade civil. 11 Sucessões. 11.1 Vocação hereditária. 11.2. Herdeiros.
4º Concurso (Edital publicado em 31 de dezembro de 2009).	1 Aplicação da lei no tempo e no espaço; interpretação da lei; analogia. 1.1 Princípios gerais do direito e equidade. 2 Das pessoas naturais e jurídicas. 2.1 Capacidade, domicílio, registro. 2.2 Bens: conceito e classificação. 3 Dos fatos e atos jurídicos: forma, prova, modalidades, defeitos, nulidade, anulabilidade, inexistência, ineficácia e consequência. 3.1 Dos atos ilícitos. 3.2 Da prescrição. 4 União estável: caracterização, efeitos alimentícios e sucessórios, dissolução. 5 Das relações de parentesco. 5.1 Estatuto da Criança e do Adolescente; adoção. 5.2 Alimentos: pressupostos. 6 Posse e propriedade: conceito, classificação, aquisição, perda, proteção e efeitos. 7 Dos direitos reais sobre coisas alheias: hipoteca, penhor, usufruto e servidões. 7.1 Condomínio. 8 Das modalidades das obrigações. 8.1 Dos efeitos das obrigações. 8.2 Da cessão de crédito. 9 Dos contratos: generalidades, elementos e efeitos dos contratos. 9.1 Teoria da imprevisão

Edital	Conteúdo Programático (Direito Civil)
4º Concurso (Edital publicado em 31 de dezembro de 2009).	e revisão contratual. 9.2 Da compra e venda; da doação; da locação; do empréstimo; do depósito; do mandato e da fiança. 10 Sucessão: disposições gerais, ordem de vocação hereditária, capacidade sucessória, direito de representação, transmissão da herança, herança jacente, aceitação e renúncia da herança. 11 Responsabilidade civil do Estado e do particular. [...]
3º Concurso (Edital publicado em 5 de setembro de 2007).	1 Aplicação da lei no tempo e no espaço; interpretação da lei; analogia. 1.1 Princípios gerais do direito e equidade. 2 Das pessoas naturais e jurídicas. 2.1 Capacidade, domicílio, registro. 2.2 Bens: conceito e classificação. 3 Dos fatos e atos jurídicos: forma, prova, modalidades, defeitos, nulidade, anulabilidade, inexistência, ineficácia e consequência. 3.1 Dos atos ilícitos. 3.2 Da prescrição. 4 União estável: caracterização, efeitos alimentícios e sucessórios, dissolução. 5 Das relações de parentesco. 5.1 Estatuto da Criança e do Adolescente; adoção. 5.2 Alimentos: pressupostos. 6 Posse e propriedade: conceito, classificação, aquisição, perda, proteção e efeitos. 7 Dos direitos reais sobre coisas alheias: hipoteca, penhor, usufruto e servidões. 7.1 Condomínio. 8 Das modalidades das obrigações. 8.1 Dos efeitos das obrigações. 8.2 Da cessão de crédito. 9 Dos contratos: generalidades, elementos e efeitos dos contratos. 9.1 Teoria da imprevisão e revisão contratual. 9.2 Da compra e venda; da doação; da locação; do empréstimo; do depósito; do mandato e da fiança. 10 Sucessão: disposições gerais, ordem de vocação hereditária, capacidade sucessória, direito de representação, transmissão da herança, herança jacente, aceitação e renúncia da herança. 11 Responsabilidade civil do Estado e do particular. [...]

O conteúdo programático foi variando ao longo dos editais de 2007 a 2017, sendo que o edital do 6º concurso público da DPU parecer representar uma tendência para os próximos certames.

Trata-se de conteúdo extenso, sobretudo se analisado em conjunto com as mais de vinte disciplinas que compõem o edital. Portanto, é necessário avaliar, estrategicamente, as matérias a serem mais estudadas.

De acordo com o último edital, serão quatro as Bancas Examinadoras, cada uma responsável por um grupo de disciplinas. Atualmente, o Grupo I é formado por: Direito Civil, Direito Empresarial, Direito do Consumidor, Direito Ambiental, Direito Processual Civil e Direito Tributário.

Em todos os pontos do programa poderão ser cobrados conhecimentos doutrinários e o posicionamento dominante do Supremo Tribunal Federal, dos Tribunais Superiores e da Turma Nacional de Uniformização.

3. ANÁLISE GERAL DAS ÚLTIMAS PROVAS OBJETIVAS

Nos últimos concursos realizados, a Defensoria Pública da União optou pela execução da primeira etapa por instituição especializada (CESPE/CEBRASPE), o que poderá refletir numa tendência para os próximos editais.

Após a análise das quatro últimas provas objetivas, realizadas *entre 2007 e 2017*, ou seja, aproximadamente dez anos de interregno, foi possível verificar a seguinte distribuição de questões conforme os tópicos do conteúdo programático. Vejamos:

6º Concurso (Edital publicado em 12 de junho de 2017, com retificação).	
Tópico do Conteúdo Programático	**Quantidade de Itens[1]**
1 Aplicação da lei no tempo e no espaço; interpretação da lei; analogia. 1.1 Princípios gerais do direito e equidade.	01 item
2 Das pessoas. 2.1 Pessoas naturais: personalidade e capacidade, direitos de personalidade, extinção da personalidade, ausência, morte presumida, tutela, curatela. 2.2 Lei nº 13.146/2015 (Estatuto da Pessoa com deficiência). 2.3 Das pessoas jurídicas.	03 itens
3 Domicílio, registro.	00 item

1. Quantidade "aproximada" de itens, pois, algumas podem envolver o conhecimento relacionado a mais de um tópico do conteúdo programático.

6º Concurso (Edital publicado em 12 de junho de 2017, com retificação).	
Tópico do Conteúdo Programático	**Quantidade de Itens**
4 Bens: conceito e classificação.	00 item
5 Fatos jurídicos: negócio jurídico, atos jurídicos. 5.1 Forma, prova, modalidades, defeitos, nulidade, anulabilidade, inexistência, ineficácia e consequência. 5.2 Atos ilícitos. 5.3 Prescrição e Decadência.	01 item
6 Prova.	00 item
7 Modalidades contemporâneas de família. 7.1 União estável. 7.1.1 Caracterização, efeitos alimentícios e sucessórios, dissolução. 7.1.2 Uniões homoafetivas. 7.2 Concubinato.	01 item
8 Relações de parentesco. 8.1 Adoção. 8.2 O menor sob guarda. 8.3 Alimentos: pressupostos.	01 item
9 Direitos reais. 9.1 Posse e propriedade. 9.1.1 Conceito, classificação, aquisição, perda, proteção e efeitos. 9.1.2 Condomínio. 9.2 Enfiteuse. 9.2.1 Terrenos de Marinha. 9.3 Hipoteca. 9.4 Penhor. 9.5 Uso e usufruto. 9.6 Servidões. 9.7 Concessões especiais de uso.	00 item
10 Obrigações. 10.1 Modalidades das obrigações. 10.2 Efeitos das obrigações. 10.3 Cessão de crédito. 10.4 Adimplemento e extinção das obrigações. 10.5 Inadimplemento das obrigações.	00 item
11 Contratos: generalidades, elementos e efeitos dos contratos. 11.1 Teoria da imprevisão e revisão contratual. 11.2 Compra e venda. 11.3 Doação. 11.4 Locação. 11.5 Empréstimo. 11.6 Depósito. 11.7 Mandato. 11.8 Fiança. 11.9 Arrendamento mercantil. 11.10 Alienação fiduciária. 11.11 Mútuo. 11.12 Comodato. 11.13 Contratos no âmbito do Sistema Financeiro de Habitação (Leis nº 4.380/1964, 5.741/1971, 8.009/1990 e suas alterações, 10.150/2000, Decreto-Lei nº 70/1966) e Lei nº 9.514/1997 (Sistema Financeiro Imobiliário). 11.14 Lei nº 10.188/2001 (Programa de Arrendamento Residencial). 11.15 Lei nº 11.977/2009 (Programa Minha Casa Minha Vida). 11.16 Contrato de Gaveta.	03 itens
12 Responsabilidade civil.	02 itens
13 Sucessões. 13.1 Vocação hereditária. 13.2 Herdeiros.	00 item

6º Concurso (Edital publicado em 12 de junho de 2017, com retificação).	
Tópico do Conteúdo Programático	**Quantidade de Itens**
14 Lei nº 10.741/2003 e suas alterações (Estatuto do Idoso).	00 item
Total de itens:	**12 itens**

5º Concurso (Edital publicado em 31 de outubro de 2014).	
Tópico do Conteúdo Programático	**Quantidade de Itens[2]**
1 Aplicação da lei no tempo e no espaço; interpretação da lei; analogia. 1.1 Princípios gerais do direito e equidade.	01 item
2 Pessoas naturais e jurídicas. 2.1 Capacidade, domicílio, registro.	02 itens
3 Bens: conceito e classificação.	00 item
4 Fatos e atos jurídicos. 4.1 Forma, prova, modalidades, defeitos, nulidade, anulabilidade, inexistência, ineficácia e consequência. 4.2 Atos ilícitos. 4.3 Prescrição.	01 item
5 Modalidades contemporâneas de família. 5.1 União estável. 5.1.1 Caracterização, efeitos alimentícios e sucessórios, dissolução. 5.1.2 Uniões homoafetivas. 5.2 Concubinato	01 item
6 Relações de parentesco. 6.1 Adoção. 6.2 O menor sob guarda. 6.3 Alimentos: pressupostos.	01 item
7 Direitos reais. 7.1 Posse e propriedade. 7.1.1 Conceito, classificação, aquisição, perda, proteção e efeitos. 7.1.2 Condomínio. 7.2 Enfiteuse. 7.2.1 Terrenos de Marinha. 7.3 Hipoteca. 7.4 Penhor. 7.5 Uso e usufruto. 7.6 Servidões. 7.7 Concessões especiais de uso.	00 item

2. Quantidade "aproximada" de itens, pois, algumas podem envolver o conhecimento relacionado a mais de um tópico do conteúdo programático.

5º Concurso (Edital publicado em 31 de outubro de 2014).	
Tópico do Conteúdo Programático	**Quantidade de Itens**
8 Modalidades das obrigações. 8.1 Efeitos das obrigações. 8.2 Cessão de crédito.	03 itens
9 Contratos: generalidades, elementos e efeitos dos contratos. 9.1 Teoria da imprevisão e revisão contratual. 9.2 Compra e venda. 9.3 Doação. 9.4 Locação. 9.5 Empréstimo. 9.6 Depósito. 9.7 Mandato. 9.8 Fiança. 9.9 Arrendamento mercantil. 9.10 Alienação fiduciária.	02 itens
10 Responsabilidade civil.	01 item
11 Sucessões. 11.1 Vocação hereditária. 11.2. Herdeiros	00 item
Total de itens:	**12 itens**

4º Concurso (Edital publicado em 31 de dezembro de 2009).	
Tópico do Conteúdo Programático	**Quantidade de Itens**[3]
1 Aplicação da lei no tempo e no espaço; interpretação da lei; analogia. 1.1 Princípios gerais do direito e equidade.	00 item
2 Das pessoas naturais e jurídicas. 2.1 Capacidade, domicílio, registro. 2.2 Bens: conceito e classificação.	00 item
3 Dos fatos e atos jurídicos: forma, prova, modalidades, defeitos, nulidade, anulabilidade, inexistência, ineficácia e consequência. 3.1 Dos atos ilícitos. 3.2 Da prescrição.	02 itens
4 União estável: caracterização, efeitos alimentícios e sucessórios, dissolução.	02 itens

3. Quantidade "aproximada" de itens, pois, algumas podem envolver o conhecimento relacionado a mais de um tópico do conteúdo programático.

4º Concurso (Edital publicado em 31 de dezembro de 2009).	
Tópico do Conteúdo Programático	**Quantidade de Itens**
5 Das relações de parentesco. 5.1 Estatuto da Criança e do Adolescente; adoção. 5.2 Alimentos: pressupostos.	02 itens
6 Posse e propriedade: conceito, classificação, aquisição, perda, proteção e efeitos.	00 item
7 Dos direitos reais sobre coisas alheias: hipoteca, penhor, usufruto e servidões. 7.1 Condomínio.	00 item
8 Das modalidades das obrigações. 8.1 Dos efeitos das obrigações. 8.2 Da cessão de crédito.	00 item
9 Dos contratos: generalidades, elementos e efeitos dos contratos. 9.1 Teoria da imprevisão e revisão contratual. 9.2 Da compra e venda; da doação; da locação; do empréstimo; do depósito; do mandato e da fiança.	02 itens
10 Sucessão: disposições gerais, ordem de vocação hereditária, capacidade sucessória, direito de representação, transmissão da herança, herança jacente, aceitação e renúncia da herança.	01 item
11 Responsabilidade civil do Estado e do particular. [...]	05 itens
Total de itens:	**15 itens**

3º Concurso (Edital publicado em 5 de setembro de 2007).	
Tópico do Conteúdo Programático	**Quantidade de Itens**[4]
1 Aplicação da lei no tempo e no espaço; interpretação da lei; analogia. 1.1 Princípios gerais do direito e equidade.	00 item

4. Quantidade "aproximada" de itens, pois, algumas podem envolver o conhecimento relacionado a mais de um tópico do conteúdo programático.

3º Concurso (Edital publicado em 5 de setembro de 2007).	
Tópico do Conteúdo Programático	**Quantidade de Itens**
2 Das pessoas naturais e jurídicas. 2.1 Capacidade, domicílio, registro. 2.2 Bens: conceito e classificação.	01 item
3 Dos fatos e atos jurídicos: forma, prova, modalidades, defeitos, nulidade, anulabilidade, inexistência, ineficácia e consequência. 3.1 Dos atos ilícitos. 3.2 Da prescrição.	03 itens
4 União estável: caracterização, efeitos alimentícios e sucessórios, dissolução.	00 item
5 Das relações de parentesco. 5.1 Estatuto da Criança e do Adolescente; adoção. 5.2 Alimentos: pressupostos.	00 item
6 Posse e propriedade: conceito, classificação, aquisição, perda, proteção e efeitos.	00 item
7 Dos direitos reais sobre coisas alheias: hipoteca, penhor, usufruto e servidões. 7.1 Condomínio.	00 item
8 Das modalidades das obrigações. 8.1 Dos efeitos das obrigações. 8.2 Da cessão de crédito.	00 item
9 Dos contratos: generalidades, elementos e efeitos dos contratos. 9.1 Teoria da imprevisão e revisão contratual. 9.2 Da compra e venda; da doação; da locação; do empréstimo; do depósito; do mandato e da fiança.	04 item
10 Sucessão: disposições gerais, ordem de vocação hereditária, capacidade sucessória, direito de representação, transmissão da herança, herança jacente, aceitação e renúncia da herança.	00 item
11 Responsabilidade civil do Estado e do particular. [...]	04 itens
Total de itens:	**12 itens**

Consolidando os dados do 6º e do 5º concurso público da DPU, realizados em 2017 e 2014, respectivamente, podemos elaborar a seguinte tabela:

Consolidação (referente aos editais publicados em 2014 e 2017).	
Tópico do Conteúdo Programático	**Quantidade de Itens[5]**
1 Aplicação da lei no tempo e no espaço; interpretação da lei; analogia. 1.1 Princípios gerais do direito e equidade.	02 itens
2 Das pessoas. 2.1 Pessoas naturais: personalidade e capacidade, direitos de personalidade, extinção da personalidade, ausência, morte presumida, tutela, curatela. 2.2 Lei nº 13.146/2015 (Estatuto da Pessoa com deficiência). 2.3 Das pessoas jurídicas.	05 itens
3 Domicílio, registro.	00 item
4 Bens: conceito e classificação.	00 item
5 Fatos jurídicos: negócio jurídico, atos jurídicos. 5.1 Forma, prova, modalidades, defeitos, nulidade, anulabilidade, inexistência, ineficácia e consequência. 5.2 Atos ilícitos. 5.3 Prescrição e Decadência.	02 itens
6 Prova.	00 item
7 Modalidades contemporâneas de família. 7.1 União estável. 7.1.1 Caracterização, efeitos alimentícios e sucessórios, dissolução. 7.1.2 Uniões homoafetivas. 7.2 Concubinato.	02 itens
8 Relações de parentesco. 8.1 Adoção. 8.2 O menor sob guarda. 8.3 Alimentos: pressupostos.	02 itens
9 Direitos reais. 9.1 Posse e propriedade. 9.1.1 Conceito, classificação, aquisição, perda, proteção e efeitos. 9.1.2 Condomínio. 9.2 Enfiteuse. 9.2.1 Terrenos de Marinha. 9.3 Hipoteca. 9.4 Penhor. 9.5 Uso e usufruto. 9.6 Servidões. 9.7 Concessões especiais de uso.	00 item
10 Obrigações. 10.1 Modalidades das obrigações. 10.2 Efeitos das obrigações. 10.3 Cessão de crédito. 10.4 Adimplemento e extinção das obrigações. 10.5 Inadimplemento das obrigações.	03 itens
11 Contratos: generalidades, elementos e efeitos dos contratos. 11.1 Teoria da imprevisão e revisão contratual. 11.2 Compra e venda. 11.3 Doação. 11.4 Locação. 11.5 Empréstimo. 11.6 Depósito. 11.7 Mandato. 11.8 Fiança. 11.9 Arrendamento mercantil. 11.10 Alienação	05 itens

5. Quantidade "aproximada" de itens, pois, algumas podem envolver o conhecimento relacionado a mais de um tópico do conteúdo programático. A consolidação foi feita com base no conteúdo programático do edital do 6º concurso público da DPU, pois, representa uma tendência para os próximos certames.

Consolidação (referente aos editais publicados em 2014 e 2017).	
Tópico do Conteúdo Programático	**Quantidade de Itens**
fiduciária. 11.11 Mútuo. 11.12 Comodato. 11.13 Contratos no âmbito do Sistema Financeiro de Habitação (Leis nº 4.380/1964, 5.741/1971, 8.009/1990 e suas alterações, 10.150/2000, Decreto-Lei nº 70/1966) e Lei nº 9.514/1997 (Sistema Financeiro Imobiliário). 11.14 Lei nº 10.188/2001 (Programa de Arrendamento Residencial). 11.15 Lei nº 11.977/2009 (Programa Minha Casa Minha Vida). 11.16 Contrato de Gaveta.	05 itens
12 Responsabilidade civil.	03 itens
13 Sucessões. 13.1 Vocação hereditária. 13.2 Herdeiros.	00 item
14 Lei nº 10.741/2003 e suas alterações (Estatuto do Idoso).	00 item
Total de itens:	**24 itens**

Na análise dos itens e na identificação conforme os conteúdos programáticos, alguns assuntos poderiam ser colocados em mais de um tópico, pois, mesclam temas diversos.

A análise objeto desta obra procurou, intencionalmente, dar especial atenção aos certames ocorridos a partir de 2007. É que o longo tempo decorrido desde então – ou seja, mais de 10 anos – poderia levar a resultados estatísticos deturpados em razão das mudanças no conteúdo programático do edital e no perfil nos concursos públicos mais recentemente.

4. ALGUNS PONTOS ESPECÍFICOS MAIS RELEVANTES NAS PROVAS OBJETIVAS

A proposta da presente obra não é ensinar ao leitor o conteúdo de cada uma das disciplinas do programa, mas, sim, apontar alguns aspectos estatísticos acerca da incidência de cada tópico do edital nos últimos certames da Defensoria Pública da União.

Nesse sentido, as tabelas acima permitem observar que existem, efetivamente, temas de Direito Civil mais recorrentes nos últimos concursos públicos da DPU. Vejamos alguns tópicos específicos.

A desconsideração da personalidade jurídica, por exemplo, é um tema comum aos conteúdos programáticos de Direito Civil, Direito Processual Civil e de Direito Empresarial. Por isso, foi cobrado em praticamente todas as provas objetivas da DPU. Portanto, a probabilidade de que a matéria continue sendo exigida nos próximos certames é muito grande, já que se trata de questão bastante enfrentada pela doutrina e jurisprudência. Por fim, a desconsideração da personalidade jurídica recai na prática cotidiana dos defensores públicos federais. Vejamos como o tema foi cobrado:

> (6º Concurso Público da DPU, realizado em 2017)
>
> De acordo com a legislação de regência e o entendimento dos tribunais superiores, julgue os próximos itens.
>
> [...]
>
> **4** Situação hipotética: B é sócio cotista da sociedade empresária A Ltda., que está encerrando suas atividades e, consequentemente, dissolvendo a sociedade. Assertiva: Nessa situação, em eventual demanda judicial envolvendo B e a figura jurídica A Ltda., esta poderá requerer a desconsideração da personalidade jurídica da sociedade empresária, tendo como fundamento único o seu término.
>
> (5º Concurso Público da DPU, realizado em 2014)
>
> Acerca da responsabilidade dos sócios, da sociedade em comum e da desconsideração da pessoa jurídica, julgue os próximos itens.
>
> [...]
>
> **22** Para fins de desconsideração da pessoa jurídica, adota-se, no Código Civil, a denominada teoria maior subjetiva.
>
> [...]
>
> **24** Conforme a jurisprudência do STJ, admite-se a desconsideração inversa da pessoa jurídica.
>
> (3º Concurso Público da DPU, realizado em 2007)
>
> A respeito das pessoas jurídicas, julgue o item abaixo.
>
> **61** A desconsideração da personalidade jurídica de uma sociedade é permitida nos casos em que há desvio de seu objetivo social, independentemente da verificação de abuso da personalidade jurídica, da intenção de fraudar a lei ou de causar prejuízos à própria sociedade ou a terceiros. Por isso, depois de despersonalizada a sociedade, os bens particulares dos sócios e dos administradores respondem pela dívida da pessoa jurídica.

O gabarito definitivo considerou as seguintes respostas: Item 4 - Errado; Item 22 - Anulado; Item 24 - Correto, e Item 61 - Errado.

O item 4 está incorreto, pois, o término da atividade empresarial, por si só, não se enquadra no art. 50 do CC, que exige, dentre outras coisas, o abuso da personalidade jurídica, caracterizado pelo desvio de finalidade, ou pela confusão patrimonial.

O item 22 foi anulado pela banca examinadora "por haver divergências na doutrina a respeito do assunto abordado no item".

O item 24 traduz a jurisprudência do STJ, segundo o qual a desconsideração inversa da personalidade jurídica busca impedir a prática de transferência de bens pelo sócio para a pessoa jurídica sobre a qual detém controle (REsp 1647362/SP, Rel. Ministra NANCY ANDRIGHI, TERCEIRA TURMA, julgado em 03/08/2017).

O item 61 está incorreto, pois, não traduz a teoria adotada pelo art. 50 do CC, segundo o qual, em caso de abuso da personalidade jurídica, caracterizado pelo desvio de finalidade, ou pela confusão patrimonial, pode o juiz decidir, a requerimento da parte, ou do Ministério Público quando lhe couber intervir no processo, que os efeitos de certas e determinadas relações de obrigações sejam estendidos aos bens particulares dos administradores ou sócios da pessoa jurídica.

Observe que os itens exploraram o conhecimento da literalidade da legislação ("legislação seca"), da jurisprudência e, em menor grau, da doutrina. Portanto, o assunto (desconsideração da personalidade jurídica) merece atenção especial do candidato.

Outro tema que esteve presente em todas as provas objetivas da DPU - seja na parte de Direito Civil, de Direito do Consumidor, de Direito Administrativo ou de Direito Ambiental - foi a responsabilidade civil do particular e do Estado. Vejamos como o assunto foi cobrado no âmbito do direito privado:

> (6º Concurso Público da DPU, realizado em 2017)
>
> Com relação a obrigações, contratos e responsabilidade civil, julgue os itens a seguir à luz do entendimento dos tribunais superiores.
>
> [...]
>
> **9** A aplicação da teoria da perda da chance pressupõe uma possibilidade concreta, real e com alto grau de probabilidade de se garantir um benefício ou sofrer um prejuízo, bem como que a ação ou omis-

são do agente tenha nexo causal com a perda da oportunidade de exercer a chance.

[...]

11 A recusa injustificada da operadora de plano de saúde em autorizar cobertura financeira de tratamento médico a que esteja contratualmente obrigada enseja indenização a título de danos morais.

[...]

(4º Concurso Público da DPU, realizado em 2010)

No que se refere à disciplina do abuso de direito, julgue os itens a seguir.

13 A proibição de comportamento contraditório é aplicável ao direito brasileiro como modalidade do abuso de direito e pode derivar de comportamento tanto omissivo quanto comissivo.

14 A exemplo da responsabilidade civil por ato ilícito em sentido estrito, o dever de reparar decorrente do abuso de direito depende da comprovação de ter o indivíduo agido com culpa ou dolo.

[...]

(3º Concurso Público da DPU, realizado em 2007)

Quanto à responsabilidade civil do Estado e do particular, julgue os itens que se seguem.

[...]

73 A ação indenizatória decorrente de danos morais tem caráter pessoal, pois o herdeiro não sucede no sofrimento da vítima nem pode ser indenizado por dor alheia. Por isso, se o autor falecer no curso do processo, não poderá ocorrer substituição processual no polo ativo da demanda. Nesse caso, o processo será extinto sem resolução de mérito, por perda superveniente da legitimidade ad causam do autor.

74 Segundo a teoria da causalidade adequada, quando inúmeras e sucessivas causas contribuem para a produção do evento danoso, todas as concausas são consideras adequadas a produzir esse evento, uma vez que, sem elas, o resultado não teria ocorrido, imputando-se o dever de reparar o dano a todas ou a qualquer das pessoas que o provocaram.

[...]

Os gabaritos definitivos apontaram, respectivamente, as respostas: Item 9 – Certo; Item 11 – Certo; Item 13 – Certo; Item 14 – Errado; Item 73 – Errado e Item 74 – Errado.

O item 14 está incorreto, pois, o art. 187 do CC – também comete ato ilícito o titular de um direito que, ao exercê-lo, excede manifestamente os limites impostos pelo seu fim econômico ou social, pela boa-fé ou pelos bons costumes – não exige dolo ou culpa. Trata-se do entendimento da I Jornada de Direito Civil: "a responsabilidade civil decorrente do abuso do direito independe de culpa e fundamenta-se somente no critério objetivo-finalístico" (Enunciado n. 37).

O item 73 está incorreto, porque, nada obstante a existência de divergência jurisprudencial sobre o assunto, o art. 943 do CC prevê: o direito de exigir reparação e a obrigação de prestá-la transmitem-se com a herança. Com efeito, apesar de o art. 11 do CC dizer que os direitos da personalidade são intransmissíveis, tal característica não atinge os reflexos patrimoniais advindos dos prejuízos morais experimentados.

O item 74 está incorreto com base na divergência doutrinária entre a teoria da causalidade adequada e a teoria da equivalência dos antecedentes causais. No caso, a assertiva não retrata a teoria da causalidade adequada, aproximando-se da teoria da equivalência dos antecedentes causais. Ressalte-se o entendimento do Enunciado n. 47-JDC, segundo o qual "o art. 945 do novo Código Civil, que não encontra correspondente no Código Civil de 1916, não exclui a aplicação da teoria da causalidade adequada".

Perceba que os itens exploraram o conhecimento do candidato com base na legislação ("legislação seca"), na jurisprudência e na doutrina, em especial com os enunciados das Jornadas de Direito Civil. O tema "responsabilidade civil" deve ter uma atenção especial do candidato, com o cuidado de conciliar o estudo da doutrina e da jurisprudência, bem como a memorização dos dispositivos do Código Civil sobre o assunto.

O tópico de "contratos" no conteúdo programático dos últimos editais também foi abordado pela banca examinadora nos quatro últimos concursos públicos da DPU. O ponto do edital é abrangente, bastante discutido pela jurisprudência do STJ e faz parte do cotidiano das atividades institucionais da Defensoria Pública. Logo, é grande a probabilidade de que haja assertivas sobre o tema nas próximas provas objetivas. Observe como foi abordado nas provas anteriores:

> (6º Concurso Público da DPU, realizado em 2017)
>
> Com relação a obrigações, contratos e responsabilidade civil, julgue os itens a seguir à luz do entendimento dos tribunais superiores.

8 A Caixa Econômica Federal é agente-gestor do programa de arrendamento residencial, instituído pela Lei n.º 10.188/2001, sendo responsável tanto pela aquisição quanto pela construção dos imóveis, os quais permanecerão em sua propriedade até que os particulares que firmaram contratos de arrendamento com opção de compra possam adquirir o bem ao final do contrato.

[...]

10 A correção monetária objetiva a manutenção do poder aquisitivo da moeda, corrigindo o valor nominal da obrigação. Por isso, essa atualização deve observar as oscilações inflacionárias positivas e desconsiderar as negativas.

[...]

(5º Concurso Público da DPU, realizado em 2014)

Supondo que duas partes tenham estabelecido determinada relação jurídica, julgue os itens de 13 a 18.

[...]

16 Se a referida relação jurídica for do tipo empresarial e tiver sido entabulada por contrato de execução continuada, na hipótese de a prestação se tornar excessivamente onerosa para uma das partes e extremamente vantajosa para a outra, a parte onerada poderá pedir a resolução do contrato, independentemente da natureza do objeto do pacto.

17 Caso uma das partes venha a transferir veículo gravado com propriedade fiduciária à outra parte, sem o consentimento desta, o terceiro poderá fazer uso da usucapião, desde que ultrapassados cinco anos, independentemente de título ou boa-fé.

[...]

(4º Concurso Público da DPU, realizado em 2010)

Acerca da revisão contratual, julgue os itens subsequentes.

24 Para que seja possível requerer a revisão contratual com base na onerosidade excessiva, o contrato deve ser de execução continuada ou diferida.

25 É suficiente à revisão do contrato por onerosidade excessiva que o acontecimento se tenha manifestado só na esfera individual da parte.

(3º Concurso Público da DPU, realizado em 2007)

Julgue os itens seguintes, acerca dos contratos regidos pelo Código Civil.

62 A retrovenda é condição resolutiva expressa do contrato, simplesmente potestativa, e consiste na vontade unilateral e imotivada do alienante de reaver o imóvel, desde que indenizado o comprador. O direito de retrato não é suscetível de cessão por ato entre vivos, mas é transmissível aos herdeiros por causa de morte do alienante, isto é, por sucessão hereditária.

63 Mesmo se o bem que fora doado já tiver sido transferido, a doação poderá ser revogada por ingratidão, o que poderá levar o doador a ser indenizado pelo valor equivalente ao bem. Por ser personalíssima, somente o doador pode se valer dessa revogação, ressalvada a hipótese de seu homicídio doloso ser imputável ao donatário. Entretanto, esse tipo de revogação não é possível nos seguintes casos: doação com encargo já cumprido, doação puramente remuneratória, doação feita para determinado casamento, doação que se fizer em cumprimento de obrigação natural.

64 Se determinado bem locado for alienado na vigência de contrato de locação, o adquirente não será obrigado a respeitar o contrato celebrado com o alienante, porque os efeitos de um contrato não podem atingir quem dele não participou, ainda que nesse contrato conste cláusula, devidamente registrada, de vigência no caso de alienação.

De acordo com os gabaritos definitivos temos, respectivamente: Item 8 – Certo; Item 10 – Errado; Item 16 – Errado; Item 17 – Errado; Item 24 – Certo; Item 25 – Errado; Item 62 – Errado; Item 63 – Certo, e Item 64 – Errado.

O item 10 está incorreto, pois, segundo o STJ "a correção monetária, instrumento de recomposição do valor da moeda, deve abranger as oscilações positivas e negativas ocorridas no período próprio de apuração, sob pena de distorção da realidade econômica e de acréscimo indevido no valor real da obrigação certificada" (AgInt no REsp 1617173/RJ, Rel. Ministra NANCY ANDRIGHI, TERCEIRA TURMA, julgado em 15/10/2018).

O item 16 está errado, na medida em que o STJ decidiu que "os requisitos para caracterização da onerosidade excessiva são: o contrato de execução continuada ou diferida, vantagem extrema de outra parte e acontecimento extraordinário e imprevisível, cabendo ao juiz, nas instâncias ordinárias, e diante do caso concreto, a averiguação da existência de *prejuízo que exceda a álea normal do contrato*, com a consequente resolução do contrato diante do reconhecimento de cláusulas abusivas e excessivamente onerosas para a prestação do devedor" (REsp 1034702/ES, Rel. Ministro JOÃO OTÁVIO DE NORONHA, QUARTA TURMA, julgado em 15/04/2008). Veja que esse mesmo julgado também responde o item 24.

O item 17 encontra resposta também na jurisprudência do STJ, no sentido de que "a transferência a terceiro de veículo gravado como propriedade fiduciária, à revelia do proprietário (credor), constitui ato de clandestinidade, incapaz de induzir posse (art. 1.208 do Código Civil de 2002), sendo por isso mesmo impossível a aquisição do bem por usucapião" (REsp 881.270/RS, Rel. Ministro LUIS FELIPE SALOMÃO, QUARTA TURMA, julgado em 02/03/2010).

O item 25 está incorreto, na medida em que, segundo o art. 478 do CC, nos contratos de execução continuada ou diferida, se a prestação de uma das partes se tornar excessivamente onerosa, com extrema vantagem para a outra, em virtude de acontecimentos extraordinários e imprevisíveis, poderá o devedor pedir a resolução do contrato. Um dos requisitos é a alteração radical das condições econômicas objetivas no momento da execução, em confronto com o da celebração. Deve haver mudança significativa nas condições econômicas com caráter de generalidade e não apenas na esfera individual de uma das partes. Logo, a teoria da onerosidade excessiva não versa sobre uma dificuldade individual do contratante, mas situação gerada pela conjuntura em que se deve executar o contrato.

O item 62 está em confronto com o disposto no art. 507 do CC: o direito de retrato, que é cessível e transmissível a herdeiros e legatários, poderá ser exercido contra o terceiro adquirente.

O item 64 está em confronto com o art. 576 do CC, segundo o qual, "se a coisa for alienada durante a locação, o adquirente não ficará obrigado a respeitar o contrato, se nele não for consignada a cláusula da sua vigência no caso de alienação, e não constar de registro".

Observe que praticamente todos os itens foram respondidos, prioritariamente, com base na "legislação seca" e na jurisprudência, muito embora a doutrina tenha tido certa importância para nas questões, por exemplo, sobre onerosidade excessiva.

Finalmente, cito como exemplo que assunto recorrente nas provas objetivas da DPU as questões sobre "modalidades contemporâneas de família", mais especificamente a regulamentação jurídica acerca da união estável e das relações homoafetivas. Vejamos o exemplo extraído do 6º concurso público da DPU, realizado em 2017:

> No mundo contemporâneo (pós-moderno), a família perdeu o caráter natural, assumindo nova feição, forjada, agora, em fenômenos culturais. A família de hoje representa um "fenômeno humano em que se funda a sociedade, sendo impossível compreendê-la senão à luz da interdisciplinaridade, máxime na sociedade contemporânea, marcada por relações complexas, plurais, abertas, multifacetárias e (por que não?) globalizadas".
>
> Cristiano Chaves de Farias e Nelson Rosenvald. Curso de direito civil: famílias. Vol. 6, 7.ª ed. São Paulo: Atlas, 2015, p. 3 (com adaptações).
>
> A respeito do assunto objeto do texto precedente, julgue os itens que se seguem, tendo como referência o entendimento dos tribunais superiores.
>
> **5** A existência de vínculo com o pai ou a mãe registral não impede que o filho exerça o direito de busca da ancestralidade e da origem genética, dado que o reconhecimento do estado de filiação configura direito personalíssimo, indisponível e imprescritível.
>
> **6** Antes da regulamentação legal da união estável, era necessário, para futura partilha igualitária, comprovar o esforço comum dos companheiros na aquisição do patrimônio coletivo, o que não é mais necessário em razão da atual presunção de mútua assistência.
>
> 7 A anulação de registro espontâneo de paternidade pelo pai socioafetivo é admitida na hipótese de "adoção à brasileira", ainda que esta seja fonte de vínculo socioafetivo entre as partes, haja vista tratar-se de negócio jurídico fundamentado na mera liberalidade e realizado à margem do ordenamento pátrio.

De acordo com o gabarito, temos: Item 5 – Certo; Item 6 – Certo, e Item 7 – Errado. O item 7 está incorreto com base no entendimento do STJ: "a 'adoção à brasileira', ainda que fundamentada na 'piedade', e muito embora seja expediente à margem do ordenamento pátrio, quando se fizer fonte de vínculo socioafetivo entre o pai de registro e o filho registrado não consubstancia negócio jurídico sujeito a distrato por mera liberalidade, tampouco avença submetida a condição resolutiva, consistente no término do relacionamento com a genitora" (REsp 1613641/MG, Rel. Ministro RICARDO VILLAS BÔAS CUEVA, TERCEIRA TURMA, julgado em 23/05/2017).

5. DOUTRINA, JURISPRUDÊNCIA E "LEI SECA" NOS CONCURSOS DA DPU

A regulamentação da DPU prevê que, em todos os pontos do programa poderão ser cobrados conhecimentos doutrinários e o posicionamento dominante do Supremo Tribunal Federal, dos Tribunais Superiores e da Turma Nacional de Uniformização.

Observando as questões já apresentadas na análise das provas objetivas, constata-se que as bancas examinadoras exigem, com frequência, o conhecimento sobre a literalidade da legislação ("legislação seca").

A jurisprudência, por sua vez, tem sido cada vez mais objeto de questionamento pelas bancas examinadoras nos concursos públicos em geral. Tal tendência certamente também ocorrerá com destaque ainda maior nos próximos concursos da DPU.

Percebe-se nas questões mencionadas acima que a doutrina possui relevância, em especial, com base no conhecimento dos enunciados das Jornadas de Direito Civil – JDC. Ademais, alguns assuntos parecem mais propícios para arguições com base no conhecimento doutrinário, tal qual foi o caso dos itens que abordavam responsabilidade civil e desconsideração da personalidade jurídica.

6. DICAS FINAIS PARA OS CANDIDATOS

O concurso da DPU, num primeiro momento, parece ser assustador em razão das peculiaridades do edital. Essa característica acaba desestimulando vários candidatos bem preparados. Para aqueles que realmente almejam o cargo de Defensor Público Federal, é importante ter a consciência de que os desafios do edital poderão ser superados com um estudo bem direcionado e, sobretudo, pautado pela objetividade.

Particularmente, acredito que a "fórmula" para a aprovação nos concursos públicos em geral seja:

Aprovação = "Lei Seca" + Jurisprudência + Doutrina + Resolução de Exercícios.

Enfatizo sempre a importância de um estudo cuidadoso dos últimos informativos do Supremo Tribunal Federal, do Superior Tribunal de Justiça e da Turma Nacional de Uniformização, além da inevitável leitura da legislação, tendo como destaque os temas já mencionados anteriormente.

Na parte doutrinária, além do estudo de capítulos específicos na bibliografia escolhida, também é importante a leitura e memorização dos enunciados editados pelas Jornadas de Direito Civil - JDC.

Fica como sugestão ao candidato que procure equilibrar o estudo da doutrina com a leitura da legislação e, principalmente, da jurisprudência. Convém, aqui, recomendar alguns instrumentos, tal como o site "Dizer o Direito".

DIREITO EMPRESARIAL

1. BIBLIOGRAFIA INDICADA

Um dos livros mais recomendados para os concursos públicos em geral é o "Direito Empresarial Esquematizado", do professor André Luiz Santa Cruz Ramos. A obra tem sido atualizada e, apesar do custo, é de fácil obtenção no mercado.

O mesmo autor também possui uma versão mais resumida da obra: "Sinopses para Concursos – Direito Empresarial", da Editora Juspodivm. A obra está sendo atualizada regularmente e possui um custo mais reduzido, o que é importante para o concurseiro.

Além dos livros doutrinários, recomendo os livros com resolução de exercícios. É o caso, p. ex., da obra "Revisaço", editado pela Ed. Juspodivm.

Por fim, convém dar uma conferida nas obras do "Dizer o Direito", que trazem com excelente didática os principais julgados do STF.

2. CONTEÚDO PROGRAMÁTICO NOS EDITAIS DA DPU

A Resolução n. 118, de 05 de novembro de 2015, que dispõe sobre os concursos públicos para ingresso na carreira de Defensor Público Federal, destaca mais de vinte disciplinas a serem objeto de arguição nas provas objetivas, dissertativas e orais.

Vejamos o conteúdo programático de Direito Empresarial, nos últimos quatro concursos já realizados:

Edital	Conteúdo Programático (Direito Empresarial)
6º Concurso (Edital publicado em 12 de junho de 2017, com retificação)	1 O empresário. 2 Sociedades de fato e de direito. 3 A responsabilidade dos sócios. 4 A personalidade jurídica. 5 A desconsideração da personalidade jurídica. 6 Fim da personalidade jurídica. 6.1 Efeitos da falência sobre os sócios. 7 Nome empresarial. 8 Estabelecimento empresarial. 9 Empresa individual de responsabilidade limitada. 10 Lei Nº 6.404/1976 e suas alterações (Lei das sociedades por ações). 11 Liquidação das sociedades. 12 Da transformação. 13 Da incorporação. 14 Da fusão. 15 Da cisão das sociedades. 16 Teoria geral dos títulos de créditos. 17 Letra de câmbio. 18 Cheque. 19 Nota promissória. 20 Duplicata. 21 Aceite. 22 Aval. 23 Endosso. 24 Protesto. 25 Prescrição. 26 Ações cambiais.
5º Concurso (Edital publicado em 31 de outubro de 2014).	1 O empresário. 2 Sociedades de fato e de direito. 3 A responsabilidade dos sócios. 4 A personalidade jurídica. 5 A desconsideração da personalidade jurídica. 6 Fim da personalidade jurídica. 6.1 Efeitos da falência sobre os sócios.
4º Concurso (Edital publicado em 31 de dezembro de 2009).	Sem previsão no edital.
3º Concurso (Edital publicado em 5 de setembro de 2007).	1 Falência, Recuperação judicial e extrajudicial. 2 Sociedades comercias. 3 Títulos de crédito. 4 Micro empresas e empresas de pequeno porte.

Os últimos certames trouxeram conteúdos programáticos muito diferentes. De qualquer forma, o edital do 6º Concurso Público da DPU parece representar a tendência para os próximos concursos da carreira.

Trata-se de conteúdo relativamente reduzido, sobretudo se comparado com outras disciplinas que compõem o edital.

De acordo com o último edital, serão quatro as Bancas Examinadoras, cada uma responsável por um grupo de disciplinas. Atualmente, o Grupo I é composto por: Direito Civil, Direito Empresarial, Direito do Consumidor, Direito Ambiental, Direito Processual Civil e Direito Tributário.

Os pontos do programa poderão ser cobrados com base em conhecimentos doutrinários e o posicionamento dominante do Supremo

Tribunal Federal, dos Tribunais Superiores e da Turma Nacional de Uniformização.

3. ANÁLISE GERAL DAS ÚLTIMAS PROVAS OBJETIVAS

Nos últimos concursos realizados, a Defensoria Pública da União optou pela execução da primeira etapa por instituição especializada (CESPE/CEBRASPE), o que poderá refletir numa tendência para os próximos editais.

Após a análise das quatro últimas provas objetivas, realizadas *entre 2007 e 2017*, ou seja, aproximadamente dez anos de interregno, foi possível verificar a seguinte distribuição de questões conforme os tópicos do conteúdo programático. Vejamos:

6º Concurso (Edital publicado em 12 de junho de 2017, com retificação).	
Tópico do Conteúdo Programático	**Quantidade de Itens[6]**
1 O empresário.	00 item
2 Sociedades de fato e de direito.	02 itens
3 A responsabilidade dos sócios.	00 item
4 A personalidade jurídica.	00 item
5 A desconsideração da personalidade jurídica.	02 itens
6 Fim da personalidade jurídica. 6.1 Efeitos da falência sobre os sócios.	02 itens
7 Nome empresarial.	01 item
8 Estabelecimento empresarial.	00 item

6. Quantidade "aproximada" de itens, pois, algumas podem envolver o conhecimento relacionado a mais de um tópico do conteúdo programático.

6º Concurso (Edital publicado em 12 de junho de 2017, com retificação).	
Tópico do Conteúdo Programático	**Quantidade de Itens**
9 Empresa individual de responsabilidade limitada.	00 item
10 Lei nº 6.404/1976 e suas alterações (Lei das sociedades por ações).	00 item
11 Liquidação das sociedades.	00 item
12 Da transformação.	00 item
13 Da incorporação.	00 item
14 Da fusão.	00 item
15 Da cisão das sociedades.	00 item
16 Teoria geral dos títulos de créditos.	00 item
17 Letra de câmbio.	00 item
18 Cheque.	00 item
19 Nota promissória.	00 item
20 Duplicata.	00 item
21 Aceite.	00 item
22 Aval.	00 item
23 Endosso.	00 item
24 Protesto.	00 item
25 Prescrição.	00 item
26 Ações cambiais.	00 item
Total de itens:	**07 itens**

5º Concurso (Edital publicado em 31 de outubro de 2014).	
Tópico do Conteúdo Programático	**Quantidade de Itens[7]**
1 O empresário.	00 item
2 Sociedades de fato e de direito.	00 item
3 A responsabilidade dos sócios.	02 item
4 A personalidade jurídica.	00 item
5 A desconsideração da personalidade jurídica.	02 item
6 Fim da personalidade jurídica. 6.1 Efeitos da falência sobre os sócios.	00 item
Total de itens:	**04 itens**

3º Concurso (Edital publicado em 5 de setembro de 2007).	
Tópico do Conteúdo Programático	**Quantidade de Itens[8]**
1 Falência, Recuperação judicial e extrajudicial.	01 item
2 Sociedades comercias.	02 item
3 Títulos de crédito.	00 item

7. Quantidade "aproximada" de itens, pois, algumas podem envolver o conhecimento relacionado a mais de um tópico do conteúdo programático.
8. Quantidade "aproximada" de itens, pois, algumas podem envolver o conhecimento relacionado a mais de um tópico do conteúdo programático. Além disso, optou-se por fazer a classificação das questões com base no conteúdo programático do último edital, pois, em razão das diferenças com os editais anteriores, os dados estatísticos ficariam pouco fidedignos.

3º Concurso (Edital publicado em 5 de setembro de 2007).	
Tópico do Conteúdo Programático	**Quantidade de Itens**
4 Micro empresas e empresas de pequeno porte.	02 item
Total de itens:	**05 itens**

Consolidando os dados acima, podemos elaborar a seguinte tabela:

Consolidado (concursos realizados entre os anos de 2007 e 2017)	
Tópico do Conteúdo Programático	**Quantidade de Itens**[9]
1 O empresário.	00 item
2 Sociedades de fato e de direito.	06 itens
3 A responsabilidade dos sócios.	02 item
4 A personalidade jurídica.	00 item
5 A desconsideração da personalidade jurídica.	04 itens
6 Fim da personalidade jurídica. 6.1 Efeitos da falência sobre os sócios.	03 itens
7 Nome empresarial.	01 item
8 Estabelecimento empresarial.	00 item

9. Quantidade "aproximada" de itens, pois, algumas podem envolver o conhecimento relacionado a mais de um tópico do conteúdo programático.

Consolidado (concursos realizados entre os anos de 2007 e 2017)	
Tópico do Conteúdo Programático	**Quantidade de Itens**
9 Empresa individual de responsabilidade limitada.	00 item
10 Lei nº 6.404/1976 e suas alterações (Lei das sociedades por ações).	00 item
11 Liquidação das sociedades.	00 item
12 Da transformação.	00 item
13 Da incorporação.	00 item
14 Da fusão.	00 item
15 Da cisão das sociedades.	00 item
16 Teoria geral dos títulos de créditos.	00 item
17 Letra de câmbio.	00 item
18 Cheque.	00 item
19 Nota promissória.	00 item
20 Duplicata.	00 item
21 Aceite.	00 item
22 Aval.	00 item
23 Endosso.	00 item
24 Protesto.	00 item
25 Prescrição.	00 item
26 Ações cambiais.	00 item
Total de itens:	**16 itens**

Ressalte-se que, na análise dos itens e na identificação conforme os conteúdos programáticos, alguns assuntos poderiam ser colocados em mais de um tópico, pois, mesclam temas diversos.

Por fim, é importante ressaltar que a análise objeto desta obra procurou, intencionalmente, dar especial atenção aos certames ocorridos a partir de 2007. É que o longo tempo decorrido desde então – ou seja, mais de 10 anos – poderia levar a resultados estatísticos deturpados em razão das mudanças no conteúdo programático do edital e no perfil nos concursos públicos mais recentemente.

4. ALGUNS PONTOS ESPECÍFICOS MAIS RELEVANTES NAS PROVAS OBJETIVAS

Em Direito Empresarial, os destaques dos assuntos exigidos pela banca examinadora são: desconsideração da personalidade jurídica e regime jurídico das sociedades de fato e de direito.

Destacam-se, ainda, questões relativas à responsabilidade dos sócios na atividade empresarial.

Interessante observar que, mesmo na prova de Direito Empresarial, a banca examinadora do último concurso teve a preocupação em contextualizar ao conteúdo teórico com a atividade cotidiana dos defensores públicos. Vejamos o exemplo extraído do 6º concurso público da DPU, realizado em 2017:

> Uma senhora procurou a DP para ajuizar ação de alimentos contra o pai de seu filho menor de idade. Ela informou que o genitor não possuía bens em seu nome, mas exercia atividade empresarial em sociedade com um amigo: a venda de quentinhas. Apresentou cópia do contrato social, que, contudo, não era inscrito no órgão de registro próprio.
>
> Considerando essa situação hipotética e a necessidade de se obter o pagamento da pensão, julgue os itens a seguir.
>
> **13** O maquinário utilizado para a produção das quentinhas é classificado como patrimônio especial, do qual os dois sócios são titulares em comum.
>
> **14** Se o pai não pagar os alimentos espontaneamente e não forem encontrados bens de sua titularidade, caberá à DP invocar a teoria da desconsideração da personalidade jurídica contra a sociedade empresária.
>
> **15** O contrato social apresentado, mesmo sem registro no órgão competente, servirá como prova da existência da sociedade, seja para a

> finalidade pretendida na ação de alimentos, seja para eventual discussão entre os sócios acerca da titularidade dos bens sociais.

O gabarito definitivo apontou as respostas: Item 13 - Correto; Item 14 - Errado, e Item 15 - Correto.

O item 13 está correto, porque, enquanto não inscritos os atos constitutivos, a sociedade será regida conforme sociedade em comum e, segundo o art. 988 do CC, "os bens e dívidas sociais constituem patrimônio especial, do qual os sócios são titulares em comum". O item 14 está incorreto, pois, se trata de sociedade não personificada, logo, incabível a desconsideração de um ente que não detém personalidade jurídica. O item 15 está correto, pois, o documento permite provar que a sociedade existe enquanto sociedade (art. 987 do CC) não personificada, bem como a existência de renda do genitor para fins de ação de alimentos.

Veja que o examinador conseguiu conciliar o conhecimento da "legislação seca" acerca da sociedade em comum e dos aspectos doutrinários da desconsideração da personalidade jurídica com uma situação prática vivenciada no cotidiano da Defensoria Pública. Tal perfil de questionamento deve ser uma tendência para os próximos concursos.

Aliás, esses temas - sociedade em comum, responsabilidade dos sócios e desconsideração da personalidade jurídica - também foram objeto de arguição no 5º concurso público da DPU, realizado em 2014, reforçando a probabilidade de que tais conteúdos sejam cobrados nos próximos certames. Vejamos como o examinador explorou o assunto:

> Acerca da responsabilidade dos sócios, da sociedade em comum e da desconsideração da pessoa jurídica, julgue os próximos itens.
>
> **21** Os sócios de sociedade em nome coletivo devem ser pessoas físicas e podem, sem prejuízo da responsabilidade perante terceiros, limitar entre si a responsabilidade de cada um.
>
> **22** Para fins de desconsideração da pessoa jurídica, adota-se, no Código Civil, a denominada teoria maior subjetiva.
>
> **23** Na sociedade em comum, o sócio responderá solidária e ilimitadamente pelas obrigações sociais, mas fará jus a benefício de ordem, se não tiver sido aquele que contratou pela sociedade.
>
> **24** Conforme a jurisprudência do STJ, admite-se a desconsideração inversa da pessoa jurídica.

O gabarito definitivo apontou as respostas: Item 21 - Correto; Item 22 - Anulado; Item 23 - Correto, e Item 24 - Correto.

O item 21 está correto, porque, segundo o art. 1.039 do CC, somente pessoas físicas podem tomar parte na sociedade em nome coletivo, respondendo todos os sócios, solidária e ilimitadamente, pelas obrigações sociais. Sem prejuízo da responsabilidade perante terceiros, podem os sócios, no ato constitutivo, ou por unânime convenção posterior, limitar entre si a responsabilidade de cada um.

O item 22 foi anulado pela banca examinadora "por haver divergências na doutrina a respeito do assunto abordado no item".

O item 23 está correto, pois, corresponde à redação do art. 990 do CC: todos os sócios respondem solidária e ilimitadamente pelas obrigações sociais, excluído do benefício de ordem, previsto no art. 1.024, aquele que contratou pela sociedade.

O item 24 traduz a jurisprudência do STJ, que afirma: "com a desconsideração inversa da personalidade jurídica, busca-se impedir a prática de transferência de bens pelo sócio para a pessoa jurídica sobre a qual detém controle, afastando-se momentaneamente o manto fictício que separa o sócio da sociedade para buscar o patrimônio que, embora conste no nome da sociedade, na realidade, pertence ao sócio fraudador" (REsp 1647362/SP, Rel. Ministra NANCY ANDRIGHI, TERCEIRA TURMA, julgado em 03/08/2017).

Observe que, novamente, os temas relacionados com o regime jurídico das sociedades empresariais foram abordados com base na literalidade do Código Civil ("legislação seca"), enquanto que os temas sobre desconsideração da personalidade jurídica foram tratados com referência à jurisprudência.

Nos próximos certames, é possível que tais tópicos sejam também abordados com base nas inovações do Código de Processo Civil de 2015.

5. DOUTRINA, JURISPRUDÊNCIA E "LEI SECA" NOS CONCURSOS DA DPU

Observando as questões já apresentadas na análise das provas objetivas em Direito Empresarial, constata-se que as bancas examinadoras exigem, com frequência, o conhecimento da "legislação seca" e alguns pontos da jurisprudência do STJ.

A doutrina parece ter alguma relevância nas questões em Direito Empresarial, mas não houve incidência significativa nas últimas provas da DPU. De qualquer forma, a doutrina parece ter importância em pontos específicos do conteúdo programático.

6. DICAS FINAIS PARA OS CANDIDATOS

No âmbito do Direito Empresarial, tenha atenção especial à literalidade do Código Civil e faça um estudo dos últimos informativos do Superior Tribunal de Justiça.

Selecione na bibliografia escolhida alguns capítulos específicos para o aprofundamento doutrinário (p. ex., conceito de empresário, classificações e espécies de desconsideração da personalidade jurídica, sociedades de direito e de fato e etc.).

Por fim, a disciplina de Direito Empresarial, dada sua dificuldade técnica, pode ser estudada com base na resolução de exercícios (simulações de provas objetivas), o que é altamente recomendável para a melhor apreensão do conteúdo e, consequentemente, do sucesso do candidato.

DIREITO DO CONSUMIDOR

1. BIBLIOGRAFIA INDICADA

O "Manual de Direito do Consumidor", do procurador da República Felipe Braga Netto, é uma boa referência para concursos públicos. O livro é bem organizado, traz questões dos últimos concursos e conta com resumos ao final de cada capítulo. O conteúdo está atualizado com a legislação e a jurisprudência, notadamente do STJ. O autor possui grande reconhecimento acadêmico e profissional.

O livro "Direito do Consumidor Esquematizado", do professor Fabrício Bolzan, é uma boa indicação para concursos públicos em geral. A obra faz parte de coleção voltada especificamente para concursos públicos e tem sido atualizada nos últimos anos. Portanto, apesar de ser uma obra volumosa, certamente irá contribuir para seus estudos.

Para aqueles que optam por livros mais resumidos, uma boa opção seria o "Leis Especiais para Concursos – Direito do Consumidor", de Leonardo Garcia, ou o "Resumos para Concursos – Direito do Consumidor", de Nathália Stivalle Gomes. Também são obras específicas para concursos públicos e que estão atualizadas. Possuem um conteúdo mais resumido e, além disso, um preço mais atrativo para o concurseiro.

Os livros mais resumidos podem ser opção melhor para o conteúdo de Direito do Consumidor nas provas da DPU. A preocupação é que seja uma obra voltada para concurso público e que esteja atualizada.

2. CONTEÚDO PROGRAMÁTICO NOS EDITAIS DA DPU

A Resolução n. 118, de 05 de novembro de 2015, que dispõe sobre os concursos públicos para ingresso na carreira de Defensor Público Federal, destaca mais de vinte disciplinas a serem objeto de arguição nas provas objetivas, dissertativas e orais.

Vejamos o conteúdo programático nos últimos quatro concursos já realizados:

Edital	Conteúdo Programático (Direito do Consumidor)
6º Concurso (Edital publicado em 12 de junho de 2017, com retificação)	1 A proteção constitucional ao consumidor. 2 O Código de Defesa do Consumidor. 2.1 Direitos básicos do consumidor. 2.2 O acesso à Justiça e a inversão do ônus da prova. 2.3 Definição de consumidor e fornecedor. 3 O Código de Defesa do Consumidor e as instituições financeiras. 4 Fato do produto e do serviço. 5 Vício do produto e do serviço. 6 Práticas abusivas. 7 Proteção contratual ao consumidor. 7.1 Boa-fé objetiva e equilíbrio econômico. 7.2 Interpretação em favor do consumidor. 7.3 O contrato de adesão. 8 O direito à informação. 9 A Defensoria Pública e a defesa do consumidor. 10 Teoria da imprevisão. 11 Responsabilidade civil do fornecedor. 12 Responsabilidade solidária e direito de regresso. 13 Excludentes do dever de indenizar. 14 Decadência e prescrição. 15 Da publicidade. 16 Da cobrança de dívidas. 17 Dos bancos de dados e cadastros de consumidores.
5º Concurso (Edital publicado em 31 de outubro de 2014).	1 A proteção constitucional ao consumidor. 2 O Código de Defesa do Consumidor. 2.1 Direitos básicos do consumidor. 2.2 O acesso à Justiça e a inversão do ônus da prova. 2.3 Definição de consumidor e fornecedor. 3 O Código de Defesa do Consumidor e as instituições financeiras. 4 Fato do produto e do serviço. 5 Vício do produto e do serviço. 6 Práticas abusivas. 7 Proteção contratual ao consumidor. 7.1 Boa-fé objetiva e equilíbrio econômico. 7.2 Interpretação em favor do consumidor. 7.3 O contrato de adesão. 8 O direito à informação. 9 A Defensoria Pública e a defesa do consumidor. 10 Teoria da imprevisão. 11 Responsabilidade civil do fornecedor. 12 Responsabilidade solidária e direito de regresso. 13 Excludentes do dever de indenizar.

Edital	Conteúdo Programático (Direito do Consumidor)
4º Concurso (Edital publicado em 31 de dezembro de 2009).	[...] 12 Consumidor: conceitos básicos. 12.1 Dos direitos básicos do consumidor. 12.2 Teoria da imprevisão. 12.3 Reparação dos danos patrimoniais e morais. 12.4 Inversão do ônus da prova. 13 Fornecedor. 13.1 Pessoa física ou jurídica, pública ou privada, nacional ou estrangeira. 13.2 Teoria da responsabilidade civil objetiva do fornecedor, por defeitos do produto e da prestação de serviços: acidentes de consumo. 13.3 Responsabilidade do fornecedor pelos atos de seus prepostos e/ou representantes autônomos. 14 Da publicidade e propaganda. 14.1 Princípios. 14.2 Publicidade enganosa e abusiva. 14.3 Publicidade enganosa por omissão. 14.4 Das práticas abusivas. 14.5 Responsabilidade pessoal dos profissionais liberais. 15 Produto. 15.1 Conceito. 15.2 Serviço. 15.3 Gratuidade. 15.4 Serviços públicos essenciais. 15.5 Da proteção à saúde e segurança. 16 Da responsabilidade pelo fato do produto e do serviço. 16.1 Da responsabilidade por vício do produto e do serviço. 16.2 Responsabilidade objetiva. 16.3 Responsabilidade solidária e direito de regresso. 16.4 Excludentes do dever de indenizar.
3º Concurso (Edital publicado em 5 de setembro de 2007).	[...] 12 Consumidor: conceitos básicos. 12.1 Dos direitos básicos do consumidor. 12.2 Teoria da imprevisão. 12.3 Reparação dos danos patrimoniais e morais. 12.4 Inversão do ônus da prova. 13 Fornecedor. 13.1 Pessoa física ou jurídica, pública ou privada, nacional ou estrangeira. 13.2 Teoria da responsabilidade civil objetiva do fornecedor, por defeitos do produto e da prestação de serviços: acidentes de consumo. 13.3 Responsabilidade do fornecedor pelos atos de seus prepostos e ou representantes autônomos. 14 Da publicidade e propaganda. 14.1 Princípios. 14.2 Publicidade enganosa e abusiva. 14.3 Publicidade enganosa por omissão. 14.4 Das práticas abusivas. 14.5 Responsabilidade pessoal dos profissionais liberais. 15 Produto. 15.1 Conceito. 15.2 Serviço. 15.3 Gratuidade. 15.4 Serviços públicos essenciais. 15.5 Da proteção à saúde e segurança. 16 Da responsabilidade pelo fato do produto e do serviço. 16.1 Da responsabilidade por vício do produto e do serviço. 16.2 Responsabilidade objetiva. 16.3 Responsabilidade solidária e direito de regresso. 16.4 Excludentes do dever de indenizar.

Os dois últimos certames trouxeram praticamente o mesmo conteúdo programático (editais de 2014 e 2017), o que representa uma tendência para os próximos concursos. Ressalte-se que, nos concursos anteriores da DPU, a disciplina de Direito do Consumidor integrava o conteúdo programático de Direito Civil.

Trata-se de conteúdo relativamente extenso e de grande incidência na doutrina e jurisprudência, o que pode ser um desafio para o candidato.

De acordo com o último edital, serão quatro as Bancas Examinadoras, cada uma responsável por um grupo de disciplinas. Atualmente, o Grupo I é composto por Direito Civil, Direito Empresarial, Direito do Consumidor, Direito Ambiental, Direito Processual Civil e Direito Tributário.

3. ANÁLISE GERAL DAS ÚLTIMAS PROVAS OBJETIVAS

Nos últimos concursos realizados, a Defensoria Pública da União optou pela execução da primeira etapa por instituição especializada (CESPE/CEBRASPE), o que poderá refletir numa tendência para os próximos editais.

Após a análise das quatro últimas provas objetivas, realizadas *entre 2007 e 2017*, ou seja, aproximadamente dez anos de interregno, foi possível verificar a seguinte distribuição de questões conforme os tópicos do conteúdo programático. Vejamos:

6º Concurso (Edital publicado em 12 de junho de 2017, com retificação).	
Tópico do Conteúdo Programático	**Quantidade de Itens[10]**
1 A proteção constitucional ao consumidor.	00 item
2 O Código de Defesa do Consumidor. 2.1 Direitos básicos do consumidor. 2.2 O acesso à Justiça e a inversão do ônus da prova. 2.3 Definição de consumidor e fornecedor.	00 item

10. Quantidade "aproximada" de itens, pois, algumas podem envolver o conhecimento relacionado a mais de um tópico do conteúdo programático.

6º Concurso (Edital publicado em 12 de junho de 2017, com retificação).	
Tópico do Conteúdo Programático	**Quantidade de Itens**
3 O Código de Defesa do Consumidor e as instituições financeiras.	01 item
4 Fato do produto e do serviço.	00 item
5 Vício do produto e do serviço.	00 item
6 Práticas abusivas.	01 item
7 Proteção contratual ao consumidor. 7.1 Boa-fé objetiva e equilíbrio econômico. 7.2 Interpretação em favor do consumidor. 7.3 O contrato de adesão.	02 itens
8 O direito à informação.	00 item
9 A Defensoria Pública e a defesa do consumidor.	00 item
10 Teoria da imprevisão.	00 item
11 Responsabilidade civil do fornecedor.	00 item
12 Responsabilidade solidária e direito de regresso.	01 item
13 Excludentes do dever de indenizar.	00 item
14 Decadência e prescrição.	00 item
15 Da publicidade.	00 item
16 Da cobrança de dívidas.	00 item
17 Dos bancos de dados e cadastros de consumidores.	01 item
Total de itens:	**06 itens**

5º Concurso (Edital publicado em 31 de outubro de 2014).	
Tópico do Conteúdo Programático	**Quantidade de Itens[11]**
1 A proteção constitucional ao consumidor.	00 item
2 O Código de Defesa do Consumidor. 2.1 Direitos básicos do consumidor. 2.2 O acesso à Justiça e a inversão do ônus da prova. 2.3 Definição de consumidor e fornecedor.	01 item
3 O Código de Defesa do Consumidor e as instituições financeiras.	00 item
4 Fato do produto e do serviço.	02 itens
5 Vício do produto e do serviço.	00 item
6 Práticas abusivas.	01 item
7 Proteção contratual ao consumidor. 7.1 Boa-fé objetiva e equilíbrio econômico. 7.2 Interpretação em favor do consumidor. 7.3 O contrato de adesão.	01 item
8 O direito à informação.	00 item
9 A Defensoria Pública e a defesa do consumidor.	00 item
10 Teoria da imprevisão.	00 item
11 Responsabilidade civil do fornecedor.	01 item
12 Responsabilidade solidária e direito de regresso.	00 item
13 Excludentes do dever de indenizar.	00 item
14 Decadência e prescrição.	00 item
15 Da publicidade.	00 item
16 Da cobrança de dívidas.	00 item

11. Quantidade "aproximada" de itens, pois, algumas podem envolver o conhecimento relacionado a mais de um tópico do conteúdo programático.

5º Concurso (Edital publicado em 31 de outubro de 2014).	
Tópico do Conteúdo Programático	**Quantidade de Itens**
17 Dos bancos de dados e cadastros de consumidores.	00 item
Total de itens:	**06 itens**

4º Concurso (Edital publicado em 31 de dezembro de 2009).	
Tópico do Conteúdo Programático	**Quantidade de Itens[12]**
1 A proteção constitucional ao consumidor.	00 item
2 O Código de Defesa do Consumidor. 2.1 Direitos básicos do consumidor. 2.2 O acesso à Justiça e a inversão do ônus da prova. 2.3 Definição de consumidor e fornecedor.	00 item
3 O Código de Defesa do Consumidor e as instituições financeiras.	00 item
4 Fato do produto e do serviço.	00 item
5 Vício do produto e do serviço.	03 itens
6 Práticas abusivas.	00 item
7 Proteção contratual ao consumidor. 7.1 Boa-fé objetiva e equilíbrio econômico. 7.2 Interpretação em favor do consumidor. 7.3 O contrato de adesão.	05 itens
8 O direito à informação.	00 item
9 A Defensoria Pública e a defesa do consumidor.	00 item

12. Quantidade "aproximada" de itens, pois, algumas podem envolver o conhecimento relacionado a mais de um tópico do conteúdo programático. Além disso, optou-se por fazer a classificação das questões com base no conteúdo programático do último edital, pois, em razão das diferenças com os editais anteriores, os dados estatísticos ficariam pouco fidedignos.

4º Concurso (Edital publicado em 31 de dezembro de 2009).	
Tópico do Conteúdo Programático	**Quantidade de Itens**
10 Teoria da imprevisão.	00 item
11 Responsabilidade civil do fornecedor.	02 itens
12 Responsabilidade solidária e direito de regresso.	00 item
13 Excludentes do dever de indenizar.	00 item
14 Decadência e prescrição.	00 item
15 Da publicidade.	00 item
16 Da cobrança de dívidas.	00 item
17 Dos bancos de dados e cadastros de consumidores.	00 item
Total de itens:	**10 itens**

3º Concurso (Edital publicado em 5 de setembro de 2007).	
Tópico do Conteúdo Programático	**Quantidade de Itens[13]**
1 A proteção constitucional ao consumidor.	00 item
2 O Código de Defesa do Consumidor. 2.1 Direitos básicos do consumidor. 2.2 O acesso à Justiça e a inversão do ônus da prova. 2.3 Definição de consumidor e fornecedor.	00 item

13. Quantidade "aproximada" de itens, pois, algumas podem envolver o conhecimento relacionado a mais de um tópico do conteúdo programático. Além disso, optou-se por fazer a classificação das questões com base no conteúdo programático do último edital, pois, em razão das diferenças com os editais anteriores, os dados estatísticos ficariam pouco fidedignos.

3º Concurso (Edital publicado em 5 de setembro de 2007).	
Tópico do Conteúdo Programático	**Quantidade de Itens**
3 O Código de Defesa do Consumidor e as instituições financeiras.	00 item
4 Fato do produto e do serviço.	00 item
5 Vício do produto e do serviço.	02 itens
6 Práticas abusivas.	00 item
7 Proteção contratual ao consumidor. 7.1 Boa-fé objetiva e equilíbrio econômico. 7.2 Interpretação em favor do consumidor. 7.3 O contrato de adesão.	00 item
8 O direito à informação.	00 item
9 A Defensoria Pública e a defesa do consumidor.	00 item
10 Teoria da imprevisão.	00 item
11 Responsabilidade civil do fornecedor.	00 item
12 Responsabilidade solidária e direito de regresso.	00 item
13 Excludentes do dever de indenizar.	00 item
14 Decadência e prescrição.	00 item
15 Da publicidade.	01 item
16 Da cobrança de dívidas.	00 item
17 Dos bancos de dados e cadastros de consumidores.	00 item
Total de itens:	**03 itens**

Consolidando os dados acima, podemos elaborar a seguinte tabela:

Consolidado (concursos realizados entre os anos de 2007 e 2017)	
Tópico do Conteúdo Programático	**Quantidade de Itens[14]**
1 A proteção constitucional ao consumidor.	00 item
2 O Código de Defesa do Consumidor. 2.1 Direitos básicos do consumidor. 2.2 O acesso à Justiça e a inversão do ônus da prova. 2.3 Definição de consumidor e fornecedor.	01 item
3 O Código de Defesa do Consumidor e as instituições financeiras.	01 item
4 Fato do produto e do serviço.	02 itens
5 Vício do produto e do serviço.	05 itens
6 Práticas abusivas.	02 itens
7 Proteção contratual ao consumidor. 7.1 Boa-fé objetiva e equilíbrio econômico. 7.2 Interpretação em favor do consumidor. 7.3 O contrato de adesão.	08 itens
8 O direito à informação.	00 item
9 A Defensoria Pública e a defesa do consumidor.	00 item
10 Teoria da imprevisão.	00 item
11 Responsabilidade civil do fornecedor.	03 itens

14. Quantidade "aproximada" de itens, pois, algumas podem envolver o conhecimento relacionado a mais de um tópico do conteúdo programático. Além disso, optou-se por fazer a classificação das questões com base no conteúdo programático do último edital, pois, em razão das diferenças com os editais anteriores, os dados estatísticos ficariam pouco fidedignos.

Consolidado (concursos realizados entre os anos de 2007 e 2017)	
Tópico do Conteúdo Programático	**Quantidade de Itens**
12 Responsabilidade solidária e direito de regresso.	01 item
13 Excludentes do dever de indenizar.	00 item
14 Decadência e prescrição.	00 item
15 Da publicidade.	01 item
16 Da cobrança de dívidas.	00 item
17 Dos bancos de dados e cadastros de consumidores.	01 item
Total de itens:	**25 itens**

Ressalte-se que, na análise dos itens e na identificação conforme os conteúdos programáticos, alguns assuntos poderiam ser colocados em mais de um tópico, pois, mesclam temas diversos.

Por fim, é importante ressaltar que a análise objeto desta obra procurou, intencionalmente, dar especial atenção aos certames ocorridos a partir de 2007. É que o longo tempo decorrido desde então – ou seja, mais de 10 anos – poderia levar a resultados estatísticos deturpados em razão das mudanças no conteúdo programático do edital e no perfil nos concursos públicos mais recentemente.

4. ALGUNS PONTOS ESPECÍFICOS MAIS RELEVANTES NAS PROVAS OBJETIVAS

A proteção contratual ao consumidor e as instituições financeiras são temas que merecem bastante atenção do candidato.

No 6º Concurso Público da DPU, realizado em 2017, foram tratadas as seguintes questões:

> Com base em informações do sistema de escore de crédito, método estatístico de avaliação de risco, determinada instituição financeira recusou pedido de empréstimo em dinheiro feito por João. Em razão

> da recusa, João ajuizou ação contra a instituição financeira, alegando prática comercial ilegal por parte dela, e requereu a aplicação do CDC. Considerando essa situação hipotética, julgue os itens a seguir à luz do entendimento do STJ.
>
> **19** Dadas as partes envolvidas na referida situação, o CDC não poderá ser aplicado ao caso, que deverá ser tratado com base nas disposições contratuais do Código Civil.
>
> **20** A utilização do escore de crédito é considerada prática comercial ilícita, na medida em que esse sistema constitui banco de dados indevido, por dispensar o consentimento do consumidor para que seus dados sejam nele incluídos.

O gabarito oficial apontou o Item 19 – Errado e o Item 20 – Errado. O primeiro item é respondido pela Súmula 297/STJ, segundo o qual o Código de Defesa do Consumidor é aplicável às instituições financeiras. O segundo item é respondido pela Súmula 550/STJ, no sentido de que a utilização de escore de crédito, método estatístico de avaliação de risco que não constitui banco de dados, dispensa o consentimento do consumidor, que terá o direito de solicitar esclarecimentos sobre as informações pessoais valoradas e as fontes dos dados considerados no respectivo cálculo.

Veja que ambas as questões foram respondidas com base na literalidade de súmulas do Superior Tribunal de Justiça, o que demonstra a importância do conhecimento de todos os enunciados relacionados com o Código de Defesa do Consumidor.

Ainda no 6º Concurso Público da DPU, realizado em 2017, foram tratadas as seguintes questões:

> Com referência à proteção contratual e ao contrato de adesão, julgue os seguintes itens.
>
> **23** Nas relações de consumo, não se admite cláusula resolutória nos contratos de adesão.
>
> **24** Aplicam-se as disposições do CDC às relações de consumo estabelecidas pela compra de produtos de camelôs, haja vista o vendedor ser considerado fornecedor.

O gabarito oficial apontou o Item 23 – Errado e o Item 24 – Certo. O primeiro item tem resposta no art. 54, § 2º, do CDC, pelo qual, nos contratos de adesão, admite-se cláusula resolutória, desde que a alternativa, cabendo a escolha ao consumidor, ressalvando-se o disposto no § 2º do art. 53. O segundo item tem resposta no art. 3º do CDC, pelo qual surge o conceito amplo de "fornecedor" como toda pessoa física ou jurídica, pública ou privada, nacional ou estrangeira, bem como os entes despersonalizados, que desenvolvem atividade de produção, montagem, criação, construção, transformação, importação, exportação, distribuição ou comercialização de produtos ou prestação de serviços.

Observe que, agora, na mesma prova objetiva, o examinador exigiu a literalidade de dispositivos legais para a resposta aos dois itens. Isso reforça o argumento de que um estudo estratégico de Direito do Consumidor demanda a memorização da "legislação seca" e o conhecimento da jurisprudência.

O conceito de fornecedor também foi explorado no 5º Concurso Público da DPU, ocorrido em 2015:

> João, por entender ser ilegal o reajuste da prestação mensal realizado pela entidade de previdência privada da qual é participante, ajuizou ação contra essa entidade. Pedro, por discordar dos valores corrigidos na sua aplicação em caderneta de poupança, e Lucas, em razão de contrato de concessão de crédito, ajuizaram ações contra determinado banco.
>
> A respeito dessas situações hipotéticas e do disposto no CDC, julgue o item abaixo.
>
> **25** O CDC é aplicável às situações apresentadas.

O gabarito definitivo apontou o Item 25 – Correto. Trata-se, atualmente, de aplicação da Súmula 563/STJ: o Código de Defesa do Consumidor é aplicável às entidades abertas de previdência complementar, não incidindo nos contratos previdenciários celebrados com entidades fechadas. Na época de realização do certame, prevalecia ainda a Súmula 321/STJ, que foi cancelada em 2016.

Novamente, o critério de arguição da banca examinadora foi a literalidade de enunciado das Súmulas do Superior Tribunal de Justiça, sempre confirmando a necessidade de estudo da jurisprudência.

No 3º Concurso Público da DPU, ocorrido em 2007, o examinador tratou de temas importantíssimos e que serão objeto de arguição nos próximos certames: fato e vício de produtos ou serviços. Vejamos:

> No que se refere aos direitos do consumidor, julgue os itens subsequentes.
>
> **69** Os vícios de inadequação são aqueles que afetam a prestabilidade do produto, prejudicando seu uso e fruição ou diminuindo o seu valor. Esses vícios ocorrem, ainda, quando a informação prestada não corresponde verdadeiramente ao produto, que se mostra, de qualquer forma, impróprio para o fim a que se destina e desatende a legítima expectativa do consumidor.
>
> **70** Para a reparação de defeito na qualidade do produto, ainda que este não tenha causado danos, o consumidor pode dirigir sua pretensão contra qualquer um dos fornecedores da cadeia de produção, por meio de ação judicial. Nesse caso, além de haver inversão do ônus da prova ou o seu custeio pela parte ré, o consumidor pode requerer o desfazimento do negócio, com a devolução dos valores pagos ou a substituição do produto por outro.
>
> [...]

O gabarito definitivo indicou que: Item 69 – Correto e Item 70 – Errado.

A resposta ao primeiro item é extraída da interpretação do art. 18 do CDC: os fornecedores de produtos de consumo duráveis ou não duráveis respondem solidariamente pelos vícios de qualidade ou quantidade que os tornem impróprios ou inadequados ao consumo a que se destinam ou lhes diminuam o valor, assim como por aqueles decorrentes da disparidade, com a indicações constantes do recipiente, da embalagem, rotulagem ou mensagem publicitária, respeitadas as variações decorrentes de sua natureza, podendo o consumidor exigir a substituição das partes viciadas.

A resposta ao segundo item é errada, pois, apesar de haver responsabilidade sem culpa, a existência de dano é sempre pressuposto da responsabilidade. Ademais, em 2005, o STJ entendeu que "a simples inversão do ônus da prova, no sistema do Código de Defesa do Consumidor, não gera a obrigação de custear as despesas com a perícia, embora sofra a parte ré as consequências decorrentes de sua não-produção" (REsp 639.534/MT, Rel. Ministro CARLOS ALBERTO MENEZES DIREITO, SEGUNDA SEÇÃO, julgado em 09/11/2005).

Observe que os dois itens foram respondidos com base em interpretação da literalidade do Código de Defesa do Consumidor, bem como na jurisprudência do Superior Tribunal de Justiça.

5. DOUTRINA, JURISPRUDÊNCIA E "LEI SECA" NOS CONCURSOS DA DPU

Observando as questões já apresentadas na análise das provas objetivas em Direito do Consumidor, constata-se que as bancas examinadoras exigem, com frequência, o conhecimento da jurisprudência do STJ. Várias questões são extraídas de ementas de julgados e/ou súmulas.

O conhecimento da literalidade da legislação, notadamente o CDC, também é essencial para a prova de Direito do Consumidor. Assim, a leitura – e memorização – dos dispositivos continua sendo uma exigência para o sucesso do candidato. Vimos que vários itens foram retirados, literalmente, dos dispositivos da legislação que rege as relações de consumo.

O estudo da doutrina possui alguma relevância para os próximos certames da DPU, mas em aspectos pontuais a serem cuidadosamente selecionados pelo candidato para melhor aproveitamento do tempo de estudo. Portanto, de maneira estratégica, convém que o candidato selecione com cuidado alguns capítulos específicos da bibliografia de sua preferência.

6. DICAS FINAIS PARA OS CANDIDATOS

Em Direito do Consumidor, tenha atenção especial aos seguintes dispositivos do Código de Defesa do Consumidor (Lei n. 8.078/90): arts. 1º a 7º, 12 a 17, 18 a 25, 26 e 27, 28, 36 a 38, 43, 50, 51 e 54.

Dada a importância do estudo da jurisprudência, sugiro, ainda, que sejam memorizadas as seguintes Súmulas do STJ, dentre outras: 37, 297, 359, 385, 404, 473, 477, 479, 532, 543, 550, 563, 595, 601, 602 e 608.

DIREITO AMBIENTAL

1. BIBLIOGRAFIA INDICADA

Estrategicamente, o estudo para a primeira etapa do concurso da Defensoria Pública da União precisa se pautar na distribuição adequada de tempo investido em cada uma das mais de 20 disciplinas previstas no edital. Para o sucesso, a escolha do material de estudo adequado torna-se crucial.

A escolha da bibliografia depende muito do gosto de cada candidato. Alguns fazem questão de estudar por obras mais completas. Outros, como era o meu caso, preferem materiais mais resumidos. Aqui, darei apenas as minhas impressões pessoais para os candidatos que almejam o concurso da DPU.

Particularmente, acredito que o livro "Direito Ambiental", do professor Frederico Amado, pela Editora Juspodivm, tem sido um dos mais utilizados pelos candidatos que se preparam para concursos públicos com nível de exigência mais elevada. O mesmo autor produziu o volume "Sinopses para Concursos – V.30 – Direito Ambiental", sendo uma versão reduzida, mais barata e voltada especificamente para concursos públicos.

Também vale como indicação o livro "Leis Especiais para concursos – v.10– Direito Ambiental (2017)", também da Editora Juspodivm, que pode ser útil ao candidato com dificuldade em fixar a legislação seca.

Recentemente, foi reeditado o livro "Direito Ambiental Esquematizado", atualmente pelo professor Marcelo Abelha Rodrigues, editado pela Saraiva, que também pode ser uma opção aos candidatos que apreciam obras mais volumosas.

Todos esses livros têm sido elaborados com uma proposta voltada também para concursos públicos, ou seja, preocupados com a atualização do conteúdo em termos legislativos e jurisprudenciais.

Para resolução de exercícios em provas objetivas, com questões comentadas e breves resumos doutrinários, recomendável o "Revisaço Direito Ambiental", também da Editora Juspodivm.

Por fim, convém dar uma conferida nas obras do "Dizer o Direito", que trazem com excelente didática os principais julgados do STF e do STJ.

2. CONTEÚDO PROGRAMÁTICO NOS EDITAIS DA DPU

A exigência do conteúdo programático de Direito Ambiental é uma novidade nos concursos públicos já realizados pela Defensoria Pública da União.

De fato, a análise dos quatro últimos editais mostra que apenas no 6º Concurso (Edital publicado em 12 de junho de 2017, com retificação) houve a inclusão do Direito Ambiental dentre as disciplinas que compõem o conteúdo programático, estando ela situada dentre as matérias que integram o Grupo I nas três fases (provas objetivas, dissertativas e orais). Vejamos:

Edital	Conteúdo Programático (Direito Administrativo)
6º Concurso (Edital publicado em 12 de junho de 2017, com retificação)	1 Direito ambiental constitucional. 1.1 Meio ambiente como direito fundamental. 1.2 Princípios estruturantes do estado de direito ambiental. 1.3 Competências ambientais legislativa e material. 1.4 Deveres ambientais. 1.5 Instrumentos jurisdicionais. 1.5.1 Ação civil pública, ação penal pública, mandado de segurança individual e coletivo, ação popular, mandado de injunção ambiental. 1.6 Função ambiental pública e privada. 1.7 Função social da propriedade. 1.8 Art. 225 da Constituição Federal de 1988. 2 Conceito de meio ambiente

Edital	Conteúdo Programático (Direito Administrativo)
6º Concurso (Edital publicado em 12 de junho de 2017, com retificação)	e seus aspectos. 3 Princípios de direito ambiental. 3.1 Prevenção, precaução, poluidor-pagador e usuário-pagador, cooperação, informação, participação, equidade intergeracional. 3.2 Princípios da tutela do patrimônio cultural. 3.2.1 Cooperação, solidariedade, participação e informação, preservação do sítio e proteção do entorno, uso compatível com a natureza do bem, pró-monumento, valorização sustentável. 4 Política Nacional de Meio Ambiente. 4.1 Objetivos. 4.2 Instrumentos de proteção (técnicos e econômicos). 4.3 SISNAMA: estrutura e funcionamento. 4.4 Lei nº 6.938/1981 e suas alterações. 4.5 Decreto nº 99.274/1990. 4.6 Resolução do CONAMA nº 1/1986 e suas alterações (Relatório de Impacto Ambiental – EIA-RIMA). 4.7 Resolução do CONAMA nº 237/1997 (Licenciamento Ambiental). 4.8 Resolução do CONAMA nº 378/2006 e suas alterações (empreendimentos potencialmente causadores de impacto ambiental nacional ou regional). 5 Recursos hídricos. 5.1 Lei nº 9.433/1997 e suas alterações (Política Nacional de Recursos Hídricos, cria o Sistema Nacional de Gerenciamento de Recursos Hídricos). 5.2 Resolução do CNRH nº 16/2001. 5.3 Sistema Nacional de Gerenciamento de Recursos Hídricos (SINGREH). 6 Recursos florestais. 6.1 Lei nº 12.651/2012 e suas alterações. 6.2 Resoluções do CONAMA nº 302/2002 e 303/2002 e suas alterações. 6.3 Lei nº 11.284/2006 e suas alterações
6º Concurso (Edital publicado em 12 de junho de 2017, com retificação)	(Gestão de florestas públicas). 6.3.1 Significado de gestão e de concessão florestal. 7 Espaços territoriais especialmente protegidos. 7.1 Áreas de preservação permanente e reserva legal. 7.2 Lei nº 9.985/2000 e suas alterações (SNUC). 7.2.1 Tipos de unidades, objetivos e categorias. 8 Política urbana. 8.1 Diretrizes, instrumentos e competência. 8.2 Artigos 182 e 183 da Constituição Federal. 8.3 Lei nº 10.257/2001 e suas alterações. 8.4 Lei nº 13.089/2015. 9 Responsabilidades. 9.1 Efeito, impacto e dano ambiental. 9.2 Poluição. 9.3 Responsabilidade administrativa, civil e penal. 9.4 Tutela processual. 9.4.1 STF, STJ e tribunais de justiça estaduais. 9.5 Crimes ambientais: espécies e sanções penais previstas. 9.6 Lei nº 9.605/1998 e suas alterações. 9.7 Decreto nº 6.514/2008. 10 Infrações administrativas e sanções.

Edital	Conteúdo Programático (Direito Administrativo)
5º Concurso (Edital publicado em 31 de outubro de 2014).	Sem previsão.
4º Concurso (Edital publicado em 31 de dezembro de 2009).	Sem previsão.
3º Concurso (Edital publicado em 5 de setembro de 2007).	Sem previsão.

No 5º Concurso da DPU, com Edital publicado em 31 de outubro de 2014, havia previsão do Subitem 19 de Direito Constitucional ("Direito Constitucional Ambiental"); do Subitem 22 de Direito Internacional ("O Direito Ambiental internacional"), e do Subitem 19 de Direito Penal ("Crimes contra o meio ambiente").

Pela previsão do 6º Concurso da DPU, realizado em 2017, a banca examinadora inovou no certame para trazer conteúdo extenso e aprofundado. Essa será uma tendência para os próximos editais, notadamente pela atuação cada vez mais presente de Defensores Públicos Federais em matérias de Direito Ambiental.

3. ANÁLISE GERAL DA(S) ÚLTIMA(S) PROVA(S) OBJETIVA(S)

Conforme já exposto, a disciplina Direito Ambiental, como matéria autônoma no conteúdo programático, foi uma inovação do 6º Concurso da DPU, realizado em 2017.

De qualquer forma, apesar de limitada a subitens do Edital de abertura do 5º Concurso da DPU, publicado 2014, o tema "meio ambiente" foi objeto de avaliação no Subitem 19 de Direito Penal e no Subitem 22 de Direito Internacional. Vejamos:

6º Concurso (Edital publicado em 12 de junho de 2017, com retificação).	
Tópico do Conteúdo Programático	**Quantidade de Itens**[15]
1 Direito ambiental constitucional. 1.1 Meio ambiente como direito fundamental. 1.2 Princípios estruturantes do estado de direito ambiental. 1.3 Competências ambientais legislativa e material. 1.4 Deveres ambientais. 1.5 Instrumentos jurisdicionais. 1.5.1 Ação civil pública, ação penal pública, mandado de segurança individual e coletivo, ação popular, mandado de injunção ambiental. 1.6 Função ambiental pública e privada. 1.7 Função social da propriedade. 1.8 Art. 225 da Constituição Federal de 1988.	00 item
2 Conceito de meio ambiente e seus aspectos.	00 item
3 Princípios de direito ambiental. 3.1 Prevenção, precaução, poluidor-pagador e usuário-pagador, cooperação, informação, participação, equidade intergeracional. 3.2 Princípios da tutela do patrimônio cultural. 3.2.1 Cooperação, solidariedade, participação e informação, preservação do sítio e proteção do entorno, uso compatível com a natureza do bem, pró-monumento, valorização sustentável.	00 item
4 Política Nacional de Meio Ambiente. 4.1 Objetivos. 4.2 Instrumentos de proteção (técnicos e econômicos). 4.3 SISNAMA: estrutura e funcionamento. 4.4 Lei nº 6.938/1981 e suas alterações. 4.5 Decreto nº 99.274/1990. 4.6 Resolução do CONAMA nº 1/1986 e suas alterações (Relatório de Impacto Ambiental – EIA-RIMA). 4.7 Resolução do CONAMA nº 237/1997 (Licenciamento Ambiental). 4.8 Resolução do CONAMA nº 378/2006 e suas alterações (empreendimentos potencialmente causadores de impacto ambiental nacional ou regional).	00 item
5 Recursos hídricos. 5.1 Lei nº 9.433/1997 e suas alterações (Política Nacional de Recursos Hídricos, cria o Sistema Nacional de Gerenciamento de Recursos Hídricos). 5.2 Resolução do CNRH nº 16/2001. 5.3 Sistema Nacional de Gerenciamento de Recursos Hídricos (SINGREH).	00 item
6 Recursos florestais. 6.1 Lei nº 12.651/2012 e suas alterações. 6.2 Resoluções do CONAMA nº 302/2002 e 303/2002 e suas alterações. 6.3 Lei nº 11.284/2006 e suas alterações (Gestão de florestas públicas). 6.3.1 Significado de gestão e de concessão florestal.	00 item

15. Quantidade "aproximada" de itens, pois, algumas podem envolver o conhecimento relacionado a mais de um tópico do conteúdo programático.

6º Concurso (Edital publicado em 12 de junho de 2017, com retificação).	
Tópico do Conteúdo Programático	**Quantidade de Itens**
7 Espaços territoriais especialmente protegidos. 7.1 Áreas de preservação permanente e reserva legal. 7.2 Lei nº 9.985/2000 e suas alterações (SNUC). 7.2.1 Tipos de unidades, objetivos e categorias.	02 itens
8 Política urbana. 8.1 Diretrizes, instrumentos e competência. 8.2 Artigos 182 e 183 da Constituição Federal. 8.3 Lei nº 10.257/2001 e suas alterações. 8.4 Lei nº 13.089/2015.	01 item
9 Responsabilidades. 9.1 Efeito, impacto e dano ambiental. 9.2 Poluição. 9.3 Responsabilidade administrativa, civil e penal. 9.4 Tutela processual. 9.4.1 STF, STJ e tribunais de justiça estaduais. 9.5 Crimes ambientais: espécies e sanções penais previstas. 9.6 Lei nº 9.605/1998 e suas alterações. 9.7 Decreto nº 6.514/2008.	02 itens
10 Infrações administrativas e sanções.	01 item
Total de itens:	**06 itens**

5º Concurso (Edital publicado em 31 de outubro de 2014).	
Tópico do Conteúdo Programático	**Quantidade de Itens[16]**
Subitem 19 de Direito Constitucional ("Direito Constitucional Ambiental")	00 item
Subitem 22 de Direito Internacional ("O Direito Ambiental internacional")	01 item
Subitem 19 de Direito Penal ("Crimes contra o meio ambiente")	01 item
Total de itens:	**02 itens**

16. Quantidade "aproximada" de itens, pois, algumas podem envolver o conhecimento relacionado a mais de um tópico do conteúdo programático.

Ressalte-se que, na análise dos itens e na identificação conforme os conteúdos programáticos, alguns assuntos poderiam ser colocados em mais de um tópico, pois, mesclam temas diversos. Optou-se pela classificação pela preponderância/relevância do assunto.

Por fim, ressalto que não havia previsão da disciplina Direito Ambiental nos editais anteriores.

4. ALGUNS PONTOS ESPECÍFICOS MAIS RELEVANTES NAS PROVAS OBJETIVAS

No 5º Concurso da DPU, cujo Edital foi publicado em 2014, o Direito Ambiental não era previsto como disciplina autônoma do conteúdo programático. Contudo, foi possível identificar dois subitens no edital e que foram objeto de arguição na prova objetiva. Vejamos:

> Em relação aos crimes contra a fé pública, aos crimes contra a administração pública, aos crimes de tortura e aos crimes contra o meio ambiente, julgue os itens a seguir.
>
> **62** Exportar para o exterior peles e couros de mamíferos, em estado bruto, sem a autorização da autoridade competente caracteriza crime ambiental, devendo o autor desse crime ser processado e julgado pela justiça federal.
>
> No que se refere ao direito internacional, julgue os itens seguintes.
>
> **166** De acordo com a jurisprudência do STF, os tratados de direitos humanos e os tratados sobre direito ambiental possuem estatura supralegal.

De acordo com o gabarito definitivo, a banca examinadora considerou: Item 62 – Errado e Item 166 – Errado. Os itens exploraram aspectos do Direito Penal e do Direito Internacional relacionados com o meio ambiente. Com relação ao Item 62, o delito está previsto no art. 30 da Lei n. 9.605/98 e o Superior Tribunal de Justiça entende que "a Justiça Federal somente será competente para processar e julgar a ação penal, quando caracterizada real lesão a bens, serviços ou interesses da União, de suas autarquias ou empresas públicas federais, em conformidade com o art. 109, IV, da Constituição" (RHC 39.664/PR, Rel. Ministro SEBASTIÃO REIS JÚNIOR, SEXTA TURMA, julgado em 03/10/2017). Quanto ao Item 62, abordou-se o conhecimento do art. 5º, § 3º, da CRFB e da jurisprudência do STF acerca da tese da supralegalidade dos tratados internacionais, especificamente sobre direitos humanos.

No 6º Concurso da DPU, realizado em 2017, o Direito Ambiental foi incluído como disciplina autônoma do conteúdo programático. Foram seis itens específicos acerca da matéria. Vejamos:

> Um agricultor autuado por infração ambiental solicitou auxílio da DP. No auto de infração, constam: a conduta de impedir a regeneração natural de floresta localizada em APP, por manter a área como pasto; a indicação da pena de multa em razão da ilegalidade.
>
> Segundo o agricultor, na verificação, os agentes públicos federais afirmaram ser possível a responsabilização nas esferas administrativa, criminal e civil. Ele argumentou, por fim, que comprou a propriedade já no estado atual e que desconhecia as supostas ilegalidades.
>
> Com referência a essa situação hipotética, julgue os itens que se seguem.
>
> **25** O auto de infração em apreço só terá legalidade se tiver sido lavrado por autoridade policial e contiver o valor da multa, cujo pagamento, entretanto, só deverá ser feito após o julgamento administrativo, já que depende de confirmação de incidência.
>
> **26** Se ficar constatado que a área degradada pode ser recuperada por simples regeneração natural, a pena de multa indicada no auto de infração não poderá ser convertida em reparação de danos.
>
> **27** O argumento de desconhecimento da ilegalidade poderá ser eficiente para afastar eventual condenação criminal, mas não evitará a responsabilização civil.

De acordo com o gabarito definitivo, a banca examinadora considerou: Item 25 – Errado; Item 26 – Certo, e Item 27 – Certo. A questão tratou, basicamente, da literalidade da Lei n. 9.605/98, que, apesar de denominada Lei de Crime Ambiental, também abrange as infrações administrativas em Direito Ambiental, sendo regulamentada pelo Decreto n. 6.514/08.

O Item 25 está errado, pois, segundo o art. 70 da Lei n. 9.605/98, são autoridades competentes para lavrar auto de infração ambiental e instaurar processo administrativo os funcionários de órgãos ambientais integrantes do Sistema Nacional de Meio Ambiente – SISNAMA, designados para as atividades de fiscalização, bem como os agentes das Capitanias dos Portos, do Ministério da Marinha. A segunda parte da assertiva estava correta, já que o art. 126 do Decreto n. 6.514/08, que regulamenta a Lei n. 9.605/98, prevê, "julgado o auto de infração, o autuado será notificado por via postal com aviso de recebimento ou outro meio válido que assegure a certeza de sua ciência para pagar a multa no prazo de cinco dias, a partir do recebimento da notificação, ou para apresentar recurso".

O Item 26 estava correto, pois, o art. 72, § 4º, da Lei n. 9.605/98 prevê que a multa simples pode ser convertida em serviços de preservação, melhoria e recuperação da qualidade do meio ambiente. Regulamentando tal dispositivo, na redação anterior do art. 141, II, do Decreto n. 6.514/08, havia previsão de que não seria concedida a conversão de multa para reparação de danos de que trata o inciso I do art. 140 (execução de obras ou atividades de recuperação de danos decorrentes da própria infração), quando a recuperação da área degradada puder ser realizada pela simples regeneração natural. A redação dos arts. 140 e 141 do Decreto n. 6.514/08 foi alterada pelo Decreto n. 9.179/17.

O Item 27 está correto, uma vez que a legislação ambiental não exclui a responsabilidade administrativa do infrator ao mero argumento de desconhecimento da ilicitude. Por outro lado, no âmbito penal, o desconhecimento da norma, em tese, pode configurar erro de proibição (art. 21 do CP), que recai sobre a consciência da ilicitude do fato e, assim, excluir ou atenuar a culpabilidade.

Ainda no 6º Concurso da DPU, realizado em 2017, vieram os seguintes itens:

> A DP realizou mutirão com famílias que ocupam um imóvel público urbano situado na encosta de um morro. O objetivo era verificar quais diligências poderiam ser feitas em favor daquela comunidade, tendo em vista a intensa fiscalização ambiental e urbanística no local.
>
> Com relação a essa situação hipotética, julgue os itens subsequentes.
>
> **28** Em razão do local da ocupação em apreço, a DP tem fundamento jurídico para impugnar autos de infração que indiquem proteção a área de reserva legal.
>
> **29** Será cabível o ajuizamento de ação de usucapião pró-moradia para benefício das famílias da referida ocupação que possuam como sua área de até duzentos e cinquenta metros quadrados por período superior a cinco anos.

30 Para anular eventual intimação demolitória, a DP deverá provar que as encostas de morro já eram destituídas de vegetação nativa antes da construção de moradias no local e, dessa forma, será afastada a caracterização de tais encostas como APPs.

De acordo com o gabarito definitivo, temos: Item 28 – Correto; Item 29 – Errado, e Item 30 – Errado. As questões mesclaram temas diversos do Edital sobre Políticas Urbanas e Espaços Territoriais Especialmente Protegidos (arts. 182 e 183 da CRFB; Lei n. 12.651/12, e Lei n. 10.257/01).

O Item 28 pode ser considerado correto com base na Lei n. 12.651/12 ("Código Florestal"), uma vez que a expressão "reserva legal", segundo os arts. 3º, III, e 12 do Código é "área localizada no interior de uma propriedade ou posse rural", sendo que a questão se referia a ocupação urbana. Logo, seria possível a impugnação pela Defensoria Pública.

O Item 29 foi considerado errado, pois, o comando da questão se referiu a "famílias que ocupam um imóvel público urbano". A hipótese apontada no item é de usucapião especial de imóvel urbano, prevista nos arts. 9º e 10 da Lei n. 10.257/01, segundo o qual "os núcleos urbanos informais existentes sem oposição há mais de cinco anos e cuja área total dividida pelo número de possuidores seja inferior a duzentos e cinquenta metros quadrados por possuidor são suscetíveis de serem usucapidos coletivamente, desde que os possuidores não sejam proprietários de outro imóvel urbano ou rural". Entretanto, o art. 183, § 3º, da CRFB diz que os imóveis públicos não serão adquiridos por usucapião.

O Item 30 está errado, uma vez que, conforme jurisprudência deste Superior Tribunal de Justiça, "os deveres associados às Áreas de Preservação Permanente têm natureza de obrigação *propter rem*, ou seja, aderem ao título de domínio ou posse, podendo ser imputada tanto ao proprietário, quanto ao possuidor, independentemente de quem tenha sido o causador da degradação ambiental" (AgInt no AREsp 1031389/SP, Rel. Ministro NAPOLEÃO NUNES MAIA FILHO, PRIMEIRA TURMA, julgado em 13/03/2018).

Por ser uma inovação no edital da DPU, ainda não é possível fazer uma previsão consistente sobre o perfil das próximas provas objetivas. Tal fato acaba sendo um grande desafio para o candidato. De qualquer forma, tomando em consideração o cotidiano dos Defensores Públicos Federais, verifica-se no 6º Concurso da DPU a preocupação da banca examinadora com a atividade prática da Instituição. Portanto, fica a recomendação para que o concurseiro dedique especial atenção para assuntos menos conceituais/doutrinários, tal como aqueles relacionados com responsabilidade ambiental, infrações ambientais, políticas urbanas e etc.

5. DOUTRINA, JURISPRUDÊNCIA E "LEGISLAÇÃO SECA" NOS CONCURSOS DA DPU

A regulamentação da DPU prevê que, em todos os pontos do programa poderão ser cobrados conhecimentos doutrinários e o posicionamento dominante do Supremo Tribunal Federal, dos Tribunais Superiores e da Turma Nacional de Uniformização.

Observando as questões apresentadas na análise das provas objetivas, constata-se que a banca examinador exigiu, com frequência, o conhecimento sobre a literalidade da legislação ("legislação seca").

A jurisprudência, por sua vez, tem sido cada vez mais objeto de questionamento pelas bancas examinadoras nos concursos públicos em geral. Tal tendência certamente também ocorrerá com destaque ainda maior nos próximos concursos da DPU, sobretudo na esfera do Direito Ambiental.

Os conceitos doutrinários parecem ter menor relevância nas questões sobre Direito Ambiental.

6. DICAS FINAIS PARA OS CANDIDATOS

Não apenas na prova de Direito Ambiental, mas também em todas as demais matérias, acredito que a "fórmula" para a aprovação nos concursos públicos em geral seja:

Aprovação = "Lei Seca" + Jurisprudência + Doutrina + Resolução de Exercícios.

O estudo do Direito Ambiental será um desafio para os candidatos no próximo concurso, uma vez que ainda não é possível traçar um padrão da banca examinadora. De qualquer forma, fica a recomendação de que se atenham ao conhecimento da legislação e da jurisprudência, sobretudo nos temas relacionados com as atividades institucionais da DPU.

Com relação ao estudo da legislação, recomendo aos candidatos uma atenção especial aos seguintes pontos:

- arts. 20 a 24; 182 e 183; 225 e 231 da CRFB;
- LC n. 140/2011;
- Lei n. 9.605/98 ("Lei de Crimes Ambientais");
- Lei n. 9.985/00 (SNUC);
- Lei n. 12.651/12 (Código Florestal);
- Lei n. 9.433/97 (Recursos Hídricos);
- Lei n. 6.938/81 (Política Nacional do Meio Ambiente).

Assim, fica como sugestão ao candidato que procure equilibrar o estudo da doutrina com a leitura da legislação e, principalmente, da jurisprudência. Convém, aqui, recomendar alguns instrumentos, tal como o site "Dizer o Direito".

DIREITO PROCESSUAL CIVIL

1. BIBLIOGRAFIA INDICADA

Importante reforçar que a escolha da bibliografia, em Direito Processual Civil e em qualquer outra disciplina, depende muito da preferência pessoal de cada candidato, pois é preciso ter uma empatia maior com a obra a ser estudada, com o intuito de que o rendimento seja o mais abrangente possível.

Particularmente, entendo que o livro "Direito Processual Civil Esquematizado", do autor Marcus Vinicius Rios Gonçalves, é atualmente uma obra ideal para o estudo dessa matéria. Trata-se de um livro completo, com abordagem objetiva e direta, com bom nível de aprofundamento em cada tópico e com exposição de jurisprudência correlata ao conteúdo desenvolvido. Além disso, possui recursos gráficos e resolução de questões ao final de cada capítulo, permitindo a fixação de seu teor. Ademais, a obra tem sido continuamente atualizada e é de fácil obtenção no mercado.

Outras obras que poderiam ser citadas. O "Manual de Direito Processual Civil", do autor Daniel Amorim Assumpção Neves, que é mestre e doutor na disciplina, também é excelente na preparação. Tem uma linguagem clara, entendimentos jurisprudenciais, inclusive com esclarecimentos sobre eventual superação de posicionamento das Cortes Superiores, após a edição do CPC/2015, e está sendo continuamente atualizado.

Outro livro que pode ser utilizado na preparação para o concurso da DPU, é o "Curso Didático de Direito Processual Civil", do professor Elpídio Donizetti, que possui uma linguagem de fácil acesso, abordagem de temas com o auxílio de fluxogramas para fixação do tema abordado, contém jurisprudência e súmulas correlatas ao capítulo tratado e é também uma excelente obra para o estudo dessa disciplina, que possui uma grande extensão no edital da DPU.

Além dos livros doutrinários, recomendo os livros com resolução de exercícios. É o caso, p. ex., da coleção "Revisaço", disponibilizado pela Ed. Juspodivm.

Por fim, convém dar uma conferida nas obras do "Dizer o Direito", que trazem a análise sobre os principais julgados do STF e do STJ, com uma sistematização das jurisprudências mais relevantes e, além disso, há a explicação de cada um dos julgados, perpassando pela previsão legal, aspectos doutrinários e ainda comparativos com outras decisões que estão no mesmo sentido ou em sentido contrário ao que atualmente decidido pelos referidos Tribunais Superiores.

2. CONTEÚDO PROGRAMÁTICO NOS EDITAIS DA DPU

A Resolução n. 118, de 05 de novembro de 2015, dispõe sobre os concursos públicos para ingresso na carreira de Defensor Público Federal, destacando mais de vinte disciplinas a serem objeto de arguição nas provas objetivas, dissertativas e orais.

Vejamos o conteúdo programático de Direito Processual Civil, nos últimos quatro concursos já realizados:

Edital	Conteúdo Programático (Direito Processual Civil)
6º Concurso (Edital publicado em 12 de junho de 2017, com retificação)	1 Lei nº 13.105/2015 – Novo Código de Processo Civil. 2 Normas processuais civis. 3 Jurisdição. 4 Ação. 4.1 Conceito, natureza, elementos e características. 4.2 Condições da ação. 4.3 Classificação. 5 Pressupostos processuais. 6 Preclusão. 7 Sujeitos do processo. 7.1 Capacidade processual e postulatória. 7.2 Deveres das partes e procuradores. 7.3 Procuradores. 7.4 Sucessão das partes e dos procuradores. 8 Litisconsórcio. 9 Intervenção de terceiros. 10 Poderes, deveres e responsabilidade do juiz. 11 Ministério Público. 12 Advocacia Pública. 13 Defensoria Pública. 14 Atos processuais. 14.1 Forma dos atos. 14.2 Tempo e lugar. 14.3 Prazos. 14.4 Comunicação

Edital	Conteúdo Programático (Direito Processual Civil)
6º Concurso (Edital publicado em 12 de junho de 2017, com retificação)	dos atos processuais. 14.5 Nulidades. 14.6 Distribuição e registro. 14.7 Valor da causa. 15 Tutela provisória. 16 Processo de conhecimento e do cumprimento de sentença. 16.1 Procedimento comum. 16.2 Disposições Gerais. 16.3 Petição inicial. 16.4 Improcedência liminar do pedido. 16.5 Audiência de conciliação ou de mediação. 16.6 Contestação, reconvenção e revelia. 16.7 Audiência de instrução e julgamento. 16.8 Providências preliminares e de saneamento. 16.9 Julgamento conforme o estado do processo. 16.10 Provas. 16.11 Sentença e coisa julgada. 16.12 Cumprimento da sentença. 17 Procedimentos Especiais. 18 Procedimentos de jurisdição voluntária. 19 Processos de execução. 20 Processos nos tribunais e meios de impugnação das decisões judiciais. 21 Recursos. 21.1 Teoria geral dos recursos. 21.2 Recursos em espécie. 22 Livro Complementar. 23 Disposições finais e transitórias. 24 Mandado de segurança. 25 Reclamação constitucional. 26 Juizados Especiais Cíveis. 27 Juizados Especiais de Fazenda Pública. 28 Jurisprudência dos tribunais superiores.
5º Concurso (Edital publicado em 31 de outubro de 2014).	1 Jurisdição: contenciosa e voluntária. 2 Órgãos da jurisdição. 3 Ação. 3.1 Conceito e natureza jurídica. 3.2 Condições da ação. 3.3 Classificação das ações. 4 Processo. 4.1 Conceito e natureza jurídica. 4.2 Princípios fundamentais. 4.3 Pressupostos processuais. 5 Procedimento ordinário e sumário. 6 Jurisdição. 7 Competência: absoluta e relativa. 8 Partes. 8.1 Capacidade e legitimidade. 8.2 Substituição processual. 9 Litisconsórcio. 10 Assistência. 11 Intervenção de terceiros. 11.1 Oposição. 11.2 Nomeação à autoria. 11.3 Denunciação da lide. 11.4 Chamamento ao processo. 12 O direito de regresso e a ação regressiva. 13 Formação, suspensão e extinção do processo. 14 Petição inicial. 14.1 Requisitos. 14.2 Inépcia da petição inicial. 15 Pedido. 15.1 Cumulação e espécies de pedido. 16 Atos processuais. 16.1 Tempo e lugar dos atos processuais. 17 Comunicação dos atos processuais. 17.1 Citação e intimação. 18 Despesas processuais e honorários advocatícios. 18.1 A gratuidade de Justiça. 19 Resposta do réu. 19.1 Exceção. 19.2 Contestação e reconvenção. 20 Revelia. 20.1 Efeitos da revelia. 21 Julgamento conforme o estado do processo. 22 Audiência

Edital	Conteúdo Programático (Direito Processual Civil)
5º Concurso (Edital publicado em 31 de outubro de 2014).	de instrução e julgamento. 23 Prova. 23.1 Princípios gerais. 23.2 Ônus da prova. 24 Sentença. 24.1 Coisa julgada formal e material. 24.2 Preclusão. 25 Duplo grau de jurisdição. 25.1 Recursos. 25.2 Incidente de uniformização de jurisprudência. 25.3 Reclamação e correição. 26 O Ministério Público no processo civil. 27 Tutela antecipada e tutela específica. 28 Medidas cautelares. 29 Liquidação de sentença. 30 Execução. 30.1 Regras gerais. 30.2 Partes. 30.3 Competência. 30.4 Responsabilidade patrimonial. 30.5 Título executivo judicial e extrajudicial. 30.6 Execução por quantia certa contra devedor solvente e contra devedor insolvente. 30.7 Execução para entrega de coisa. 30.8 Execução de obrigação de fazer e de não fazer. 30.9 Execução contra a Fazenda Pública. 30.10 Embargos à execução. 31 Ação rescisória. 32 Ação monitória. 33 Ação popular. 34 Mandado de segurança. 35 Mandado de injunção. 36 ***Habeas data***.
5º Concurso (Edital publicado em 31 de outubro de 2014).	37 Ação declaratória. 37.1 Ação declaratória incidental. 38 Ação de usucapião. 39 Ação de consignação em pagamento. 40 Ação de desapropriação. 41 Ações possessórias. 42 Embargos de terceiro. 43 Medidas cautelares. 44 Tutela judicial dos direitos coletivos, difusos e individuais homogêneos. 44.1 A ação civil pública. 45 Juizados especiais. 45.1 Princípios. 45.2 Procedimento. 45.3 Sistema recursal. 46 Métodos extrajudiciais de solução dos conflitos.
4º Concurso (Edital publicado em 31 de dezembro de 2009).	1 Jurisdição: contenciosa e voluntária. 2 Órgãos da jurisdição. 3 Ação: conceito e natureza jurídica. Condições da ação. Classificação das ações. 4 Processo. Conceito. Natureza jurídica. Princípios fundamentais. Pressupostos processuais. 5 Procedimento ordinário e sumaríssimo. 6 Competência: absoluta e relativa. 7 Competência internacional. Homologação de sentença estrangeira. Carta rogatória. 8 Partes. Capacidade e legitimidade. Substituição processual. 9 Litisconsórcio. Assistência. Intervenção de terceiros: oposição, nomeação à autoria, denunciação da lide e chamamento ao processo. Ação regressiva. 10 Formação, suspensão e extinção do processo. 11 Petição inicial. Requisitos. Inépcia da petição inicial. 12 Pedido. Cumulação e espécies de pedido. 13 Atos processuais.

Edital	Conteúdo Programático (Direito Processual Civil)
4º Concurso (Edital publicado em 31 de dezembro de 2009).	Tempo e lugar dos atos processuais. 14 Comunicação dos atos processuais. Citação e intimação. 15 Despesas processuais e honorários advocatícios. 16 Resposta do réu: exceção, contestação e reconvenção. Revelia. Efeitos da revelia. 17 Julgamento conforme o estado do processo. 18 Audiência de instrução e julgamento. 19 Prova. Princípios gerais. Ônus da prova. 20 Sentença. Coisa julgada formal e material. Preclusão. 21 Duplo grau de jurisdição. Recursos. Incidente de uniformização de jurisprudência. 22 Reclamação e correição. 23 Ação rescisória. 24 Ação monitória. 25 Liquidação de sentença. Execução. Regras gerais. Partes. Competência. Responsabilidade patrimonial. 26 Título executivo judicial e extrajudicial. 27 Execução por quantia certa contra devedor solvente e contra devedor insolvente. 28 Execução para entrega de coisa. 29 Execução de obrigação de fazer e de não fazer. 30 Execução contra a fazenda pública. 31 Embargos à execução. 32 Ministério Público no processo civil. 33 Ação popular. 34 Mandado de segurança. 35 Mandado de injunção. 36 *Habeas data*. 37 Ação declaratória. Declaratória incidental. 38 Ação discriminatória. 39 Ação de usucapião. 40 Ação de consignação em pagamento. 41 Ação de despejo e renovatória. 42 Ação de desapropriação. 43 Ações possessórias. 44 Embargos de terceiro. 45 Ação cível originária nos tribunais. 46 Tutela antecipada e tutela específica. 47 Medidas cautelares. 48 Juizados especiais. 49 Execução Fiscal.
3º Concurso (Edital publicado em 5 de setembro de 2007).	1 Da jurisdição: conceito, modalidades, poderes, princípios e órgãos. 1.1 Da ação: conceito, natureza jurídica, condições, classificação. 2 Competência: conceito, territorial, objetiva e funcional. 2.1 Modificação e conflito, conexão e continência. 2.2 Processo e procedimento: natureza e princípios, formação, suspensão e extinção. 2.3 Pressupostos processuais, tipos de procedimentos. 2.4 Prazos: conceito, classificação, princípios, contagem, preclusão, prescrição. 3 Sujeitos do processo. 3.1 Das partes e dos procuradores. 3.2 Do Juiz, do Ministério Público e dos Auxiliares da Justiça. 3.3 Dos atos processuais. 4 Petição inicial: conceito, requisitos. 4.1 Pedidos: espécies, modificação, cumulação. 4.2 Causa de pedir. 4.3 Despacho liminar: objeto, natureza, de conteúdo positivo, de conteúdo negativo. 4.4 Da citação. 4.5 Da resposta do

Edital	Conteúdo Programático (Direito Processual Civil)
3º Concurso (Edital publicado em 5 de setembro de 2007).	réu: contestação, exceções, reconvenção. 4.6 Revelia. 4.7 Direitos indisponíveis. 4.8 Providências preliminares e julgamento conforme o estado do processo. 4.9 Antecipação de tutela. 5 Prova: conceito, modalidades, princípios gerais, objeto, ônus, procedimentos. 5.1 Da audiência. 5.2 Da sentença: requisitos; publicação. 5.3 Da coisa julgada: conceito; limites objetivos e subjetivos; coisa julgada formal e coisa julgada material. 6 Recursos: conceito, fundamentos, princípios, classificação, pressupostos intrínsecos e extrínsecos de admissibilidade, efeitos, juízo de mérito. 6.1 Apelação. 6.2 Agravos. 6.3 Embargos infringentes, de divergência e de declaração. 6.4 Recurso especial. 6.5 Recurso extraordinário. 6.6 Ação rescisória. 6.7 Nulidades. 7 Processo de execução. 7.1 Partes. Liquidação. Natureza jurídica da liquidação e modalidades. 7.2 Títulos executivos judiciais e extrajudiciais. 7.3 Responsabilidade patrimonial. 7.4 Bens impenhoráveis. Execução das obrigações de fazer e não fazer. 7.5 Execução contra a Fazenda Pública. 8 Processo e ação cautelares. 8.1 Procedimento cautelar comum e procedimentos cautelares específicos. 8.2 Juizados especiais cíveis: procedimento. 9 Ação civil pública, ação popular e mandado de segurança coletivo. 9.1 Mandado de segurança. 9.2 Ação monitória. 9.3 Regras processuais aplicáveis à Defensoria Pública.

O grande diferencial do 6º Concurso da DPU em relação aos anteriores foi a regência integral do certame pela Lei nº 13.105/2015 – Novo Código de Processo Civil.

Ademais disso, pela própria modificação do Código de Processo Civil, houve modificação substancial na cobrança de alguns temas, para adaptação em relação à reforma desse diploma jurídico.

Não bastasse isso, o único edital em que há a menção expressa a jurisprudência dos Tribunais Superiores é o do 6º concurso, e apesar de ser prática comum a cobrança do entendimento das Cortes em outros certames, é importante verificar que a exigência desse tópico específico na mais recente prova da DPU demonstra a própria harmonia com o novo CPC, o qual expõe a valorização dos precedentes como um dos pontos fulcrais de seu conteúdo.

Por sua vez, não há como ter certeza se o edital do 6º concurso representará uma tendência para os próximos, em razão de a mudança do novo CPC ser relativamente recente, o que permite concluir que o conteúdo programático é passível de sofrer alterações futuras, contudo, não há nenhum óbice de que seja utilizado como diretriz de estudos, já que mesmo que se vislumbrem alterações, a sua essência principal será mantida.

Por fim, de acordo com o último edital, serão quatro as Bancas Examinadoras, cada uma responsável por um grupo de disciplinas. Atualmente, o Grupo I é formado por: Direito Civil, Direito Empresarial, Direito do Consumidor, Direito Ambiental, Direito Processual Civil e Direito Tributário.

3. ANÁLISE GERAL DAS ÚLTIMAS PROVAS OBJETIVAS

Nos últimos concursos realizados, a Defensoria Pública da União optou pela execução da primeira etapa por instituição especializada (CESPE/CEBRASPE), o que poderá refletir numa tendência para os próximos editais.

Após a análise das quatro últimas provas objetivas, realizadas *entre 2007 e 2017*, ou seja, aproximadamente dez anos de interregno, foi possível verificar a seguinte distribuição de questões conforme os tópicos do conteúdo programático. Vejamos:

6º Concurso (Edital publicado em 12 de junho de 2017, com retificação).	
Tópico do Conteúdo Programático	**Quantidade de Itens[17]**
1 Lei nº 13.105/2015 – Novo Código de Processo Civil.	00 item
2 Normas processuais civis.	02 itens

17. Quantidade "aproximada" de itens, pois, algumas podem envolver o conhecimento relacionado a mais de um tópico do conteúdo programático.

6º Concurso (Edital publicado em 12 de junho de 2017, com retificação).	
Tópico do Conteúdo Programático	**Quantidade de Itens**
3 Jurisdição.	03 itens
4 Ação. 4.1 Conceito, natureza, elementos e características. 4.2 Condições da ação. 4.3 Classificação.	00 item
5 Pressupostos processuais.	00 item
6 Preclusão.	00 item
7 Sujeitos do processo. 7.1 Capacidade processual e postulatória. 7.2 Deveres das partes e procuradores. 7.3 Procuradores. 7.4 Sucessão das partes e dos procuradores.	00 item
8 Litisconsórcio.	00 item
9 Intervenção de terceiros.	00 item
10 Poderes, deveres e responsabilidade do juiz.	00 item
11 Ministério Público.	00 item
12 Advocacia Pública.	00 item
13 Defensoria Pública.	00 item
14 Atos processuais. 14.1 Forma dos atos. 14.2 Tempo e lugar. 14.3 Prazos. 14.4 Comunicação dos atos processuais. 14.5 Nulidades. 14.6 Distribuição e registro. 14.7 Valor da causa.	00 item
15 Tutela provisória.	00 item
16 Processo de conhecimento e do cumprimento de sentença. 16.1 Procedimento comum. 16.2 Disposições Gerais. 16.3 Petição inicial. 16.4 Improcedência liminar do pedido. 16.5 Audiência de conciliação ou de mediação. 16.6 Contestação, reconvenção e revelia. 16.7 Audiência de instrução e julgamento. 16.8 Providências preliminares e de saneamento. 16.9 Julgamento conforme o estado do processo. 16.10 Provas. 16.11 Sentença e coisa julgada. 16.12 Cumprimento da sentença.	01 item
17 Procedimentos Especiais.	00 item

6º Concurso (Edital publicado em 12 de junho de 2017, com retificação).	
Tópico do Conteúdo Programático	**Quantidade de Itens**
18 Procedimentos de jurisdição voluntária.	00 item
19 Processos de execução.	00 item
20 Processos nos tribunais e meios de impugnação das decisões judiciais.	01 item
21 Recursos. 21.1 Teoria geral dos recursos. 21.2 Recursos em espécie.	01 item
22 Livro Complementar.	00 item
23 Disposições finais e transitórias.	00 item
24 Mandado de segurança.	00 item
25 Reclamação constitucional.	00 item
26 Juizados Especiais Cíveis.	00 item
27 Juizados Especiais de Fazenda Pública.	00 item
28 Jurisprudência dos tribunais superiores	04 itens
Total de itens:	**12 itens**

5º Concurso (Edital publicado em 31 de outubro de 2014).	
Tópico do Conteúdo Programático	**Quantidade de Itens**[18]
1 Jurisdição: contenciosa e voluntária.	00 item
2 Órgãos da jurisdição.	00 item

18. Quantidade "aproximada" de itens, pois, algumas podem envolver o conhecimento relacionado a mais de um tópico do conteúdo programático.

5º Concurso (Edital publicado em 31 de outubro de 2014).	
Tópico do Conteúdo Programático	**Quantidade de Itens**
3 Ação. 3.1 Conceito e natureza jurídica. 3.2 Condições da ação. 3.3 Classificação das ações..	00 item
4 Processo. 4.1 Conceito e natureza jurídica. 4.2 Princípios fundamentais. 4.3 Pressupostos processuais.	00 item
5 Procedimento ordinário e sumário.	00 item
6 Jurisdição.	00 item
7 Competência: absoluta e relativa.	00 item
8 Partes. 8.1 Capacidade e legitimidade. 8.2 Substituição processual.	00 item
9 Litisconsórcio.	00 item
10 Assistência.	00 item
11 Intervenção de terceiros. 11.1 Oposição. 11.2 Nomeação à autoria. 11.3 Denunciação da lide. 11.4 Chamamento ao processo.	00 item
12 O direito de regresso e a ação regressiva.	00 item
13 Formação, suspensão e extinção do processo.	00 item
14 Petição inicial. 14.1 Requisitos. 14.2 Inépcia da petição inicial.	00 item
15 Pedido. 15.1 Cumulação e espécies de pedido.	01 item
16 Atos processuais. 16.1 Tempo e lugar dos atos processuais.	00 item
17 Comunicação dos atos processuais. 17.1 Citação e intimação.	00 item
18 Despesas processuais e honorários advocatícios. 18.1 A gratuidade de Justiça.	01 item
19 Resposta do réu. 19.1 Exceção. 19.2 Contestação e reconvenção.	01 item
20 Revelia. 20.1 Efeitos da revelia.	00 item
21 Julgamento conforme o estado do processo.	00 item

5º Concurso (Edital publicado em 31 de outubro de 2014).	
Tópico do Conteúdo Programático	**Quantidade de Itens**
22 Audiência de instrução e julgamento.	00 item
23 Prova. 23.1 Princípios gerais. 23.2 Ônus da prova.	00 item
24 Sentença. 24.1 Coisa julgada formal e material. 24.2 Preclusão.	02 itens
25 Duplo grau de jurisdição. 25.1 Recursos. 25.2 Incidente de uniformização de jurisprudência. 25.3 Reclamação e correição.	02 itens
26 O Ministério Público no processo civil.	00 item
27 Tutela antecipada e tutela específica.	02 itens
28 Medidas cautelares.	00 item
29 Liquidação de sentença.	01 item
30 Execução. 30.1 Regras gerais. 30.2 Partes. 30.3 Competência. 30.4 Responsabilidade patrimonial. 30.5 Título executivo judicial e extrajudicial. 30.6 Execução por quantia certa contra devedor solvente e contra devedor insolvente. 30.7 Execução para entrega de coisa. 30.8 Execução de obrigação de fazer e de não fazer. 30.9 Execução contra a Fazenda Pública. 30.10 Embargos à execução.	00 item
31 Ação rescisória.	00 item
32 Ação monitória.	00 item
33 Ação popular.	01 item
34 Mandado de segurança.	00 item
35 Mandado de injunção.	00 item
36 Habeas data.	00 item
37 Ação declaratória. 37.1 Ação declaratória incidental.	00 item
38 Ação de usucapião.	00 item
39 Ação de consignação em pagamento.	00 item

5º Concurso (Edital publicado em 31 de outubro de 2014).	
Tópico do Conteúdo Programático	**Quantidade de Itens**
40 Ação de desapropriação.	00 item
41 Ações possessórias.	00 item
42 Embargos de terceiro.	00 item
43 Medidas cautelares.	00 item
44 Tutela judicial dos direitos coletivos, difusos e individuais homogêneos. 44.1 A ação civil pública.	01 item
45 Juizados especiais. 45.1 Princípios. 45.2 Procedimento. 45.3 Sistema recursal.	00 item
46 Métodos extrajudiciais de solução dos conflitos	00 item
Total de itens:	**12 itens**

4º Concurso (Edital publicado em 31 de dezembro de 2009).	
Tópico do Conteúdo Programático	**Quantidade de Itens[19]**
1 Jurisdição: contenciosa e voluntária.	00 item
2 Órgãos da jurisdição.	00 item
3 Ação: conceito e natureza jurídica. Condições da ação. Classificação das ações.	00 item
4 Processo. Conceito. Natureza jurídica. Princípios fundamentais. Pressupostos processuais.	02 itens

19. Quantidade "aproximada" de itens, pois, algumas podem envolver o conhecimento relacionado a mais de um tópico do conteúdo programático.

4º Concurso (Edital publicado em 31 de dezembro de 2009).	
Tópico do Conteúdo Programático	**Quantidade de Itens**
5 Procedimento ordinário e sumaríssimo.	00 item
6 Competência: absoluta e relativa.	00 item
7 Competência internacional. Homologação de sentença estrangeira. Carta rogatória.	00 item
8 Partes. Capacidade e legitimidade. Substituição processual.	00 item
9 Litisconsórcio. Assistência. Intervenção de terceiros: oposição, nomeação à autoria, denunciação da lide e chamamento ao processo. Ação regressiva.	00 item
10 Formação, suspensão e extinção do processo.	00 item
11 Petição inicial. Requisitos. Inépcia da petição inicial.	00 item
12 Pedido. Cumulação e espécies de pedido.	00 item
13 Atos processuais. Tempo e lugar dos atos processuais.	00 item
14 Comunicação dos atos processuais. Citação e intimação.	00 item
15 Despesas processuais e honorários advocatícios.	00 item
16 Resposta do réu: exceção, contestação e reconvenção. Revelia. Efeitos da revelia.	03 itens
17 Julgamento conforme o estado do processo.	00 item
18 Audiência de instrução e julgamento.	00 item
19 Prova. Princípios gerais. Ônus da prova.	02 itens
20 Sentença. Coisa julgada formal e material. Preclusão.	00 item

4º Concurso (Edital publicado em 31 de dezembro de 2009).	
Tópico do Conteúdo Programático	**Quantidade de Itens**
21 Duplo grau de jurisdição. Recursos. Incidente de uniformização de jurisprudência.	02 itens
22 Reclamação e correição.	00 item
23 Ação rescisória.	00 item
24 Ação monitória.	00 item
25 Liquidação de sentença. Execução. Regras gerais. Partes. Competência. Responsabilidade patrimonial	00 item
26 Título executivo judicial e extrajudicial.	00 item
27 Execução por quantia certa contra devedor solvente e contra devedor insolvente.	00 item
28 Execução para entrega de coisa.	00 item
29 Execução de obrigação de fazer e de não fazer.	00 item
30 Execução contra a fazenda pública.	00 item
31 Embargos à execução.	00 item
32 Ministério Público no processo civil	00 item
33 Ação popular	00 item
34 Mandado de segurança.	00 item
35 Mandado de injunção.	00 item
36 Habeas data.	00 item
37 Ação declaratória. Declaratória incidental.	00 item

4º Concurso (Edital publicado em 31 de dezembro de 2009).	
Tópico do Conteúdo Programático	**Quantidade de Itens**
38 Ação discriminatória.	00 item
39 Ação de usucapião.	00 item
40 Ação de consignação em pagamento.	00 item
41 Ação de despejo e renovatória.	00 item
42 Ação de desapropriação.	00 item
43 Ações possessórias.	00 item
44 Embargos de terceiro.	00 item
45 Ação cível originária nos tribunais.	00 item
46 Tutela antecipada e tutela específica.	02 itens
47 Medidas cautelares.	00 item
48 Juizados especiais.	02 itens
49 Execução Fiscal.	00 item
Total de itens:	**13 itens**

3º Concurso (Edital publicado em 5 de setembro de 2007).	
Tópico do Conteúdo Programático	**Quantidade de Itens**[20]
1 Da jurisdição: conceito, modalidades, poderes, princípios e órgãos. 1.1 Da ação: conceito, natureza jurídica, condições, classificação.	00 item
2 Competência: conceito, territorial, objetiva e funcional. 2.1 Modificação e conflito, conexão e continência. 2.2 Processo e procedimento: natureza e princípios, formação, suspensão e extinção. 2.3 Pressupostos processuais, tipos de procedimentos. 2.4 Prazos: conceito, classificação, princípios, contagem, preclusão, prescrição.	00 item
3 Sujeitos do processo. 3.1 Das partes e dos procuradores. 3.2 Do Juiz, do Ministério Público e dos Auxiliares da Justiça. 3.3 Dos atos processuais.	00 item
4 Petição inicial: conceito, requisitos. 4.1 Pedidos: espécies, modificação, cumulação. 4.2 Causa de pedir. 4.3 Despacho liminar: objeto, natureza, de conteúdo positivo, de conteúdo negativo. 4.4 Da citação. 4.5 Da resposta do réu: contestação, exceções, reconvenção. 4.6 Revelia. 4.7 Direitos indisponíveis. 4.8 Providências preliminares e julgamento conforme o estado do processo. 4.9 Antecipação de tutela.	01 item
5 Prova: conceito, modalidades, princípios gerais, objeto, ônus, procedimentos. 5.1 Da audiência. 5.2 Da sentença: requisitos; publicação. 5.3 Da coisa julgada: conceito; limites objetivos e subjetivos; coisa julgada formal e coisa julgada material.	02 itens
6 Recursos: conceito, fundamentos, princípios, classificação, pressupostos intrínsecos e extrínsecos de admissibilidade, efeitos, juízo de mérito. 6.1 Apelação. 6.2 Agravos. 6.3 Embargos infringentes, de divergência e de declaração. 6.4 Recurso especial. 6.5 Recurso extraordinário. 6.6 Ação rescisória. 6.7 Nulidades.	06 itens
7 Processo de execução. 7.1 Partes. Liquidação. Natureza jurídica da liquidação e modalidades. 7.2 Títulos executivos judiciais e extrajudiciais. 7.3 Responsabilidade patrimonial. 7.4 Bens impenhoráveis. Execução das obrigações de fazer e não fazer. 7.5 Execução contra a Fazenda Pública.	02 itens

20. Quantidade "aproximada" de itens, pois, algumas podem envolver o conhecimento relacionado a mais de um tópico do conteúdo programático.

3º Concurso (Edital publicado em 5 de setembro de 2007).	
Tópico do Conteúdo Programático	**Quantidade de Itens**
8 Processo e ação cautelares. 8.1 Procedimento cautelar comum e procedimentos cautelares específicos. 8.2 Juizados especiais cíveis: procedimento.	01 item
9 Ação civil pública, ação popular e mandado de segurança coletivo. 9.1 Mandado de segurança. 9.2 Ação monitória. 9.3 Regras processuais aplicáveis à Defensoria Pública.	03 itens
Total de itens:	**15 itens**

Consolidando os dados do 6º e do 5º concurso público da DPU, realizados em 2017 e 2014, respectivamente, podemos elaborar a seguinte tabela:

Consolidação (referente aos editais publicados em 2014 e 2017).	
Tópico do Conteúdo Programático	**Quantidade de Itens[21]**
1 Lei nº 13.105/2015 – Novo Código de Processo Civil.	00 item
2 Normas processuais civis.	02 itens
3 Jurisdição.	03 itens
4 Ação. 4.1 Conceito, natureza, elementos e características. 4.2 Condições da ação. 4.3 Classificação.	00 item
5 Pressupostos processuais.	00 item
6 Preclusão.	00 item

21. Quantidade "aproximada" de itens, pois, algumas podem envolver o conhecimento relacionado a mais de um tópico do conteúdo programático. A consolidação foi feita com base no conteúdo programático do edital do 6º concurso público da DPU, pois, representa uma tendência para os próximos certames.

Consolidação (referente aos editais publicados em 2014 e 2017).	
Tópico do Conteúdo Programático	**Quantidade de Itens**
7 Sujeitos do processo. 7.1 Capacidade processual e postulatória. 7.2 Deveres das partes e procuradores. 7.3 Procuradores. 7.4 Sucessão das partes e dos procuradores.	00 item
8 Litisconsórcio.	00 item
9 Intervenção de terceiros.	00 item
10 Poderes, deveres e responsabilidade do juiz.	00 item
11 Ministério Público.	00 item
12 Advocacia Pública.	00 item
13 Defensoria Pública.	00 item
14 Atos processuais. 14.1 Forma dos atos. 14.2 Tempo e lugar. 14.3 Prazos. 14.4 Comunicação dos atos processuais. 14.5 Nulidades. 14.6 Distribuição e registro. 14.7 Valor da causa.	00 item
15 Tutela provisória.	02 itens
16 Processo de conhecimento e do cumprimento de sentença. 16.1 Procedimento comum. 16.2 Disposições Gerais. 16.3 Petição inicial. 16.4 Improcedência liminar do pedido. 16.5 Audiência de conciliação ou de mediação. 16.6 Contestação, reconvenção e revelia. 16.7 Audiência de instrução e julgamento. 16.8 Providências preliminares e de saneamento. 16.9 Julgamento conforme o estado do processo. 16.10 Provas. 16.11 Sentença e coisa julgada. 16.12 Cumprimento da sentença.	07 itens
17 Procedimentos Especiais.	02 itens
18 Procedimentos de jurisdição voluntária	00 item
19 Processos de execução.	00 item

Consolidação (referente aos editais publicados em 2014 e 2017).	
Tópico do Conteúdo Programático	**Quantidade de Itens**
20 Processos nos tribunais e meios de impugnação das decisões judiciais.	01 item
21 Recursos. 21.1 Teoria geral dos recursos. 21.2 Recursos em espécie.	03 itens
22 Livro Complementar.	00 item
23 Disposições finais e transitórias.	00 item
24 Mandado de segurança.	00 item
25 Reclamação constitucional.	00 item
26 Juizados Especiais Cíveis.	00 item
27 Juizados Especiais de Fazenda Pública.	00 item
28 Jurisprudência dos tribunais superiores.	04 itens
Total de itens:	**24 itens**

Na análise dos itens e na identificação conforme os conteúdos programáticos, algumas questões abordadas fizeram uma mescla de temas diversos e poderiam ser colocados em mais de um tópico, contudo, optou-se por manter apenas o número de questões cobrado em prova, sendo computado o tema com maior relevância em relação à forma como a questão foi enunciada.

Ademais, a análise objeto desta obra procurou, intencionalmente, dar especial atenção aos últimos quatro certames ocorridos. É que o longo tempo decorrido desde então – ou seja, mais de 10 anos – poderia levar a resultados estatísticos completamente deturpados, em virtude das alterações advindas não apenas do conteúdo constante do edital, mas ainda do perfil do certame.

4. ALGUNS PONTOS ESPECÍFICOS MAIS RELEVANTES NAS PROVAS OBJETIVAS

Dentre os temas mais recorrentes em processo civil, temos: competência, respostas do réu, tutela antecipada e recursos.

Iniciando pela análise do assunto relacionado à competência, é preciso esposar que o 6º concurso da DPU foi o primeiro após o novo CPC e abordou bastante esse tema, com 3 questões diretas relacionados ao conteúdo. Assim, pela alteração constante da Lei nº 13.105/15, e pelo direcionamento na cobrança, pois de 12 itens, ¼ (um quarto) das questões foram relacionadas a este assunto, deu-se prioridade em sua análise.

> (6º Concurso Público da DPU, realizado em 2017)
>
> A respeito da competência, julgue os itens subsequentes com base no entendimento doutrinário e jurisprudencial sobre o assunto.
>
> **35** Segundo o entendimento do STJ, ainda que possível o reconhecimento da conexão entre dois processos, será impossível a sua reunião quando isso puder implicar modificação de competência absoluta, devendo-se, nesse caso, reconhecer questão de prejudicialidade entre as demandas e suspender uma delas.
>
> [...]
>
> **36** O julgamento de ação contra o INSS que objetive o reconhecimento exclusivo do direito de receber pensão decorrente de morte de companheiro não será de competência da justiça federal caso seja necessário enfrentar questão prejudicial referente à existência da união estável.
>
> [...]
>
> **37** O CPC permite à parte a propositura de ação de execução de título extrajudicial simultaneamente à ação de conhecimento
>
> relativa ao mesmo ato jurídico, desde que haja conexão entre as demandas.
>
> (3º Concurso Público da DPU, realizado em 2007)
>
> **89** Não se incluem na competência dos juizados especiais federais cíveis as ações referidas no art. 109, inc.s I, II e XI, da Constituição Federal, as ações de mandando de segurança, de desapropriação, de divisão e demarcação, populares, indenizatórias, execuções fiscais e por improbidade administrativa e, ainda, as demandas sobre direitos ou interesses difusos, coletivos ou individuais homogêneos.

O gabarito definitivo considerou as seguintes respostas: Item 35 - Certo; Item 36 - Errado; Item 37 - Errado; e Item 89 - Errado

O item 35 está correto, porque se amolda ao entendimento do STJ esposado, dentre outros, no REsp 1.221.941-RJ: **"Pode ser reconhecida a conexão e determinada a reunião para julgamento conjunto de um processo executivo com um processo de conhecimento no qual se pretenda a declaração da inexistência da relação jurídica que fundamenta a execução, desde que não implique modificação de competência absoluta."**

O item 36 está errado porque afronta jurisprudência do STJ, a qual é consolidada no sentido de determinar a competência da justiça federal para análise da questão previdenciária, referente à pensão por morte, ainda que de maneira incidente se discuta questão prejudicial referente à união estável. Neste sentido, o RESP 1501408 / RS: *ADMINISTRATIVO. PROCESSUAL CIVIL. CONCESSÃO DE BENEFÍCIO PREVIDENCIÁRIO (PENSÃO POR MORTE). RECONHECIMENTO. UNIÃO ESTÁVEL. PREJUDICIAL DE MÉRITO. COMPETÊNCIA DO JUÍZO FEDERAL. 1. Discute-se nos autos a competência para processar e julgar pedido de concessão de benefício previdenciário (pensão por morte), tendo como prejudicial de mérito o reconhecimento de união estável.*

2. Nos casos em que a pretensão deduzida na inicial não diz respeito ao reconhecimento da união estável, mas à concessão de benefício previdenciário, a competência para processar e julgar a demanda é da Justiça Federal. Precedente: CC 126.489/RN, Rel. Ministro HUMBERTO MARTINS, PRIMEIRA SEÇÃO, julgado em 10/4/2013, DJe 7/6/2013. 3. O enfrentamento da questão referente à caracterização ou não de união estável numa ação em que pleiteia o benefício previdenciário, como é o caso dos autos, deverá ser enfrentada como uma prejudicial de mérito, de forma lateral. Logo, não restará usurpada a competência da Justiça Estadual.

O item 37 está errado porque houve equívoco na interpretação do CPC, pois segundo previsão do art. 55, §§ 2º e 3º, temos que: *Art. 55. Reputam-se conexas 2 (duas) ou mais ações quando lhes for comum o pedido ou a causa de pedir:(...) § 2° Aplica-se o disposto no caput: I – à execução de título extrajudicial e à ação de conhecimento relativa ao mesmo ato jurídico. § 3º Serão reunidos para julgamento conjunto os processos que possam gerar risco de prolação de decisões conflitantes ou contraditórias caso decididos separadamente, mesmo sem conexão entre eles*. Perceba que a norma não exige que haja conexão entre as duas ações para a propositura de eventual ação judicial, o que a lei expõe é que é verificada essa conexão, ou seja, ela existe entre as referidas demandas, motivo pelo qual podem ser propostas de maneira conjunta. Ademais, pela redação do § 3º, ainda há a questão da conexão por prejudicialidade, assim, ainda que as ações porventura não fossem conexas seria possível a sua análise conjugada para evitar o risco de decisões conflitantes.

O item 89 está errado por dois fundamentos. Primeiro, porque o art. 109, inciso I, da CF, se inclui na competência dos Juizados Especiais Federais, conforme previsão do art. 3º, § 1º, inciso I, da Lei nº 10.259/01. Segundo, porque as ações indenizatórias fazem parte da atribuição do JEF.

No que se refere ao assunto de "respostas do réu", vejamos como o tema foi cobrado:

> (6º Concurso Público da DPU, realizado em 2017)
>
> **31** A ausência de contestação na ação rescisória faz presumir que são verdadeiras as alegações da petição inicial, haja vista que, nesse caso, a regra da revelia supera o princípio da preservação da coisa julgada.
>
> (4º Concurso Público da DPU, realizado em 2010)
>
> No prazo para apresentação de resposta, o réu denunciou à lide terceira pessoa, que, após ter sido citada, apresentou não só contestação, mas também reconvenção contra o autor e a esposa deste, a qual, originalmente, não integrava a lide. Considerando essa situação hipotética, julgue os itens a seguir.
>
> **42** Em regra, a reconvenção cabe ao réu; contudo, por assumir a mesma condição processual da parte, o denunciado também pode utilizar essa forma diferenciada de resposta.
>
> [...]
>
> **43** Não será possível ao reconvinte ampliar o polo passivo da ação, ainda que tenha direito capaz de justificar o litisconsórcio passivo entre o terceiro apontado como réu na reconvenção e o autor.
>
> (3º Concurso Público da DPU, realizado em 2007)
>
> **90** A norma jurídica disposta no art. 302 do CPC explicita um aspecto particular do ônus imposto ao réu pelo art. 300 da lei processual civil. A exceção à aplicação do princípio do ônus da impugnação específica dos fatos alcança ao defensor público da União quando exerce o múnus de curador especial.

O gabarito definitivo considerou as seguintes respostas: Item 31 - Errado; Item 42- Certo; Item 43- Anulado; Item 90- Correto.

O item 31 está incorreto, porque a regra geral, prevista no art. 344 do CPC, não se aplica no caso da ação rescisória. Isso porque, na ação rescisória compete ao autor comprovar a configuração de erro. Segundo o STJ[22], a preservação da coisa julgada, por ser de interesse público, é superior aos interesses pessoais de quem quer ver a decisão judicial reformada, assim caberia ao requerente fornecer subsídios para a modificação da conclusão obtida inicialmente pelo juízo, sob pena de manutenção do trânsito em julgado. Conforme explica Neves[23]: "A ausência de defesa por meio da contestação torna o réu revel, considerando-se a revelia uma situação de fato gerada pela ausência jurídica de contestação. A doutrina e jurisprudência, entretanto, em razão da especialidade procedimental da ação rescisória, entendem que não há geração do principal efeito da revelia, que é a presunção de veracidade dos fatos alegados pelo autor".

O item 42 está correto, porque a reconvenção, prevista no art. 343 do CPC/15, encontra-se dentro do capítulo destinado à resposta do réu, ou seja, em regra, compete ao polo passivo do processo o seu protocolo. Contudo, conforme expôs o STJ[24] em 2010, entendimento válido mesmo com o advento do novo CPC, é possível a utilização da reconvenção no âmbito da denunciação da lide: (...) "*Embora juridicamente possível o manejo de reconvenção em denunciação da lide,* há de se observar, em relação à ação reconvencional, o pressuposto *da conexão, e quanto à denunciação da lide, o requisito da celeridade e a ausência de fato novo.(...).*"

O item 43 foi anulado porque, segundo a CESPE, havia divergência doutrinária com relação a questão, por isso a banca entendeu prudente realizar a anulação. Sob a égide do CPC 1973, havia divergência sobre a possibilidade de ampliação subjetiva do polo passivo da ação pelo reconvinte, contudo, com o advento do novo CPC, o tema foi superado, vez que o art. 343, §§ 3º e 4º, autoriza esse alargamento para terceiros que não figuravam originariamente na lide.

---

22. STJ, AgRg na AR 3867 / PE.
23. NEVES, Daniel Amorim Assumpção. Manual de Direito Processual Civil. Ed. Juspodivm, 2017, p. 1490.
24. STJ, REsp 593906/PB.

O item 90 está correto à luz do CPC/73 e do CPC/15. O art. 302 (hoje art. 341) e o art. 300 (hoje art. 336), referente à impugnação específica dos argumentos levantados na inicial não se aplica ao Defensor Público, quando exerce curadoria, nos termos do art. 341 do atual CPC e do art. 302, parágrafo único, c/c art. 9º do CPC/1973 c/c art. 4º, inciso XVI, da LC 80/94.

Outro tema importante de ser fixado é o da tutela, em virtude da modificação promovida pelo novo CPC no instituto. Vejamos como o assunto foi abordado nos certames da Defensoria Pública da União:

> (5º Concurso Público da DPU, realizado em 2014)
>
> Considerando que o processo tem por escopo maior a resolução de conflitos na sociedade, procurando-se, por meio de um encadeamento lógico de atos previstos e praticados com base no ordenamento jurídico, garantir, tanto quanto for possível, a quem tenha um direito tudo aquilo e exatamente aquilo que ele tenha direito de conseguir, julgue os itens subsequentes.
>
> [...]
>
> **36** Admite-se a concessão de antecipação dos efeitos da tutela se ficar demonstrado o fundado receio de dano irreparável ou de difícil reparação, dispensando-se, em caráter excepcional, a prova inequívoca da verossimilhança da alegação.
>
> [...]
>
> **37** Indeferido o pedido de antecipação dos efeitos da tutela, considerando-se a ambivalência entre o direito de ação e o de defesa, o réu passa a possuir verdadeira decisão negativa contra o autor, tal como se o juiz lhe houvesse deferido o pedido.
>
> (4º Concurso Público da DPU, realizado em 2010)
>
> Acerca das tutelas de urgência, julgue os itens seguintes.
>
> **48** Afirma-se que a medida cautelar é caracterizada pela fungibilidade; portanto, é possível admitir que a busca e apreensão de determinado bem possa converter-se em caução, o que, no entanto, demandaria pedido devidamente fundamentado da parte, pois a lei não permite a fungibilidade de ofício.
>
> **49** É possível a antecipação dos efeitos da tutela jurisdicional, antes mesmo da citação do réu, na hipótese em que alguém peça a apreensão de mercadorias altamente perecíveis que alegue ter adquirido mediante contrato de compra e venda por instrumento público e

> que estejam em poder do vendedor, se acompanharem a inicial procuração, declaração de hipossuficiência e requerimento de exibição do contrato.
>
> [...]

Os gabaritos definitivos apontaram, respectivamente, as respostas: Item 36 – Errado; Item 37 – Errado; Item 48– Errado; e Item 49– Errado.

O item 36 está incorreto, sob a égide do CPC/73 e também do CPC/15, por expressa violação à lei. No CPC/73: *Art. 273. O juiz poderá, a requerimento da parte, antecipar, total ou parcialmente, os efeitos da tutela pretendida no pedido inicial, desde que, existindo prova inequívoca, se convença da verossimilhança da alegação e: I – haja fundado receio de dano irreparável ou de difícil reparação* (...). Por sua vez, no CPC/15: *Art. 300. A tutela de urgência será concedida quando houver elementos que evidenciem a probabilidade do direito e o perigo de dano ou o risco ao resultado útil do processo.* Neste escopo, para a concessão de tutela de urgência sempre foi exigida a demonstração da verossimilhança das alegações, hoje probabilidade do direito, para a concessão da pretensão jurídica.

O item 37 também está errado, porque nem no CPC/73 e nem no CPC/15, observadas neste último caso as diferenciações hoje existentes entre tutela antecedente, tutela cautelar em caráter antecedente e tutela de evidência; o fato de a tutela ser indeferida não resulta em decisão negativa a ser aproveitada pelo réu na ação principal e também não importa em indeferimento da pretensão principal do autor. No CPC/73: *Art. 273, § 5º*: § 5º Concedida ou não a antecipação da tutela, prosseguirá o processo até final julgamento. No CPC/15: *Art. 310. O indeferimento da tutela cautelar não obsta a que a parte formule o pedido principal, nem influi no julgamento desse, salvo se o motivo do indeferimento for o reconhecimento de decadência ou de prescrição.*

O item 48 está incorreto porque não estava de acordo com a legislação da época e nem com a atual, pois é possível pela lei a fungibilidade de ofício da substituição de medida cautelar por outra menos gravosa ao réu. No CPC/73: *Art. 805. A medida cautelar poderá ser substituída, de ofício ou a requerimento de qualquer das partes, pela prestação de caução ou outra garantia menos gravosa para o requerido, sempre que adequada e suficiente para evitar a lesão ou repará-la integralmente.* No CPC/15: *Art. 301. A tutela de urgência de natureza cautelar pode ser efetivada mediante arresto, sequestro, arrolamento de bens, registro de protesto contra alienação de bem e qualquer outra medida idônea para asseguração do direito.*

O item 49 está errado porque, no caso em tela, não há o requisito da probabilidade do direito. Isso porque, sem a exibição do contrato, não haveria como serem confirmadas as alegações da parte, além de haver risco na irreversibilidade do provimento, já que os bens seriam perecíveis. No CPC/73:. *Art. 273. O juiz poderá, a requerimento da parte, antecipar, total ou parcialmente, os efeitos da tutela pretendida no pedido inicial, desde que, existindo prova inequívoca, se convença da verossimilhança da alegação. § 2º* Não se concederá a antecipação da tutela quando houver perigo de irreversibilidade do provimento antecipado. No CPC/15: *Art. 300. A tutela de urgência será concedida quando houver elementos que evidenciem a probabilidade do direito e o perigo de dano ou o risco ao resultado útil do processo. § 3º A tutela de urgência de natureza antecipada não será concedida quando houver perigo de irreversibilidade dos efeitos da decisão.*

O tópico de "recursos" no conteúdo programático dos últimos editais também foi abordado pela banca examinadora nos quatro últimos concursos públicos da DPU, conforme se vê abaixo:

> (6º Concurso Público da DPU, realizado em 2017)
>
> **42** Sob pena de ser julgado extemporâneo, o recurso especial interposto antes do julgamento de embargos de declaração deve ser ratificado, ainda que o resultado do julgamento anterior não seja alterado.
>
> (5º Concurso Público da DPU, realizado em 2014)
>
> Julgue os itens a seguir, relativos à sistemática de impugnação e correção de decisões judiciais.
>
> **41** Na hipótese de julgamento simultâneo da ação principal e da cautelar, eventual apelação interposta em face da sentença deve ser recebida com os mesmos efeitos, dado o princípio da unirrecorribilidade recursal.
>
> [...]
>
> **42** Por ocasião do julgamento do recurso de agravo instrumental de decisão que defira liminar em mandado de segurança, franqueia-se ao tribunal converter o agravo em agravo retido.
>
> (4º Concurso Público da DPU, realizado em 2010)
>
> Acerca dos recursos e da ação rescisória, julgue o próximo item.

50 O direito processual civil acolhe o princípio da vedação à reformatio in pejus, mas, na hipótese de a apelação interposta pelo autor evidenciar, por exemplo, a ausência de condição da ação, o órgão ad quem poderá extinguir o processo, sem julgamento do mérito, o que é decorrência do chamado efeito translativo dos recursos.

(3º Concurso Público da DPU, realizado em 2007)

Considerando os recursos e outros meios de impugnação das decisões proferidas no processo civil, julgue os itens a seguir.

77 Cabe recurso ordinário contra decisão denegatória de mandado de segurança proferida por tribunal superior ou por tribunais de segunda instância, mesmo quando não se aprecia o mérito da causa. Assim, não cabe recurso para o STF de decisão monocrática que, em tribunal superior, negue seguimento a recurso ordinário contra indeferimento liminar de pedido de mandado de segurança.

[...]

78 A oposição de embargos declaratórios com caráter modificativo se faz apropriada quando o pronunciamento judicial padece de ambiguidade, de obscuridade, de contradição ou de omissão. Quando ocorre a modificação de entendimento jurisprudencial, com efeito vinculativo, admite-se o manejo desse recurso com pretensão de efeitos infringentes.

[...]

79 Perde objeto o recurso relativo à decisão de antecipação da tutela quando a sentença superveniente revoga a liminar concedida, ou quando, sendo de procedência integral ou parcial, tem aptidão para, por si só, irradiar os mesmos efeitos da medida antecipatória. Assim, os fundamentos da sentença se sobrepõem aos da decisão da antecipação da tutela, restando superada a impugnação dirigida à decisão interlocutória.

De acordo com os gabaritos definitivos temos, respectivamente: Item 42 - Errado; Item 41- Errado; Item 42- Errado; Item 50- Certo; Item 77- Certo; Item 78- Errado; Item 79- Correto.

O item 42 está errado, pois em confronto com a disposição contida no art. 1.024, § 5º, do CPC: § 5º Se os embargos de declaração forem rejeitados ou não alterarem a conclusão do julgamento anterior, o recurso interposto pela outra parte antes da publicação do julgamento dos embargos de declaração será processado e julgado independentemente de ratificação.

O item 41 está errado, porque apesar de pelo princípio da unirrecorribilidade ser cabível o protocolo de apenas uma apelação, os efeitos que, em regra, são vislumbrados para o recebimento desta são diferentes, pois para a ação principal, o efeito é suspensivo e devolutivo (art. 1012, *caput*, CPC), enquanto para cautelar o efeito é apenas devolutivo (art. 1.012, § 1º, inciso V, CPC), salvo hipóteses excepcionais, conforme previsão do art. 1.012, § 4º do CPC.

O item 42 do 5º concurso também está errado. Inicialmente, importante expor que, no novo CPC, não há mais previsão do recurso de agravo retido. Contudo, com relação à análise da própria questão, o erro está no fato de a jurisprudência do STJ se posicionar pela impossibilidade da conversão do agravo de instrumento em retido, quando da concessão de liminar em mandado de segurança. Vide AgInt no RMS 52146/RR: "(...) *Verificado, pois, o cabimento do manamus, é de se reconhecer a manifesta ilegalidade da decisão que determina a conversão do agravo de instrumento em retido na hipótese de este recurso se voltar contra decisões liminares ou antecipatórias de tutela, na medida em que guardam, em si, urgência do provimento jurisdicional perseguido ante o potencial perecimento de suposto direito alegado pela parte recorrente.*"

O item 50 está correto, porque a análise quanto ao preenchimento das condições da ação deve ser feita a qualquer momento nos autos, assim, é permitido ao Tribunal extinguir o processo sem resolução do mérito se verificar a ausência de legitimidade e de interesse processual, consagrando-se o princípio translativo dos recursos, o qual autoriza a análise de matérias que não tenham sido objeto do conteúdo recursal.

O item 77 está certo. Conforme art. 539, inciso I, e inciso II, alínea "a" do CPC/73 e art. 1027, inciso I, e inciso II, alínea "a" do CPC/15, é cabível recurso ordinário quando da denegação do mandado de segurança, não importando se houve análise ou não do mérito da pretensão. Por sua vez, conforme a jurisprudência do STF, RMS 27663 AgR: *EMENTA PROCESSUAL - AGRAVO REGIMENTAL - RECURSO ORDINÁRIO EM MANDADO DE SEGURANÇA - DECISÃO MONOCRÁTICA DE RELATOR - INADEQUAÇÃO - RECURSO NÃO PROVIDO. 1. Não se pode conhecer de recurso ordinário ajuizado contra decisão singular em que o relator de Tribunal Superior tenha denegado liminarmente o mandado de segurança. Nessas espécies recursais, a instauração da competência constitucional do Supremo Tribunal Fede-*

ral depende do esgotamento prévio da instância antecedente. 2. Por se tratar de decisão monocrática de relator de mandado de segurança, é indispensável que a parte provoque a manifestação do órgão colegiado, o que se dá, no caso dos autos, com a prévia interposição do agravo interno. O patrono do recorrente, de modo expresso, admitiu não o ter feito por ter ficado temeroso quanto ao prazo do recurso ordinário. 3. Aquele que procura em juízo, na defesa de interesses próprios (como é o caso dos autos) ou alheios, deve conhecer seu ofício. A insegurança técnica não é elemento abonador de falhas na condução do processo. Agravo interno não provido e embargos de declaração não conhecidos.

O item 78 está errado. A primeira parte da questão está correta, em virtude de os embargos terem o propósito de sanar omissão, contradição, ambiguidade e obscuridade, nos termos do art. 535, do CPC/73, vigente à época do concurso. Além destes, no CPC/15, em seu art. 1.022, também é possível interposição de embargos de declaração para correção de erro material. A segunda parte do questionamento está equivocada porque não seria cabível embargos com efeitos infringentes na hipótese de modificação de jurisprudência, isso porque para o deferimento de efeitos infringentes seria necessária a demonstração de vício[25], o que não ocorre na decisão prolatada com base em jurisprudência em vigor, ainda que posteriormente modificada.

O item 79 no gabarito definitivo consta como correto. Assim, nos termos da jurisprudência atual do STJ, AgInt no AREsp 1318669 / SP: *AGRAVO INTERNO NO AGRAVO EM RECURSO ESPECIAL. PROCESSUAL CIVIL. 1. NEGATIVA DE PRESTAÇÃO JURISDICIONAL. NÃO OCORRÊNCIA. 2. TUTELA ANTECIPADA. SENTENÇA SUPERVENIENTE. PERDA DO OBJETO. PRECEDENTES. 3. AGRAVO INTERNO DESPROVIDO.*

1. Não há falar em negativa de prestação jurisdicional, pois o Tribunal de origem decidiu a matéria controvertida de forma fundamentada, ainda que contrariamente aos interesses da parte insurgente. 2. A superveniente prolação de sentença de mérito na ação *principal enseja a perda de objeto do agravo de instrumento interposto contra decisão concessiva ou denegatória de liminar ou antecipação de tutela, pois estas não representam pronunciamento*

25. STJ, EDcl no AgInt no REsp 1702816/SP.

definitivo, mas provisório, devendo ser confirmadas ou revogadas pela sentença final. Acórdão recorrido em harmonia com a jurisprudência desta Corte Superior. Súmula n. 83/STJ.

5. DOUTRINA, JURISPRUDÊNCIA E "LEI SECA" NOS CONCURSOS DA DPU

Na disciplina de processo civil constatei que há um equilíbrio na cobrança da legislação, da doutrina e da jurisprudência, em especial do Superior Tribunal de Justiça.

Como há um tópico específico no edital de processo civil em que há cobrança da jurisprudência dos Tribunais Superiores, importante a atualização constante dos julgados das Cortes de maior destaque (STF e STJ), em especial pelo site "Dizer o Direito", em que além da jurisprudência, faz um panorama geral de como o tema é abordado, muitas vezes com exposições doutrinárias, comparação de julgados e exemplos, que podem auxiliar na resolução da prova e na absorção do conteúdo.

A doutrina possui relevância, por isso, importante adotar um material atualizado e completo para o estudo de base. Não bastasse isso, importante também ficar de olho nas Jornadas de Direito Processual Civil da CJF, pois os enunciados aprovados podem ser objeto de questionamento, pela importância de suas conclusões e pela relevância dos autores que participam de sua elaboração.

6. DICAS FINAIS PARA OS CANDIDATOS

A disciplina de processo civil é bastante ampla e o concurso de 2017 foi o primeiro da DPU com o novo CPC. Atualmente, é o único parâmetro que se possui na carreira a partir da alteração advinda em 2015.

Diante disso, para se conseguir um resultado satisfatório na prova é importante dar atenção à doutrina, à jurisprudência, à lei e aos enunciados de Direito Processual Civil da CJF, utilizando por base no aprofundamento doutrinário os temas que foram objeto de maior incidência nas avaliações até agora ofertadas e que foram expostas nos tópicos acima descritos.

Uma importante dica também é que vocês devem buscar, em sites de resolução de questões e/ou no livro Revisaço, analisar o maior número de perguntas da disciplina em concursos com a mesma banca da DPU (CESPE/CEBRASPE), com o intuito de terem uma visão geral de como as questões são abordadas a partir da perspectiva do novo CPC.

Após a fase objetiva, ou algumas vezes concomitantemente a ela, é realizada a segunda fase de avaliação dos candidatos, através da resolução de questões discursivas e da confecção de peças processuais.

Contudo, o nível de preparação para esta etapa é completamente diferente da contida para a prova objetiva, porque exige um grau maior de aprofundamento e a prática no exercício de peças e questões demanda maior conhecimento do avaliado.

Com relação à disciplina de processo civil, pela amplitude do tema é muito difícil prever o que será cobrado. Assim, primeiro de tudo, é não se desesperar porque, apesar do amplo rol de peças, se analisado o modelo de inicial, contestação, réplica e recurso, pelo menos na estrutura não haverá óbices na confecção da minuta cabível.

Por sua vez, para a identificação de qual a peça correta é indispensável ter conhecimento sobre o momento processual adequado para a sua cobrança, além disso, deve ser dada especial atenção ao enunciado, a fim de evitar erros grosseiros na confecção da minuta.

Por fim, na terceira fase, é preciso treinar muito, seja falar em voz alta, dicção, organização de ideias, fazer simulação com amigos, enfim, é necessário ter uma preparação diferenciada. Pois o conhecimento jurídico é um dos itens avaliados, mas é preciso ainda dar atenção à postura, a capacidade de raciocínio e a firmeza nas respostas.

Outro ponto importante é de adotar posicionamentos mais favoráveis aos ideais da Defensoria, sempre demonstrando estar vinculado aos princípios da instituição que se tem interesse em adentrar.

É certo que a aprovação vem pela preparação, dessa forma observem as dicas repassadas em cada uma das disciplinas tratadas nesse livro e estarão dando um passo à frente em direção ao sonho de exercer a profissão de Defensor Público Federal.

DIREITO TRIBUTÁRIO

1. BIBLIOGRAFIA INDICADA

Uma das obras mais recomendadas para concursos públicos em geral é o "Manual de Direito Tributário", do professor Eduardo Sabbag. O livro é de agradável leitura, com vários exemplos extraídos do cotidiano, em sintonia com a jurisprudência do STF e do STJ, bem como direcionado especificamente para concursos. Além disso, tem sido constantemente atualizado e é de fácil obtenção no mercado.

Outra obra igualmente interessante para concursos públicos é o "Direito Tributário", do professor Ricardo Alexandre, pois, o livro está atualizado, possui redação bastante didática e objetiva, com várias referências jurisprudenciais e, sobretudo, com direcionamento específico para concursos públicos.

Para os que gostam de resumos, vale à pena conferir o "Resumo para Concursos – Direito Tributário", da defensora pública federal Fernanda Marques Cornélio, que tem recebido ótimas críticas dos leitores.

Além dos livros doutrinários, recomendo os livros com resolução de exercícios. É o caso, p. ex., da coleção "Revisaço", disponibilizado pela Ed. Juspodivm.

Por fim, vale à pena dar uma conferida nas obras do "Dizer o Direito", que trazem os principais julgados do STF e do STJ.

2. CONTEÚDO PROGRAMÁTICO NOS EDITAIS DA DPU

A Resolução n. 118, de 05 de novembro de 2015, que dispõe sobre os concursos públicos para ingresso na carreira de Defensor Público

Federal, destaca mais de vinte disciplinas a serem objeto de arguição nas provas objetivas, dissertativas e orais.

Vejamos o conteúdo programático nos últimos quatro concursos já realizados:

Edital	Conteúdo Programático (Direito Tributário)
6º Concurso (Edital publicado em 12 de junho de 2017, com retificação)	1 O Estado e o poder de tributar. 2 Direito tributário: conceito e princípios. 3 Tributo: conceito e espécies. 4 O Código Tributário Nacional. 5 Normas gerais de direito tributário. 6 Obrigação tributária. 6.1 Conceito e espécies. 6.2 Fato gerador (hipótese de incidência). 6.3 Sujeitos ativo e passivo. 6.4 Solidariedade. 6.5 Capacidade tributária. 6.6 Domicílio tributário. 7 Crédito tributário. 7.1 Conceito. 7.2 Natureza. 7.3 Lançamento. 7.4 Revisão. 7.5 Suspensão, extinção e exclusão. 7.6 Prescrição e decadência. 7.7 Repetição do indébito. 8 Responsabilidade tributária. 8.1 Responsabilidade por dívida própria e por dívida de outrem. 8.2 Solidariedade e sucessão. 8.3 Responsabilidade pessoal e de terceiros. 8.4 Responsabilidade supletiva. 9 Sistema Tributário Nacional. 9.1 princípios gerais. 9.2 Limitações ao poder de tributar. 10 Os tributos da União. 11 Processo judicial tributário. 11.1 Execução fiscal. 11.1.1 Exceção de pré-executividade. 11.1.2 Embargos do executado. 11.2 Ação anulatória de débito fiscal. 12 Administração tributária. 13 Procedimento fiscal. 14 Sigilo fiscal e prestação de informações. 15 Dívida ativa. 16 Certidões e cadastro. 17 ilícito administrativo tributário.
5º Concurso (Edital publicado em 31 de outubro de 2014).	1 O Estado e o poder de tributar. 2 Direito tributário: conceito e princípios. 3 Tributo: conceito e espécies. 4 O Código Tributário Nacional. 5 Normas gerais de direito tributário. 6 Obrigação tributária. 6.1 Conceito e espécies. 6.2 Fato gerador (hipótese de incidência). 6.3 Sujeitos ativo e passivo. 6.4 Solidariedade. 6.5 Capacidade tributária. 6.6 Domicílio tributário. 7 Crédito tributário. 7.1 Conceito. 7.2 Natureza. 7.3 Lançamento. 7.4 Revisão. 7.5 Suspensão, extinção e exclusão. 7.6 Prescrição e decadência. 7.7 Repetição do indébito. 8 Responsabilidade tributária. 8.1 Responsabilidade por dívida própria e por dívida de outrem. 8.2 Solidariedade e sucessão. 8.3 Responsabilidade pessoal e de terceiros. 8.4 Responsabilidade supletiva. 9 Sistema Tributário

Edital	Conteúdo Programático (Direito Tributário)
5º Concurso (Edital publicado em 31 de outubro de 2014).	Nacional. 9.1 princípios gerais. 9.2 Limitações ao poder de tributar. 10 Os tributos da União. 11 Processo judicial tributário. 11.1 Execução fiscal. 11.1.1 Exceção de pré-executividade. 11.1.2 Embargos do executado. 11.2 Ação anulatória de débito fiscal.
4º Concurso (Edital publicado em 31 de dezembro de 2009).	1 O Estado e o poder de tributar. 2 Direito tributário: conceito e princípios. Tributo: conceito e espécies. Código Tributário Nacional. Normas gerais de direito tributário. 3 Obrigação tributária: conceito; espécies; fato gerador (hipótese de incidência); sujeitos ativo e passivo; solidariedade; capacidade tributária; domicílio tributário. 4 Crédito tributário. Conceito. Natureza. Lançamento. Revisão. Suspensão, extinção e exclusão. Prescrição e decadência. Repetição do indébito. 5 Responsabilidade tributária. Responsabilidade por dívida própria e por dívida de outrem. Solidariedade e sucessão. Responsabilidade pessoal e de terceiros. Responsabilidade supletiva. 6 Sistema Tributário Nacional. Princípios gerais. Limitações do poder de tributar.
3º Concurso (Edital publicado em 5 de setembro de 2007).	1 O Estado e o poder de tributar. 2 Direito tributário: conceito e princípios. Tributo: conceito e espécies. Código Tributário Nacional. Normas gerais de direito tributário. 3 Obrigação tributária: conceito; espécies; fato gerador (hipótese de incidência); sujeitos ativo e passivo; solidariedade; capacidade tributária; domicílio tributário. 4 Crédito tributário. Conceito. Natureza. Lançamento. Revisão. Suspensão, extinção e exclusão. Prescrição e decadência. Repetição do indébito. 5 Responsabilidade tributária. Responsabilidade por dívida própria e por dívida de outrem. Solidariedade e sucessão. Responsabilidade pessoal e de terceiros. Responsabilidade supletiva. 6 Sistema Tributário Nacional. Princípios gerais. Limitações do poder de tributar.

A comparação entre o conteúdo programático exigido nos editais dos últimos concursos realizados é importante para que o candidato perceba o "amadurecimento" da banca examinadora ao longo dos anos. De fato, o conteúdo foi continuamente ampliado e refinado, com uma distribuição mais técnica no âmbito da ciência do Direito Tributário.

Trata-se de conteúdo extenso, sobretudo se analisado em conjunto com as mais de vinte disciplinas que compõem o edital. Portanto, é necessário avaliar, estrategicamente, as matérias a serem mais estudadas.

De acordo com o último edital, serão quatro as Bancas Examinadoras, cada uma responsável por um grupo de disciplinas. Atualmente, o Grupo I é composto por: Direito Civil, Direito Empresarial, Direito do Consumidor, Direito Ambiental, Direito Processual Civil e Direito Tributário.

Em todos os pontos do programa poderão ser cobrados conhecimentos doutrinários e o posicionamento dominante do Supremo Tribunal Federal, dos Tribunais Superiores e da Turma Nacional de Uniformização.

3. ANÁLISE GERAL DAS ÚLTIMAS PROVAS OBJETIVAS

Nos últimos concursos realizados, a Defensoria Pública da União optou pela execução da primeira etapa por instituição especializada (CESPE/CEBRASPE), o que poderá refletir numa tendência para os próximos editais.

Após a análise das quatro últimas provas objetivas, realizadas *entre 2007 e 2017*, foi possível verificar a seguinte distribuição de questões conforme os tópicos do conteúdo programático. Vejamos:

6º Concurso (Edital publicado em 12 de junho de 2017, com retificação).	
Tópico do Conteúdo Programático	**Quantidade de Itens[26]**
1 O Estado e o poder de tributar.	00 item
2 Direito tributário: conceito e princípios.	00 item
3 Tributo: conceito e espécies.	02 itens

26. Quantidade "aproximada" de itens, pois, algumas podem envolver o conhecimento relacionado a mais de um tópico do conteúdo programático.

6º Concurso (Edital publicado em 12 de junho de 2017, com retificação).	
Tópico do Conteúdo Programático	**Quantidade de Itens**
4 O Código Tributário Nacional.	00 item
5 Normas gerais de direito tributário.	02 itens
6 Obrigação tributária. 6.1 Conceito e espécies. 6.2 Fato gerador (hipótese de incidência). 6.3 Sujeitos ativo e passivo. 6.4 Solidariedade. 6.5 Capacidade tributária. 6.6 Domicílio tributário.	00 item
7 Crédito tributário. 7.1 Conceito. 7.2 Natureza. 7.3 Lançamento. 7.4 Revisão. 7.5 Suspensão, extinção e exclusão. 7.6 Prescrição e decadência. 7.7 Repetição do indébito.	03 itens
8 Responsabilidade tributária. 8.1 Responsabilidade por dívida própria e por dívida de outrem. 8.2 Solidariedade e sucessão. 8.3 Responsabilidade pessoal e de terceiros. 8.4 Responsabilidade supletiva.	00 item
9 Sistema Tributário Nacional. 9.1 princípios gerais. 9.2 Limitações ao poder de tributar.	00 item
10 Os tributos da União.	00 item
11 Processo judicial tributário. 11.1 Execução fiscal. 11.1.1 Exceção de pré-executividade. 11.1.2 Embargos do executado. 11.2 Ação anulatória de débito fiscal.	00 item
12 Administração tributária.	00 item
13 Procedimento fiscal.	00 item
14 Sigilo fiscal e prestação de informações.	00 item
15 Dívida ativa.	01 item
16 Certidões e cadastro.	00 item
17 ilícito administrativo tributário.	00 item
Total de itens:	**08 itens**

5º Concurso (Edital publicado em 31 de outubro de 2014).	
Tópico do Conteúdo Programático	**Quantidade de Itens[27]**
1 O Estado e o poder de tributar.	01 item
2 Direito tributário: conceito e princípios.	01 item
3 Tributo: conceito e espécies.	01 item
4 O Código Tributário Nacional.	00 item
5 Normas gerais de direito tributário.	04 itens
6 Obrigação tributária. 6.1 Conceito e espécies. 6.2 Fato gerador (hipótese de incidência). 6.3 Sujeitos ativo e passivo. 6.4 Solidariedade. 6.5 Capacidade tributária. 6.6 Domicílio tributário.	00 item
7 Crédito tributário. 7.1 Conceito. 7.2 Natureza. 7.3 Lançamento. 7.4 Revisão. 7.5 Suspensão, extinção e exclusão. 7.6 Prescrição e decadência. 7.7 Repetição do indébito.	00 item
8 Responsabilidade tributária. 8.1 Responsabilidade por dívida própria e por dívida de outrem. 8.2 Solidariedade e sucessão. 8.3 Responsabilidade pessoal e de terceiros. 8.4 Responsabilidade supletiva.	00 item
9 Sistema Tributário Nacional. 9.1 princípios gerais. 9.2 Limitações ao poder de tributar.	01 item
10 Os tributos da União.	00 item
11 Processo judicial tributário. 11.1 Execução fiscal. 11.1.1 Exceção de pré-executividade. 11.1.2 Embargos do executado. 11.2 Ação anulatória de débito fiscal.	00 item
Total de itens:	**08 itens**

27. Quantidade "aproximada" de itens, pois, algumas podem envolver o conhecimento relacionado a mais de um tópico do conteúdo programático.

4º Concurso (Edital publicado em 31 de dezembro de 2009).	
Tópico do Conteúdo Programático	**Quantidade de Itens[28]**
1 O Estado e o poder de tributar.	00 item
2 Direito tributário: conceito e princípios. Tributo: conceito e espécies. Código Tributário Nacional. Normas gerais de direito tributário.	05 itens
3 Obrigação tributária: conceito; espécies; fato gerador (hipótese de incidência); sujeitos ativo e passivo; solidariedade; capacidade tributária; domicílio tributário.	01 item
4 Crédito tributário. Conceito. Natureza. Lançamento. Revisão. Suspensão, extinção e exclusão. Prescrição e decadência. Repetição do indébito.	00 item
5 Responsabilidade tributária. Responsabilidade por dívida própria e por dívida de outrem. Solidariedade e sucessão. Responsabilidade pessoal e de terceiros. Responsabilidade supletiva.	03 itens
6 Sistema Tributário Nacional. Princípios gerais. Limitações do poder de tributar.	01 item
Total de itens:	**10 itens**

3º Concurso (Edital publicado em 5 de setembro de 2007).	
Tópico do Conteúdo Programático	**Quantidade de Itens[29]**
1 O Estado e o poder de tributar.	00 item
2 Direito tributário: conceito e princípios. Tributo: conceito e espécies. Código Tributário Nacional. Normas gerais de direito tributário.	02 itens

28. Quantidade "aproximada" de itens, pois, algumas podem envolver o conhecimento relacionado a mais de um tópico do conteúdo programático.

29. Quantidade "aproximada" de itens, pois, algumas podem envolver o conhecimento relacionado a mais de um tópico do conteúdo programático.

3º Concurso (Edital publicado em 5 de setembro de 2007).	
Tópico do Conteúdo Programático	**Quantidade de Itens**
3 Obrigação tributária: conceito; espécies; fato gerador (hipótese de incidência); sujeitos ativo e passivo; solidariedade; capacidade tributária; domicílio tributário.	02 itens
4 Crédito tributário. Conceito. Natureza. Lançamento. Revisão. Suspensão, extinção e exclusão. Prescrição e decadência. Repetição do indébito.	01 item
5 Responsabilidade tributária. Responsabilidade por dívida própria e por dívida de outrem. Solidariedade e sucessão. Responsabilidade pessoal e de terceiros. Responsabilidade supletiva.	02 itens
6 Sistema Tributário Nacional. Princípios gerais. Limitações do poder de tributar.	01 item
Total de itens:	**08 itens**

Consolidando os dados dos dois últimos concursos, cujos conteúdos programáticos são semelhantes, podemos elaborar a seguinte tabela:

Consolidado (concursos realizados nos anos de 2014 e 2017)	
Tópico do Conteúdo Programático	**Quantidade de Itens**[30]
1 O Estado e o poder de tributar.	01 item
2 Direito tributário: conceito e princípios.	01 item
3 Tributo: conceito e espécies.	03 itens

30. Quantidade "aproximada" de itens, pois, algumas podem envolver o conhecimento relacionado a mais de um tópico do conteúdo programático.

Consolidado (concursos realizados nos anos de 2014 e 2017)	
Tópico do Conteúdo Programático	**Quantidade de Itens**
4 O Código Tributário Nacional.	00 item
5 Normas gerais de direito tributário.	06 itens
6 Obrigação tributária. 6.1 Conceito e espécies. 6.2 Fato gerador (hipótese de incidência). 6.3 Sujeitos ativo e passivo. 6.4 Solidariedade. 6.5 Capacidade tributária. 6.6 Domicílio tributário.	00 item
7 Crédito tributário. 7.1 Conceito. 7.2 Natureza. 7.3 Lançamento. 7.4 Revisão. 7.5 Suspensão, extinção e exclusão. 7.6 Prescrição e decadência. 7.7 Repetição do indébito.	03 itens
8 Responsabilidade tributária. 8.1 Responsabilidade por dívida própria e por dívida de outrem. 8.2 Solidariedade e sucessão. 8.3 Responsabilidade pessoal e de terceiros. 8.4 Responsabilidade supletiva.	00 item
9 Sistema Tributário Nacional. 9.1 princípios gerais. 9.2 Limitações ao poder de tributar.	01 item
10 Os tributos da União.	00 item
11 Processo judicial tributário. 11.1 Execução fiscal. 11.1.1 Exceção de pré-executividade. 11.1.2 Embargos do executado. 11.2 Ação anulatória de débito fiscal.	00 item
12 Administração tributária.	00 item
13 Procedimento fiscal.	00 item
14 Sigilo fiscal e prestação de informações.	00 item
15 Dívida ativa.	01 item
16 Certidões e cadastro.	00 item
17 ilícito administrativo tributário.	00 item

Consolidado (concursos realizados nos anos de 2014 e 2017)	
Tópico do Conteúdo Programático	**Quantidade de Itens**
Total de itens:	**16 itens**

Ressalte-se que, na análise dos itens e na identificação conforme os conteúdos programáticos, alguns assuntos poderiam ser colocados em mais de um tópico, pois, mesclam temas diversos.

Por fim, é importante ressaltar que a análise objeto desta obra procurou, intencionalmente, dar especial atenção aos certames ocorridos a partir de 2007. É que o longo tempo decorrido desde então – ou seja, mais de 10 anos – poderia levar a resultados estatísticos deturpados em razão das mudanças no conteúdo programático e no perfil nos concursos públicos mais recentemente.

4. ALGUNS PONTOS ESPECÍFICOS MAIS RELEVANTES NAS PROVAS OBJETIVAS

As tabelas acima permitem observar que existe relativa concentração nas partes de normas gerais de Direito Tributário, bem como de crédito tributário (p. ex., suspensão, extinção e exclusão de crédito tributário).

Vejamos como esses temas foram cobrados no 6º concurso público da DPU, realizado em 2017:

> Acerca da suspensão e da extinção do crédito tributário, julgue os itens a seguir à luz do CTN.
>
> **43** Nas hipóteses de suspensão da exigibilidade do crédito tributário, fica dispensado o cumprimento das obrigações acessórias dependentes da obrigação principal que for suspensa.
>
> **44** É possível a suspensão da exigibilidade do crédito tributário em decorrência da concessão de medida liminar em mandado de segurança.
>
> **45** Por meio do instituto da transação tributária, é possível a suspensão do crédito tributário em benefício do contribuinte.

O gabarito oficial apontou as seguintes respostas: Item 43 – Errado; Item 44 – Certo, e Item 45 – Errado. O item 43 é incorreto, pois, segundo o art. 151, parágrafo único, do CTN, a suspensão de exigibilidade não dispensa o cumprimento das obrigações assessórios dependentes da obrigação principal cujo crédito seja suspenso, ou dela consequentes. O item 44 está correto, conforme art. 151, IV, do CTN, que prevê a concessão de medida liminar em mandado de segurança como uma das hipóteses de suspensão da exigibilidade do crédito tributário. O item 45 está errado, uma vez que a transação é hipótese de extinção do crédito tributário (art. 156, III, do CTN).

Observe que todos os itens foram exigidos com base na literalidade do Código Tributário Nacional - CTN, o que pode ser entendido como uma tendência para os próximos certames.

Ainda no 6º concurso público da DPU, realizado em 2017, houve a incidência de itens sobre normas gerais de Direito Tributário:

> A respeito das normas gerais de direito tributário, julgue os seguintes itens.
>
> **46** A fluência de juros de mora de dívida ativa regularmente inscrita exclui a liquidez do crédito.
>
> **47** O administrador judicial será responsável solidário pelo pagamento dos tributos quando for impossível o cumprimento da obrigação principal pela massa falida.
>
> **48** A efetividade de medida liminar para suspender a exigibilidade de créditos tributários está condicionada ao exaurimento das instâncias administrativas para a anulação dos autos de infração pertinentes, visto que, nessa situação, não cabe ao Poder Judiciário analisar o mérito administrativo.

O gabarito definitivo apontou as respostas: Item 46 - Errado; Item 47 - Anulado, e Item 48 - Errado. O item 46 está incorreto, na medida em que, segundo o art. 201, parágrafo único, do CTN prevê que a fluência de juros de mora não exclui, para os efeitos de dívida ativa tributária, a liquidez do crédito. O item 48 está incorreto, uma vez que, presentes os requisitos para concessão de liminar (art. 151, IV e V, do CTN), não há exigência de exaurimento das instâncias administrativas.

Novamente, os itens foram exigidos com base na interpretação de dispositivos do Código Tributário Nacional - CTN, o que reforça a necessidade de estudo da "legislação seca".

As normas gerais de Direito Tributário também foram objeto de arguição no 5º concurso público da DPU, realizado em 2014:

> Julgue os seguintes itens com base nas normas gerais de direito tributário.
>
> **47** A moratória e a concessão de medida liminar em mandado de segurança são casos de suspensão do crédito tributário, ao passo que a anistia e a isenção são casos de extinção do crédito tributário.
>
> **48** O imposto de renda é informado pelos critérios da generalidade, universalidade e progressividade. No que tange ao imposto de renda da pessoa física, a progressividade é mitigada, pois há uma faixa de isenção e apenas quatro alíquotas.
>
> **49** Caso determinado contribuinte tenha dois ou mais débitos tributários vencidos com a União, estes deverão ser cobrados na seguinte ordem de precedência: impostos, taxas e contribuição de melhoria.
>
> **50** Os costumes, como as práticas reiteradamente observadas pelas autoridades administrativas, não são expressamente citados entre as fontes destinadas a colmatar lacunas na legislação tributária; eles são, sim, considerados normas complementares das leis, dos tratados e convenções internacionais e dos decretos.

O gabarito definitivo considerou as seguintes respostas: Item 47 – Errado; Item 48 – Anulada; Item 49 – Errado, e Item 50 – Certo. O item 47 está incorreto, uma vez que a moratória e a concessão de medida liminar são hipóteses de suspensão de exigibilidade (art. 151, I, IV e V, do CTN), mas a anistia e isenção são casos de exclusão do crédito tributário (art. 175 do CTN). O item 48 foi considerado correto, mas, posteriormente, anulado pela banca examinadora, pois, "não há informações suficientes para o julgamento do item". O item 49 está incorreto em razão do teor do art. 163, II, do CTN, segundo o qual, existindo simultaneamente dois ou mais débitos vencidos do mesmo sujeito passivo para com a mesma pessoa jurídica de direito público, relativos ao mesmo ou a diferentes tributos ou provenientes de penalidade pecuniária ou juros de mora, a autoridade administrativa competente para receber o pagamento determinará a respectiva imputação, obedecidas as seguintes regras, na ordem em que enumeradas: primeiramente, às contribuições de melhoria, depois às taxas e por fim aos impostos (inciso II). O item 50 foi considerado correto pela banca examinadora e, de fato, o costume não consta nos arts. 96 e 108 do CTN.

Novamente, o norte utilizado pelo examinador foi o conhecimento da literalidade da legislação, com exceção do item 50, que demandaria um conhecimento doutrinário acerca das fontes de Direito Tributário e da interpretação da legislação tributária.

A jurisprudência foi expressamente exigida no 4º concurso público da DPU, realizado em 2010:

> **126** Segundo o STF, são específicos e divisíveis os serviços públicos municipais de coleta, remoção e tratamento ou destinação de lixo ou resíduos provenientes de imóveis, desde que essas atividades sejam completamente dissociadas de outros serviços públicos de limpeza realizados em benefício da população em geral e de forma indivisível, a exemplo dos serviços de conservação e limpeza de bens públicos, como praças, calçadas, ruas e bueiros.
>
> **134** Considere que pessoa jurídica tenha adquirido imóvel não residencial em hasta pública. Nesse caso, em consonância com a jurisprudência do STJ, a arrematação tem o efeito de expurgar qualquer ônus obrigacional sobre o imóvel para a pessoa jurídica arrematante, devendo a transferência ocorrer livre de qualquer encargo ou responsabilidade tributária.

O gabarito definitivo considerou Item 126 - Certo e Item 134 - Certo.

Quanto ao item 126, conforme jurisprudência do STF, "a Corte tem entendido como específicos e divisíveis os serviços públicos de coleta, remoção e tratamento ou destinação de lixo ou resíduos provenientes de imóveis, desde que essas atividades sejam completamente dissociadas de outros serviços públicos de limpeza realizados em benefício da população em geral (*uti universi*) e de forma indivisível" (RE 557957 AgR, Relator(a): Min. RICARDO LEWANDOWSKI, Primeira Turma, julgado em 26/05/2009), posteriormente tendo editado a Súmula Vinculante n. 19: "a taxa cobrada exclusivamente em razão dos serviços públicos de coleta, remoção e tratamento ou destinação de lixo ou resíduos provenientes de imóveis, não viola o artigo 145, II, da Constituição Federal".

No caso do item 134, a resposta parte do art. 130 do CTN, bem como com o entendimento consagrado pelo STJ no sentido de que, "em relação à responsabilidade pelos débitos tributários incidentes sobre o imóvel, quando de sua aquisição em hasta pública, o art.

130, parágrafo único do CTN, preleciona que a sub-rogação ocorre somente sobre o respectivo preço. Ao fazê-lo, o diploma legal exclui a responsabilidade do adquirente em relação aqueles débitos anteriores à arrematação; contudo, havendo débitos pendentes, persiste a obrigação do proprietário original perante o Fisco Estadual, exatamente porque é impossível a transferência do encargo tributário para o arrematante" (AgRg no AREsp 48.559/PR, Rel. Ministro NAPOLEÃO NUNES MAIA FILHO, PRIMEIRA TURMA, julgado em 13/03/2018).

5. DOUTRINA, JURISPRUDÊNCIA E "LEI SECA" NOS CONCURSOS DA DPU

A regulamentação da DPU prevê que, em todos os pontos do programa poderão ser cobrados conhecimentos doutrinários e o posicionamento dominante do Supremo Tribunal Federal, dos Tribunais Superiores e da Turma Nacional de Uniformização.

Observando as questões já apresentadas na análise das provas objetivas, constata-se que as bancas examinadoras exigem, com frequência, o conhecimento sobre a literalidade da legislação ("legislação seca"), sobretudo, no âmbito do Direito Tributário, dos dispositivos do CTN.

A jurisprudência, apesar de não ter sido muito exigida nas provas anteriores de Direito Tributário, tem sido cada vez mais cobrada pelas bancas examinadoras, o que certamente será uma tendência para os próximos certames.

Questões de cunho estritamente doutrinários, praticamente, não foram identificados nas provas anteriores da DPU. Contudo, a doutrina tem importância na compreensão de diversos aspectos complexos do Direito Tributário (p. ex., competência tributária, obrigações tributárias, decadência, prescrição e etc.).

6. DICAS FINAIS PARA OS CANDIDATOS

Diferentemente do que ocorre com outras disciplinas, o conteúdo programático de Direito Tributário foi cobrado nas provas anteriores de maneira mais ou menos "descontextualizada" com a atividade prática e cotidiana da Defensoria Pública. Aparentemente, a banca examinadora não procurou conjugar temas do conteúdo programático com situações práticas da atividade institucional dos defensores públicos, tal como fez em disciplinas como Direitos Humanos, Direito Constitucional, Direito Internacional e etc. De certa forma, isso se torna um dificultador para a preparação do candidato.

Para o Direito Tributário, enfatizo, novamente, a "fórmula da aprovação":

Aprovação = "Lei Seca" + Jurisprudência + Doutrina + Resolução de Exercícios.

A análise dos certames anteriores demonstrou que o conhecimento da "legislação seca" ainda é o mais importante para a prova objetiva, seguido da jurisprudência e, por fim, da doutrina. A resolução de exercícios na parte de Direito Tributário é importante, pois, percebemos que questões semelhantes foram cobradas nas últimas provas.

Assim, fica como sugestão ao candidato que procure estudar apenas aspectos pontuais da doutrina, conciliando-a com a leitura da legislação e da jurisprudência.

DIREITO PENAL E CRIMINOLOGIA

1. BIBLIOGRAFIA INDICADA

A bibliografia é essencial para a fixação correta do conteúdo e para ampliação de conhecimento sobre os inúmeros temas e teorias que abrangem o Direito Penal.

Além disso, do 5º para o 6º Concurso da Defensoria Pública da União, houve o acréscimo da disciplina de Criminologia, a ser cobrada de maneira concomitante com Direito Penal, no Grupo II do certame.

Desta forma, será indicada bibliografia correspondente tanto para uma como para outra matéria. Importante também deixar claro que estas são apenas sugestões de livros para uma aprendizagem mais completa, visto que são autores didáticos e que podem auxiliar na preparação, contudo, cada estudante deve utilizar o doutrinador que tenha afinidade para que possa absorver o conteúdo plenamente,

Particularmente, entendo que o livro "Direito Penal, em seus vol. 1. 2 e 3, do autor Cleber Masson, detém conteúdo completo, com abordagem da doutrina clássica e moderna, análise de jurisprudência e uma didática excelente na exposição dos assuntos. A obra tem sido continuamente atualizada, utiliza gráficos e quadros com esquemas que são facilitadores no entendimento da matéria e é de fácil obtenção em todas as livrarias e sites no mercado.

Outras obras que poderiam ser citadas. "Direito Penal em Tabelas, em suas edições da Parte Geral e Parte Especial", da Defensora

Pública Federal Martina Correa, demonstram ser também uma excelente indicação de leitura. Primeiro, porque a autora trabalha na Defensoria Pública da União, assim tem uma percepção diferenciada do Direito Penal dentro da própria carreira da DPU. Outro diferencial da obra é a abordagem simples, sistemática da lei, da doutrina e da jurisprudência, o que permite a memorização e a revisão da matéria de forma rápida. É constantemente atualizada e de fácil acesso para compra e por possuir dois volumes também acaba sendo mais em conta financeiramente para aquisição.

Outro livro que pode ser utilizado na preparação para o concurso da DPU, é o "Curso de Direito Penal, vol. 1, 2 e 3", de Rogério Greco. É um autor muito utilizado, desde a faculdade, possui constante atualização da disciplina, aborda jurisprudência e súmulas, doutrina clássica e moderna acerca das diversas teorias constantes na matéria e a linguagem é de fácil compreensão.

Por sua vez, para a legislação penal especial, indico a obra "Legislação Criminal Especial Comentada, do autor Renato Brasileiro", em razão de ter uma linguagem objetiva, esquematizar as principais leis penais que são cobradas em certames públicos, sendo revista e atualizada constantemente com base na modificação legislativa e jurisprudencial, além de ser um autor que já trabalha com concursos e, por isso, entende a necessidade de uma didática clara e de qualidade na abordagem dos temas tratados.

Ademais disso, para Criminologia, recomendo a obra "Criminologia, de Sergio Salomão Shecaira". É mestre e doutor em Direito Penal, o autor é professor e escreveu um livro excelente, com descrição precisa das escolas criminológicas, muito didático e com uma visão abrangente da disciplina. Também recomendo o livro "Criminologia Crítica e Crítica ao Direito Penal: introdução à sociologia do Direito Penal, de Alessandro Baratta", esse é um dos grandes clássicos da criminologia, detém uma exposição panorâmica da disciplina, uma obra primorosa para o estudo da matéria.

Outro livro de Criminologia que pode ser indicado, especialmente na reta final da prova, é o da "Coleção Sinopses para concursos", vol. 20, da autora Natacha Oliveira, o qual aborda os principais temas de criminologia, em linguagem simples e objetiva para certames em que a disciplina é exigida.

Além dos livros doutrinários, recomendo os livros com resolução de exercícios. É o caso, p. ex., da coleção "Revisaço", disponibilizado pela Ed. Juspodivm.

Por fim, convém dar uma conferida nas obras do "Dizer o Direito", que trazem os principais julgados do STF e do STJ, com uma sistematização das jurisprudências mais relevantes.

2. CONTEÚDO PROGRAMÁTICO NOS EDITAIS DA DPU

A Resolução n. 118, de 05 de novembro de 2015, dispõe sobre os concursos públicos para ingresso na carreira de Defensor Público Federal, destacando mais de vinte disciplinas a serem objeto de arguição nas provas objetivas, dissertativas e orais.

O conteúdo programático de Direito Penal, nos últimos quatro concursos já realizados, dessume-se na seguinte distribuição de conteúdo:

Edital	Conteúdo Programático (Direito Penal)
6º Concurso (Edital publicado em 12 de junho de 2017, com retificação)– acréscimo de Criminologia	1 Da aplicação da lei penal. 1.1 Princípios da legalidade e da anterioridade. 1.2 A lei penal no tempo e no espaço. 1.3 O fato típico e seus elementos. 1.4 Relação de causalidade. 1.5 Culpabilidade. 1.6 Superveniência de causa independente. 2 Crime consumado, tentado e impossível. 2.1 Desistência voluntária e arrependimento eficaz. 2.2 Arrependimento posterior. 2.3 Crime doloso, culposo e preterdoloso. 3 O erro. 3.1 Erro de tipo. 3.2 Erro de proibição. 3.3 Erro sobre a pessoa. 4 Coação irresistível e obediência hierárquica. 5 Causas excludentes da ilicitude. 6 Imputabilidade penal. 6.1 Concurso de pessoas. 6.2 Concurso de crimes. 7 Penas. 7.1 Espécies, cominação e aplicação. 7.2 Suspensão condicional da pena. 7.3 Efeitos da condenação e da reabilitação. 7.4 Medidas de segurança. 7.5 Medidas socioeducativas. 8 Ação penal pública e privada. 8.1 Extinção da punibilidade. 9 Execução das penas em espécie. 9.1 Penas privativas de liberdade. 9.2 Regimes. 9.3 Autorizações de saída. 9.4 Remição e incidentes da execução. 10 Crimes em espécie. 10.1 Crimes contra a vida. 10.2 Lesões corporais. 10.3 Crimes contra a honra. 10.4 Crimes contra a liberdade individual. 10.5 Crimes contra o patrimônio. 10.6 Crimes contra a fé pública.

Edital	Conteúdo Programático (Direito Penal)
6º Concurso (Edital publicado em 12 de junho de 2017, com retificação) – acréscimo de Criminologia	10.7 Crimes contra a Administração Pública. 10.8 Crimes de abuso de autoridade. 11 Sistema Nacional de Políticas Públicas sobre Drogas. 12 Organização criminosa. 13 Crimes hediondos. 14 Crimes de tortura. 15 Crimes praticados contra a criança e o adolescente. 16 Crimes contra a ordem tributária. 17 Crimes contra o sistema financeiro. 18 Lavagem de dinheiro. 19 Crimes contra o meio ambiente. 20 Crimes contra a humanidade. 21 Criminologia. 21.1 Conceito. 21.2 Métodos: empirismo e interdisciplinaridade. 21.3 Objetos da criminologia: delito, delinquente, vítima, controle social. 22 Funções da criminologia. 22.1 Criminologia e política criminal. 22.2 Direito penal. 23 Modelos teóricos da criminologia. 23.1 Teorias sociológicas. 23.2 Prevenção da infração penal no Estado democrático de direito. 23.3 Prevenção primária. 23.4 Prevenção secundária. 23.5 Prevenção terciária. 23.6 Modelos de reação ao crime.
5º Concurso (Edital publicado em 31 de outubro de 2014).	1 Da aplicação da lei penal. 1.1 Princípios da legalidade e da anterioridade. 1.2 A lei penal no tempo e no espaço. 1.3 O fato típico e seus elementos. 1.4 Relação de causalidade. 1.5 Culpabilidade. 1.6 Superveniência de causa independente. 2 Crime consumado, tentado e impossível. 2.1 Desistência voluntária e arrependimento eficaz. 2.2 Arrependimento posterior. 2.3 Crime doloso, culposo e preterdoloso. 3 O erro. 3.1 Erro de tipo. 3.2 Erro de proibição. 3.3 Erro sobre a pessoa. 4 Coação irresistível e obediência hierárquica. 5 Causas excludentes da ilicitude. 6 Imputabilidade penal. 6.1 Concurso de pessoas. 6.2 Concurso de crimes. 7 Penas. 7.1 Espécies, cominação e aplicação. 7.2 Suspensão condicional da pena. 7.3 Efeitos da condenação e da reabilitação. 7.4 Medidas de segurança. 7.5 Medidas socioeducativas. 8 Ação penal pública e privada. 8.1 Extinção da punibilidade. 9 Execução das penas em espécie. 9.1 Penas privativas de liberdade. 9.2 Regimes. 9.3 Autorizações de saída. 9.4 Remição e incidentes da execução. 10 Crimes em espécie. 10.1 Crimes contra a vida. 10.2 Lesões corporais. 10.3 Crimes contra a honra. 10.4 Crimes contra a liberdade individual. 10.5 Crimes contra o patrimônio. 10.6 Crimes contra a fé pública. 10.7 Crimes contra a Administração Pública. 10.8 Crimes de abuso de autoridade. 11 Sistema Nacional de Políticas Públicas sobre Drogas. 12 Organização criminosa. 13 Crimes hediondos.

Edital	Conteúdo Programático (Direito Penal)
5º Concurso (Edital publicado em 31 de outubro de 2014).	14 Crimes de tortura. 15 Crimes praticados contra a criança e o adolescente. 16 Crimes contra a ordem tributária. 17 Crimes contra o sistema financeiro. 18 Lavagem de dinheiro. 19 Crimes contra o meio ambiente. 20 Crimes contra a humanidade.
4º Concurso (Edital publicado em 31 de dezembro de 2009).	1 Da aplicação da lei penal. 1.1 Princípios da legalidade e da anterioridade. 1.2 A lei penal no tempo e no espaço. 1.3 O fato típico e seus elementos. 1.4 Relação de causalidade. Culpabilidade. 1.5 Superveniência de causa independente. 2 Crime consumado, tentado e impossível. 2.1 Desistência voluntária e arrependimento eficaz. 2.2 Arrependimento posterior. 2.3 Crime doloso, culposo e preterdoloso. 3 Erro de tipo. 3.1 Erro de proibição. 3.2 Erro sobre a pessoa. 3.3 Coação irresistível e obediência hierárquica. 3.4 Causas excludentes da ilicitude. 4 Da imputabilidade penal. 4.1 Do concurso de pessoas. 4.2 Do concurso de crimes. 5 Das penas: espécies, cominação e aplicação. 5.1 Da suspensão condicional da pena. 5.2 Do livramento condicional. 5.3 Efeitos da condenação e da reabilitação. 5.4 Das medidas de segurança. 5.5 Das medidas socioeducativas (Lei nº 8.069/90). 6 Da ação penal pública e privada. 6.1 Da extinção da punibilidade. 6.2 Da execução das penas em espécie: das penas privativas de liberdade, dos regimes, autorizações de saída, remição e incidentes da execução. 7 Dos crimes contra a vida. 7.1 Das lesões corporais. 7.2 Dos crimes contra a honra. 7.3 Dos crimes contra a liberdade individual. 8 Dos crimes contra o patrimônio. 8.1 Dos crimes contra a liberdade sexual. 8.2 Da sedução e da corrupção de menores. 8.3 Crime organizado (Lei nº 9.034/95). 9 Dos crimes contra a fé pública. 9.1 Crimes contra a administração pública. 9.2 Crimes de imprensa. 9.3 Crimes de abuso de autoridade (Lei nº 4.898/65). 10 Sistema Nacional de Políticas Públicas sobre Drogas (Lei nº 11.343/2006). Crimes hediondos (Lei nº 8.072/90 e Lei nº 8.930/94). Crimes de tortura (Lei nº 9.455/97). Do ato infracional. Dos crimes praticados contra a criança e o adolescente (Lei nº 8.069/90). 11 Crimes contra as finanças públicas (Lei nº 10.028/2000, que alterou o Código Penal). 12 Crimes contra a ordem tributária (Leis n.os 8.137/90 e 9.249/95). 13 Crimes contra o sistema financeiro (Leis n.os 7.492/86 e 9.080/95). 14 Lavagem de dinheiro (Lei nº 9.613/98). 15 Crimes contra o meio ambiente (Lei nº 9.605/98).

Edital	Conteúdo Programático (Direito Penal)
3º Concurso (Edital publicado em 5 de setembro de 2007).	1 Da aplicação da lei penal. 1.1 Princípios da legalidade e da anterioridade. 1.2 A lei penal no tempo e no espaço. 1.3 O fato típico e seus elementos. 1.4 Relação de causalidade. Culpabilidade. 1.5 Superveniência de causa independente. 2 Crime consumado, tentado e impossível. 2.1 Desistência voluntária e arrependimento eficaz. 2.2 Arrependimento posterior. 2.3 Crime doloso, culposo e preterdoloso. 3 Erro de tipo. 3.1 Erro de proibição. 3.2 Erro sobre a pessoa. 3.3 Coação irresistível e obediência hierárquica. 3.4 Causas excludentes da ilicitude. 4 Da imputabilidade penal. 4.1 Do concurso de pessoas. 4.2 Do concurso de crimes. 5 Das penas: espécies, cominação e aplicação. 5.1 Da suspensão condicional da pena. 5.2 Do livramento condicional. 5.3 Efeitos da condenação e da reabilitação. 5.4 Das medidas de segurança. 5.5 Das medidas socioeducativas. 6 Da ação penal pública e privada. 6.1 Da extinção da punibilidade. 6.2 Da execução das penas em espécie: das penas privativas de liberdade, dos regimes, autorizações de saída, remição e incidentes da execução. 7 Dos crimes contra a vida. 7.1 Das lesões corporais. 7.2 Dos crimes contra a honra. 7.3 Dos crimes contra a liberdade individual. 8 Dos crimes contra o patrimônio. 8.1 Dos crimes contra a liberdade sexual. 8.2 Da sedução e da corrupção de menores. 8.3 Crime organizado. 9 Dos crimes contra a fé pública. 9.1 Crimes contra a Administração Pública. 9.2 Crimes de imprensa. 9.3 Crimes de abuso de autoridade. 10 Sistema Nacional de Políticas Públicas sobre Drogas. 10.1 Crimes hediondos. 10.2 Crimes de tortura. 10.3 Do ato infracional. 10.4 Dos Crimes praticados contra a criança e o adolescente. 11 Crimes contra as finanças públicas. 12 Crimes contra a ordem tributária. 13 Crimes contra o sistema financeiro. 14 Lavagem de dinheiro. 15 Crimes contra o meio ambiente. 16 Lei de improbidade. 17 Crimes de trânsito. 18 Porte ilegal de arma de fogo. 19 Crimes previstos no Estatuto do Idoso.

O conteúdo programático foi mantido praticamente inalterado, entre cada um dos editais de 2007 a 2017, com a retirada da Lei de Imprensa, após o 4º concurso, em razão do posicionamento do Supremo Tribunal Federal pela incompatibilidade da norma jurídica com a Constituição Federal (ADPF 130).

A lei de improbidade também só foi cobrada no 3º Concurso e retirada dos demais.

Por sua vez, como já colocado no item anterior, houve uma mudança importante na cobrança da matéria de Direito Penal, pois no 6º Concurso da Defensoria Pública da União, a disciplina de Criminologia foi incorporada para avaliação conjunta com esta disciplina no âmbito do grupo II. Sabe-se que são disciplinas diversas, com objeto de estudo diferenciado, contudo, pela interdisciplinaridade entre as matérias, foi feita a opção pela cobrança conjugada para o certame.

Ademais, pela extensão e pela coerência com a atuação prática na DPU, é possível apostar que o edital do 6º concurso público deve ser tomado como base para os próximos certames.

3. ANÁLISE GERAL DAS ÚLTIMAS PROVAS OBJETIVAS

Nos últimos concursos realizados, a Defensoria Pública da União optou pela execução da primeira etapa por instituição especializada (CESPE/CEBRASPE), o que poderá refletir numa tendência para os próximos editais.

Após a análise das quatro últimas provas objetivas, realizadas *entre 2007 e 2017*, ou seja, aproximadamente dez anos de interregno, foi possível verificar a seguinte distribuição de questões conforme os tópicos do conteúdo programático. Vejamos:

6º Concurso (Edital publicado em 12 de junho de 2017, com retificação).	
Tópico do Conteúdo Programático	**Quantidade de Itens[31]**
1 Da aplicação da lei penal. 1.1 Princípios da legalidade e da anterioridade. 1.2 A lei penal no tempo e no espaço. 1.3 O fato típico e seus elementos. 1.4 Relação de causalidade. 1.5 Culpabilidade. 1.6 Superveniência de causa independente.	00 item

31. Quantidade "aproximada" de itens, pois, algumas podem envolver o conhecimento relacionado a mais de um tópico do conteúdo programático.

6º Concurso (Edital publicado em 12 de junho de 2017, com retificação).	
Tópico do Conteúdo Programático	**Quantidade de Itens**
2 Crime consumado, tentado e impossível. 2.1 Desistência voluntária e arrependimento eficaz. 2.2 Arrependimento posterior. 2.3 Crime doloso, culposo e preterdoloso.	00 item
3 O erro. 3.1 Erro de tipo. 3.2 Erro de proibição. 3.3 Erro sobre a pessoa.	00 item
4 Coação irresistível e obediência hierárquica.	00 item
5 Causas excludentes da ilicitude. 6 Imputabilidade penal.	00 item
6.1 Concurso de pessoas. 6.2 Concurso de crimes.	00 item
7 Penas. 7.1 Espécies, cominação e aplicação. 7.2 Suspensão condicional da pena. 7.3 Efeitos da condenação e da reabilitação. 7.4 Medidas de segurança. 7.5 Medidas socioeducativas.	00 item
8 Ação penal pública e privada. 8.1 Extinção da punibilidade.	00 item
9 Execução das penas em espécie. 9.1 Penas privativas de liberdade. 9.2 Regimes. 9.3 Autorizações de saída. 9.4 Remição e incidentes da execução.	02 itens
10 Crimes em espécie. 10.1 Crimes contra a vida. 10.2 Lesões corporais. 10.3 Crimes contra a honra. 10.4 Crimes contra a liberdade individual. 10.5 Crimes contra o patrimônio. 10.6 Crimes contra a fé pública. 10.7 Crimes contra a Administração Pública. 10.8 Crimes de abuso de autoridade.	02 itens
11 Sistema Nacional de Políticas Públicas sobre Drogas.	03 itens
12 Organização criminosa.	00 itens
13 Crimes hediondos.	00 item
14 Crimes de tortura.	00 item
15 Crimes praticados contra a criança e o adolescente.	00 item
16 Crimes contra a ordem tributária.	00 item
17 Crimes contra o sistema financeiro.	00 item

6º Concurso (Edital publicado em 12 de junho de 2017, com retificação).	
Tópico do Conteúdo Programático	**Quantidade de Itens**
18 Lavagem de dinheiro.	03 itens
19 Crimes contra o meio ambiente.	00 item
20 Crimes contra a humanidade.	00 item
21 Criminologia. 21.1 Conceito. 21.2 Métodos: empirismo e interdisciplinaridade. 21.3 Objetos da criminologia: delito, delinquente, vítima, controle social.	01 item
22 Funções da criminologia. 22.1 Criminologia e política criminal. 22.2 Direito penal.	00 item
23 Modelos teóricos da criminologia. 23.1 Teorias sociológicas. 23.2 Prevenção da infração penal no Estado democrático de direito. 23.3 Prevenção primária. 23.4 Prevenção secundária. 23.5 Prevenção terciária. 23.6 Modelos de reação ao crime	01 item
Total de itens:	**12 itens**

5º Concurso (Edital publicado em 31 de outubro de 2014).	
Tópico do Conteúdo Programático	**Quantidade de Itens**[32]
1 Da aplicação da lei penal. 1.1 Princípios da legalidade e da anterioridade. 1.2 A lei penal no tempo e no espaço. 1.3 O fato típico e seus elementos. 1.4 Relação de causalidade. 1.5 Culpabilidade. 1.6 Superveniência de causa independente.	00 item
2 Crime consumado, tentado e impossível. 2.1 Desistência voluntária e arrependimento eficaz. 2.2 Arrependimento posterior. 2.3 Crime doloso, culposo e preterdoloso.	03 itens
3 O erro. 3.1 Erro de tipo. 3.2 Erro de proibição. 3.3 Erro sobre a pessoa.	00 item

32. Quantidade "aproximada" de itens, pois, algumas podem envolver o conhecimento relacionado a mais de um tópico do conteúdo programático.

5º Concurso (Edital publicado em 31 de outubro de 2014).	
Tópico do Conteúdo Programático	**Quantidade de Itens**
4 Coação irresistível e obediência hierárquica.	00 item
5 Causas excludentes da ilicitude.	00 item
6 Imputabilidade penal. 6.1 Concurso de pessoas. 6.2 Concurso de crimes.	00 item
7 Penas. 7.1 Espécies, cominação e aplicação. 7.2 Suspensão condicional da pena. 7.3 Efeitos da condenação e da reabilitação. 7.4 Medidas de segurança. 7.5 Medidas socioeducativas.	03 itens
8 Ação penal pública e privada. 8.1 Extinção da punibilidade.	00 item
9 Execução das penas em espécie. 9.1 Penas privativas de liberdade. 9.2 Regimes. 9.3 Autorizações de saída. 9.4 Remição e incidentes da execução.	03 itens
10 Crimes em espécie. 10.1 Crimes contra a vida. 10.2 Lesões corporais. 10.3 Crimes contra a honra. 10.4 Crimes contra a liberdade individual. 10.5 Crimes contra o patrimônio. 10.6 Crimes contra a fé pública. 10.7 Crimes contra a Administração Pública. 10.8 Crimes de abuso de autoridade.	02 itens
11 Sistema Nacional de Políticas Públicas sobre Drogas.	02 itens
12 Organização criminosa.	00 item
13 Crimes hediondos.	00 item
14 Crimes de tortura.	01 item
15 Crimes praticados contra a criança e o adolescente.	00 item
16 Crimes contra a ordem tributária.	00 item
17 Crimes contra o sistema financeiro.	00 item
18 Lavagem de dinheiro.	00 item

5º Concurso (Edital publicado em 31 de outubro de 2014).	
Tópico do Conteúdo Programático	**Quantidade de Itens**
19 Crimes contra o meio ambiente.	01 item
20 Crimes contra a humanidade.	00 item
Total de itens:	**15 itens**

4º Concurso (Edital publicado em 31 de dezembro de 2009).	
Tópico do Conteúdo Programático	**Quantidade de Itens**[33]
1 Da aplicação da lei penal. 1.1 Princípios da legalidade e da anterioridade. 1.2 A lei penal no tempo e no espaço. 1.3 O fato típico e seus elementos. 1.4 Relação de causalidade. Culpabilidade. 1.5 Superveniência de causa independente.	03 itens
2 Crime consumado, tentado e impossível. 2.1 Desistência voluntária e arrependimento eficaz. 2.2 Arrependimento posterior. 2.3 Crime doloso, culposo e preterdoloso.	00 item
3 Erro de tipo. 3.1 Erro de proibição. 3.2 Erro sobre a pessoa. 3.3 Coação irresistível e obediência hierárquica. 3.4 Causas excludentes da ilicitude.	01 item
4 Da imputabilidade penal. 4.1 Do concurso de pessoas. 4.2 Do concurso de crimes.	03 itens
5 Das penas: espécies, cominação e aplicação. 5.1 Da suspensão condicional da pena. 5.2 Do livramento condicional. 5.3 Efeitos da condenação e da reabilitação. 5.4 Das medidas de segurança. 5.5 Das medidas socioeducativas (Lei nº 8.069/90).	03 itens

33. Quantidade "aproximada" de itens, pois, algumas podem envolver o conhecimento relacionado a mais de um tópico do conteúdo programático.

4º Concurso (Edital publicado em 31 de dezembro de 2009).	
Tópico do Conteúdo Programático	**Quantidade de Itens**
6 Da ação penal pública e privada. 6.1 Da extinção da punibilidade. 6.2 Da execução das penas em espécie: das penas privativas de liberdade, dos regimes, autorizações de saída, remição e incidentes da execução.	00 item
7 Dos crimes contra a vida. 7.1 Das lesões corporais. 7.2 Dos crimes contra a honra. 7.3 Dos crimes contra a liberdade individual.	04 itens
8 Dos crimes contra o patrimônio. 8.1 Dos crimes contra a liberdade sexual. 8.2 Da sedução e da corrupção de menores. 8.3 Crime organizado (Lei nº 9.034/95).	02 itens
9 Dos crimes contra a fé pública. 9.1 Crimes contra a administração pública. 9.2 Crimes de imprensa. 9.3 Crimes de abuso de autoridade (Lei nº 4.898/65).	01 item
10 Sistema Nacional de Políticas Públicas sobre Drogas (Lei nº 11.343/2006). Crimes hediondos (Lei nº 8.072/90 e Lei nº 8.930/94). Crimes de tortura (Lei nº 9.455/97). Do ato infracional. Dos crimes praticados contra a criança e o adolescente (Lei nº 8.069/90).	00 item
11 Crimes contra as finanças públicas (Lei nº 10.028/2000, que alterou o Código Penal).	00 item
12 Crimes contra a ordem tributária (Leis n.os 8.137/90 e 9.249/95).	00 item
13 Crimes contra o sistema financeiro (Leis n.os 7.492/86 e 9.080/95).	01 item
14 Lavagem de dinheiro (Lei nº 9.613/98).	00 item
15 Crimes contra o meio ambiente (Lei nº 9.605/98).	00 item
Total de itens:	**18 itens**

3º Concurso (Edital publicado em 5 de setembro de 2007).	
Tópico do Conteúdo Programático	**Quantidade de Itens[34]**
1 Da aplicação da lei penal. 1.1 Princípios da legalidade e da anterioridade. 1.2 A lei penal no tempo e no espaço. 1.3 O fato típico e seus elementos. 1.4 Relação de causalidade. Culpabilidade. 1.5 Superveniência de causa independente.	00 item
2 Crime consumado, tentado e impossível. 2.1 Desistência voluntária e arrependimento eficaz. 2.2 Arrependimento posterior. 2.3 Crime doloso, culposo e preterdoloso.	00 item
3 Erro de tipo. 3.1 Erro de proibição. 3.2 Erro sobre a pessoa. 3.3 Coação irresistível e obediência hierárquica. 3.4 Causas excludentes da ilicitude.	00 item
4 Da imputabilidade penal. 4.1 Do concurso de pessoas. 4.2 Do concurso de crimes.	01 item
5 Das penas: espécies, cominação e aplicação. 5.1 Da suspensão condicional da pena. 5.2 Do livramento condicional. 5.3 Efeitos da condenação e da reabilitação. 5.4 Das medidas de segurança. 5.5 Das medidas socioeducativas.	02 itens
6 Da ação penal pública e privada. 6.1 Da extinção da punibilidade. 6.2 Da execução das penas em espécie: das penas privativas de liberdade, dos regimes, autorizações de saída, remição e incidentes da execução.	04 itens
7 Dos crimes contra a vida. 7.1 Das lesões corporais. 7.2 Dos crimes contra a honra. 7.3 Dos crimes contra a liberdade individual.	00 item
8 Dos crimes contra o patrimônio. 8.1 Dos crimes contra a liberdade sexual. 8.2 Da sedução e da corrupção de menores. 8.3 Crime organizado.	04 itens
9 Dos crimes contra a fé pública. 9.1 Crimes contra a Administração Pública. 9.2 Crimes de imprensa. 9.3 Crimes de abuso de autoridade.	01 item
10 Sistema Nacional de Políticas Públicas sobre Drogas. 10.1 Crimes hediondos. 10.2 Crimes de tortura. 10.3 Do ato infracional. 10.4 Dos Crimes praticados contra a criança e o adolescente.	02 itens
11 Crimes contra as finanças públicas.	00 item

34. Quantidade "aproximada" de itens, pois, algumas podem envolver o conhecimento relacionado a mais de um tópico do conteúdo programático.

3º Concurso (Edital publicado em 5 de setembro de 2007).	
Tópico do Conteúdo Programático	**Quantidade de Itens**
12 Crimes contra a ordem tributária.	01 item
13 Crimes contra o sistema financeiro.	00 item
14 Lavagem de dinheiro.	00 item
15 Crimes contra o meio ambiente.	01 item
16 Lei de improbidade.	00 item
17 Crimes de trânsito.	00 item
18 Porte ilegal de arma de fogo.	01 item
19 Crimes previstos no Estatuto do Idoso.	00 item
Total de itens:	**17 itens**

Consolidando os dados do 6º e do 5º concurso público da DPU, realizados em 2017 e 2014, respectivamente, podemos elaborar a seguinte tabela:

Consolidação (referente aos editais publicados em 2014 e 2017).	
Tópico do Conteúdo Programático	**Quantidade de Itens[35]**
1 Da aplicação da lei penal. 1.1 Princípios da legalidade e da anterioridade. 1.2 A lei penal no tempo e no espaço. 1.3 O fato típico e seus elementos. 1.4 Relação de causalidade. 1.5 Culpabilidade. 1.6 Superveniência de causa independente.	00 item

35. Quantidade "aproximada" de itens, pois, algumas podem envolver o conhecimento relacionado a mais de um tópico do conteúdo programático. A consolidação foi feita com base no conteúdo programático do edital do 6º concurso público da DPU, pois, representa uma tendência para os próximos certames.

Consolidação (referente aos editais publicados em 2014 e 2017).	
Tópico do Conteúdo Programático	**Quantidade de Itens**
2 Crime consumado, tentado e impossível. 2.1 Desistência voluntária e arrependimento eficaz. 2.2 Arrependimento posterior. 2.3 Crime doloso, culposo e preterdoloso.	03 itens
3 O erro. 3.1 Erro de tipo. 3.2 Erro de proibição. 3.3 Erro sobre a pessoa.	00 item
4 Coação irresistível e obediência hierárquica.	00 item
5 Causas excludentes da ilicitude.	00 item
6 Imputabilidade penal. 6.1 Concurso de pessoas. 6.2 Concurso de crimes.	01 item
7 Penas. 7.1 Espécies, cominação e aplicação. 7.2 Suspensão condicional da pena. 7.3 Efeitos da condenação e da reabilitação. 7.4 Medidas de segurança. 7.5 Medidas socioeducativas.	03 itens
8 Ação penal pública e privada. 8.1 Extinção da punibilidade.	00 item
9 Execução das penas em espécie. 9.1 Penas privativas de liberdade. 9.2 Regimes. 9.3 Autorizações de saída. 9.4 Remição e incidentes da execução.	05 itens
10 Crimes em espécie. 10.1 Crimes contra a vida. 10.2 Lesões corporais. 10.3 Crimes contra a honra. 10.4 Crimes contra a liberdade individual. 10.5 Crimes contra o patrimônio. 10.6 Crimes contra a fé pública. 10.7 Crimes contra a Administração Pública. 10.8 Crimes de abuso de autoridade.	03 itens
11 Sistema Nacional de Políticas Públicas sobre Drogas..	05 itens
12 Organização criminosa.	00 item
13 Crimes hediondos.	00 item
14 Crimes de tortura.	01 item

Consolidação (referente aos editais publicados em 2014 e 2017).	
Tópico do Conteúdo Programático	**Quantidade de Itens**
15 Crimes praticados contra a criança e o adolescente.	00 item
16 Crimes contra a ordem tributária.	00 item
17 Crimes contra o sistema financeiro.	00 item
18 Lavagem de dinheiro.	03 itens
19 Crimes contra o meio ambiente.	01 item
20 Crimes contra a humanidade.	00 item
21 Criminologia. 21.1 Conceito. 21.2 Métodos: empirismo e interdisciplinaridade. 21.3 Objetos da criminologia: delito, delinquente, vítima, controle social.	01 item
22 Funções da criminologia. 22.1 Criminologia e política criminal. 22.2 Direito penal.	00 item
23 Modelos teóricos da criminologia. 23.1 Teorias sociológicas. 23.2 Prevenção da infração penal no Estado democrático de direito. 23.3 Prevenção primária. 23.4 Prevenção secundária. 23.5 Prevenção terciária. 23.6 Modelos de reação ao crime	01 item
Total de itens:	**27 itens**

Na análise dos itens e na identificação conforme os conteúdos programáticos, algumas questões abordadas fizeram uma mescla de temas diversos e poderiam ser colocados em mais de um tópico, contudo, optou-se por manter apenas o número de questões cobrado em prova, sendo computado o tema com maior relevância em relação à forma como a questão foi enunciada.

Ademais, a análise objeto desta obra procurou, intencionalmente, dar especial atenção aos últimos quatro certames ocorridos. É que o longo tempo decorrido desde então – ou seja, mais de 10 anos – poderia levar a resultados estatísticos completamente deturpados, em virtude das alterações advindas não apenas do conteúdo constante do edital, mas ainda do perfil do certame.

4. ALGUNS PONTOS ESPECÍFICOS MAIS RELEVANTES NAS PROVAS OBJETIVAS

A proposta da presente obra não é ensinar ao leitor o conteúdo de cada uma das disciplinas do programa, mas, sim, apontar alguns aspectos estatísticos acerca da incidência de cada tópico do edital nos últimos certames da Defensoria Pública da União.

Nesse sentido, as tabelas acima permitem indicar que os temas mais recorrentes em direito penal são: crimes patrimoniais, crimes previstos na lei de drogas e benefícios previstos no CP e na LEP.

Por último, importante indicar que a disciplina de criminologia, apesar de ter entrado recentemente no edital do 6º concurso, deve sempre ser objeto de estudo e de possível cobrança com uma ou duas questões, assim é bom dar especial ênfase no estudo das escolas criminológicas (clássicas, sociológicas e críticas).

Vejamos como o tema de crimes patrimoniais foi cobrado:

> (6º Concurso Público da DPU, realizado em 2017)
>
> Em assalto a uma agência bancária, Lúcio conseguiu alta monta financeira. Com parte do dinheiro, ele comprou imóvel em nome próprio, tendo declarado na escritura de compra e venda valor inferior ao que foi efetivamente pago pelo imóvel. Em seguida, Lúcio vendeu o bem pelo valor de mercado, o que tornou lícito o proveito econômico do crime praticado. Acerca dessa situação hipotética, julgue os itens seguintes à luz da legislação e da doutrina pertinentes à lavagem de dinheiro e à extinção de punibilidade.
>
> **55** Caso o crime de roubo prescreva, subsistirão a punibilidade e o crime de lavagem de dinheiro em razão da compra e posterior venda do imóvel com o proveito econômico do crime.
>
> [...]
>
> Cada um dos itens a seguir, a respeito de crimes contra o patrimônio, apresenta uma situação hipotética seguida de uma assertiva a ser julgada à luz da doutrina e da jurisprudência pertinentes.
>
> **61** Caio, com dezoito anos de idade, reside com seu pai, de cinquenta e oito anos de idade, e com seu tio, de sessenta e um anos de idade.

Sem dinheiro para sair com os amigos, Caio subtraiu dinheiro de seu pai e, ainda, o aparelho celular do tio. Nessa situação, Caio será processado, mediante ação penal pública, por apenas um crime de furto.

[...]

62 Maria não informou ao INSS o óbito de sua genitora e continuou a utilizar o cartão de benefício de titularidade da falecida pelo período de dez meses. Nessa situação, Maria praticou estelionato de natureza previdenciária, classificado, em decorrência de sua conduta, como crime permanente, de acordo com o entendimento do STJ.

(5º Concurso Público da DPU, realizado em 2014)

No que tange ao entendimento sumulado do STJ a respeito das espécies, da cominação e da aplicação de penas e do regime de execução de penas em espécie, julgue os itens subsecutivos.

[...]

55 O agente considerado primário que furta coisa de pequeno valor faz jus a causa especial de diminuição de pena ou furto privilegiado, ainda que esteja presente qualificadora consistente no abuso de confiança.

(4º Concurso Público da DPU, realizado em 2010)

Julgue o item abaixo, acerca de crime contra o patrimônio.

58 A presença de sistema eletrônico de vigilância em estabelecimento comercial torna crime impossível a tentativa de furto de um produto desse estabelecimento, por absoluta ineficácia do meio, conforme entendimento consolidado do STJ.

[...]

69 Considere a seguinte situação hipotética.

João A., com 57 anos de idade, trabalhador rural, analfabeto, incapacitado permanente para o trabalho, em razão de acidente, residente em zona urbana há mais de cinco anos, foi convencido por Jofre R. e Saulo F. a solicitar benefício previdenciário. Após análise da solicitação, cientificou-se a João que não haviam sido atendidos os requisitos para a obtenção de benefício. Jofre e Saulo prometeram resolver a situação, contanto que João assinasse e apresentasse diversos documentos, entre os quais, procurações, carteira de trabalho e declarações. Ajustaram que os valores relativos aos seis primeiros meses de pagamento do benefício previdenciário e eventuais valores retroativos a serem recebidos por João seriam dados em pagamento a Jofre e Saulo, que os repartiriam em iguais partes. Meses depois, João passou a perceber aposentadoria por tempo de contribuição e

> levantou a quantia de R$ 5.286,00, referente aos valores retroativos. Entregou-a a Jofre e Saulo, conforme ajustado. Após dois anos de recebimento desse benefício por João, no valor máximo legal, o INSS constatou fraude e, prontamente, suspendeu o pagamento do benefício. Nessa situação, João A., por sua condição pessoal e circunstâncias apresentadas, deve responder pelo crime de estelionato qualificado, na forma culposa, sendo o crime de estelionato contra a previdência social instantâneo de efeitos permanentes e consumando-se no recebimento indevido da primeira prestação do benefício, contando-se daí o prazo da prescrição da pretensão punitiva.
>
> (3º Concurso Público da DPU, realizado em 2007)
>
> Acerca dos crimes contra o patrimônio, cada um dos itens subsequentes apresenta uma situação hipotética, seguida de uma assertiva a ser julgada.
>
> **14** Cláudio, com intenção de furtar, entrou no carro de Vagner, cuja porta estava destravada, e acionou o motor por meio de uma chave falsa na ignição do veículo, assim logrando êxito em subtrair o veículo. Nessa situação, e de acordo com a jurisprudência do STJ, Cláudio responde por crime de furto simples.
>
> [...]
>
> **37** Conforme a jurisprudência dominante do STJ, a incidência da majorante do emprego de arma de fogo no roubo não prescinde da apreensão e da perícia para verificação de seu potencial lesivo.

O gabarito definitivo considerou as seguintes respostas: Item 55 - Anulado (6º Concurso); Item 61- Correto; Item 62- Errado; Item 55- Errado (5º Concurso); Item 58- Errado; Item 69- Errado; Item 14- Errado; e Item 37- Errado.

O item 55 foi anulado, pois segundo a justificativa da banca, "uma vez que a referência estabelecida no item pode ser tanto ao crime de roubo quanto ao crime de lavagem de dinheiro, prejudicou-se o julgamento objetivo do item".

O item 61 está correto, pois se amolda perfeitamente ao disposto no art. 181, inciso II, c/c art. 183, ambos do CP, em que há a previsão de que é isento de pena o agente que pratica crime de furto contra ascendente. Remanesce, contudo, o delito de furto praticado em desfavor do seu tio, não se aplicando a previsão do art. 182, inciso III, do CP, em razão de ser maior de 60 (sessenta) anos (art. 183, inciso III, do CP) e, portanto, o crime deixa de ser de ação penal pública condicionada à representação e passa a ser apenas de ação penal pública, podendo o Ministério Público oferecer denúncia independentemente da vontade do ofendido.

O item 62 está errado porque como Maria não era beneficiária, o delito de estelionato previdenciário não é considerado como crime permanente, mas instantâneo de efeitos permanentes e restará consumado com o pagamento da primeira prestação indevida[36].

O item 55 do 5º concurso está errado, porque o furto privilegiado é de ordem subjetiva e a qualificadora de abuso de confiança é também de ordem subjetiva, assim inaplicável a redação da súmula 511 do STJ, a qual preconiza que: "*É possível o reconhecimento do privilégio previsto no* § 2º *do art.* 155 *do* CP *nos casos de furto qualificado, se estiverem presentes a primariedade do agente, o pequeno valor da coisa e a qualificadora for de ordem objetiva*".

O item 58 está incorreto, pois em confronto com a súmula 567 do STJ: "Sistema de vigilância realizado por monitoramento eletrônico ou por existência de segurança no interior de estabelecimento comercial, por si só, não torna impossível a configuração do crime de furto."

O item 69 está incorreto por dois motivos principais: 1) o comportamento de João não foi culposo, pois não agiu com imprudência, negligência ou imperícia, mas doloso, porque tinha consciência de que não preenchia os requisitos legais e concordou na prática do delito; 2) o estelionato previdenciário quando o beneficiário é o próprio agente da prática delitiva é crime permanente, que cessará apenas com o recebimento indevido da última parcela do benefício, iniciando-se nesse período a contagem do prazo prescricional.

Com relação ao item 14, este está errado, porque a jurisprudência do STJ entende que, no caso descrito, não há furto simples, mas furto qualificado pelo emprego da chave falsa (art. 155, § 3º, inciso IV, do CP)[37].

Por fim, o item 37 está incorreto porque a posição dominante do STJ é exatamente a contrária ao do entendimento contido na questão, pois para a incidência da majorante pelo emprego da arma de fogo

36. AgRg no AREsp 1203461/SP.

37. REsp. 906.685/RS e AgRg no AREsp 88647.

não há a necessidade de o objeto ter sido apreendido e periciado, bastando que, pelos elementos de prova, tais como a palavra da vítima, depoimento de testemunhas, dentre outros, se evidencie que a arma foi utilizada na prática delitiva[38].

Outro tema que esteve presente em quase todas as provas objetivas da DPU foram os crimes na Lei de Drogas, a qual só não foi exigida no 4º concurso da DPU. Vejamos como o assunto foi abordado.

> (6º Concurso Público da DPU, realizado em 2017)
>
> Tendo como referência as disposições da Lei de Drogas (Lei n.º 11.343/2006) e a jurisprudência pertinente, julgue os itens subsecutivos.
>
> **58** Situação hipotética: Com o intuito de vender maconha em bairro nobre da cidade onde mora, Mário utilizou o transporte público para transportar 3 kg dessa droga. Antes de chegar ao destino, Mário foi abordado por policiais militares, que o prenderam em flagrante. Assertiva: Nessa situação, Mário responderá por tentativa de tráfico, já que não chegou a comercializar a droga.
>
> [...]
>
> **59** Segundo o entendimento do STJ, em eventual condenação, o juiz sentenciante não poderá aplicar ao réu a causa de aumento de pena relativa ao tráfico de entorpecentes em transporte público, se o acusado tiver feito uso desse transporte apenas para conduzir, de forma oculta, droga para comercialização em outro ambiente, diverso do transporte público.
>
> [...]
>
> **60** Situação hipotética: José, ao comercializar cocaína em espaço público, foi preso em flagrante. Apesar de ele ser primário, o juiz sentenciante não aplicou a causa de diminuição de pena referente ao denominado tráfico privilegiado, sob o argumento de que o réu se dedicava a atividades criminosas, conforme evidenciado por inquéritos e ações penais em curso nos quais José figurava como indiciado ou réu. Assertiva: Nessa situação, de acordo com a jurisprudência do STJ, o juiz feriu o princípio constitucional da presunção de inocência.
>
> (5º Concurso Público da DPU, realizado em 2014)

38. HC 475694/SP.

> Considerando que Carlo, maior e capaz, compartilhe com Carla, sua parceira eventual, substância entorpecente que traga consigo para uso pessoal, julgue os itens que se seguem.
>
> **64** Carlo responderá pela prática do crime de oferecimento de substância entorpecente, sem prejuízo da responsabilização pela posse ilegal de droga para consumo pessoal.
>
> [...]
>
> **65** A conduta de Carlo configura crime de menor potencial ofensivo. (3º Concurso Público da DPU, realizado em 2007)
>
> **16** É cabível a medida de internação por ato infracional semelhante ao crime de tráfico de drogas, com base na gravidade abstrata do crime e na segregação do menor para tirá-lo do alcance dos traficantes.
>
> [...]

Os gabaritos definitivos apontaram, respectivamente, as respostas: Item 58 - Errado; Item 59 - Certo; Item 60 - Errado; Item 64 - Certo; Item 65- Correto; e Item 16- Errado.

O item 58 está incorreto porque o crime previsto no art. 33, *caput*, da Lei nº 11.343/06, foi consumado, na modalidade "transportar" a droga. Isso porque o delito de tráfico de substância entorpecente tem tipo misto alternativo, assim a subsunção a qualquer uma de suas modalidades já é suficiente para a configuração do ilícito.

O item 59 está correto porque integralmente de acordo com a jurisprudência do Superior Tribunal de Justiça, a qual preconiza que a simples utilização de transporte público no tráfico de entorpecentes não é suficiente para caracterizar a causa de aumento prevista no artigo 40, inciso II, da Lei 11.343/06, que tem incidência somente quando comprovada a comercialização das drogas em seu interior.

O item 60 está errado porque o STJ detém entendimento de que inquéritos policiais e ações penais em curso quanto ao delito de tráfico de drogas podem ser utilizados como fundamento para afastar a causa de diminuição de pena do tráfico privilegiado, em razão de indicarem que o agente se dedica a atividade criminosa[39].

O item 64 está correto, por expressa previsão do art. 33, § 3º, da Lei nº 11.343/06: "§ 3º Oferecer droga, eventualmente e sem objetivo

39. HC 488716/SP.

de lucro, a pessoa de seu relacionamento, para juntos a consumirem: Pena - *detenção, de 6 (seis) meses a 1 (um) ano, e pagamento de 700 (setecentos) a 1.500 (mil e quinhentos) dias-multa, sem prejuízo das penas previstas no art. 28*."

O item 65 também está correto, pela aplicação conjunta do art. 33, § 3º, da Lei de Drogas, acima mencionado, com o art. 61, da Lei nº 9.099/95 (*Art. 61. Consideram-se infrações penais de menor potencial ofensivo, para os efeitos desta Lei, as contravenções penais e os crimes a que a lei comine pena máxima não superior a 2 (dois) anos, cumulada ou não com multa*). Desta forma, como a pena do delito anterior não supera dois anos se trata de crime de menor potencial ofensivo.

O item 16 está errado porque tem redação contrária a da disposta na súmula 492 do STJ: "*O ato infracional análogo ao tráfico de drogas, por si só, não conduz obrigatoriamente à imposição de medida socioeducativa de internação do adolescente.*"

Outro tópico que sempre cai são benefícios previstos no CP e na LEP (remição, livramento condicional e suspensão condicional da pena). Observe como a cobrança foi realizada nas provas da DPU:

> (6º Concurso Público da DPU, realizado em 2017)
>
> Com referência à execução penal e ao regramento internacional de tratamento das pessoas presas, julgue os itens subsequentes.
>
> **53** Segundo o STF, o trabalho em regime aberto que for realizado fora da casa de albergado não será considerado para fins de remição da pena.
>
> (5º Concurso Público da DPU, realizado em 2014)
>
> Gerson, com vinte e um anos de idade, e Gilson, com dezesseis anos de idade, foram presos em flagrante pela prática de crime. Após regular tramitação de processo nos juízos competentes, Gerson foi condenado pela prática de extorsão mediante sequestro e Gilson, por cometimento de infração análoga a esse crime. Com relação a essa situação hipotética, julgue os próximos itens.
>
> [...]
>
> **57** No cumprimento da pena em regime fechado, Gerson poderá, para fins de remição, cumular atividades laborativas com atividades típicas do ensino fundamental. Nessa hipótese, para cada três dias de trabalho e estudo concomitante, serão abatidos dois dias de sua pena.
>
> (4º Concurso Público da DPU, realizado em 2010)

No que se refere ao livramento condicional e à suspensão condicional da pena, julgue os itens a seguir.

64 Não se admite a concessão de livramento condicional ao condenado por crime doloso, cometido com violência ou grave ameaça à pessoa.

[...]

65 A sentença que concede a suspensão condicional da pena pode especificar outras condições a que fica subordinada a suspensão, além das legalmente previstas, desde que adequadas ao fato e à situação pessoal do condenado.

(3º Concurso Público da DPU, realizado em 2007)

13 É impossível o réu ser beneficiado com suspensão condicional da pena mediante sursis simultâneos, isto é, dois sursis cumpridos ao mesmo tempo.

De acordo com os gabaritos definitivos temos, respectivamente: Item 53 - Certo; Item 57- Correto; Item 64- Errado; Item 65- Certo; e Item 13- Errado.

O item 53 está correto, pois segundo previsão do art. 33, § 1º, do Código Penal e do art. 114, inciso I, da Lei de Execuções Penais, o exercício de trabalho já é condição para progressão ao regime aberto. Assim, tanto STF como STJ entendem que que a remição de pena do regime aberto só pode ser feita pelo estudo.

O item 57 está correto, pois segundo o art. 126, § 3º, da LEP, é possível a cumulação de remição por trabalho e estudo, desde que haja compatibilidade de horários. Assim, podem ser abatidos dois dias de pena pela cumulação, desde que observados os requisitos do art. 126, § 1º, da referida norma, a qual preconiza que será remido 1(um) dia de pena a cada 12(doze) horas de frequência escolar, dividida, no mínimo em 3 dias; bem como 1(um) dia de pena, a cada 3(três) dias de trabalho.

O item 64 está errado, porque viola expressa disposição de lei, pois apesar de serem mais rígidos os critérios para concessão do benefício de livramento condicional quando há crime doloso cometido com grave ameaça ou violência contra a pessoa, não há vedação em seu deferimento, nos termos do art. 83, parágrafo único, do Código Penal.

O item 65 está correto por ter redação idêntica à prevista no art. 79 do Código Penal.

O item 13 está errado. Inicialmente, bom esposar que é preciso ficar atento sempre que houver expressões como "impossível", "nunca", "jamais", em uma questão, porque a simples expressão, por si só, não quer dizer nada, mas é indiciária de que a pergunta tem grandes chances de ser incorreta. Isso se prova no presente caso, porque a utilização da palavra impossível tornou a questão incorreta, pois é cabível a concessão de sursis simultâneo, quando, durante o período de prova, o beneficiado vem a ser condenado por crime culposo ou contravenção penal, não incorrendo em revogação do benefício anterior (art. 81, do CP).

Finalmente, termino a explanação da disciplina, com a análise das perguntas de criminologia, cobradas no 6º concurso público da DPU, realizado em 2017:

> A respeito do conceito e dos objetos da criminologia, julgue os itens a seguir.
>
> **51** Para a escola clássica, o modelo ideal de prevenção do delito ou do desvio é o que se preocupa com a pena e seu rigor, compreendendo-a como um mecanismo intimidatório; já para a escola neoclássica, mais eficaz que o rigor das penas é o foco no correto funcionamento do sistema legal e em como esse sistema é percebido pelo desviante ou delinquente.
>
> **52** O desvio ou o delito, objetos da criminologia, devem ser abordados, primordialmente, como um comportamento individual do desviante ou delinquente; em segundo plano, analisam-se as influências ambientais e sociais.

De acordo com o gabarito definitivo, temos: Item 51 – Certo; Item 52 –Errado.

O item 51 está correto, por definir com perfeição a diferenciação entre o sistema clássico, em que o crime é considerado um ente jurídico e há o entendimento de que o criminoso age por livre arbítrio, com enfoque na função da pena com caráter eminentemente intimidatório; do modelo neoclássico, que teve como principais expoentes o desenvolvimento da teoria da escolha racional *(rational choice theory) e* da teoria das atividades rotineiras *(routine activity theoriy)*, a qual promoveu uma releitura da escola clássica e compreendeu que a função da pena deve ser preventiva, pois o desviante realizaria um cálculo mental entre praticar ou não o delito, a depender do que lhe proporciona, segundo a sua visão, mais ganhos. Conforme Oliveira[40]: "*Distinguem-se na medida em que o* ***modelo clássico*** *de prevenção do delito foca no* ***rigor da pena****, ao passo que o* **modelo neoclássico** *trabalha a prevenção do delito com base no* ***funcionamento do sistema normativo e em sua percepção pelo indivíduo****.*"

O item 52 está errado porque a medida em que a criminologia vai se desenvolvendo e aperfeiçoando, com a abordagem das escolas clássicas, sociológicas, críticas, dentre outras, é percebida a necessidade de se promover um estudo conglobante, não apenas levando em consideração o crime e o criminoso, mas também a interação com o meio que o cerca.

5. DOUTRINA, JURISPRUDÊNCIA E "LEI SECA" NOS CONCURSOS DA DPU

Pela análise das provas objetivas da DPU, na disciplina de Direito Penal, há predominância da cobrança de legislação e de jurisprudência e de súmulas dos Tribunais Superiores.

Assim, importante dar especial atenção, na primeira fase, ao estudo da literalidade da norma, bem como aos posicionamentos jurisprudenciais do STF e do STJ.

Além disso, ler e reler as súmulas do STF e do STJ também garantirá uma margem de acerto satisfatória para o alcance de um resultado final adequado.

Outrossim, pouco se abordou no que se refere à doutrina, com exceção da disciplina de Criminologia, na qual é exigido o estudo de algum livro de preferência do candidato, em especial no que se refere ao tema das escolas criminológicas.

6. DICAS FINAIS PARA OS CANDIDATOS

O concurso da DPU certamente requer do estudante um nível de preparação que, por muitas vezes, parece ser extenuante. Contudo,

40. OLIVEIRA, Natacha Alves de. Sinopses para Concurso. Vol. 20, Ed. Juspodivm, 2018, p. 57.

a estratégia é essencial para conseguir a aprovação em todas as fases previstas no edital.

Tanto na primeira como na segunda fase, é possível verificar que a banca exige que o candidato esteja atualizado com o mais recente entendimento dos Tribunais Superiores.

Ademais, é preciso conhecer a lei, para não cair em "pegadinhas" criadas pelo examinador quando da cobrança das questões.

Não ignore a disciplina de criminologia, porque esta pode render pontos preciosos, para que se alcance a segunda fase.

E não se esqueça de rever, quando mais próximo da prova, as súmulas do STF e do STJ, pois o conhecimento destas é indispensável para a garantia de um bom número de acertos na disciplina de Direito Penal.

Resolvam muitas provas anteriores e de outros concursos na área federal que tenham a mesma banca, não descartem o estudo da legislação, mantenham-se atualizados com a jurisprudência e as súmulas dos Tribunais Superiores e busquem obras doutrinárias que potencializem o melhor aprendizado na disciplina.

Agindo assim, podem acreditar que o resultado não vai demorar a ser atingido.

DIREITO PROCESSUAL PENAL

1. BIBLIOGRAFIA INDICADA

A bibliografia abaixo descrita contém a indicação de doutrina, a qual se entende poder contribuir com a capacitação de cada um daqueles que tenham o desejo de ingressar na carreira da DPU, entretanto, deve apenas ser utilizado como um norteador, que não precisa ser seguido de maneira imperiosa, podendo o candidato adotar outros autores de sua preferência na preparação.

Particularmente, acredito que o livro "Manual de Processo Penal", de Renato Brasileiro, é atualmente uma das melhores obras no mercado para o estudo da matéria. Trata-se de um livro completo, com metodologia sistematizada e didática, tem nível de aprofundamento e qualidade. Além disso, expõe posicionamentos majoritários e minoritários dentro dos temas tratados, o que é especialmente relevante para o concurso da DPU, pois muitas vezes, apesar de termos ciência do entendimento dominante, temos que ter conhecimento sobre o que não é, para embasar uma boa tese de defesa, em especial, na segunda fase de preparação.

Outras obras que poderiam ser citadas. O "Curso de Direito Processual Penal", do mestre e doutor em Processo Penal Guilherme de Souza Nucci, este livro já foi citado na fundamentação de diversos julgados do Supremo Tribunal Federal, é um doutrinador renomado e referência na disciplina.

E "Direito Processual Penal Esquematizado", dos professores Alexandre Cebrian Araújo Reis e Victor Eduardo Rios Gonçalves, como os outros livros da mesma coleção, mostram a disciplina com linguagem clara e objetiva, com a utilização de gráficos, tabelas e resolução de questões, sendo constantemente atualizado e direcionado na preparação para concursos públicos.

Além dos livros doutrinários, sugiro a resolução de exercícios como prática diária, podendo ser utilizado, por exemplo, a coleção "Revisaço", disponibilizado pela Ed. Juspodivm.

Por fim, convém dar uma conferida nas obras do "Dizer o Direito", que trazem a análise dos principais julgados do STF e do STJ, com explicação pormenorizada, perpassando pela previsão legal, aspectos doutrinários e ainda comparação com outras decisões que estão no mesmo sentido ou em sentido contrário ao que atualmente decidido pelos referidos Tribunais Superiores.

2. CONTEÚDO PROGRAMÁTICO NOS EDITAIS DA DPU

A Resolução n. 118, de 05 de novembro de 2015, dispõe sobre os concursos públicos para ingresso na carreira de Defensor Público Federal, destacando mais de vinte disciplinas a serem objeto de arguição nas provas objetivas, dissertativas e orais.

O conteúdo programático de Direito Processual Penal, nos últimos quatro concursos já realizados, pode ser visualizado abaixo:

Edital	Conteúdo Programático (Direito Processual Penal)
6º Concurso (Edital publicado em 12 de junho de 2017, com retificação)	1 Princípios gerais. 1.1 Aplicação da lei processual no tempo, no espaço e em relação às pessoas. 1.2 Sujeitos da relação processual. 1.3 Inquérito policial. 2 Ação penal: conceito, condições, pressupostos processuais. 2.1 Ação penal pública. 2.1.1 Titularidade, condições de procedibilidade. 2.1.2 Denúncia: forma e conteúdo; recebimento e rejeição. 2.2 Ação penal privada. 2.2.1 Titularidade. 2.2.2 Queixa. 2.2.3 Renúncia. 2.2.4 Perdão. 2.2.5 Perempção. 3 Jurisdição. 3.1 Competência: critérios de determinação e modificação. 3.2 Incompetência. 3.3 Efeitos. 3.4 Questões e processos incidentes. 4 Prova: conceito, princípios básicos, objeto, meios, ônus, limitações constitucionais das provas, sistemas de apreciação.

Edital	Conteúdo Programático (Direito Processual Penal)
6º Concurso (Edital publicado em 12 de junho de 2017, com retificação)	5 Juiz, Ministério Público, acusado e defensor, assistentes e auxiliares da justiça. 6 Prisão, liberdade provisória e medidas cautelares alternativas à prisão. 7 Citações e intimações. 8 Atos processuais. 8.1 Forma, lugar e tempo dos atos processuais. 8.2 Atos das partes, dos juízes, dos auxiliares da Justiça e de terceiros. 9 Prazos: características, princípios e contagem. 10 Sentença. 10.1 Conceito, requisitos, classificação, publicação e intimação. 10.2 Sentença absolutória: providências e efeitos. 10.3 Sentença condenatória: fundamentação da pena e efeitos. 11 Coisa julgada. 12 Procedimento comum. 13 Procedimento dos Juizados Especiais Criminais. 14 Procedimento no júri. 15 Nulidades. 16 Recursos em geral: princípios básicos e modalidades. 17 Revisão criminal. 18 Exceções. 19 ***Habeas corpus***. 20 Desaforamento. 21 Processo e julgamento dos crimes de responsabilidade dos funcionários públicos. 22 Processo e do julgamento dos crimes de tráfico e uso indevido de substâncias entorpecentes ou que determinem dependência física ou psíquica. 23 Interceptação telefônica. 24 Organização criminosa. 24.1 Investigação e dos meios de obtenção da prova.
5º Concurso (Edital publicado em 31 de outubro de 2014).	1 Princípios gerais. 1.1 Aplicação da lei processual no tempo, no espaço e em relação às pessoas. 1.2 Sujeitos da relação processual. 1.3 Inquérito policial. 2 Ação penal: conceito, condições, pressupostos processuais. 2.1 Ação penal pública. 2.1.1 Titularidade, condições de procedibilidade. 2.1.2 Denúncia: forma e conteúdo; recebimento e rejeição. 2.2 Ação penal privada. 2.2.1 Titularidade. 2.2.2 Queixa. 2.2.3 Renúncia. 2.2.4 Perdão. 2.2.5 Perempção. 3 Jurisdição. 3.1 Competência: critérios de determinação e modificação. 3.2 Incompetência. 3.3 Efeitos. 3.4 Questões e processos incidentes. 4 Prova: conceito, princípios básicos, objeto, meios, ônus, limitações constitucionais das provas, sistemas de apreciação. 5 Juiz, Ministério Público, acusado e defensor, assistentes e auxiliares da justiça. 6 Prisão, liberdade provisória e medidas cautelares alternativas à prisão. 7 Citações e intimações. 8 Atos processuais. 8.1 Forma, lugar e tempo dos atos processuais. 8.2 Atos das partes, dos juízes, dos auxiliares da Justiça e de terceiros. 9 Prazos: características, princípios e contagem. 10 Sentença. 10.1 Conceito, requisitos, classificação, publicação e intimação.

Edital	Conteúdo Programático (Direito Processual Penal)
5º Concurso (Edital publicado em 31 de outubro de 2014).	10.2 Sentença absolutória: providências e efeitos. 10.3 Sentença condenatória: fundamentação da pena e efeitos. 11 Coisa julgada. 12 Procedimento comum. 13. Procedimento dos Juizados Especiais Criminais. 14 Procedimento no júri. 15 Nulidades. 16 Recursos em geral: princípios básicos e modalidades. 17 Revisão criminal. 18 Exceções. 19 *Habeas corpus*. 20 Desaforamento. 21 Processo e julgamento dos crimes de responsabilidade dos funcionários públicos. 22 Processo e do julgamento dos crimes de tráfico e uso indevido de substâncias entorpecentes ou que determinem dependência física ou psíquica. 23 Interceptação telefônica. 24 Organização criminosa. 24.1 Investigação e dos meios de obtenção da prova.
4º Concurso (Edital publicado em 31 de dezembro de 2009).	1 Princípios gerais. 1.1 Aplicação da lei processual no tempo, no espaço e em relação às pessoas. 1.2 Sujeitos da relação processual. 1.3 Inquérito policial. 2 Ação penal: conceito, condições, pressupostos processuais. 2.1 Ação penal pública. 2.2 Titularidade, condições de procedibilidade. 2.3 Denúncia: forma e conteúdo; recebimento e rejeição. 2.4 Ação penal privada. 2.5 Titularidade. 2.6 Queixa. 2.7 Renúncia. 2.8 Perdão. 2.9 Perempção. 2.10 Ação civil. 3 Jurisdição. 3.1 Competência: critérios de determinação e modificação. 3.2 Incompetência. 3.3 Efeitos. 3.4 Das questões e processos incidentes. 4 Da prova: conceito, princípios básicos, objeto, meios, ônus, limitações constitucionais das provas, sistemas de apreciação. Do Juiz, do Ministério Público, do acusado e defensor, dos assistentes e auxiliares da justiça. Da prisão e da liberdade provisória. 5 Das citações e intimações. 5.1 Forma, lugar e tempo dos atos processuais. 5.2 Dos atos processuais. 5.3 Atos das partes, dos juízes, dos auxiliares da Justiça e de terceiros. 5.4 Dos prazos: características, princípios e contagem. 5.5 Da sentença. 5.5.1 Conceito, requisitos, classificação, publicação e intimação. 5.5.2 Sentença absolutória: providências e efeitos. 5.5.3 Sentença condenatória: fundamentação da pena e efeitos. 5.5.4 Da coisa julgada. 5.6 Procedimento comum. 5.6.1 Procedimento dos Juizados Especiais Criminais (Lei nº 9.099/95). 5.6.2 Procedimento no júri. 5.7 Das nulidades. 5.7.1 Dos recursos em geral: princípios básicos e modalidades. 5.7.2 Da revisão criminal. 5.7.3 Das exceções. 5.8 Do *Habeas corpus*. 5.8.1 Do desaforamento.

Edital	Conteúdo Programático (Direito Processual Penal)
4º Concurso (Edital publicado em 31 de dezembro de 2009).	5.8.2 Do processo e do julgamento dos crimes de responsabilidade dos funcionários públicos. 5.8.3 Do processo e do julgamento dos crimes de calúnia e injúria, de competência do juiz singular. 5.8.4 Do processo e do julgamento dos crimes de tráfico e uso indevido de substâncias entorpecentes ou que determinem dependência física ou psíquica. 6 Interceptação telefônica (Lei nº 9.296/96).
3º Concurso (Edital publicado em 5 de setembro de 2007).	1 Princípios gerais. 1.1 Aplicação da lei processual no tempo, no espaço e em relação às pessoas. 1.2 Sujeitos da relação processual. 1.3 Inquérito policial. 2 Ação penal: conceito, condições, pressupostos processuais. 2.1 Ação penal pública. 2.2 Titularidade, condições de procedibilidade. 2.3 Denúncia: forma e conteúdo; recebimento e rejeição. 2.4 Ação penal privada. 2.5 Titularidade. 2.6 Queixa. 2.7 Renúncia. 2.8 Perdão. 2.9 Perempção. 2.10 Ação civil. 3 Jurisdição. 3.1 Competência: critérios de determinação e modificação. 3.2 Incompetência. 3.3 Efeitos. 3.4 Das questões e processos incidentes. 4 Da prova: conceito, princípios básicos, suspensão do prazo prescricional, objeto, meios, ônus, limitações constitucionais das provas, sistemas de apreciação. 4.1 Do Juiz, do Ministério Público, do acusado e defensor, dos assistentes e auxiliares da justiça. 4.2 Da prisão e da liberdade provisória. 5 Das citações e intimações. 5.1 Forma, lugar e tempo dos atos processuais. 5.2 Dos atos processuais. 5.3 Atos das partes, dos juízes, dos auxiliares da Justiça e de terceiros. 5.4 Dos prazos: características, princípios e contagem. 5.5 Da sentença. 5.5.1 Conceito, requisitos, classificação, publicação e intimação. 5.5.2 Sentença absolutória: providências e efeitos. 5.5.3 Sentença condenatória: fundamentação da pena e efeitos. 5.5.4 Da coisa julgada. 5.6 Procedimento comum. 5.6.1 Procedimento dos Juizados Especiais Criminais (Lei n.º 9.099/95). 5.6.2 Procedimento no júri. 5.7 Das nulidades. 5.7.1 Dos recursos em geral: princípios básicos e modalidades. 5.7.2 Da revisão criminal. 5.7.3 Das exceções. 5.8 Do *Habeas corpus*. 5.8.1 Do desaforamento. 5.8.2 Do processo e do julgamento dos crimes de responsabilidade dos funcionários públicos. 5.8.3 Do processo e do julgamento dos crimes de calúnia e injúria de competência do juiz singular. 5.8.4 Do processo e,

Edital	Conteúdo Programático (Direito Processual Penal)
3º Concurso (Edital publicado em 5 de setembro de 2007).	do julgamento dos crimes de tráfico e uso indevido de substâncias entorpecentes ou que determinem dependência física ou psíquica. 6 Interceptação telefônica. 7 Porte de arma (Lei n.° 10.826/2003). 7 Comunicação de prisão em flagrante.

O conteúdo programático foi mantido com uma base similar ao longo dos editais de 2007 a 2017, com o acréscimo do tema de Organização Criminosa, a partir do 5º certame, na matéria de Direito Processual Penal.

Pelo detalhamento do edital do 6º concurso público da DPU, deve ser utilizado como base para o estudo em próximas avaliações.

Além disso, sempre é importante ter em mente que como o edital cobra mais de 20 (vinte) disciplinas, necessário o estudo estratégico das matérias, nunca olvidando de que o estudo integrado de legislação, doutrina e jurisprudência é indispensável para o alcance de um resultado satisfatório.

Por fim, de acordo com o último edital, serão quatro as Bancas Examinadoras, cada uma responsável por um grupo de disciplinas. Atualmente, o Grupo II é formado por: Direito Penal e Criminologia, Direito Processual Penal, Direito Penal Militar, Direito Processual Penal Militar e Direito Eleitoral.

3. ANÁLISE GERAL DAS ÚLTIMAS PROVAS OBJETIVAS

Nos últimos concursos realizados, a Defensoria Pública da União optou pela execução da primeira etapa por instituição especializada (CESPE/CEBRASPE), o que poderá refletir numa tendência para os próximos editais.

Após a análise das quatro últimas provas objetivas, realizadas *entre 2007 e 2017*, ou seja, aproximadamente dez anos de interregno, foi possível verificar a seguinte distribuição de questões conforme os tópicos do conteúdo programático. Vejamos:

6º Concurso (Edital publicado em 12 de junho de 2017, com retificação).	
Tópico do Conteúdo Programático	**Quantidade de Itens[41]**
1 Princípios gerais. 1.1 Aplicação da lei processual no tempo, no espaço e em relação às pessoas. 1.2 Sujeitos da relação processual. 1.3 Inquérito policial.	03 itens
2 Ação penal: conceito, condições, pressupostos processuais. 2.1 Ação penal pública. 2.1.1 Titularidade, condições de procedibilidade. 2.1.2 Denúncia: forma e conteúdo; recebimento e rejeição. 2.2 Ação penal privada. 2.2.1 Titularidade. 2.2.2 Queixa. 2.2.3 Renúncia. 2.2.4 Perdão. 2.2.5 Perempção.	00 item
3 Jurisdição. 3.1 Competência: critérios de determinação e modificação. 3.2 Incompetência. 3.3 Efeitos. 3.4 Questões e processos incidentes.	03 itens
4 Prova: conceito, princípios básicos, objeto, meios, ônus, limitações constitucionais das provas, sistemas de apreciação.	02 itens
5 Juiz, Ministério Público, acusado e defensor, assistentes e auxiliares da justiça.	01 item
6 Prisão, liberdade provisória e medidas cautelares alternativas à prisão.	01 item
7 Citações e intimações.	00 item
8 Atos processuais. 8.1 Forma, lugar e tempo dos atos processuais. 8.2 Atos das partes, dos juízes, dos auxiliares da Justiça e de terceiros.	00 item
9 Prazos: características, princípios e contagem.	00 item
10 Sentença. 10.1 Conceito, requisitos, classificação, publicação e intimação. 10.2 Sentença absolutória: providências e efeitos. 10.3 Sentença condenatória: fundamentação da pena e efeitos.	00 item

41. Quantidade "aproximada" de itens, pois, algumas podem envolver o conhecimento relacionado a mais de um tópico do conteúdo programático.

6º Concurso (Edital publicado em 12 de junho de 2017, com retificação).	
Tópico do Conteúdo Programático	**Quantidade de Itens**
11 Coisa julgada.	00 item
12 Procedimento comum.	01 item
13 Procedimento dos Juizados Especiais Criminais.	00 item
14 Procedimento no júri.	00 item
15 Nulidades.	00 item
16 Recursos em geral: princípios básicos e modalidades.	00 item
17 Revisão criminal.	00 item
18 Exceções.	00 item
19 *Habeas corpus*.	01 item
20 Desaforamento.	00 item
21 Processo e julgamento dos crimes de responsabilidade dos funcionários públicos.	00 item
22 Processo e do julgamento dos crimes de tráfico e uso indevido de substâncias entorpecentes ou que determinem dependência física ou psíquica.	00 item
23 Interceptação telefônica.	00 item
24 Organização criminosa. 24.1 Investigação e dos meios de obtenção da prova.	00 item
Total de itens:	**12 itens**

5º Concurso (Edital publicado em 31 de outubro de 2014).	
Tópico do Conteúdo Programático	**Quantidade de Itens**[42]
1 Princípios gerais. 1.1 Aplicação da lei processual no tempo, no espaço e em relação às pessoas. 1.2 Sujeitos da relação processual. 1.3 Inquérito policial.	00 item
2 Ação penal: conceito, condições, pressupostos processuais. 2.1 Ação penal pública. 2.1.1 Titularidade, condições de procedibilidade. 2.1.2 Denúncia: forma e conteúdo; recebimento e rejeição. 2.2 Ação penal privada. 2.2.1 Titularidade. 2.2.2 Queixa. 2.2.3 Renúncia. 2.2.4 Perdão. 2.2.5 Perempção.	00 item
3 Jurisdição. 3.1 Competência: critérios de determinação e modificação. 3.2 Incompetência. 3.3 Efeitos. 3.4 Questões e processos incidentes.	04 itens
4 Prova: conceito, princípios básicos, objeto, meios, ônus, limitações constitucionais das provas, sistemas de apreciação.	00 item
5 Juiz, Ministério Público, acusado e defensor, assistentes e auxiliares da justiça.	01 item
6 Prisão, liberdade provisória e medidas cautelares alternativas à prisão.	03 itens
7 Citações e intimações..	03 itens
8 Atos processuais. 8.1 Forma, lugar e tempo dos atos processuais. 8.2 Atos das partes, dos juízes, dos auxiliares da Justiça e de terceiros.	00 item
9 Prazos: características, princípios e contagem.	00 item
10 Sentença. 10.1 Conceito, requisitos, classificação, publicação e intimação. 10.2 Sentença absolutória: providências e efeitos. 10.3 Sentença condenatória: fundamentação da pena e efeitos.	00 item

42. Quantidade "aproximada" de itens, pois, algumas podem envolver o conhecimento relacionado a mais de um tópico do conteúdo programático.

5º Concurso (Edital publicado em 31 de outubro de 2014).	
Tópico do Conteúdo Programático	**Quantidade de Itens**
11 Coisa julgada.	00 item
12 Procedimento comum.	00 item
13. Procedimento dos Juizados Especiais Criminais.	01 item
14 Procedimento no júri.	00 item
15 Nulidades.	00 item
16 Recursos em geral: princípios básicos e modalidades.	01 item
17 Revisão criminal.	01 item
18 Exceções.	00 item
19 *Habeas corpus*.	01 item
20 Desaforamento.	00 item
21 Processo e julgamento dos crimes de responsabilidade dos funcionários públicos.	00 item
22 Processo e do julgamento dos crimes de tráfico e uso indevido de substâncias entorpecentes ou que determinem dependência física ou psíquica.	00 item
23 Interceptação telefônica.	00 item
24 Organização criminosa. 24.1 Investigação e dos meios de obtenção da prova	00 item
Total de itens:	**15 itens**

4º Concurso (Edital publicado em 31 de dezembro de 2009).	
Tópico do Conteúdo Programático	**Quantidade de Itens[43]**
1 Princípios gerais. 1.1 Aplicação da lei processual no tempo, no espaço e em relação às pessoas. 1.2 Sujeitos da relação processual. 1.3 Inquérito policial.	06 itens
2 Ação penal: conceito, condições, pressupostos processuais. 2.1 Ação penal pública. 2.2 Titularidade, condições de procedibilidade. 2.3 Denúncia: forma e conteúdo; recebimento e rejeição. 2.4 Ação penal privada. 2.5 Titularidade. 2.6 Queixa. 2.7 Renúncia. 2.8 Perdão. 2.9 Perempção. 2.10 Ação civil.	01 item
3 Jurisdição. 3.1 Competência: critérios de determinação e modificação. 3.2 Incompetência. 3.3 Efeitos. 3.4 Das questões e processos incidentes.	02 itens
4 Da prova: conceito, princípios básicos, objeto, meios, ônus, limitações constitucionais das provas, sistemas de apreciação. Do Juiz, do Ministério Público, do acusado e defensor, dos assistentes e auxiliares da justiça. Da prisão e da liberdade provisória.	02 itens
5 Das citações e intimações. 5.1 Forma, lugar e tempo dos atos processuais. 5.2 Dos atos processuais. 5.3 Atos das partes, dos juízes, dos auxiliares da Justiça e de terceiros. 5.4 Dos prazos: características, princípios e contagem. 5.5 Da sentença. 5.5.1 Conceito, requisitos, classificação, publicação e intimação. 5.5.2 Sentença absolutória: providências e efeitos. 5.5.3 Sentença condenatória: fundamentação da pena e efeitos. 5.5.4 Da coisa julgada. 5.6 Procedimento comum. 5.6.1 Procedimento dos Juizados Especiais Criminais (Lei nº 9.099/95). 5.6.2 Procedimento no júri. 5.7 Das nulidades. 5.7.1 Dos recursos em geral: princípios básicos e modalidades. 5.7.2 Da revisão criminal. 5.7.3 Das exceções. 5.8 Do *Habeas corpus*. 5.8.1 Do desaforamento. 5.8.2 Do processo e do julgamento dos crimes de responsabilidade dos funcionários públicos. 5.8.3 Do processo e do julgamento dos crimes de calúnia e injúria, de competência do juiz singular. 5.8.4 Do processo e do julgamento dos crimes de tráfico e uso indevido de substâncias entorpecentes ou que determinem dependência física ou psíquica.	10 itens
6 Interceptação telefônica (Lei nº 9.296/96).	00 item
Total de itens:	**21 itens**

43. Quantidade "aproximada" de itens, pois, algumas podem envolver o conhecimento relacionado a mais de um tópico do conteúdo programático.

3º Concurso (Edital publicado em 5 de setembro de 2007).	
Tópico do Conteúdo Programático	**Quantidade de Itens[44]**
1 Princípios gerais. 1.1 Aplicação da lei processual no tempo, no espaço e em relação às pessoas. 1.2 Sujeitos da relação processual. 1.3 Inquérito policial.	01 item
2 Ação penal: conceito, condições, pressupostos processuais. 2.1 Ação penal pública. 2.2 Titularidade, condições de procedibilidade. 2.3 Denúncia: forma e conteúdo; recebimento e rejeição. 2.4 Ação penal privada. 2.5 Titularidade. 2.6 Queixa. 2.7 Renúncia. 2.8 Perdão. 2.9 Perempção. 2.10 Ação civil.	01 item
3 Jurisdição. 3.1 Competência: critérios de determinação e modificação. 3.2 Incompetência. 3.3 Efeitos. 3.4 Das questões e processos incidentes.	00 item
4 Da prova: conceito, princípios básicos, suspensão do prazo prescricional, objeto, meios, ônus, limitações constitucionais das provas, sistemas de apreciação. 4.1 Do Juiz, do Ministério Público, do acusado e defensor, dos assistentes e auxiliares da justiça. 4.2 Da prisão e da liberdade provisória.	03 itens
5 Das citações e intimações. 5.1 Forma, lugar e tempo dos atos processuais. 5.2 Dos atos processuais. 5.3 Atos das partes, dos juízes, dos auxiliares da Justiça e de terceiros. 5.4 Dos prazos: características, princípios e contagem. 5.5 Da sentença. 5.5.1 Conceito, requisitos, classificação, publicação e intimação. 5.5.2 Sentença absolutória: providências e efeitos. 5.5.3 Sentença condenatória: fundamentação da pena e efeitos. 5.5.4 Da coisa julgada. 5.6 Procedimento comum. 5.6.1 Procedimento dos Juizados Especiais Criminais (Lei n.º 9.099/95). 5.6.2 Procedimento no júri. 5.7 Das nulidades. 5.7.1 Dos recursos em geral: princípios básicos e modalidades. 5.7.2 Da revisão criminal. 5.7.3 Das exceções. 5.8 Do *Habeas corpus*. 5.8.1 Do desaforamento. 5.8.2 Do processo e do julgamento dos crimes de responsabilidade dos funcionários públicos. 5.8.3 Do processo e do julgamento dos crimes de calúnia e injúria, de competência do juiz singular. 5.8.4 Do processo e do julgamento dos crimes de tráfico e uso indevido de substâncias entorpecentes ou que determinem dependência física ou psíquica.	05 itens

44. Quantidade "aproximada" de itens, pois, algumas podem envolver o conhecimento relacionado a mais de um tópico do conteúdo programático.

3º Concurso (Edital publicado em 5 de setembro de 2007).	
Tópico do Conteúdo Programático	**Quantidade de Itens**
6 Interceptação telefônica.	02 itens
7 Porte de arma (Lei n.° 10.826/2003). 7 Comunicação de prisão em flagrante.	00 item
Total de itens:	**12 itens**

Consolidando os dados do 6º e do 5º concurso público da DPU, realizados em 2017 e 2014, respectivamente, podemos elaborar a seguinte tabela:

Consolidação (referente aos editais publicados em 2014 e 2017).	
Tópico do Conteúdo Programático	**Quantidade de Itens[45]**
1 Princípios gerais. 1.1 Aplicação da lei processual no tempo, no espaço e em relação às pessoas. 1.2 Sujeitos da relação processual. 1.3 Inquérito policial.	03 itens
2 Ação penal: conceito, condições, pressupostos processuais. 2.1 Ação penal pública. 2.1.1 Titularidade, condições de procedibilidade. 2.1.2 Denúncia: forma e conteúdo; recebimento e rejeição. 2.2 Ação penal privada. 2.2.1 Titularidade. 2.2.2 Queixa. 2.2.3 Renúncia. 2.2.4 Perdão. 2.2.5 Perempção.	00 item
3 Jurisdição. 3.1 Competência: critérios de determinação e modificação. 3.2 Incompetência. 3.3 Efeitos. 3.4 Questões e processos incidentes.	07 itens

45. Quantidade "aproximada" de itens, pois, algumas podem envolver o conhecimento relacionado a mais de um tópico do conteúdo programático. A consolidação foi feita com base no conteúdo programático do edital do 6º concurso público da DPU, pois, representa uma tendência para os próximos certames.

Consolidação (referente aos editais publicados em 2014 e 2017).	
Tópico do Conteúdo Programático	**Quantidade de Itens**
4 Prova: conceito, princípios básicos, objeto, meios, ônus, limitações constitucionais das provas, sistemas de apreciação.	02 itens
5 Juiz, Ministério Público, acusado e defensor, assistentes e auxiliares da justiça.	02 itens
6 Prisão, liberdade provisória e medidas cautelares alternativas à prisão.	04 itens
7 Citações e intimações.	03 itens
8 Atos processuais. 8.1 Forma, lugar e tempo dos atos processuais. 8.2 Atos das partes, dos juízes, dos auxiliares da Justiça e de terceiros.	00 item
9 Prazos: características, princípios e contagem.	00 item
10 Sentença. 10.1 Conceito, requisitos, classificação, publicação e intimação. 10.2 Sentença absolutória: providências e efeitos. 10.3 Sentença condenatória: fundamentação da pena e efeitos.	00 item
11 Coisa julgada.	00 item
12 Procedimento comum.	01 item
13 Procedimento dos Juizados Especiais Criminais.	01 item
14 Procedimento no júri.	00 item
15 Nulidades.	00 item
16 Recursos em geral: princípios básicos e modalidades.	01 item
17 Revisão criminal.	01 item

Consolidação (referente aos editais publicados em 2014 e 2017).	
Tópico do Conteúdo Programático	**Quantidade de Itens**
18 Exceções.	00 item
19 *Habeas corpus*.	02 itens
20 Desaforamento.	00 item
21 Processo e julgamento dos crimes de responsabilidade dos funcionários públicos.	00 item
22 Processo e do julgamento dos crimes de tráfico e uso indevido de substâncias entorpecentes ou que determinem dependência física ou psíquica.	00 item
23 Interceptação telefônica.	00 item
24 Organização criminosa. 24.1 Investigação e dos meios de obtenção da prova.	00 item
Total de itens:	**27 itens**

Na análise dos itens e na identificação conforme os conteúdos programáticos, algumas questões abordadas fizeram uma mescla de temas diversos e poderiam ser colocados em mais de um tópico, contudo, optou-se por manter apenas o número de questões cobrado em prova, sendo computado o tema com maior relevância em relação à forma como a questão foi enunciada.

Ademais, a análise objeto desta obra procurou, intencionalmente, dar especial atenção aos últimos quatro certames ocorridos. É que o longo tempo decorrido desde então – ou seja, mais de 10 anos – poderia levar a resultados estatísticos completamente deturpados, em virtude das alterações advindas não apenas do conteúdo constante do edital, mas ainda do perfil do certame.

4. ALGUNS PONTOS ESPECÍFICOS MAIS RELEVANTES NAS PROVAS OBJETIVAS

Na disciplina de processo penal, os temas mais recorrentes são: inquérito policial, competência, provas, prisão e juizado especial.

O tema de inquérito policial, com exceção do 5º concurso da DPU, esteve presente em todos os certames. Portanto, a probabilidade de que a matéria continue sendo exigida é muito alta, já que é um tópico que sempre está em debate na jurisprudência e na doutrina, seja por questões relacionadas à investigação em delitos, seja pelo debate em torno da repercussão de como as provas podem ser utilizadas no processo, como pode se dar o arquivamento deste procedimento ou ainda em decorrência de projeto de lei (novo Código de Processo Penal (Projeto de Lei nº 156/09, art. 13), o qual visa permitir a extensão da investigação em fase pré-processual ao acusado, com o intuito de que colha provas em seu favor. Vejamos como o tema foi cobrado:

> (6º Concurso Público da DPU, realizado em 2017)
>
> A respeito de coisa julgada e inquérito policial, julgue os itens a seguir.
>
> **63** A homologação, pelo juízo criminal competente, do arquivamento de inquérito forma coisa julgada endoprocessual.
>
> [...]
>
> **64** Situação hipotética: Pedro, servidor público federal, foi indiciado pela Polícia Federal por suposta prática de corrupção passiva no exercício de suas atribuições. O inquérito policial, após remessa ao órgão do MPF, foi arquivado, por requerimento do procurador da República, em razão da atipicidade da conduta, e o arquivamento foi homologado pelo juízo criminal competente. Assertiva: Nessa situação, o ato de arquivamento do inquérito fez exclusivamente coisa julgada formal, o que impossibilita posterior desarquivamento pelo parquet, ainda que diante da existência de novas provas.
>
> [...]
>
> **65** Situação hipotética: Lino foi indiciado por tentativa de homicídio. Após remessa dos autos ao órgão do MP, o promotor de justiça requereu o arquivamento do inquérito em razão da conduta de Lino ter sido praticada em legítima defesa, o que foi acatado pelo juízo criminal competente. Assertiva: Nessa situação, de acordo com o STF, o ato de arquivamento com fundamento em excludente de ilicitude fez coisa

julgada formal e material, o que impossibilita posterior desarquivamento pelo parquet, ainda que diante da existência de novas provas.

(4º Concurso Público da DPU, realizado em 2010)

Em relação ao inquérito policial e à ação penal, julgue o item seguinte.

74 Segundo o STJ, a recusa da autoridade policial em cumprir requisição judicial relativa a cumprimento de diligências configura o crime de desobediência.

(3º Concurso Público da DPU, realizado em 2007)

38 Caso o Ministério Público requeira o arquivamento de inquérito policial, em ação penal pública incondicionada, com o qual concorde o magistrado, nessa situação, poderá o ofendido (vítima) impugnar judicialmente, via mandado de segurança, em matéria criminal, a manifestação do órgão acusatório, a fim de ver aplicado o disposto no artigo 28 (remessa ao procurador-geral) do CPP.

O gabarito definitivo considerou as seguintes respostas: Item 63 - Correto; Item 64 - Errado; Item 65 - Errado; Item 74- Errado, e Item 38 - Errado.

O item 63 está correto, pois, em regra, o arquivamento gera coisa julgada formal, tendo esta caráter endoprocessual, em razão de a decisão que a prolatou não mais poder ser modificada dentro da mesma relação processual (imutabilidade da decisão no processo em que proferida). Evidentemente, não há óbices para que seja realizada discussão no âmbito de novo feito, desde que presentes os requisitos do art. 18 do CPP e da súmula 524 do STF. Deste modo, o STJ[46] se pronunciou que três seriam os requisitos necessários à caracterização de prova autorizadora do desarquivamento de inquérito policial: a) que seja formalmente nova; b) que seja substancialmente nova; e c) seja apta a produzir alteração no panorama probatório dentro do qual foi concebido e acolhido o pedido de desarquivamento.

O item 65 está errado porque conforme doutrina e jurisprudência majoritárias, se for reconhecida a atipicidade da conduta há coisa julgada material e, por isso, a decisão não mais poderá ser objeto de reanálise.

O item 66 está incorreto, porque o posicionamento do STF[47] quanto ao tema é de que o arquivamento por excludente de ilicitude

46. RHC 18.561/ES.

47. HC 87395/PR.

não gera coisa julgada material, o que difere do posicionamento do STJ. Por isso, tenha cuidado ao responder esse tipo de questão em que pedida a orientação de uma das Cortes Superiores, porque é preciso ter atenção para fins de saber se os Tribunais não têm posicionamentos conflitantes sobre o mesmo assunto.

O item 74 está errado, porque a ausência de atendimento à requisição de diligências solicitadas pelo magistrado, conforme STJ[48], não repercute na esfera penal para configurar o crime de desobediência, gera somente responsabilidade administrativa, com possibilidade de punição disciplinar.

O item 38 está incorreto porque o arquivamento é ato complexo, o qual envolve prévio requerimento do Ministério Público, com posterior homologação judicial. Se ambos estiverem presentes, o arquivamento se aperfeiçoa e, em virtude disso, pela ausência de configuração de desídia do MP, não há direito líquido e certo da vítima para impetração de mandado de segurança.

Outro tema que esteve presente em quase todas as provas objetivas da DPU, com exceção do 3º Concurso, foi o da competência. Pelas grandes peculiaridades que envolvem este tema, é importante que o candidato esteja atento, quando da resolução das questões para que não perca pontos em sua prova. Ademais, é um tema recorrente na jurisprudência o que potencializa a cobrança nos certames da DPU. Vejamos como o assunto foi cobrado:

> (6º Concurso Público da DPU, realizado em 2017)
>
> Em cada um dos itens seguintes é apresentada uma situação hipotética, seguida de uma assertiva a ser julgada à luz das disposições constitucionais e legais a respeito de competência.
>
> **68** Auditoria do TCU indicou que o prefeito do município X desviou, para benefício próprio, valores oriundos da União ainda sujeitos a prestação de contas perante órgão federal. Nessa situação, conforme o entendimento do STF, a competência para julgamento do prefeito será do tribunal de justiça do respectivo estado por expressa previsão constitucional.
>
> [...]

48. RHC 6511 / SP.

69 Ricardo foi denunciado pela prática do crime de lavagem de capitais provenientes do tráfico internacional de drogas. Nessa situação, o crime de lavagem de capitais será processado e julgado pela justiça federal, haja vista a competência constitucional do crime antecedente.

(5º Concurso Público da DPU, realizado em 2014)

José foi denunciado pela prática de homicídio doloso contra Carlos, em Brasília. A vítima era policial federal e estava investigando crime de falsificação de moeda que teria sido praticado por José em Goiânia. O juiz determinou a citação de José por edital, devido ao fato de ele não ter sido encontrado no endereço que constava dos autos.

[...]

71 A competência para processar e julgar José será do tribunal do júri federal do DF.

(4º Concurso Público da DPU, realizado em 2010)

86 Na fase pré-processual, havendo conflito de atribuições entre membros do Ministério Público Federal e do Ministério Público do estado, ele deve ser solucionado pelo Superior Tribunal de Justiça, seguindo-se a mesma sistemática constitucionalmente delineada para resolução de conflito de competência entre juízes vinculados a tribunais diversos. Idêntico procedimento é adotado quando do arquivamento de inquérito policial por juiz materialmente incompetente. [...]

Os gabaritos definitivos apontaram, respectivamente, as respostas: Item 68 – Errado; Item 69 – Certo; Item 71– Correto; Item 86– Errado.

O item 68 está incorreto, pois o STF, entende que a competência é da justiça federal, quando há desvio de verbas sujeitas a prestação de contas perante órgão federal[49]. Sendo este também o entendimento do STJ: *Súmula 208– Compete à Justiça Federal processar e julgar prefeito municipal por desvio de verba sujeita a prestação de contas perante órgão federal.*

Quanto ao item 69, está correto, conforme entendimento da súmula 122 do STJ, a qual preconiza que: "*Compete à Justiça Federal o processo e julgamento unificado dos crimes conexos de competência federal e estadual, não se aplicando a regra do art. 78, II, a, do Código de Processo Penal*".

49. HC n. 72.673-9/130.

O item 71 está correto, porque pelo art. 70, do CPP, a competência será, de regra, determinada pelo **lugar em que se consumar a infração**, ou, no caso de tentativa, pelo lugar em que for praticado o último ato de execução (TEORIA DO RESULTADO). Assim, a competência para apreciar é do júri, em razão de ter sido praticado crime doloso contra a vida, bem como o juízo competente para apuração dos fatos é o de Brasília-DF, local em que o homicídio foi perpetrado.

O item 86 está errado, porque o conflito de atribuições entre o MP estadual e federal deve ser solucionado pelo Procurador Geral da República, conforme entendimento do STF.

Ademais, o tópico de "provas" no conteúdo programático dos últimos editais também foi abordado pela banca examinadora, com exceção do 5º concurso da DPU. Observe como foi abordado nas provas anteriores:

> (6º Concurso Público da DPU, realizado em 2017)
>
> Acerca dos sistemas de apreciação de provas e da licitude dos meios de prova, julgue os itens subsequentes.
>
> **66** Situação hipotética: Arnaldo, empresário, gravou, com seu telefone celular, uma ligação recebida de fiscal ligado a uma autarquia a respeito da liberação de empreendimento da sociedade empresária da qual Arnaldo era sócio. Na conversa gravada, o fiscal exigiu para si vantagem financeira como condição para a liberação do empreendimento. Assertiva: Nessa situação, de acordo com o STF, o referido meio de prova é ilícito por violar o direito à privacidade, não servindo, portanto, para embasar ação penal contra o fiscal.
>
> [...]
>
> **67** Embora o ordenamento jurídico brasileiro tenha adotado o sistema da persuasão racional para a apreciação de provas judiciais, o CPP remete ao sistema da prova tarifada, como, por exemplo, quando da necessidade de se provar o estado das pessoas por meio de documentos indicados pela lei civil.
>
> (4º Concurso Público da DPU, realizado em 2010)
>
> **87** O interrogatório, na atual sistemática processual penal, deve ser realizado, como regra geral, por intermédio da videoconferência, podendo o juiz, por decisão fundamentada, nos expressos casos legais, decidir por outra forma de realização do ato. O CPP estabelece, de forma expressa, o uso a videoconferência ou de recurso tecnológico

similar para oitiva do ofendido e de testemunhas, inclusive nos casos em que se admite a utilização de carta rogatória.

(3º Concurso Público da DPU, realizado em 2007)

33 Acerca da prova ilícita e da nulidade processual, a jurisprudência do STF tem afirmado que a nulidade do processo somente ocorrerá com a necessária comprovação da utilização da prova ilícita a lastrear a sentença condenatória.

De acordo com os gabaritos definitivos temos, respectivamente: Item 66 - Errado; Item 67 - Certo; Item 87- Errado; Item 33- Correto.

O item 66 está incorreto porque a gravação ambiental não é considerada prova ilícita, diferente do que ocorre com a interceptação telefônica sem autorização judicial. A jurisprudência pátria[50] também dispõe de vários julgados em que permite a gravação telefônica de um dos interlocutores como meio de prova em processo judicial.

O item 67 está correto porque apesar de predominar o princípio da persuasão racional do juiz, ainda existem hipóteses no CPP que autorizam a prova tarifada, vide art. 158 do Código de Processo Penal.

O item 87 está errado, por violar expressa disposição de lei (art. 185, § 2º, do CPP), a qual preconiza que a videoconferência será feita de maneira excepcional e em hipóteses restritas.

O item 33 está correto, pois o STF[51] entende que não será decretada nulidade em relação à prova ilícita se não demonstrado o prejuízo para o réu. Se existirem outras provas aptas a condenação e o magistrado se basear nelas para emitir a sentença, não há que se falar em nulidade, porque não houve a influência da prova contaminada na decisão prolatada.

Outro tópico sempre cobrado é o de "prisões" e suas vertentes, abordado em todos os concursos da DPU.

(6º Concurso Público da DPU, realizado em 2017)

71 O STJ consolidou entendimento no sentido de que os atos infracionais anteriormente praticados pelo réu não servem como argumento para embasar a decretação de prisão preventiva.

50. RE 583937 QO-RG; HC 75.338.

51. RE 251.445-GO.

(5º Concurso Público da DPU, realizado em 2014)

68 Ao ser comunicado da prisão e verificando a necessidade de evitar a prática de infrações penais, ao juiz será vedado aplicar qualquer medida cautelar alternativa à prisão, mesmo que sejam preenchidos os requisitos da necessidade e da adequação previstos no CPP.

(4º Concurso Público da DPU, realizado em 2010)

70 Considere a situação hipotética em que Ricardo, brasileiro, primário, sem antecedentes, 22 anos de idade, e Bernardo, brasileiro, 17 anos de idade, de comum acordo e em unidade de desígnios, tenham colocado em circulação, no comércio local de Taguatinga/DF, seis cédulas falsas de R$ 50,00, com as quais compraram produtos alimentícios, de higiene pessoal e dois pares de tênis, em estabelecimentos comerciais diversos. Considere, ainda, que, ao ser acionada, a polícia, rapidamente, tenha localizado os agentes em um ponto de ônibus e, além dos produtos, tenha encontrado, na posse de Ricardo, duas notas falsas de R$ 50,00 e, na de Bernardo, uma nota falsa de mesmo valor, além de R$ 20,00 em cédulas verdadeiras. Na delegacia, os produtos foram restituídos aos legítimos proprietários, e as cédulas, apreendidas. Nos termos da situação hipotética descrita e com base na jurisprudência dos tribunais superiores, admite-se a prisão em flagrante dos agentes, considera-se a infração praticada em concurso de pessoas e, pelas circunstâncias descritas e ante a ausência de prejuízo, deve-se aplicar o princípio da insignificância.

(3º Concurso Público da DPU, realizado em 2007)

24 Ocorre o flagrante esperado quando alguém provoca o agente à prática do crime e, ao mesmo tempo, toma providência para que tal crime não se consume. Nesse caso, entende o STF que há crime impossível.

De acordo com os gabaritos definitivos temos, respectivamente: Item 71 - Errado; Item 68- Errado; Item 70- Errado; Item 24- Errado.

Conforme posicionamento consolidado do Superior Tribunal de Justiça, o item 71 está errado porque os atos infracionais praticados anteriormente pelo réu podem servir como justificativa para o embasamento da prisão preventiva para garantia de ordem pública[52].

52. HC 499270/SP.

O item 68 está incorreto, porque viola expressa disposição de lei, tendo em vista que no art. 282, § 6º do CPP, há menção expressa de que a prisão preventiva só será decretada como *ultima ratio*, ou seja, quando nenhuma das medidas cautelares diversas da prisão puder ser adotada.

Com relação ao item 70, este se encontra incorreto porque não é possível aplicar o princípio da insignificância aos delitos contra a fé pública[53]. Contudo, no que se refere à afirmação de que seria possível a prisão em flagrante, o item está correto, pois se amolda a hipótese de flagrante próprio, previsto no art. 301, inciso II, do CPP.

O item 24 está errado, porque confunde o flagrante esperado com o flagrante preparado. Nos termos da súmula 145 do STF, o flagrante preparado torna o crime impossível, sendo a definição de flagrante preparado a contida no item 24. Por sua vez, o flagrante esperado nada tem a ver com hipótese de crime impossível, pois neste não há qualquer atividade de induzimento à prática delitiva, apenas a autoridade se limita a aguardar o momento do cometimento do delito para efetuar a prisão em flagrante.

Por fim, com exceção do 6º concurso, todos os outros certames abordaram algum procedimento específico do juizado (transação penal, suspensão condicional do processo, produção probatória etc). Vejamos como o tema foi cobrado.

> (5º Concurso Público da DPU, realizado em 2014)
>
> **75** No âmbito do juizado especial criminal, no intuito de comprovar a materialidade do crime, o exame de corpo de delito pode ser substituído por boletim médico ou prova equivalente.
>
> (4º Concurso Público da DPU, realizado em 2010)
>
> No que concerne ao procedimento dos juizados especiais criminais, julgue os próximos itens.
>
> **84** A aceitação de proposta de suspensão condicional do processo não importa reincidência, mas deve ser registrada, de forma a impedir a concessão do mesmo benefício no prazo de cinco anos.
>
> [...]
>
> **85** Aceitando o réu a proposta de transação penal e aplicada pelo juiz a pena restritiva de direitos ou multa, não há previsão legal de

---

53. AgRg no AREsp 1012476/SP.

recurso contra a sentença, que pode, todavia, ser discutida pela via do *habeas corpus*.

(3º Concurso Público da DPU, realizado em 2007)

40 A prática de conduta delituosa, com causa de aumento de pena, deve ser considerado o acréscimo, em adição a pena em abstrato, para efeito da concessão da suspensão condicional do processo.

De acordo com o gabarito, temos: Item 70 - Certo; Item 84 - Errado; Item 85 - Errado; Item 40 - Certo.

O item 70 está certo, por expressa previsão legal, pois no art. 77, § 1º, da Lei nº 9.099/95, temos que: § 1º Para o oferecimento da denúncia, que será elaborada com base no termo de ocorrência referido no art. 69 desta Lei, com dispensa do inquérito policial, prescindir-se-á do exame do corpo de delito quando a materialidade do crime estiver aferida por boletim médico ou prova equivalente.

O item 84 está incorreto, porque não se aplica à suspensão condicional do processo, mas à transação penal, nos termos do art. 77, § 4º, da Lei nº 9.099/95.

O item 85, por sua vez, está errado, porque o recurso previsto contra a sentença que homologa a transação penal é a apelação, conforme art. 77, § 5º, da Lei nº 9.099/95.

O item 40 está correto, em razão de se amoldar ao que preconiza a súmula 723 do STF: *Não se admite a suspensão condicional do processo por crime continuado, se a soma da pena mínima da infração mais grave com o aumento mínimo de um sexto for superior a um ano.* Ainda converge com a súmula 243 do STJ: *O benefício da suspensão do processo não é aplicável em relação às infrações penais cometidas em concurso material, concurso formal ou continuidade delitiva, quando a pena mínima cominada, seja pelo somatório, seja pela incidência da majorante, ultrapassar o limite de um (01) ano.*

5. DOUTRINA, JURISPRUDÊNCIA E "LEI SECA" NOS CONCURSOS DA DPU

A regulamentação da DPU prevê que, em todos os pontos do programa poderão ser cobrados conhecimentos doutrinários e o posicionamento dominante dos Tribunais Superiores.

Observando as questões analisadas acima, é possível perceber que a cobrança de conhecimento doutrinário é muito pequena na primeira fase da DPU, em relação a Direito Processual Penal.

Por sua vez, a incidência de entendimento jurisprudencial e de súmulas vem cada vez mais ganhando espaço nas provas da CESPE (hoje CEBRASPE).

Outro ponto de destaque é que a banca examinadora ainda dá bastante preponderância à cobrança da literalidade da lei.

Assim, nas provas de processo penal, é importante dar um enfoque maior no estudo da lei seca, da jurisprudência e das súmulas do STJ e do STF, porque assim o candidato terá uma maior chance de aproveitamento do conhecimento na resposta às questões propostas.

6. DICAS FINAIS PARA OS CANDIDATOS

A fase objetiva em processo penal, tem predominância de cobrança da jurisprudência e da lei seca. Assim, na preparação para a primeira fase o estudo doutrinário deve ser aprofundado apenas para os temas que são mais comumente cobrados, conforme indicação acima realizada.

Isso porque é necessário um estudo direcionado, para que um rendimento maior seja verificado na primeira etapa do concurso.

Após a fase objetiva, ou algumas vezes concomitantemente a ela, é realizada a segunda fase de avaliação dos candidatos, através da resolução de questões discursivas e da confecção de peças processuais.

O nível de preparação para esta etapa é completamente diferente da contida para a prova objetiva, porque o nível de aprofundamento e a prática de exercício de peças e de questões demanda maior conhecimento do avaliado.

Com relação à disciplina de processo penal, por coincidência, no 5º e no 6º concursos, foi pedido ao candidato que apresentasse razões de apelação criminal.

Para a identificação de qual a peça correta é indispensável ter conhecimento sobre o momento processual adequado para a sua cobrança, além disso, deve ser dada especial atenção ao enunciado, a fim de evitar equívocos. Nesse sentido, as peças que tem maiores chances de serem cobradas, pelo grau de complexidade são:

a) Alegações Finais: após a instrução criminal (art. 403, § º 3º, CPP);

b) Apelação: a hipótese mais comum de cobrança é após a sentença; mas ainda pode ser o recurso cabível em relação a decisões definitivas ou com força de definitivas não abrangidas pelo Recurso em Sentido Estrito (como por exemplo quando o juízo decreta o sequestro de bens), e também em relação a decisões do Tribunal do Júri, nas hipóteses abrangidas no art. 593, inciso III, do CPP. É preciso identificar na peça se o avaliador deseja que seja apresentado o recurso completo (interposição + razões: art. 593, CPP) ou apenas as razões de apelação (art. 600, CPP);

c) Recurso em sentido estrito: impugna decisões interlocutórias. Tem previsão no art. 581, do CPP e, assim como na apelação, é indispensável atenção para identificar se o avaliador deseja o recurso completo ou apenas as razões. A hipótese mais comum de RESE ocorre quando há pronúncia pelo juízo sumariante (art. 581, inciso IV, do CPP).

Por fim, na terceira fase, é preciso treinar muito, seja falar em voz alta, dicção, organização de ideias, fazer simulação com amigos, enfim, é necessário ter uma preparação muito intensa.

Nessa etapa, busque provas anteriores e se imagine respondendo as questões para a banca.

É importante se preparar ainda para todos os tipos de avaliadores, desde os mais rígidos aos mais flexíveis, aqueles que exigem respostas mais longas e os que demandam objetividade, bem como preparar o seu psicológico para manter-se firme diante dos questionamentos.

Dê atenção à lei seca e ao treino com questões de provas anteriores e mantenha-se atualizado com a jurisprudência e súmulas dos Tribunais Superiores.

Não se preocupe em falhar, porque, com certeza, haverá perguntas que você não saberá responder. Nesse caso, comece a abordar princípios relacionados com a matéria, porque muitas vezes a resposta começa a surgir quando se desenrolam temas paralelos ao assunto abordado.

Só não fique calado, porque se não falar nada, não há como ser avaliado positivamente em algum dos muitos itens que os examinadores levam em consideração na atribuição de pontos.

Sempre tenha em mente que se está prestando concurso para a Defensoria Pública, então, quando for abordar as respostas, ainda que haja posicionamento majoritário em desfavor da tese de defesa, é importante citá-lo para demonstrar conhecimento, mas também é indispensável destacar qual a visão minoritária e que se concorda com ela, afinal a DPU é instituição contramajoritária.

Por fim, minha recomendação é que você trabalhe seus pontos fracos e aperfeiçoe os pontos fortes, com o intuito de que consiga alcançar o resultado final almejado.

O concurso da DPU possui um edital extenso, mas que não deve desestimular aqueles que sonham em adentrar na carreira. É certo que não há fórmula fechada para alcançar a aprovação, mas a objetividade do estudo, a concentração e a boa preparação, com a observância das dicas acima colacionadas, são fatores determinantes para uma jornada assertiva ao cargo de Defensor Público Federal.

DIREITO PENAL MILITAR

1. BIBLIOGRAFIA INDICADA

Poucos concursos públicos são tão diversificados como o da Defensoria Pública da União. E não é sem razão, afinal, os Defensores Públicos Federais atuam, no cumprimento da nobre função institucional, perante enorme gama de ramos do direito.

Um exemplo da diversidade de atuação dos Defensores Públicos são os ramos militares: Direitos Penal e Processual Militar. Por serem matérias muito específicas e, de certa forma, destoantes com o contexto atual dos demais ramos do direito, poucos profissionais dominam tais conhecimentos. Certamente, a Defensoria Pública está dentre as instituições que sabem manejar o Direito Militar em prol de seus assistidos.

Mais uma vez, fica a recomendação de que o candidato precisa estar atento ao fato de que não é possível investir muita "energia" em determinada disciplina e, simplesmente, negligenciar as demais.

A escolha da bibliografia depende do gosto de cada candidato. Alguns fazem questão de estudar por obras mais completas. Particularmente, prefiro materiais mais resumidos. Aqui, darei apenas as minhas impressões pessoais para os candidatos que almejam o concurso da DPU.

Uma ótima aposta que faço seria o livro "Resumos para Concursos – Direito Penal Militar Parte Geral e Especial", publicado pelos Defensores Públicos Federais Fabiano Caetano Prestes, Mariana Lucena Nascimento e Ricardo Henrique Alves Giuliani. Trata-se de uma obra resumida, atualizada, voltada especificamente para concurso público e, sobretudo, escrita por membros da carreira. Além disso, tem um custo relativamente baixo para o bolso do concurseiro. Ou seja, reúne todos os elementos para que se possa ter um bom desempenho do certame.

É verdade que existem obras mais completas, caras e de cunho acadêmico no mercado. É o caso, por exemplo, do "Direito Penal Militar", de coautoria do Adriano Alves-Marreiros.

Além dos livros doutrinários, novamente, recomendo os livros com resolução de exercícios. É o caso, p. ex., da coleção "Revisaço", disponibilizado pela Ed. Juspodivm.

Por fim, convém dar uma conferida nas obras do "Dizer o Direito", que trazem com excelente didática os principais julgados do STF e do STJ.

2. CONTEÚDO PROGRAMÁTICO NOS EDITAIS DA DPU

A Resolução n. 118, de 05 de novembro de 2015, que dispõe sobre os concursos públicos para ingresso na carreira de Defensor Público Federal, as mais de vinte disciplinas a serem objeto de arguição nas provas objetivas, dissertativas e orais.

Vejamos o conteúdo programático nos últimos quatro concursos já realizados:

Edital	Conteúdo Programático
6º Concurso (Edital publicado em 12 de junho de 2017, com retificação)	1 Aplicação da lei penal militar. 2 Crime. 3 Imputabilidade penal. 4 Concurso de agentes. 5 Penas. 6 Aplicação da pena. 7 Suspensão condicional da pena. 8 Livramento condicional. 9 Penas acessórias. 10 Efeitos da condenação. 11 Medidas de segurança. 12 Ação penal. 13 Extinção da punibilidade. 14 Crimes militares em tempo de paz. 15 Crimes própria e impropriamente militares. Critérios de classificação. 16 Princípios constitucionais penais com reflexos na lei penal militar
5º Concurso (Edital publicado em 31 de outubro de 2014).	1 Aplicação da lei penal militar. 2 Crime. 3 Imputabilidade penal. 4 Concurso de agentes. 5 Penas. 6 Aplicação da pena. 7 Suspensão condicional da pena. 8 Livramento condicional. 9 Penas acessórias. 10 Efeitos da condenação. 11 Medidas de segurança. 12 Ação penal. 13 Extinção da punibilidade. 14 Crimes militares em tempo de paz. 15 Crimes propriamente militares. 16 Crimes impropriamente militares.

Edital	Conteúdo Programático
4º Concurso (Edital publicado em 31 de dezembro de 2009).	1 Aplicação da lei penal militar. 2 Crime. 3 Imputabilidade penal. 4 Concurso de agentes. 5 Penas. 6 Aplicação da pena. 7 Suspensão condicional da pena. 8 Livramento condicional. 9 Penas acessórias. 10 Efeitos da condenação. 11 Medidas de segurança. 12 Ação penal. 13 Extinção da punibilidade. 14 Crimes militares em tempo de paz. 15 Crimes propriamente militares. 16 Crimes impropriamente militares.
3º Concurso (Edital publicado em 5 de setembro de 2007).	1 Aplicação da lei penal militar. 2 Crime. 3 Imputabilidade penal. 4 Concurso de agentes. 5 Penas. 6 Aplicação da pena. 7 Suspensão condicional da pena. 8 Livramento condicional. 9 Penas acessórias. 10 Efeitos da condenação. 11 Medidas de segurança. 12 Ação penal. 13 Extinção da punibilidade. 14 Crimes militares em tempo de paz. 15 Crimes propriamente militares. 16 Crimes impropriamente militares.

No ramo do Direito Penal Militar, todos os certames, desde 2007, trouxeram o mesmo conteúdo programático, o que representa uma tendência para os próximos concursos.

Trata-se de conteúdo restrito, sobretudo se analisado em conjunto com outras disciplinas que compõem o edital. Portanto, é necessário avaliar, estrategicamente, o material de estudo a ser utilizado durante a preparação para ser compatibilizado com as demais matérias a serem mais estudadas.

De acordo com o último edital, serão quatro as Bancas Examinadoras, cada uma responsável por um grupo de disciplinas. O Direito Penal Militar compõe o Grupo II, ao lado do Direito Penal e Criminologia, Direito Processual Penal, Direito Processual Penal Militar e Direito Eleitoral.

Em todos os pontos do programa poderão ser cobrados conhecimentos doutrinários e o posicionamento dominante do Supremo Tribunal Federal, dos Tribunais Superiores e da Turma Nacional de Uniformização.

3. ANÁLISE GERAL DAS ÚLTIMAS PROVAS OBJETIVAS

Nos últimos concursos realizados, a Defensoria Pública da União optou pela execução da primeira etapa por instituição especializada (CESPE/CEBRASPE), o que poderá refletir numa tendência para os próximos editais.

Após a análise das quatro últimas provas objetivas, realizadas *entre 2007 e 2017*, foi possível verificar a seguinte distribuição de questões conforme os tópicos do conteúdo programático. Vejamos:

6º Concurso (Edital publicado em 12 de junho de 2017, com retificação).	
Tópico do Conteúdo Programático	**Quantidade de Itens**[54]
1 Aplicação da lei penal militar.	01 item
2 Crime.	01 item
3 Imputabilidade penal.	01 item
4 Concurso de agentes.	00 item
5 Penas.	00 item
6 Aplicação da pena.	01 item
7 Suspensão condicional da pena.	01 item
8 Livramento condicional.	01 item
9 Penas acessórias.	01 item
10 Efeitos da condenação.	00 item
11 Medidas de segurança.	01 item

54. Quantidade "aproximada" de itens, pois, algumas podem envolver o conhecimento relacionado a mais de um tópico do conteúdo programático.

6º Concurso (Edital publicado em 12 de junho de 2017, com retificação).	
Tópico do Conteúdo Programático	**Quantidade de Itens**
12 Ação penal.	00 item
13 Extinção da punibilidade.	01 item
14 Crimes militares em tempo de paz.	00 item
15 Crimes propriamente militares.	01 item
16 Crimes impropriamente militares	00 item
Total de itens:	**10 itens**

5º Concurso (Edital publicado em 31 de outubro de 2014).	
Tópico do Conteúdo Programático	**Quantidade de Itens**[55]
1 Aplicação da lei penal militar.	00 item
2 Crime.	02 itens
3 Imputabilidade penal.	00 item
4 Concurso de agentes.	00 item
5 Penas.	00 item
6 Aplicação da pena.	00 item
7 Suspensão condicional da pena.	00 item
8 Livramento condicional.	01 item

55. Quantidade "aproximada" de itens, pois, algumas podem envolver o conhecimento relacionado a mais de um tópico do conteúdo programático.

5º Concurso (Edital publicado em 31 de outubro de 2014).	
Tópico do Conteúdo Programático	**Quantidade de Itens**
9 Penas acessórias.	01 item
10 Efeitos da condenação.	00 item
11 Medidas de segurança.	00 item
12 Ação penal.	00 item
13 Extinção da punibilidade.	01 item
14 Crimes militares em tempo de paz.	00 item
15 Crimes propriamente militares.	00 item
16 Crimes impropriamente militares	01 item
Total de itens:	**06 itens**

4º Concurso (Edital publicado em 31 de dezembro de 2009).	
Tópico do Conteúdo Programático	**Quantidade de Itens[56]**
1 Aplicação da lei penal militar.	01 item
2 Crime.	00 item
3 Imputabilidade penal.	00 item
4 Concurso de agentes.	00 item
5 Penas.	01 item

56. Quantidade "aproximada" de itens, pois, algumas podem envolver o conhecimento relacionado a mais de um tópico do conteúdo programático.

4º Concurso (Edital publicado em 31 de dezembro de 2009).	
Tópico do Conteúdo Programático	**Quantidade de Itens**
6 Aplicação da pena.	00 item
7 Suspensão condicional da pena.	00 item
8 Livramento condicional.	00 item
9 Penas acessórias.	00 item
10 Efeitos da condenação.	00 item
11 Medidas de segurança.	00 item
12 Ação penal.	01 item
13 Extinção da punibilidade.	00 item
14 Crimes militares em tempo de paz.	00 item
15 Crimes propriamente militares.	02 itens
16 Crimes impropriamente militares	00 item
Total de itens:	**05 itens**

3º Concurso (Edital publicado em 5 de setembro de 2007).	
Tópico do Conteúdo Programático	**Quantidade de Itens[57]**
1 Aplicação da lei penal militar.	01 item
2 Crime.	01 item

57. Quantidade "aproximada" de itens, pois, algumas podem envolver o conhecimento relacionado a mais de um tópico do conteúdo programático.

3º Concurso (Edital publicado em 5 de setembro de 2007).	
Tópico do Conteúdo Programático	**Quantidade de Itens**
3 Imputabilidade penal.	00 item
4 Concurso de agentes.	01 item
5 Penas.	00 item
6 Aplicação da pena.	00 item
7 Suspensão condicional da pena.	01 item
8 Livramento condicional.	00 item
9 Penas acessórias.	01 item
10 Efeitos da condenação.	00 item
11 Medidas de segurança.	00 item
12 Ação penal.	01 item
13 Extinção da punibilidade.	01 item
14 Crimes militares em tempo de paz.	04 itens
15 Crimes propriamente militares.	00 item
16 Crimes impropriamente militares	00 item
Total de itens:	**11 itens**

Consolidando os dados acima, é possível ter uma visão geral dos pontos mais cobrados no conteúdo programático. Vejamos:

Consolidado (Concursos Realizados entre os anos de 2007 e 2017)	
Tópico do Conteúdo Programático	**Quantidade de Itens[58]**
1 Aplicação da lei penal militar.	03 itens
2 Crime.	04 itens
3 Imputabilidade penal.	01 item
4 Concurso de agentes.	01 item
5 Penas.	01 item
6 Aplicação da pena.	01 item
7 Suspensão condicional da pena.	02 itens
8 Livramento condicional.	02 itens
9 Penas acessórias.	03 itens
10 Efeitos da condenação.	00 item
11 Medidas de segurança.	01 item
12 Ação penal.	02 itens
13 Extinção da punibilidade.	03 itens
14 Crimes militares em tempo de paz.	04 itens
15 Crimes propriamente militares.	03 itens
16 Crimes impropriamente militares	01 item
Total de itens:	**32 itens**

58. Quantidade "aproximada" de itens, pois, algumas podem envolver o conhecimento relacionado a mais de um tópico do conteúdo programático.

Ressalte-se que, na análise dos itens e na identificação conforme os conteúdos programáticos, alguns assuntos poderiam ser colocados em mais de um tópico, pois, mesclam temas diversos.

Por fim, é importante ressaltar que a análise objeto desta obra procurou, intencionalmente, dar especial atenção aos certames ocorridos a partir de 2007. É que o longo tempo decorrido desde então – ou seja, mais de 10 anos – poderia levar a resultados estatísticos deturpados em razão das mudanças no conteúdo programático do edital e no perfil nos concursos públicos mais recentemente.

4. ALGUNS PONTOS ESPECÍFICOS MAIS RELEVANTES NAS PROVAS OBJETIVAS

As tabelas acima permitem observar que não existe uma variação muito significativa nos temas cobrados em Direito Penal Militar. A distribuição é, relativamente, equilibrada. De qualquer forma, existem temas mais recorrentes nos últimos concursos. Vejamos alguns tópicos específicos.

No 6º Concurso da DPU, realizado em 2017, a banca examinadora tratou de dois temas recorrentes: crimes militares próprios/impróprios e princípio da insignificância no âmbito do Direito Pena Militar. Vejamos:

> No que se refere aos crimes militares e às medidas de segurança adotadas nesses casos, julgue os itens subsecutivos.
>
> **83** O militar que cometer homicídio contra outro militar dentro de um quartel cometerá um crime propriamente militar, pois o ato terá sido praticado nessa condição.
>
> **84** Situação hipotética: Enquanto assumia posto de sentinela de determinado quartel, um soldado foi encontrado portando certa quantidade de substância entorpecente. Assertiva: Nessa situação, dependendo da quantidade de droga encontrada com o soldado, o princípio da insignificância poderá ser aplicado e o militar poderá não ser denunciado pela posse do entorpecente.

De acordo com o gabarito definitivo, temos: Item 83 – Errado e Item 84 – Errado. Apesar de alguma divergência doutrinária sobre a distinção entre crime militar próprio e crime militar impróprio, prevalece o entendimento de que crime militar impróprio é aquele previsto tanto no Código Penal - CP quanto no Código Penal Militar - CPM. Seria o caso, p. ex., do homicídio (art. 121 do CP e art. 205 do CPM). Com relação ao princípio da insignificância, o Supremo Tribunal Federal concluiu que "em se tratando de crime militar, cuja regência é especial - artigo 290 do Código Penal Militar -, descabe, ante os princípios da hierarquia e disciplina, agasalhar a óptica da ocorrência de crime de bagatela" (HC 115914, Relator(a): Min. MARCO AURÉLIO, Primeira Turma, julgado em 24/10/2017). Da mesma forma, o Superior Tribunal Militar - STM concluiu que "tem sido consagrada a inaplicabilidade do princípio da insignificância à posse de substância entorpecente por militar, em lugar sujeito à administração militar, mesmo de quantidade reduzida, posto que o crime tipificado no art. 290 do CPM é de perigo abstrato, não se exigindo, para a sua configuração, que efetivamente ocorra lesão ao bem jurídico tutelado" (Apelação nº 7000631-02.2018.7.00.0000. Relator(a): Ministro(a) Alvaro Luiz Pinto. Data de Julgamento: 30/10/2018).

Os dois temas foram objeto de questionamento também no 5º Concurso da DPU, realizado em 2014, cujos itens foram praticamente idênticos:

> Em cada um dos próximos itens, é apresentada uma situação hipotética, seguida de uma assertiva a ser julgada à luz do direito penal militar.
>
> **82** Em determinada organização militar, durante o expediente, dois militares que trabalhavam na mesma seção desentenderam-se e um deles, sem justificativa e intencionalmente, disparou sua arma de fogo contra o outro, que faleceu imediatamente. Nessa situação, o autor do disparo
>
> cometeu crime impropriamente militar.
>
> [...]
>
> **84** Um militar das Forças Armadas, durante a prestação de serviço na organização militar onde ele servia, foi preso em flagrante delito por estar na posse de substância entorpecente. Nessa situação, segundo o entendimento do STF, se a quantidade da substância entorpecente for pequena, poder-se-á aplicar ao caso o princípio da insignificância.

De acordo com o gabarito definitivo, temos: Item 82 - Correto e Item 84 - Errado. Perceba que a banca examinadora praticamente repetiu os mesmos questionamentos em dois certames. De fato, são assuntos essenciais para o conhecimento doutrinário do Direito Penal Militar e que frequentemente são debatidos na jurisprudência do Supremo Tribunal Federal e do Superior Tribunal Militar.

No 3º Concurso da DPU, realizado em 2007; no 5º Concurso da DPU, realizado em 2014, e no 6º Concurso da DPU, aplicado em 2017, foram exigidos o tópico "Penas Acessórias". Vejamos, respectivamente:

> Com base no direito penal militar, julgue os seguintes itens.
>
> [...]
>
> **45** A pena acessória de exclusão das Forças Armadas prevista no CPM será obrigatoriamente aplicada à praça cuja condenação à pena privativa de liberdade for superior a dois anos.
>
> Ainda com relação ao direito penal militar, julgue os itens que se seguem.
>
> **85** Se um oficial das Forças Armadas cometer crime de furto simples, ele ficará sujeito à declaração de indignidade para o oficialato, qualquer que seja a sua pena.
>
> [...]
>
> À luz do direito penal militar, julgue os itens a seguir, relativos a suspensão condicional da pena, livramento condicional, penas acessórias e extinção da punibilidade.
>
> **78** O cometimento de crime de traição, espionagem ou cobardia, ou outros elencados no CPM, sujeita o oficial infrator, independentemente da pena aplicada, a declaração de indignidade para o oficialato.
>
> [...]

De acordo com os gabaritos definitivos, temos: Item 45 - Correto; Item 85 - Correto, e Item 78 - Correto. O art. 98, II e IV, do CPM prevê como penas acessórias "a indignidade para o oficialato" e "a exclusão das forças armadas". Especifica o art. 100 CPM que fica sujeito à declaração de indignidade para o oficialato o militar condenado, qualquer que seja a pena, nos crimes de traição, espionagem ou cobardia, ou no crime definido no art. 240 (furto simples), dentre outros ali previstos. Por sua vez, o art. 102 do CPM esclarece que a condenação da praça a pena privativa de liberdade, por tempo superior a dois anos, importa sua exclusão das forças armadas. Veja que, nas três provas, o conhecimento exigido foi apenas da literalidade do Código.

5. DOUTRINA, JURISPRUDÊNCIA E "LEI SECA" NOS CONCURSOS DA DPU

Todos os pontos do conteúdo programático poderão ser cobrados com base nos conhecimentos doutrinários e no posicionamento dominante do Supremo Tribunal Federal, dos Tribunais Superiores e da Turma Nacional de Uniformização.

A parte doutrinária tem sido frequentemente exigida no âmbito do Direito Penal Militar. Além da distinção entre crimes militares próprios e impróprios, outros pontos doutrinários já foram abordados.

Vejamos o exemplo do 3º Concurso da DPU, realizado em 2007:

> Com base no direito penal militar, julgue os seguintes itens.
>
> **41** Entre os critérios utilizados para se classificar o crime militar, o critério processualista (*ratione materiae, ratione personal, ratione loci, ratione temporis e ratione legis*) se impôs, com preferência pelo critério *ratione materiae*, sendo crime militar aquele definido no CPM.
>
> **42** Embora o CPM tenha se filiado à teoria da equivalência dos antecedentes causais (*conditio sine qua non*), consideram-se cabeça, nos crimes de autoria coletiva necessária, os oficiais ou inferiores que exercem função de oficial.

Conforme o gabarito definitivo, temos: Item 41 – Errado e Item 42 – Certo. Para a primeira questão, a doutrina diz que a qualificação do crime militar se faz pelo critério legal (*ratione legis*), pois, é crime militar aquele que o CPM diz que é, ou seja, notadamente os enumerados em seu art. 9º. Quanto à *conditio sine qua non*, segundo o art. 29 do CPM, o resultado de que depende a existência do crime somente é imputável a quem lhe deu causa, sendo que se considera causa a ação ou omissão sem a qual o resultado não teria ocorrido. Por outro lado, de acordo com o art. 53, §§ 4º e 5º, do CPM, na prática de crime de autoria coletiva necessária, reputam-se cabeças os que dirigem, provocam, instigam ou excitam a ação e, quando o crime é cometido por inferiores e um ou mais oficiais, são estes considerados cabeças, assim como os inferiores que exercem função de oficial.

No 4º Concurso da DPU, aplicado em 2010, também foi exigido o conhecimento doutrinário. Vejamos:

> No que concerne ao direito penal militar e a seus critérios de aplicação, julgue os itens a seguir.

91 Considere que um militar, no exercício da função e dentro de unidade militar, tenha praticado crime de abuso de autoridade, em detrimento de um civil. Nessa situação, classifica-se a sua conduta como crime propriamente militar, porquanto constitui violação de dever funcional havida em recinto sob administração militar.

92 Diversamente do direito penal comum, o direito penal militar consagrou a teoria da ubiquidade, ao considerar como tempo do crime tanto o momento da ação ou omissão do agente quanto o momento em que se produziu o resultado.

Pelo gabarito definitivo, temos o Item 91 - Errado e o Item 92 - Errado. No primeiro, novamente, aborda-se a questão doutrinária na distinção entre crime militar próprio e impróprio. Na segunda questão, aborda-se consagrada discussão sobre as teorias adotadas pelo Direito Penal Militar para o tempo do crime (teoria da atividade, tal qual o CP) e com o lugar do crime.

Observando as questões já apresentadas na análise das provas objetivas, constata-se que as bancas examinadoras exigem, com frequência, o conhecimento sobre a literalidade da legislação ("legislação seca").

A jurisprudência, por sua vez, tem sido cada vez mais objeto de questionamento pelas bancas examinadoras nos concursos públicos em geral. Tal tendência certamente também ocorrerá com destaque ainda maior nos próximos concursos da DPU.

6. DICAS FINAIS PARA OS CANDIDATOS

O Direito Penal Militar é uma daquelas disciplinas que "desanimam" os candidatos do concurso da DPU, o que acaba desestimulando vários concurseiros bem preparados. Contudo, o nível de dificuldade é mais aparente que efetivo. Uma preparação bem organizada permite que o candidato possa acertar um número significativo de questões sobre o tema, ainda que não tenha tido contato com o assunto anteriormente.

Enfatizo a importância de um estudo da doutrina com base em material resumido e direcionado para concursos públicos. Além disso, informativos específicos do Supremo Tribunal Federal e do Superior Tribunal de Justiça sobre temas militares poderão ajudar no dia da prova.

Obviamente, a leitura do Código Penal Militar é indispensável para o sucesso do candidato.

DIREITO PROCESSUAL PENAL MILITAR

1. BIBLIOGRAFIA INDICADA

Na mesma linha do que sugeri para a disciplina Direito Penal Militar, indico o livro "Resumos para Concursos – Direito Processual Penal Militar", publicado pelo Defensor Público Federal Fabiano Caetano Prestes. Trata-se de uma obra resumida, atualizada, voltada especificamente para concurso público e escrita por membro da carreira. Também tem um custo relativamente baixo.

Para aqueles que desejam se aprofundar no tema, há obras recentes no mercado. É o caso do "Manual de Direito Processual Penal Militar", do Promotor de Justiça Militar Cícero Robson Coimbra Neves.

Além dos livros doutrinários, sempre recomendo os livros com resolução de exercícios e obras compiladas com os principais julgados do STF e do STJ.

2. CONTEÚDO PROGRAMÁTICO NOS EDITAIS DA DPU

A Resolução n. 118, de 05 de novembro de 2015, que dispõe sobre os concursos públicos para ingresso na carreira de Defensor Público Federal, destaca o Direito Processual Penal Militar como uma das mais de vinte disciplinas a serem objeto de arguição nas provas objetivas, dissertativas e orais.

Vejamos o conteúdo programático nos últimos quatro concursos já realizados:

Edital	Conteúdo Programático (Direito Administrativo)
6º Concurso (Edital publicado em 12 de junho de 2017, com retificação)	1 Processo Penal Militar e sua aplicação. 2 Polícia judiciária militar. 3 Inquérito policial militar. 4 Ação penal militar e seu exercício. 5 Processo. 6 Juiz, auxiliares e partes do processo. 7 Denúncia. 8 A Justiça Militar da União. 8.1 Lei nº 8.457/1992 (Organização da Justiça Militar da União). 8.2 Defensoria Pública da União junto à Justiça Militar. 8.3 Competência da Justiça Militar da União. 9 Questões prejudiciais. 10 Exceções. 11 Incidente de sanidade mental do acusado. 12 Incidente de falsidade de documento. 13 Medidas preventivas e assecuratórias. 14 Providências que recaem sobre coisas. 15 Providências que recaem sobre pessoas. 15.1 Prisão em flagrante. 15.2 Prisão preventiva. 15.3 Menagem. 15.4 Liberdade provisória. 16 Citação, intimação e notificação. 17 Atos probatórios. 17.1 Interrogatório. 17.2 Confissão. 17.3 Perícias e exames. 17.4 Testemunhas. 17.5 Acareação. 17.6 Reconhecimento de pessoa e coisa. 17.7 Documentos. 17.8 Indícios. 18 Processos em espécie. 18.1 Processo ordinário. 18.2 Processos especiais. 18.3 Deserção de oficial e de praça. 18.4 Insubmissão. 19 Nulidades. 20 Recursos. 20.1 Regras gerais. 20.2 Recurso em sentido estrito. 20.3 Correição parcial. 20.4 Apelação. 20.5 Embargos. 20.6 Revisão. 20.7 Recurso extraordinário. 20.8 Reclamação. 21 Execução. 21.1 Incidentes. 21.2 Suspensão condicional da pena. 21.3 Livramento condicional. 21.4 Indulto, comutação da pena, anistia e reabilitação. 21.5 Execução das medidas de segurança. 22 Princípios constitucionais processuais com reflexos na lei processual penal militar.
5º Concurso (Edital publicado em 31 de outubro de 2014).	1 Processo Penal Militar e sua aplicação. 2 Polícia judiciária militar. 3 Inquérito policial militar. 4 Ação penal militar e seu exercício. 5 Processo. 6 Juiz, auxiliares e partes do processo. 7 Denúncia. 8 A Justiça Militar da União. 8.1 Organização da Justiça Militar da União (Lei nº 8.457/1992). 8.2 Competência da Justiça Militar da União. 9 Questões prejudiciais. 10 Exceções. 11 Incidente de sanidade mental do acusado. 12 Incidente de falsidade de documento. 13 Medidas preventivas e assecuratórias. 14 Providências que recaem sobre coisas. 15 Providências que recaem sobre pessoas. 15.1 Prisão em flagrante. 15.2 Prisão preventiva. 15.3 Menagem. 15.4 Liberdade provisória. 16 Citação, intimação e notificação. 17 Atos probatórios. 17.1 Interrogatório. 17.2 Confissão.

Edital	Conteúdo Programático (Direito Administrativo)
5º Concurso (Edital publicado em 31 de outubro de 2014).	17.3 Perícias e exames. 17.4 Testemunhas. 17.5 Acareação. 17.6 Reconhecimento de pessoa e coisa. 17.7 Documentos. 17.8 Indícios. 18 Processos em espécie. 18.1 Processo ordinário. 18.2 Processos especiais. 18.3 Deserção de oficial e de praça. 18.4 Insubmissão. 19 Nulidades. 20 Recursos. 20.1 Regras gerais. 20.2 Recurso em sentido estrito. 20.3 Correição parcial. 20.4 Apelação. 20.5 Embargos. 20.6 Revisão. 20.7 Recurso extraordinário. 20.8 Reclamação. 21 Execução. 21.1 Incidentes. 21.2 Suspensão condicional da pena. 21.3 Livramento condicional. 21.4 Indulto, comutação da pena, anistia e reabilitação. 21.5 Execução das medidas de segurança.
4º Concurso (Edital publicado em 31 de dezembro de 2009).	1 Processo Penal Militar e sua aplicação. 2 Polícia judiciária militar. 3 Inquérito policial militar. 4 Ação penal militar e seu exercício. 5 Processo. 6 Juiz, auxiliares e partes do processo. 7 Denúncia. 8 Competência da Justiça Militar da União. 9 Questões prejudiciais. 10 Exceções. 11 Incidente de sanidade mental do acusado. 12 Incidente de falsidade de documento. 13 Medidas preventivas e assecuratórias. 14 Providências que recaem sobre coisas. 15 Providências que recaem sobre pessoas. Prisão em flagrante. Prisão preventiva. Menagem. Liberdade provisória. Aplicação provisória de medidas de segurança. 16 Citação, intimação e notificação. 17 Atos probatórios. Interrogatório. Confissão. Perícias e exames. Testemunhas. Acareação. Reconhecimento de pessoa e coisa. Documentos. Indícios. 18 Processos em espécie. Processo ordinário. Processos especiais. Deserção de oficial e de praça; insubmissão; processo de competência originária do Superior Tribunal Militar. 19 Nulidades. 20 Recursos: regras gerais. Recurso em sentido estrito. Correição parcial. Apelação. Embargos. Revisão. Recurso extraordinário. Reclamação. 21 Execução. Incidentes. Suspensão condicional da pena. Livramento condicional. Indulto, comutação da pena, anistia e reabilitação. Execução das medidas de segurança.
3º Concurso (Edital publicado em 5 de setembro de 2007).	1 Processo Penal Militar e sua aplicação. 2 Polícia judiciária militar. 3 Inquérito policial militar. 4 Ação penal militar e seu exercício. 5 Processo. 6 Juiz, auxiliares e partes do processo. 7 Denúncia. 8 Competência da Justiça Militar da União. 9 Questões prejudiciais. 10 Exceções. 11 Incidente de sanidade mental do acusado. 12 Incidente

Edital	Conteúdo Programático (Direito Administrativo)
3º Concurso (Edital publicado em 5 de setembro de 2007).	de falsidade de documento. 13 Medidas preventivas e assecuratórias. 14 Providências que recaem sobre coisas. 15 Providências que recaem sobre pessoas. Prisão em flagrante. Prisão preventiva. Menagem. Liberdade provisória. Aplicação provisória de medidas de segurança. 16 Citação, intimação e notificação. 17 Atos probatórios. Interrogatório. Confissão. Perícias e exames. Testemunhas. Acareação. Reconhecimento de pessoa e coisa. Documentos. Indícios. 18 Processos em espécie. Processo ordinário. Processos especiais. Deserção de oficial e de praça; insubmissão; processo de competência originária do Superior Tribunal Militar. 19 Nulidades. 20 Recursos: regras gerais. Recurso em sentido estrito. Correição parcial. Apelação. Embargos. Revisão. Recurso extraordinário. Reclamação. 21 Execução. Incidentes. Suspensão condicional da pena. Livramento condicional. Indulto, comutação da pena, anistia e reabilitação. Execução das medidas de segurança.

No ramo do Direito Processo Penal Militar, houve uma melhor sistematização do conteúdo programático nos últimos certames, mas sem grandes modificações nos temas exigidos.

O conteúdo é abrangente. Portanto, novamente, é necessário avaliar o material de estudo a ser utilizado durante a preparação para ser compatibilizado com as demais matérias a serem mais estudadas.

De acordo com o último edital, serão quatro as Bancas Examinadoras, cada uma responsável por um grupo de disciplinas. O Direito Processual Penal Militar compõe o Grupo II, ao lado do Direito Penal e Criminologia, Direito Processual Penal, Direito Penal Militar e Direito Eleitoral.

Poderão ser cobrados conhecimentos doutrinários e o posicionamento dominante do Supremo Tribunal Federal e dos Tribunais Superiores.

3. ANÁLISE GERAL DAS ÚLTIMAS PROVAS OBJETIVAS

Nos últimos concursos realizados, a Defensoria Pública da União optou pela execução da primeira etapa por instituição especializada (CESPE/CEBRASPE), o que poderá refletir numa tendência para os próximos editais.

Após a análise das quatro últimas provas objetivas, realizadas *entre 2007 e 2017*, foi possível verificar a seguinte distribuição de questões conforme os tópicos do conteúdo programático. Vejamos:

6º Concurso (Edital publicado em 12 de junho de 2017, com retificação).	
Tópico do Conteúdo Programático	**Quantidade de Itens**[59]
1 Processo Penal Militar e sua aplicação.	00 item
2 Polícia judiciária militar.	00 item
3 Inquérito policial militar.	02 itens
4 Ação penal militar e seu exercício.	01 item
5 Processo.	00 item
6 Juiz, auxiliares e partes do processo.	02 itens
7 Denúncia.	00 item
8 A Justiça Militar da União. 8.1 Lei nº 8.457/1992 (Organização da Justiça Militar da União). 8.2 Defensoria Pública da União junto à Justiça Militar. 8.3 Competência da Justiça Militar da União.	01 item
9 Questões prejudiciais.	00 item
10 Exceções.	00 item
11 Incidente de sanidade mental do acusado.	00 item
12 Incidente de falsidade de documento.	00 item
13 Medidas preventivas e assecuratórias.	00 item
14 Providências que recaem sobre coisas.	00 item

59. Quantidade "aproximada" de itens, pois, algumas podem envolver o conhecimento relacionado a mais de um tópico do conteúdo programático.

6º Concurso (Edital publicado em 12 de junho de 2017, com retificação).	
Tópico do Conteúdo Programático	**Quantidade de Itens**
15 Providências que recaem sobre pessoas. 15.1 Prisão em flagrante. 15.2 Prisão preventiva. 15.3 Menagem. 15.4 Liberdade provisória.	01 item
16 Citação, intimação e notificação.	00 item
17 Atos probatórios. 17.1 Interrogatório. 17.2 Confissão. 17.3 Perícias e exames. 17.4 Testemunhas. 17.5 Acareação. 17.6 Reconhecimento de pessoa e coisa. 17.7 Documentos. 17.8 Indícios.	01 item
18 Processos em espécie. 18.1 Processo ordinário. 18.2 Processos especiais. 18.3 Deserção de oficial e de praça. 18.4 Insubmissão.	01 item
19 Nulidades.	00 item
20 Recursos. 20.1 Regras gerais. 20.2 Recurso em sentido estrito. 20.3 Correição parcial. 20.4 Apelação. 20.5 Embargos. 20.6 Revisão. 20.7 Recurso extraordinário. 20.8 Reclamação.	01 item
21 Execução. 21.1 Incidentes. 21.2 Suspensão condicional da pena. 21.3 Livramento condicional. 21.4 Indulto, comutação da pena, anistia e reabilitação. 21.5 Execução das medidas de segurança.	00 item
22 Princípios constitucionais processuais com reflexos na lei processual penal militar.	00 item
Total de itens:	**10 itens**

5º Concurso (Edital publicado em 31 de outubro de 2014).	
Tópico do Conteúdo Programático	**Quantidade de Itens[60]**
1 Processo Penal Militar e sua aplicação.	00 item
2 Polícia judiciária militar.	00 item

60. Quantidade "aproximada" de itens, pois, algumas podem envolver o conhecimento relacionado a mais de um tópico do conteúdo programático.

5º Concurso (Edital publicado em 31 de outubro de 2014).	
Tópico do Conteúdo Programático	**Quantidade de Itens**
3 Inquérito policial militar.	00 item
4 Ação penal militar e seu exercício.	00 item
5 Processo.	00 item
6 Juiz, auxiliares e partes do processo.	00 item
7 Denúncia.	00 item
8 A Justiça Militar da União. 8.1 Lei nº 8.457/1992 (Organização da Justiça Militar da União). 8.2 Defensoria Pública da União junto à Justiça Militar. 8.3 Competência da Justiça Militar da União.	01 item
9 Questões prejudiciais.	01 item
10 Exceções.	00 item
11 Incidente de sanidade mental do acusado.	00 item
12 Incidente de falsidade de documento.	00 item
13 Medidas preventivas e assecuratórias.	00 item
14 Providências que recaem sobre coisas.	01 item
15 Providências que recaem sobre pessoas. 15.1 Prisão em flagrante. 15.2 Prisão preventiva. 15.3 Menagem. 15.4 Liberdade provisória.	03 itens
16 Citação, intimação e notificação.	00 item
17 Atos probatórios. 17.1 Interrogatório. 17.2 Confissão. 17.3 Perícias e exames. 17.4 Testemunhas. 17.5 Acareação. 17.6 Reconhecimento de pessoa e coisa. 17.7 Documentos. 17.8 Indícios.	01 item
18 Processos em espécie. 18.1 Processo ordinário. 18.2 Processos especiais. 18.3 Deserção de oficial e de praça. 18.4 Insubmissão.	01 item

5º Concurso (Edital publicado em 31 de outubro de 2014).	
Tópico do Conteúdo Programático	**Quantidade de Itens**
19 Nulidades.	00 item
20 Recursos. 20.1 Regras gerais. 20.2 Recurso em sentido estrito. 20.3 Correição parcial. 20.4 Apelação. 20.5 Embargos. 20.6 Revisão. 20.7 Recurso extraordinário. 20.8 Reclamação.	00 item
21 Execução. 21.1 Incidentes. 21.2 Suspensão condicional da pena. 21.3 Livramento condicional. 21.4 Indulto, comutação da pena, anistia e reabilitação. 21.5 Execução das medidas de segurança.	00 item
22 Princípios constitucionais processuais com reflexos na lei processual penal militar.	00 item
Total de itens:	**08 itens**

4º Concurso (Edital publicado em 31 de dezembro de 2009).	
Tópico do Conteúdo Programático	**Quantidade de Itens**[61]
1 Processo Penal Militar e sua aplicação.	00 item
2 Polícia judiciária militar.	00 item
3 Inquérito policial militar.	00 item
4 Ação penal militar e seu exercício.	02 itens
5 Processo.	00 item
6 Juiz, auxiliares e partes do processo.	00 item

61. Quantidade "aproximada" de itens, pois, algumas podem envolver o conhecimento relacionado a mais de um tópico do conteúdo programático.

4º Concurso (Edital publicado em 31 de dezembro de 2009).	
Tópico do Conteúdo Programático	**Quantidade de Itens**
7 Denúncia.	00 item
8 A Justiça Militar da União. 8.1 Lei nº 8.457/1992 (Organização da Justiça Militar da União). 8.2 Defensoria Pública da União junto à Justiça Militar. 8.3 Competência da Justiça Militar da União.	01 item
9 Questões prejudiciais.	01 item
10 Exceções.	00 item
11 Incidente de sanidade mental do acusado.	00 item
12 Incidente de falsidade de documento.	00 item
13 Medidas preventivas e assecuratórias.	00 item
14 Providências que recaem sobre coisas.	00 item
15 Providências que recaem sobre pessoas. 15.1 Prisão em flagrante. 15.2 Prisão preventiva. 15.3 Menagem. 15.4 Liberdade provisória.	01 item
16 Citação, intimação e notificação.	00 item
17 Atos probatórios. 17.1 Interrogatório. 17.2 Confissão. 17.3 Perícias e exames. 17.4 Testemunhas. 17.5 Acareação. 17.6 Reconhecimento de pessoa e coisa. 17.7 Documentos. 17.8 Indícios.	00 item
18 Processos em espécie. 18.1 Processo ordinário. 18.2 Processos especiais. 18.3 Deserção de oficial e de praça. 18.4 Insubmissão.	01 item
19 Nulidades.	00 item
20 Recursos. 20.1 Regras gerais. 20.2 Recurso em sentido estrito. 20.3 Correição parcial. 20.4 Apelação. 20.5 Embargos. 20.6 Revisão. 20.7 Recurso extraordinário. 20.8 Reclamação.	00 item

4º Concurso (Edital publicado em 31 de dezembro de 2009).	
Tópico do Conteúdo Programático	**Quantidade de Itens**
21 Execução. 21.1 Incidentes. 21.2 Suspensão condicional da pena. 21.3 Livramento condicional. 21.4 Indulto, comutação da pena, anistia e reabilitação. 21.5 Execução das medidas de segurança.	00 item
22 Princípios constitucionais processuais com reflexos na lei processual penal militar.	00 item
Total de itens:	**06 itens**

3º Concurso (Edital publicado em 5 de setembro de 2007).	
Tópico do Conteúdo Programático	**Quantidade de Itens**[62]
1 Processo Penal Militar e sua aplicação.	00 item
2 Polícia judiciária militar.	00 item
3 Inquérito policial militar.	01 item
4 Ação penal militar e seu exercício.	00 item
5 Processo.	00 item
6 Juiz, auxiliares e partes do processo.	00 item
7 Denúncia.	00 item
8 A Justiça Militar da União. 8.1 Lei nº 8.457/1992 (Organização da Justiça Militar da União). 8.2 Defensoria Pública da União junto à Justiça Militar. 8.3 Competência da Justiça Militar da União.	02 itens

62. Quantidade "aproximada" de itens, pois, algumas podem envolver o conhecimento relacionado a mais de um tópico do conteúdo programático.

3º Concurso (Edital publicado em 5 de setembro de 2007).	
Tópico do Conteúdo Programático	**Quantidade de Itens**
9 Questões prejudiciais.	00 item
10 Exceções.	01 item
11 Incidente de sanidade mental do acusado.	00 item
12 Incidente de falsidade de documento.	00 item
13 Medidas preventivas e assecuratórias.	00 item
14 Providências que recaem sobre coisas.	00 item
15 Providências que recaem sobre pessoas. 15.1 Prisão em flagrante. 15.2 Prisão preventiva. 15.3 Menagem. 15.4 Liberdade provisória.	00 item
16 Citação, intimação e notificação.	01 item
17 Atos probatórios. 17.1 Interrogatório. 17.2 Confissão. 17.3 Perícias e exames. 17.4 Testemunhas. 17.5 Acareação. 17.6 Reconhecimento de pessoa e coisa. 17.7 Documentos. 17.8 Indícios.	00 item
18 Processos em espécie. 18.1 Processo ordinário. 18.2 Processos especiais. 18.3 Deserção de oficial e de praça. 18.4 Insubmissão.	00 item
19 Nulidades.	00 item
20 Recursos. 20.1 Regras gerais. 20.2 Recurso em sentido estrito. 20.3 Correição parcial. 20.4 Apelação. 20.5 Embargos. 20.6 Revisão. 20.7 Recurso extraordinário. 20.8 Reclamação.	03 itens
21 Execução. 21.1 Incidentes. 21.2 Suspensão condicional da pena. 21.3 Livramento condicional. 21.4 Indulto, comutação da pena, anistia e reabilitação. 21.5 Execução das medidas de segurança.	02 itens
22 Princípios constitucionais processuais com reflexos na lei processual penal militar.	00 item

3º Concurso (Edital publicado em 5 de setembro de 2007).	
Tópico do Conteúdo Programático	**Quantidade de Itens**
Total de itens:	**10 itens**

Consolidando os dados acima, é possível ter uma visão geral dos pontos mais cobrados no conteúdo programático. Vejamos:

Consolidado (concursos realizados entre os anos de 2007 e 2017)	
Tópico do Conteúdo Programático	**Quantidade de Itens**[63]
1 Processo Penal Militar e sua aplicação.	00 item
2 Polícia judiciária militar.	00 item
3 Inquérito policial militar.	03 itens
4 Ação penal militar e seu exercício.	03 itens
5 Processo.	00 item
6 Juiz, auxiliares e partes do processo.	02 itens
7 Denúncia.	00 item
8 A Justiça Militar da União. 8.1 Lei nº 8.457/1992 (Organização da Justiça Militar da União). 8.2 Defensoria Pública da União junto à Justiça Militar. 8.3 Competência da Justiça Militar da União.	03 itens
9 Questões prejudiciais.	02 itens

63. Quantidade "aproximada" de itens, pois, algumas podem envolver o conhecimento relacionado a mais de um tópico do conteúdo programático.

Consolidado (concursos realizados entre os anos de 2007 e 2017)	
Tópico do Conteúdo Programático	**Quantidade de Itens**
10 Exceções.	01 item
11 Incidente de sanidade mental do acusado.	00 item
12 Incidente de falsidade de documento.	00 item
13 Medidas preventivas e assecuratórias.	00 item
14 Providências que recaem sobre coisas.	01 item
15 Providências que recaem sobre pessoas. 15.1 Prisão em flagrante. 15.2 Prisão preventiva. 15.3 Menagem. 15.4 Liberdade provisória.	05 itens
16 Citação, intimação e notificação.	01 item
17 Atos probatórios. 17.1 Interrogatório. 17.2 Confissão. 17.3 Perícias e exames. 17.4 Testemunhas. 17.5 Acareação. 17.6 Reconhecimento de pessoa e coisa. 17.7 Documentos. 17.8 Indícios.	02 itens
18 Processos em espécie. 18.1 Processo ordinário. 18.2 Processos especiais. 18.3 Deserção de oficial e de praça. 18.4 Insubmissão.	03 itens
19 Nulidades.	00 item
20 Recursos. 20.1 Regras gerais. 20.2 Recurso em sentido estrito. 20.3 Correição parcial. 20.4 Apelação. 20.5 Embargos. 20.6 Revisão. 20.7 Recurso extraordinário. 20.8 Reclamação.	04 itens
21 Execução. 21.1 Incidentes. 21.2 Suspensão condicional da pena. 21.3 Livramento condicional. 21.4 Indulto, comutação da pena, anistia e reabilitação. 21.5 Execução das medidas de segurança.	02 itens
22 Princípios constitucionais processuais com reflexos na lei processual penal militar.	00 item
Total de itens:	**34 itens**

Tal como já alertei nos outros capítulos, na análise dos itens e na identificação conforme os conteúdos programáticos, alguns assuntos poderiam ser colocados em mais de um tópico, pois, mesclam temas diversos.

Por fim, a análise objeto desta obra deu especial atenção aos certames ocorridos a partir de 2007. É que o longo tempo decorrido desde então, – ou seja, mais de 10 anos – poderia levar a resultados estatísticos deturpados em razão das mudanças no conteúdo programático do edital e/ou no perfil nos concursos públicos mais recentemente.

4. ALGUNS PONTOS ESPECÍFICOS MAIS RELEVANTES NAS PROVAS OBJETIVAS

As tabelas acima permitem observar que, apesar do extenso conteúdo de Direito Processual Penal Militar, a distribuição das questões não é equilibrada. Existem alguns temas mais recorrentes nos últimos concursos. Eis tópicos específicos.

No 6º Concurso da DPU, realizado em 2017, a banca examinadora tratou de temas recorrentes: o inquérito policial militar e a ação penal. Vejamos:

> Cada um dos itens a seguir, que tratam de IPM e(ou) ação penal militar, apresenta uma situação hipotética seguida de uma assertiva a ser julgada.
>
> **85** Um general, ao ser informado da prática de crime militar em uma organização militar a ele subordinada, sediada em outro estado da Federação, determinou ao comandante da unidade, por via radiotelefônica, a instauração de IPM. Nessa situação, mesmo considerando o caráter de urgência que a medida exigia, a ordem foi indevida em razão do meio de transmissão empregado e também pelo fato de que a única autoridade competente para determinar a instauração do IPM seria o próprio comandante da unidade onde ocorreu o crime militar.
>
> **86** Os autos de IPM que apurou os fatos relativos a crime militar ocorrido em determinada organização militar foram encaminhados ao MPM. Nessa situação, em caso de inércia ou de o parquet pedir o arquivamento do inquérito, ao ofendido caberá propor ação penal militar de iniciativa privada subsidiária da pública.
>
> **87** Em determinada organização militar, um major cometeu crime militar e o comandante da unidade, dada a indisponibilidade de oficial

> de posto superior ao do indiciado, designou outro major, o mais antigo da unidade, para apurar os fatos por meio de IPM. Nessa situação, o ato de designação deverá ser considerado nulo: o IPM só poderá ser conduzido por oficial de posto superior ao do indiciado.

De acordo com o gabarito definitivo, temos: Item 85 – Errado; Item 86 – Errado e Item 87 – Errado. Dispõe o art. 10, *b*, do CPPM, o inquérito é iniciado mediante portaria por determinação ou delegação da autoridade militar superior, que, em caso de urgência, poderá ser feita por via telegráfica ou radiotelefônica e confirmada, posteriormente, por ofício. O art. 29 do CPPM diz que a ação penal é pública e somente pode ser promovida por denúncia do Ministério Público Militar. O art. 7º, §§ 2º e 3º, do CPPM prevê que, em se tratando de delegação para instauração de inquérito policial militar, deverá aquela recair em oficial de posto superior ao do indiciado, seja este oficial da ativa, da reserva, remunerada ou não, ou reformado e, não sendo possível a designação de oficial de posto superior ao do indiciado, poderá ser feita a de oficial do mesmo posto, desde que mais antigo.

Outro tema muito importante nas provas de Processo Penal Militar é a prisão e a liberdade provisória. Veja, como exemplo, a questão do 5º Concurso Público da DPU, realizado em 2014:

> Julgue os próximos itens, a respeito das prisões e da liberdade provisória no direito processual penal militar.
>
> **92** O comparecimento espontâneo do indiciado ou acusado, ao juízo ou perante o encarregado ou mesmo diante da autoridade policial, no intuito de promover esclarecimentos acerca dos fatos, colaborando efetivamente com a investigação, identificando eventuais coautores ou partícipes da ação criminosa e a recuperação total ou parcial do produto do crime, terá, como efeito imediato, a suspensão da ordem de prisão preventiva ou a imposição de medida cautelar diversa da custódia contra o indiciado ou acusado.

O gabarito oficial apontou o Item 92 como Errado. Realmente, o art. 259 do CPPM diz que o juiz poderá revogar a prisão preventiva se, no curso do processo, verificar a falta de motivos para que subsista, bem como de novo decretá-la, se sobrevierem razões que a justifiquem. Pelo art. 262 do CPPM, comparecendo espontaneamente o indiciado ou acusado, tomar-se-ão por termo as declarações que fizer e, se o comparecimento não se der perante a autoridade judiciária, a esta serão apresentados o termo e o indiciado ou acusado, para que delibere acerca da prisão preventiva ou de outra medida que entender cabível.

No 6º Concurso Público da DPU, a prisão preventiva, novamente, foi objeto de questionamento:

> No que diz respeito ao juiz, aos auxiliares da justiça e às partes do processo militar, à organização da justiça militar da União e sua competência e à prisão preventiva, julgue os itens que se seguem.
>
> [...]
>
> **90** O capitão que, por designação, conduzir IPM para apurar suposto crime militar praticado por um soldado poderá, no curso do inquérito, representar à autoridade judiciária militar para que seja decretada a prisão preventiva do indiciado.
>
> [...]

O gabarito oficial apontou o Item 90 como Correto. Trata-se do teor do art. 254 do CPPM, segundo o qual a prisão preventiva pode ser decretada pelo auditor ou pelo Conselho de Justiça, de ofício, a requerimento do Ministério Público ou mediante representação da autoridade encarregada do inquérito policial-militar, em qualquer fase deste ou do processo, concorrendo os requisitos previstos na lei.

Outro tema peculiar ao Processo Penal Militar é a deserção, cujo rito próprio enseja questionamento pela banca examinadora. Vejamos como o tema foi cobrado no 6º Concurso Público da DPU, realizado em 2017:

> No que se refere a interrogatório, deserção e recursos no âmbito do processo penal militar, julgue os itens subsequentes.
>
> **92** O soldado que, após dois anos de serviço militar, desertar e for capturado no mesmo mês será submetido a inspeção de saúde e, independentemente de o resultado o considerar apto ou inapto, será reincluído no serviço ativo, por ser esta a condição para ele ser processado e julgado pelo crime de deserção.
>
> [...]

O gabarito definitivo apontou o Item 92 como Errado. Consta no art. 457, §§ 1º e 2º, do CPPM que o desertor sem estabilidade que se apresentar ou for capturado deverá ser submetido à inspeção de saúde e, quando julgado apto para o serviço militar, será reincluído. A ata de inspeção de saúde será remetida, com urgência, à auditoria a que tiverem sido distribuídos os autos, para que, em caso de incapacidade definitiva, seja o desertor sem estabilidade isento da reinclusão e do processo, sendo os autos arquivados, após o pronunciamento do representante do Ministério Público Militar.

5. DOUTRINA, JURISPRUDÊNCIA E "LEI SECA" NOS CONCURSOS DA DPU

O conteúdo programático poderá ser cobrado com base nos conhecimentos doutrinários e no posicionamento dominante do Supremo Tribunal Federal, dos Tribunais Superiores e da Turma Nacional de Uniformização.

Observando as questões apresentadas de Direito Processual Penal Militar na análise das provas objetivas, constata-se que as bancas examinadoras exigem, com frequência, o conhecimento sobre a literalidade da legislação ("legislação seca").

A doutrina parece ser menos utilizada pela banca examinadora nesta disciplina. A jurisprudência, apesar de ser cada vez mais objeto de questionamento nos concursos públicos em geral, especificamente na disciplina de Processo Penal Militar, também não se mostrou prioritária nos últimos certames.

6. DICAS FINAIS PARA OS CANDIDATOS

O Direito Material e Processual Penal Militar faz parte daquelas disciplinas que "desanimam" os candidatos do concurso da DPU, o que acaba desestimulando os concurseiros. O conteúdo é extenso e, geralmente, uma novidade para a maioria das pessoas.

Enfatizo a importância de um estudo da doutrina com base em material resumido e direcionado para concursos públicos. A leitura e memorização do Código de Processo Penal Militar são essenciais para o sucesso do candidato.

DIREITO ELEITORAL

1. BIBLIOGRAFIA INDICADA

A obra "Direito Eleitoral", do professor Luiz Carlos dos Santos Gonçalves, tem sido atualizada nos últimos anos e parece ser uma boa opção para aqueles que precisam se aprofundar no tema, embora vá além do necessário para a prova objetiva. Da mesma forma, o livro "Direito Eleitoral", de José Jairo Gomes, apesar de ser um dos mais completos do mercado, parece ser um investimento de tempo muito elevado para a primeira fase do concurso.

Para aqueles que optam por livros mais resumidos, uma boa opção seria o "Resumos para Concursos - Direito Eleitoral", de João Paulo Oliveira, ou o "Sinopses para Concursos - Direito Eleitoral", do autor Jaime Barreiros Neto. Trata-se de obras específicas para concursos públicos e que estão atualizadas. Além disso, possuem um preço mais atrativo para o concurseiro.

Em termos estratégicos, os livros mais resumidos podem ser uma opção melhor para o conteúdo de Direito Eleitoral nas provas da DPU. A preocupação é que seja uma obra voltada para concurso público e que esteja atualizada.

2. CONTEÚDO PROGRAMÁTICO NOS EDITAIS DA DPU

A Resolução n. 118, de 05 de novembro de 2015, que dispõe sobre os concursos públicos para ingresso na carreira de Defensor Público Federal, destaca mais de vinte disciplinas a serem objeto de arguição nas provas objetivas, dissertativas e orais.

Vejamos o conteúdo programático de Direito Eleitoral, nos últimos quatro concursos já realizados:

Edital	Conteúdo Programático (Direito Eleitoral)
6º Concurso (Edital publicado em 12 de junho de 2017, com retificação)	1 Princípios do Direito Eleitoral. 2 Direitos políticos. 3 Domicílio eleitoral. 4 Elegibilidade e inelegibilidade. 5 Prestação de contas. 6 Abuso de poder. 7 Crimes eleitorais. 7.1 Tipos previstos na legislação eleitoral. 8 Processo Penal Eleitoral. 8.1 Ação penal. 8.2 Competência em matéria Criminal Eleitoral. 8.3 Rito Processual Penal Eleitoral.
5º Concurso (Edital publicado em 31 de outubro de 2014).	1 Princípios do Direito Eleitoral. 2 Direitos políticos. 3 Domicílio eleitoral. 4 Elegibilidade e inelegibilidade. 5 Prestação de contas. 6 Abuso de poder. 7 Crimes eleitorais. 7.1 Tipos previstos na legislação eleitoral. 8 Processo Penal Eleitoral. 8.1 Ação penal. 8.2 Competência em matéria Criminal Eleitoral. 8.3 Rito Processual Penal Eleitoral.
4º Concurso (Edital publicado em 31 de dezembro de 2009).	1 Código Eleitoral (Lei nº 4.737, de 1965, e respectivas atualizações). 2 Domicílio eleitoral. 3 Elegibilidade e inelegibilidade. 4 Recursos eleitorais. 4.1 Pressupostos de admissibilidade, efeitos e prazos. 4.2 Recursos perante as juntas e juízos eleitorais e tribunais regionais. 5 Crimes eleitorais. 5.1 Conceito, natureza e classificação. 5.2 Tipos previstos na legislação eleitoral. 6 Processo penal eleitoral. 6.1 Investigação criminal eleitoral. 6.2 Ação penal. 6.3 Competência em matéria criminal eleitoral. 6.4 Rito processual penal eleitoral. 6.5 Invalidação e nulidade de atos eleitorais. 6.6 Lei das Eleições (Lei nº 9.504, de 1997).
3º Concurso (Edital publicado em 5 de setembro de 2007).	1 Código Eleitoral (Lei n.° 4.737, de 1965, e respectivas atualizações). 2 Domicílio eleitoral. 3 Elegibilidade e inelegibilidade. 4 Recursos eleitorais. 4.1 Pressupostos de admissibilidade, efeitos e prazos. 4.2 Recursos perante as juntas e juízos eleitorais e tribunais regionais. 5 Crimes eleitorais. 5.1 Conceito, natureza e classificação. 5.2 Tipos previstos na legislação eleitoral. 6 Processo penal eleitoral. 6.1 Investigação criminal eleitoral. 6.2 Ação penal. 6.3 Competência em matéria criminal eleitoral. 6.4 Rito processual penal eleitoral. 6.5 Invalidação e nulidade de atos eleitorais. 6.6 Lei das Eleições (Lei n.° 9.504, de 1997).

Os dois últimos certames trouxeram praticamente o mesmo conteúdo programático (editais de 2014 e 2017), o que representa uma tendência para os próximos concursos.

Trata-se de conteúdo relativamente pequeno, se comparado com as demais disciplinas do programa. Além disso, parte dos temas em Direito Eleitoral se relacionam, direta ou indiretamente, com conteúdos de outras disciplinas (p. ex., Direito Constitucional e Direito Penal).

De acordo com o último edital, serão quatro as Bancas Examinadoras, cada uma responsável por um grupo de disciplinas. Atualmente, o Direito Eleitoral compõe o Grupo II, ao lado do Direito Penal e Criminologia, Direito Processual Penal, Direito Penal Militar e Direito Processual Penal Militar.

3. ANÁLISE GERAL DAS ÚLTIMAS PROVAS OBJETIVAS

Nos últimos concursos realizados, a Defensoria Pública da União optou pela execução da primeira etapa por instituição especializada (CESPE/CEBRASPE), o que poderá refletir numa tendência para os próximos editais.

Após a análise das quatro últimas provas objetivas, realizadas *entre 2007 e 2017*, ou seja, aproximadamente dez anos de interregno, foi possível verificar a seguinte distribuição de questões conforme os tópicos do conteúdo programático. Vejamos:

6º Concurso (Edital publicado em 12 de junho de 2017, com retificação).	
Tópico do Conteúdo Programático	**Quantidade de Itens[64]**
1 Princípios do Direito Eleitoral.	01 item
2 Direitos políticos.	01 item
3 Domicílio eleitoral.	01 item

64. Quantidade "aproximada" de itens, pois, algumas podem envolver o conhecimento relacionado a mais de um tópico do conteúdo programático.

6º Concurso (Edital publicado em 12 de junho de 2017, com retificação).	
Tópico do Conteúdo Programático	**Quantidade de Itens**
4 Elegibilidade e inelegibilidade.	01 item
5 Prestação de contas.	01 item
6 Abuso de poder.	00 item
7 Crimes eleitorais. 7.1 Tipos previstos na legislação eleitoral.	00 item
8 Processo Penal Eleitoral. 8.1 Ação penal. 8.2 Competência em matéria Criminal Eleitoral. 8.3 Rito Processual Penal Eleitoral.	01 item
Total de itens:	**06 itens**

5º Concurso (Edital publicado em 31 de outubro de 2014).	
Tópico do Conteúdo Programático	**Quantidade de Itens[65]**
1 Princípios do Direito Eleitoral.	00 item
2 Direitos políticos.	00 item
3 Domicílio eleitoral.	00 item
4 Elegibilidade e inelegibilidade.	00 item
5 Prestação de contas.	00 item
6 Abuso de poder.	00 item

65. Quantidade "aproximada" de itens, pois, algumas podem envolver o conhecimento relacionado a mais de um tópico do conteúdo programático.

5º Concurso (Edital publicado em 31 de outubro de 2014).	
Tópico do Conteúdo Programático	**Quantidade de Itens**
7 Crimes eleitorais. 7.1 Tipos previstos na legislação eleitoral.	02 itens
8 Processo Penal Eleitoral. 8.1 Ação penal. 8.2 Competência em matéria Criminal Eleitoral. 8.3 Rito Processual Penal Eleitoral.	04 itens
Total de itens:	**06 itens**

4º Concurso (Edital publicado em 31 de dezembro de 2009).	
Tópico do Conteúdo Programático	**Quantidade de Itens[66]**
1 Princípios do Direito Eleitoral.	00 item
2 Direitos políticos.	01 item
3 Domicílio eleitoral.	00 item
4 Elegibilidade e inelegibilidade.	02 itens
5 Prestação de contas.	00 item
6 Abuso de poder.	00 item
7 Crimes eleitorais. 7.1 Tipos previstos na legislação eleitoral.	01 item

66. Quantidade "aproximada" de itens, pois, algumas podem envolver o conhecimento relacionado a mais de um tópico do conteúdo programático. Além disso, optou-se por fazer a classificação das questões com base no conteúdo programático do último edital, pois, em razão das diferenças com os editais anteriores, os dados estatísticos ficariam pouco fidedignos.

4º Concurso (Edital publicado em 31 de dezembro de 2009).	
Tópico do Conteúdo Programático	**Quantidade de Itens**
8 Processo Penal Eleitoral. 8.1 Ação penal. 8.2 Competência em matéria Criminal Eleitoral. 8.3 Rito Processual Penal Eleitoral.	01 item
Total de itens:	**05 itens**

3º Concurso (Edital publicado em 5 de setembro de 2007).	
Tópico do Conteúdo Programático	**Quantidade de Itens**[67]
1 Princípios do Direito Eleitoral.	00 item
2 Direitos políticos.	03 itens
3 Domicílio eleitoral.	00 item
4 Elegibilidade e inelegibilidade.	01 item
5 Prestação de contas.	00 item
6 Abuso de poder.	00 item
7 Crimes eleitorais. 7.1 Tipos previstos na legislação eleitoral.	01 item
8 Processo Penal Eleitoral. 8.1 Ação penal. 8.2 Competência em matéria Criminal Eleitoral. 8.3 Rito Processual Penal Eleitoral.	01 item
Total de itens:	**06 itens**

67. Quantidade "aproximada" de itens, pois, algumas podem envolver o conhecimento relacionado a mais de um tópico do conteúdo programático. Além disso, optou-se por fazer a classificação das questões com base no conteúdo programático do último edital, pois, em razão das diferenças com os editais anteriores, os dados estatísticos ficariam pouco fidedignos.

Consolidando os dados acima, podemos elaborar a seguinte tabela:

Consolidado (concursos realizados entre os anos de 2007 e 2017)	
Tópico do Conteúdo Programático	**Quantidade de Itens**[68]
1 Princípios do Direito Eleitoral.	01 item
2 Direitos políticos.	05 itens
3 Domicílio eleitoral.	01 item
4 Elegibilidade e inelegibilidade.	04 itens
5 Prestação de contas.	01 item
6 Abuso de poder.	00 item
7 Crimes eleitorais. 7.1 Tipos previstos na legislação eleitoral.	04 itens
8 Processo Penal Eleitoral. 8.1 Ação penal. 8.2 Competência em matéria Criminal Eleitoral. 8.3 Rito Processual Penal Eleitoral.	07 itens
Total de itens:	**23 itens**

Ressalte-se que, na análise dos itens e na identificação conforme os conteúdos programáticos, alguns assuntos poderiam ser colocados em mais de um tópico, pois, mesclam temas diversos.

Por fim, é importante ressaltar que a análise objeto desta obra procurou, intencionalmente, dar especial atenção aos certames ocorridos a partir de 2007. É que o longo tempo decorrido desde então,

68. Quantidade "aproximada" de itens, pois, algumas podem envolver o conhecimento relacionado a mais de um tópico do conteúdo programático. Além disso, optou-se por fazer a classificação das questões com base no conteúdo programático do último edital, pois, em razão das diferenças com os editais anteriores, os dados estatísticos ficariam pouco fidedignos.

– ou seja, mais de 10 anos – poderia levar a resultados estatísticos deturpados em razão das mudanças no conteúdo programático do edital e no perfil nos concursos públicos mais recentemente.

4. ALGUNS PONTOS ESPECÍFICOS MAIS RELEVANTES NAS PROVAS OBJETIVAS

Em Direito Eleitoral, um dos tópicos mais exigidos em provas objetivas coincide com uma das matérias mais importantes de Direito Constitucional: os direitos políticos.

No 6º Concurso Público da DPU, realizado em 2017, por exemplo, o examinador fez as seguintes arguições que versam sobre direitos políticos:

> Acerca dos princípios do direito eleitoral e dos direitos políticos, julgue os itens a seguir.
>
> [...]
>
> **96** De acordo com a CF, a República Federativa do Brasil constitui-se em Estado democrático de direito, o que estabelece a prevalência inequívoca do princípio da constitucionalidade.
>
> **97** No texto constitucional, os direitos políticos estão vinculados ao exercício da soberania popular, restritos, portanto, aos direitos de votar e de ser votado.

Conforme gabarito oficial, temos: Item 96 – Certo e Item 97 – Errado. O Estado Democrático de Direito tem como um dos princípios básicos a constitucionalidade, que pressupõe a submissão do legislador à própria Constituição. Os direitos políticos, por sua vez, versam sobre o conjunto de direitos que regulam a forma de participação popular no governo, e não apenas o direito de votar e ser votado. De acordo com o art. 14 da CRFB, a soberania popular será exercida pelo sufrágio universal e pelo voto direto e secreto, com valor igual para todos, e, nos termos da lei, mediante: plebiscito, referendo e iniciativa popular.

Outro ponto muito importante para as provas objetivas trata da inelegibilidade, o que certamente será objeto de questionamento nos próximos certames em razão das ocorrências nos recentes processos eleitorais. No 4º Concurso da DPU, realizado em 2010, o examinador perguntou:

> Acerca das inelegibilidades, julgue o próximo item.
>
> **146** Considere que um indivíduo tenha sido condenado, em decisão transitada em julgado, à pena de três anos de reclusão e multa por adulteração de número de chassi de veículo automotor e que a tenha cumprido integralmente. Considere, ainda, que os efeitos da pena perduraram até 4/5/2009. Nessa situação, o indivíduo permanecerá inelegível até 4/5/2012.

O gabarito oficial considerou o Item 146 como Correto. De fato, antes da LC n. 135/2010 ("Lei da Ficha Limpa"), o item estava condizente com a legislação da época (art. 1º, I, "e", da LC n. 64/90). Contudo, o candidato deve ficar atento às inovações legislativas em Direito Eleitoral, cujos reflexos práticos foram marcantes na história eleitoral brasileira e, por isso, certamente será objeto de arguição do examinador.

No 3º Concurso Público da DPU, realizado em 2007, a questão da elegibilidade também foi objeto de arguição pela banca examinadora:

> Julgue os itens a seguir.
>
> **156** É requisito de elegibilidade o domicílio eleitoral no local da eleição por no mínimo dois anos.

Pelo gabarito oficial, o Item 156 foi considerado Errado. A resposta pode ser extraída do art. 14, § 3º, IV, da CRFB (uma das condições de elegibilidade, na forma da lei, é o domicílio eleitoral na circunscrição) e da redação vigente, na época, do art. 9º da Lei n. 9.504/97, segundo o qual o candidato deveria possuir domicílio eleitoral na respectiva circunscrição pelo prazo de, pelo menos, um ano antes do pleito. Ressalte-se que tal redação passou por recentes modificações, o que reforça a necessidade de o concurseiro manter o estudo com base em material atualizado.

Não foi por acaso que o 6º Concurso da DPU, realizado em 2017, trouxe a questão do domicílio eleitoral com base na legislação atualizada. Vejamos:

> Julgue os seguintes itens, acerca das regras relativas ao processo eleitoral previstas na legislação competente.
>
> [...]

> 99 Para concorrer a determinada eleição, o candidato deve possuir domicílio eleitoral na respectiva circunscrição pelo prazo mínimo de seis meses antes da realização do pleito.

Pelo gabarito oficial, o Item 99 foi considerado Errado. A resposta, novamente, pode ser extraída do art. 14, § 3º, IV, da CRFB (exigência de domicílio eleitoral na circunscrição) e da redação então vigente, na época, do art. 9º da Lei n. 9.504/97, segundo o qual, para concorrer às eleições, o candidato deverá possuir domicílio eleitoral na respectiva circunscrição pelo prazo de seis meses e estar com a filiação deferida pelo partido no mesmo prazo.

No 3º Concurso da DPU, realizado em 2007, o examinador abordou também questão sobre o alistamento eleitoral:

> Considerando o art. 14 da CF, julgue os seguintes itens.
>
> **158** O alistamento eleitoral é obrigatório para todos os que tiverem idade superior a 18 anos.

O gabarito oficial apontou o Item 158 como Errado. Segundo o art. 14, § 1º, da CRFB, apesar da regra de obrigatoriedade do alistamento eleitoral e do voto para os maiores de dezoito anos, o texto constitucional prevê a facultatividade para analfabetos e maiores de setenta anos, além de maiores de dezesseis e menores de dezoito anos.

O 5º Concurso Público da DPU foi peculiar, pois, na parte de Direito Eleitoral, deu grande ênfase aos aspectos criminais, tanto de direito material quanto de direito processual penal eleitoral. Vejamos:

> Julgue os itens subsequentes, acerca do processo penal eleitoral.
>
> **97** O interrogatório do réu, ainda que não contemplado de forma expressa no rito estabelecido no processo penal eleitoral, deve ser realizado ao final da instrução, consoante orientação firmada pelo STF.
>
> **98** Admite-se a absolvição sumária no processo penal eleitoral, ainda que esta não se encontre prevista de forma expressa no aludido procedimento, conforme inteligência do STF.

O gabarito oficial apontou: Item 97 – Certo e Item 98 – Certo.

O primeiro item apontou entendimento importante para o candidato ao concurso da DPU, pois, o STF entendeu com relação ao interrogatório no final da instrução (nova redação do art. 400 do

CPP) que "a norma inscrita no art. 400 do Código de Processo Penal comum aplica-se, a partir da publicação da ata do presente julgamento, aos processos penais militares, aos processos penais eleitorais e a todos os procedimentos penais regidos por legislação especial incidindo somente naquelas ações penais cuja instrução não se tenha encerrado" (HC 127900, Relator(a): Min. DIAS TOFFOLI, Tribunal Pleno, julgado em 03/03/2016).

Quanto ao segundo item, a Suprema Corte entendeu que "o rito instituído pela Lei nº 11.719/08, que alterou o Código de Processo Penal, aplica-se, no primeiro grau de jurisdição, em matéria eleitoral. Recebida a denúncia, em primeira instância, antes de o réu ter sido diplomado como deputado federal e apresentada a resposta à acusação, compete ao Supremo Tribunal Federal, em face do deslocamento de competência, examinar, em questão de ordem, eventuais nulidades suscitadas e a possibilidade de absolvição sumária (art. 397 CPP), mesmo que o rito passe a ser o da Lei 8.038/90" (AP 933 QO, Relator(a) Min. DIAS TOFFOLI, Segunda Turma, julgado em 06/10/2015).

No 4º Concurso da DPU, realizado em 2010, também foram cobradas questões relativas à parte penal do Direito Eleitoral:

> No que se refere aos crimes eleitorais e ao processo penal eleitoral, julgue os itens que se seguem.
>
> **149** Aquele que desenvolve ou introduz comando, instrução ou programa de computador capaz de provocar qualquer resultado diverso do esperado em sistema de tratamento automático de dados usados pelo serviço eleitoral e aquele que venha a causar, propositadamente, dano físico a equipamento usado na votação ou na totalização de votos ou a suas partes estão sujeitos à mesma pena, isto é, à reclusão de 5 a 10 anos.
>
> **150** No caso de crime eleitoral, havendo competência para julgamento do delito por parte da Justiça Eleitoral, haverá também competência desta para executar a decisão condenatória, ainda que o condenado seja recolhido a estabelecimento sujeito à administração estadual.

O gabarito definitivo considerou o Item 149 - Correto e o Item 150 - Errado. Essa questão mostra bem como o examinador tem priorizado o conhecimento da literalidade da legislação ("legislação seca") e da jurisprudência dos Tribunais Superiores. Além disso, demonstra a conexão do Direito Eleitoral com outros ramos, tais como o Direito Constitucional e o Direito Processual Penal.

Com relação ao primeiro item (Item 149), o art. 72, II e III, da Lei n. 9.504/97 prevê que constituem crimes, puníveis com reclusão, de cinco a dez anos: (a) desenvolver ou introduzir comando, instrução, ou programa de computador capaz de destruir, apagar, eliminar, alterar, gravar ou transmitir dado, instrução ou programa ou provocar qualquer outro resultado diverso do esperado em sistema de tratamento automático de dados usados pelo serviço eleitoral, bem como (b) causar, propositadamente, dano físico ao equipamento usado na votação ou na totalização de votos ou a suas partes.

Quanto ao Item 150, a Súmula 192/STJ prevê que "compete ao juízo das execuções penais do estado a execução das penas impostas a sentenciados pela Justiça Federal, Militar ou Eleitoral, quando recolhidos a estabelecimentos sujeitos a administração estadual".

5. DOUTRINA, JURISPRUDÊNCIA E "LEI SECA" NOS CONCURSOS DA DPU

Observando as questões já apresentadas na análise das provas objetivas em Direito Eleitoral, constata-se que as bancas examinadoras exigem, com frequência, o conhecimento sobre a jurisprudência do STF e dos Tribunais Superiores. Várias questões são extraídas de ementas de julgados e/ou informativos das Cortes.

O conhecimento da literalidade da legislação ("legislação seca") também é essencial para a prova de Direito Eleitoral. Assim, a leitura - e memorização - dos dispositivos continua sendo uma exigência para o sucesso do candidato. Vimos que vários itens foram retirados, literalmente, da Constituição e da legislação eleitoral. Aliás, especificamente nesse ramo do Direito, o candidato precisa ficar atento às constantes alterações legislativas.

Tal como ocorre em outros ramos do programa, a doutrina também possui alguma relevância nas questões em Direito Eleitoral, mas em aspectos pontuais. Portanto, de maneira estratégica, convém que o candidato selecione com cuidado alguns capítulos específicos da bibliografia de Direito Eleitoral para maior aprofundamento doutrinário.

6. DICAS FINAIS PARA OS CANDIDATOS

No âmbito do Direito Eleitoral, há coincidência de parte do conteúdo com a disciplina Direito Constitucional, o que torna estratégico o estudo para o candidato.

Apesar de não ter sido o foco do último concurso, a visão geral das provas anteriores mostra o interesse da banca examinadora pela parte criminal eleitoral, o que é condizente com a forte atuação da DPU no exercício da função institucional. Portanto, a parte criminal eleitoral (material e processual) pode ser vista como uma aposta para os próximos certames.

DIREITO ADMINISTRATIVO

1. BIBLIOGRAFIA INDICADA

A análise do conteúdo programático disposto nos editais dos concursos da Defensoria Pública da União mostra a grande quantidade de disciplinas a serem estudadas. Esse talvez seja o maior diferencial - e, certamente, o maior desafio - do certame da DPU em comparação com os demais cargos públicos federais.

Em razão da quantidade de disciplinas que compõem o conteúdo programático - mais de 20 disciplinas -, a estratégia na distribuição dos estudos será fundamental para o sucesso do concurseiro.

O candidato precisa estar atento ao fato de que não é possível investir muita "energia" em determinada disciplina e, simplesmente, negligenciar as demais. É evidente que algumas matérias merecem maior atenção em função da probabilidade de serem cobradas na prova objetiva, mas o concurseiro precisar ter um domínio razoável dos outros conteúdos para que possa ter êxito na primeira etapa do certame.

Estrategicamente, o estudo para a primeira etapa do concurso da Defensoria Pública da União precisa se pautar na distribuição adequada de tempo investido em cada uma das mais de 20 disciplinas previstas no edital. Para o sucesso, a escolha do material de estudo adequado torna-se crucial.

A escolha da bibliografia, não apenas para o Direito Administrativo, depende muito do gosto de cada candidato. Alguns fazem questão de estudar por obras mais completas. Outros, como era o meu caso, preferem materiais mais resumidos. Aqui, darei apenas as minhas impressões pessoais para os candidatos que almejam o concurso da DPU.

Particularmente, acredito que o livro "Manual de Direito Administrativo", do professor José dos Santos Carvalho Filho, é atualmente uma das melhores obras sobre o assunto. Trata-se de um Manual completo e com bom nível de aprofundamento crítico em cada tópico. Além disso, a obra tem sido continuamente atualizada e é de fácil obtenção no mercado, apesar do preço elevado. Por fim, o autor é renomado jurista e que, certamente, dispõem de grande aceitação perante as principais bancas de examinadores. No entanto, a indicação bibliográfica do professor Carvalho Filho possui dois aspectos que podem se tornar "dificultadores" para os concurseiros: (i) trata-se de obra muito extensa, com quase 1.500 páginas, e (ii) possui alguns entendimentos do autor que podem não estar em sintonia com a jurisprudência do STF e do STJ.

Outras obras que poderiam ser citadas. O "Curso de Direito Administrativo", do professor Celso Antônio Bandeira de Mello, p. ex., é uma das grandes obras jurídicas brasileiras. Contudo, especificamente para fins de concurso público, talvez seja uma obra que vai muito além do propósito esperado pelos candidatos. Celso Antônio Bandeira de Mello traz críticas, classificações e posicionamentos muito respeitados pelos estudiosos, mas nem sempre acolhidos pela jurisprudência e/ou pela doutrina majoritária.

Em termos estratégicos, sobretudo para aqueles que não estão se dedicando integralmente aos concursos públicos e que precisam conciliar os estudos com a atividade profissional, pode-se optar por outras obras no mercado que também possuem bom nível de aprofundamento e que estão em sintonia com a jurisprudência do STF e do STJ. É o caso, p. ex., das obras de Direito Administrativo do professor Matheus Carvalho e dos professores Marcelo Alexandrino e Vicente Paulo. São livros de redação agradável, com atualização constante e referências a questões dos últimos concursos públicos.

Além dos livros doutrinários, recomendo os livros com resolução de exercícios. É o caso, p. ex., da coleção "Revisaço", disponibilizado pela Ed. Juspodivm.

Para quem gosta da Coleção Sinopses (Editora Juspodivm), fica a recomendação do volume de Direito Administrativo, dos autores

Fernando Neto e Ronny Torres, que é um livro resumido, de leitura agradável e com custo reduzido.

Por fim, convém dar uma conferida nas obras do "Dizer o Direito", que trazem com excelente didática os principais julgados do STF e do STJ.

2. CONTEÚDO PROGRAMÁTICO NOS EDITAIS DA DPU

A Resolução n. 118, de 05 de novembro de 2015, que dispõe sobre os concursos públicos para ingresso na carreira de Defensor Público Federal, destaca o Direito Administrativo como uma das mais de vinte disciplinas a serem objeto de arguição nas provas objetivas, dissertativas e orais.

Vejamos o conteúdo programático de Direito Administrativo, nos últimos quatro concursos já realizados:

Edital	Conteúdo Programático (Direito Administrativo)
6º Concurso (Edital publicado em 12 de junho de 2017, com retificação)	1 Conceito e objeto do Direito Administrativo. 2 Bases constitucionais. 3 Princípios constitucionais e infraconstitucionais do Direito Administrativo. 4 Ato administrativo. 4.1 Conceito, requisitos, atributos, classificação e espécies. 4.2 Legalidade e mérito do ato administrativo. 4.3 Existência, validade e eficácia do ato administrativo. 4.4 Invalidação, anulação e revogação. 5. Lei 9.784/1999 (Procedimento administrativo). 6 Controle da administração pública. 7 Poderes da Administração Pública. 7.1 Poder de polícia: limites, extensão e controle. 8 Organização administrativa. 9 Função pública. 9.1 Investidura e exercício. 9.2 Direitos e deveres do servidor público. 9.3 Regimes jurídicos. 9.4 Responsabilidade civil e penal do servidor público. 9.5 Direito de greve. 9.6 O militar. 9.6.1 Estatuto dos Militares. 9.6.2. O dever de disciplina. 9.6.3 Hierarquia. 9.6.4 A punição disciplinar. 10 Responsabilidade civil do Estado. 11 Lei nº 8.429/1992 e suas alterações (Improbidade administrativa). 11.1 A ação civil pública por improbidade administrativa. 12 Intervenção do Estado na propriedade: limitações administrativas, tombamento, requisição, servidão, ocupação temporária e desapropriação. 13 Serviço Público: conceito, características, classificação e garantias. 13.1 Concessão. 13.2 Permissão. 13.3 Autorização. 14 Bens públicos: conceito,

Edital	Conteúdo Programático (Direito Administrativo)
6º Concurso (Edital publicado em 12 de junho de 2017, com retificação)	características, classificação, administração e utilização. 15 Regimes jurídicos das terras públicas. 15.1 Terras Devolutas. 15.2 Terrenos de marinha. 15.3 Terras tradicionalmente ocupadas por índios. Art. 231 da CF. Decreto nº 1775/1996. 15.4 Terras ocupadas por quilombolas. Art. 68 do ADCT e Decreto nº 4.887/2003.
5º Concurso (Edital publicado em 31 de outubro de 2014).	1 Conceito e objeto do Direito Administrativo. 2 Bases constitucionais. 3 Princípios constitucionais e infraconstitucionais do Direito Administrativo. 4 Ato administrativo. 4.1 Conceito, requisitos, atributos, classificação e espécies. 4.2 Legalidade e mérito do ato administrativo. 4.3 Existência, validade e eficácia do ato administrativo. 4.4 Invalidação, anulação e revogação. 5 Função pública. 5.1 Investidura e exercício. 5.2 Direitos e deveres do servidor público. 5.3 Regimes jurídicos. 5.4 Responsabilidade civil e penal do servidor público. 5.5 Direito de greve. 5.6 O militar. 5.6.1 Estatuto dos Militares. 5.6.2. O dever de disciplina. 5.6.3 Hierarquia. 5.6.4 A punição disciplinar. 6 Improbidade administrativa. 6.1 A ação civil pública por improbidade administrativa. 7 Bens públicos: conceito, características, classificação, administração e utilização. 8 Poderes da Administração Pública. 9 Limitações administrativas da propriedade. 10 Desapropriação. 11 Organização administrativa. 12 Responsabilidade civil do Estado.
4º Concurso (Edital publicado em 31 de dezembro de 2009).	1 Ato administrativo: conceito, requisitos, atributos, classificação, espécies e invalidação. Anulação e revogação. Prescrição. Improbidade administrativa (Lei nº 8.429/92). 2 Controle da administração pública: controle administrativo, controle legislativo e controle judiciário. Domínio público. Bens públicos: classificação, administração e utilização. Proteção e defesa de bens de valor artístico, estético, histórico, turístico e paisagístico. 3 Contrato administrativo: conceito, peculiaridades, controle, formalização, execução e inexecução. Licitação: princípios, obrigatoriedade, dispensa e exigibilidade, procedimentos e modalidades. Contratos de concessão de serviços públicos. 4 Agentes administrativos: investidura e exercício da função pública. Direitos e deveres dos servidores públicos. Regimes jurídicos. Processo administrativo: conceito, princípios, fases e modalidades. 5 Poderes da administração: vinculado, discricionário,

Edital	Conteúdo Programático (Direito Administrativo)
4º Concurso (Edital publicado em 31 de dezembro de 2009).	hierárquico, disciplinar e regulamentar. O poder de polícia: conceito, finalidade e condições de validade. 6 Intervenção do Estado na propriedade: desapropriação, servidão administrativa, requisição, ocupação provisória e limitação administrativa. Direito de construir e seu exercício. Loteamento e zoneamento. Reversibilidade dos bens afetos ao serviço. 7 Princípios básicos da administração. 7.1 Responsabilidade civil da administração: evolução doutrinária e reparação do dano. 7.2 Enriquecimento ilícito e uso e abuso de poder. 7.3 Sanções penais e civis. 8 Serviços públicos: conceito, classificação, regulamentação, formas e competência de prestação. Concessão e autorização dos serviços públicos. 9 Organização administrativa: noções gerais. 9.1 Administração direta e indireta, centralizada e descentralizada. 10 Desapropriação. 10.1 Bens suscetíveis de desapropriação. 10.2 Competência para decretá-la. 10.3 Desapropriação judicial por necessidade ou utilidade pública. 10.4 Indenização e seu conceito legal. 10.5 Caducidade da desapropriação. 10.6 Imissão na posse do imóvel desapropriado.
3º Concurso (Edital publicado em 5 de setembro de 2007).	1 Ato administrativo: conceito, requisitos, atributos, classificação, espécies e invalidação. 1.1 Anulação e revogação. 1.2 Prescrição. Improbidade administrativa.(Lei n.° 8.429/92). 2 Controle da administração pública: controle administrativo, controle legislativo e controle judiciário. 2.1 Domínio público. 2.2 Bens públicos: classificação, administração e utilização. 3 Contrato administrativo: conceito, peculiaridades, controle, formalização, execução e inexecução. 3.1 Licitação: princípios, obrigatoriedade, dispensa e exigibilidade, procedimentos e modalidades. 3.2 Contratos de concessão de serviços públicos. 4 Agentes administrativos: investidura e exercício da função pública. 4.1 Direitos e deveres dos servidores públicos. Regimes jurídicos. 4.2 Regime jurídico dos servidores públicos civis (Lei n.º 8.112/1990) e alterações posteriores. 4.3 Processo administrativo: conceito, princípios, fases e modalidades. 4.4 Tomada de contas especial. 5 Poderes da administração: vinculado, discricionário, hierárquico, disciplinar e regulamentar. 5.1 O poder de polícia: conceito, finalidade e condições de validade. 6 Intervenção do Estado na propriedade: desapropriação, servidão administrativa, requisição, ocupação provisória e limitação administrativa. 6.1 Reversibilidade dos bens

Edital	Conteúdo Programático (Direito Administrativo)
3º Concurso (Edital publicado em 5 de setembro de 2007).	afetos ao serviço. 7 Princípios básicos da administração. 7.1 Responsabilidade civil da administração: evolução doutrinária e reparação do dano. 7.2 Enriquecimento ilícito e uso e abuso de poder. 7.3 Sanções penais e civis. 8 Serviços públicos: conceito, classificação, regulamentação, formas e competência de prestação. 8.1 Concessão e autorização dos serviços públicos. 9 Organização administrativa: noções gerais. 9.1 Administração direta e indireta, centralizada e descentralizada. 10 Desapropriação. 10.1 Bens suscetíveis de desapropriação. 10.2 Competência para decretá-la. 10.3 Desapropriação judicial por necessidade ou utilidade pública. 10.4 Indenização e seu conceito legal. 10.5 Caducidade da desapropriação. 10.6 Imissão na posse do imóvel desapropriado. 11 Princípios constitucionais da administração pública.

Inicialmente, os dois últimos certames trouxeram o mesmo conteúdo programático (editais de 2014 e 2017), o que representaria uma tendência para os próximos concursos. Entretanto, houve a publicação do Edital n. 2 – DPU, de 29 de junho de 2017, com significativas alterações dos objetos de avaliação na parte de Direito Administrativo.

Trata-se de conteúdo extenso, sobretudo se analisado em conjunto com as mais de vinte disciplinas que compõem o edital. Portanto, é necessário avaliar, estrategicamente, as matérias a serem mais estudadas.

De acordo com o último edital, serão quatro as Bancas Examinadoras, cada uma responsável por um grupo de disciplinas. Atualmente, o Direito Administrativo compõe o Grupo III, ao lado do Direito do Trabalho, Direito Processual do Trabalho, Direito Previdenciário e da Assistência Social e Princípios Institucionais da Defensoria Pública.

Em todos os pontos do programa poderão ser cobrados conhecimentos doutrinários e o posicionamento dominante do Supremo Tribunal Federal, dos Tribunais Superiores e da Turma Nacional de Uniformização.

3. ANÁLISE GERAL DAS ÚLTIMAS PROVAS OBJETIVAS

Nos últimos concursos realizados, a Defensoria Pública da União optou pela execução da primeira etapa por instituição especializada (CESPE/CEBRASPE), o que poderá refletir numa tendência para os próximos editais.

Após a análise das quatro últimas provas objetivas, realizadas *entre 2007 e 2017*, ou seja, aproximadamente dez anos de interregno, foi possível verificar a seguinte distribuição de questões conforme os tópicos do conteúdo programático. Vejamos:

6º Concurso (Edital publicado em 12 de junho de 2017, com retificação).	
Tópico do Conteúdo Programático	**Quantidade de Itens[69]**
1 Conceito e objeto do Direito Administrativo.	00 item
2 Bases constitucionais.	00 item
3 Princípios constitucionais e infraconstitucionais do Direito Administrativo.	00 item
4 Ato administrativo. 4.1 Conceito, requisitos, atributos, classificação e espécies. 4.2 Legalidade e mérito do ato administrativo. 4.3 Existência, validade e eficácia do ato administrativo. 4.4 Invalidação, anulação e revogação.	00 item
5. Lei 9.784/1999 (Procedimento administrativo).	01 item
6 Controle da administração pública.	02 itens
7 Poderes da Administração Pública. 7.1 Poder de polícia: limites, extensão e controle.	00 item
8 Organização administrativa.	01 item
9 Função pública. 9.1 Investidura e exercício. 9.2 Direitos e deveres do servidor público. 9.3 Regimes jurídicos. 9.4 Responsabilidade civil e penal do servidor público. 9.5 Direito de greve. 9.6 O militar. 9.6.1 Estatuto dos Militares. 9.6.2. O dever de disciplina. 9.6.3 Hierarquia. 9.6.4 A punição disciplinar.	02 itens

69. Quantidade "aproximada" de itens, pois, algumas podem envolver o conhecimento relacionado a mais de um tópico do conteúdo programático.

6º Concurso (Edital publicado em 12 de junho de 2017, com retificação).	
Tópico do Conteúdo Programático	**Quantidade de Itens**
10 Responsabilidade civil do Estado.	01 item
11 Lei nº 8.429/1992 e suas alterações (Improbidade administrativa). 11.1 A ação civil pública por improbidade administrativa.	01 item
12 Intervenção do Estado na propriedade: limitações administrativas, tombamento, requisição, servidão, ocupação temporária e desapropriação.	02 itens
13 Serviço Público: conceito, características, classificação e garantias. 13.1 Concessão. 13.2 Permissão. 13.3 Autorização.	00 item
14 Bens públicos: conceito, características, classificação, administração e utilização.	00 item
15 Regimes jurídicos das terras públicas. 15.1 Terras Devolutas. 15.2 Terrenos de marinha. 15.3 Terras tradicionalmente ocupadas por índios. Art. 231 da CF. Decreto nº 1775/1996. 15.4 Terras ocupadas por quilombolas. Art. 68 do ADCT e Decreto nº 4.887/2003.	00 item
Total de itens:	**10 itens**

5º Concurso (Edital publicado em 31 de outubro de 2014).	
Tópico do Conteúdo Programático	**Quantidade de Itens**[70]
1. Conceito e objeto do Direito Administrativo.	00 item
2. Bases constitucionais.	00 item

70. Quantidade "aproximada" de itens, pois, algumas podem envolver o conhecimento relacionado a mais de um tópico do conteúdo programático.

5º Concurso (Edital publicado em 31 de outubro de 2014).	
Tópico do Conteúdo Programático	**Quantidade de Itens**
3. Princípios constitucionais e infraconstitucionais do Direito Administrativo.	00 item
4. Ato administrativo. 4.1 Conceito, requisitos, atributos, classificação e espécies. 4.2 Legalidade e mérito do ato administrativo. 4.3 Existência, validade e eficácia do ato administrativo. 4.4 Invalidação, anulação e revogação.	01 item
5. Função pública. 5.1 Investidura e exercício. 5.2 Direitos e deveres do servidor público. 5.3 Regimes jurídicos. 5.4 Responsabilidade civil e penal do servidor público. 5.5 Direito de greve. 5.6 O militar. 5.6.1 Estatuto dos Militares. 5.6.2. O dever de disciplina. 5.6.3 Hierarquia. 5.6.4 A punição disciplinar.	00 item
6. Improbidade administrativa. 6.1 A ação civil pública por improbidade administrativa.	02 itens
7. Bens públicos: conceito, características, classificação, administração e utilização.	01 item
8. Poderes da Administração Pública.	02 itens
9. Limitações administrativas da propriedade.	01 item
10. Desapropriação.	00 item
11. Organização administrativa.	01 item
12. Responsabilidade civil do Estado.	00 item
Total de itens:	**08 itens**

4º Concurso (Edital publicado em 31 de dezembro de 2009).	
Tópico do Conteúdo Programático	**Quantidade de Itens[71]**
1 Ato administrativo: conceito, requisitos, atributos, classificação, espécies e invalidação. Anulação e revogação. Prescrição. Improbidade administrativa (Lei nº 8.429/92).	01 item
2 Controle da administração pública: controle administrativo, controle legislativo e controle judiciário. Domínio público. Bens públicos: classificação, administração e utilização. Proteção e defesa de bens de valor artístico, estético, histórico, turístico e paisagístico.	00 item
3 Contrato administrativo: conceito, peculiaridades, controle, formalização, execução e inexecução. Licitação: princípios, obrigatoriedade, dispensa e exigibilidade, procedimentos e modalidades. Contratos de concessão de serviços públicos.	00 item
4 Agentes administrativos: investidura e exercício da função pública. Direitos e deveres dos servidores públicos. Regimes jurídicos. Processo administrativo: conceito, princípios, fases e modalidades.	04 itens
5 Poderes da administração: vinculado, discricionário, hierárquico, disciplinar e regulamentar. O poder de polícia: conceito, finalidade e condições de validade.	00 item
6 Intervenção do Estado na propriedade: desapropriação, servidão administrativa, requisição, ocupação provisória e limitação administrativa. Direito de construir e seu exercício. Loteamento e zoneamento. Reversibilidade dos bens afetos ao serviço.	02 itens
7 Princípios básicos da administração. 7.1 Responsabilidade civil da administração: evolução doutrinária e reparação do dano. 7.2 Enriquecimento ilícito e uso e abuso de poder. 7.3 Sanções penais e civis.	00 item
8 Serviços públicos: conceito, classificação, regulamentação, formas e competência de prestação. Concessão e autorização dos serviços públicos.	00 item
9 Organização administrativa: noções gerais. 9.1 Administração direta e indireta, centralizada e descentralizada.	00 item

71. Quantidade "aproximada" de itens, pois, algumas podem envolver o conhecimento relacionado a mais de um tópico do conteúdo programático.

4º Concurso (Edital publicado em 31 de dezembro de 2009).	
Tópico do Conteúdo Programático	**Quantidade de Itens**
10 Desapropriação. 10.1 Bens suscetíveis de desapropriação. 10.2 Competência para decretá-la. 10.3 Desapropriação judicial por necessidade ou utilidade pública. 10.4 Indenização e seu conceito legal. 10.5 Caducidade da desapropriação. 10.6 Imissão na posse do imóvel desapropriado.	03 itens
Total de itens:	**10 itens**

3º Concurso (Edital publicado em 5 de setembro de 2007).	
Tópico do Conteúdo Programático	**Quantidade de Itens**[72]
1 Ato administrativo: conceito, requisitos, atributos, classificação, espécies e invalidação. 1.1 Anulação e revogação. 1.2 Prescrição. Improbidade administrativa. (Lei n.° 8.429/92).	03 itens
2 Controle da administração pública: controle administrativo, controle legislativo e controle judiciário. 2.1 Domínio público. 2.2 Bens públicos: classificação, administração e utilização.	01 item
3 Contrato administrativo: conceito, peculiaridades, controle, formalização, execução e inexecução. 3.1 Licitação: princípios, obrigatoriedade, dispensa e exigibilidade, procedimentos e modalidades. 3.2 Contratos de concessão de serviços públicos.	01 item
4 Agentes administrativos: investidura e exercício da função pública. 4.1 Direitos e deveres dos servidores públicos. Regimes jurídicos. 4.2 Regime jurídico dos servidores públicos civis (Lei n.º 8.112/1990) e alterações posteriores. 4.3 Processo administrativo: conceito, princípios, fases e modalidades. 4.4 Tomada de contas especial.	03 itens
5 Poderes da administração: vinculado, discricionário, hierárquico, disciplinar e regulamentar. 5.1 O poder de polícia: conceito, finalidade e condições de validade.	00 item

72. Quantidade "aproximada" de itens, pois, algumas podem envolver o conhecimento relacionado a mais de um tópico do conteúdo programático.

3º Concurso (Edital publicado em 5 de setembro de 2007).	
Tópico do Conteúdo Programático	**Quantidade de Itens**
6 Intervenção do Estado na propriedade: desapropriação, servidão administrativa, requisição, ocupação provisória e limitação administrativa. 6.1 Reversibilidade dos bens afetos ao serviço.	00 item
7 Princípios básicos da administração. 7.1 Responsabilidade civil da administração: evolução doutrinária e reparação do dano. 7.2 Enriquecimento ilícito e uso e abuso de poder. 7.3 Sanções penais e civis.	06 itens
8 Serviços públicos: conceito, classificação, regulamentação, formas e competência de prestação. 8.1 Concessão e autorização dos serviços públicos.	00 item
9 Organização administrativa: noções gerais. 9.1 Administração direta e indireta, centralizada e descentralizada.	00 item
10 Desapropriação. 10.1 Bens suscetíveis de desapropriação. 10.2 Competência para decretá-la. 10.3 Desapropriação judicial por necessidade ou utilidade pública. 10.4 Indenização e seu conceito legal. 10.5 Caducidade da desapropriação. 10.6 Imissão na posse do imóvel desapropriado.	02 itens
11 Princípios constitucionais da administração pública.	00 item
Total de itens:	**16 itens**

Ressalte-se que, na análise dos itens e na identificação conforme os conteúdos programáticos, alguns assuntos poderiam ser colocados em mais de um tópico, pois, mesclam temas diversos.

Por fim, é importante ressaltar que a análise objeto desta obra procurou, intencionalmente, dar especial atenção aos certames ocorridos a partir de 2007. É que o longo tempo decorrido desde então – ou seja, mais de 10 anos – poderia levar a resultados estatísticos deturpados em razão das mudanças no conteúdo programático do edital e no perfil nos concursos públicos mais recentemente.

4. ALGUNS PONTOS ESPECÍFICOS MAIS RELEVANTES NAS PROVAS OBJETIVAS

As tabelas acima permitem observar que existe uma variação significativa nos temas cobrados em Direito Administrativo.

Uma verificação mais aprofundada de cada prova permite constatar que existem, efetivamente, temas mais recorrentes nos últimos concursos. Vejamos alguns tópicos específicos.

No 3º Concurso da DPU, realizado em 2007, houve uma cobrança significativa de questões acerca da Responsabilidade Civil da Administração. No total, foram seis itens sobre o assunto. Vejamos:

> Quanto à responsabilidade civil do Estado e do particular, julgue os itens que se seguem.
>
> **72** Como a responsabilidade civil do Estado por ato danoso de seus prepostos é objetiva, surge o dever de indenizar se restarem provados o dano ao patrimônio de outrem e o nexo de causalidade entre este e o comportamento do preposto. No entanto, o Estado poderá afastar a responsabilidade objetiva quando provar que o evento danoso resultou de caso fortuito ou de força maior, ou ocorreu por culpa exclusiva da vítima.
>
> **73** A ação indenizatória decorrente de danos morais tem caráter pessoal, pois o herdeiro não sucede no sofrimento da vítima nem pode ser indenizado por dor alheia. Por isso, se o autor falecer no curso do processo, não poderá ocorrer substituição processual no pólo ativo da demanda. Nesse caso, o processo será extinto sem resolução de mérito, por perda superveniente da legitimidade ad causam do autor.
>
> **74** Segundo a teoria da causalidade adequada, quando inúmeras e sucessivas causas contribuem para a produção do evento danoso, todas as concausas são consideras adequadas a produzir esse evento, uma vez que, sem elas, o resultado não teria ocorrido, imputando-se o dever de reparar o dano a todas ou a qualquer das pessoas que o provocaram.
>
> **75** A responsabilidade da administração pública, de acordo com a teoria do risco administrativo, evidencia-se na obrigação que tem o Estado de indenizar o dano injustamente sofrido pelo particular — independentemente da existência de falta do serviço e da culpa do agente público —, havendo a possibilidade de comprovação da culpa da vítima a fim de atenuar ou excluir a indenização.

De acordo com o gabarito definitivo, temos: Item 72 - Correto; Item 73 - Errado; Item 74 - Errado; Item 75 - Correto. Interessante observar que os itens exploraram a responsabilidade civil tanto do Estado quanto dos particulares. Portanto, exigiu-se do candidato o conhecimento doutrinário tanto de elementos de Direito Administrativo e de Direito Civil.

Além disso, no mesmo certame, vieram mais dois itens que versavam sobre a mesma temática e foram cobrados na esfera de outra disciplina:

> A morte da mãe de Pedro foi ocasionada pela interrupção do fornecimento de energia elétrica durante cirurgia realizada em hospital público, por falta de pagamento. Por esse motivo, Pedro pretende ingressar com ação judicial de reparação de danos materiais e morais contra a concessionária de serviço público responsável pelo fornecimento de energia elétrica.
>
> Com relação à situação hipotética descrita acima e acerca da responsabilidade civil do Estado e do serviço público, julgue os itens a seguir.
>
> **139** Na hipótese em apreço, conforme precedentes do STF, por não ter havido ato ilícito por parte da concessionária, não há possibilidade de se reconhecer a sua responsabilidade civil objetiva.
>
> **140** Conforme legislação em vigor, a referida ação de indenização deve ser proposta no prazo de 5 anos, sob pena de prescrição.

De acordo com o gabarito definitivo, temos: Item 139 - Errado e Item 140 - Correto. A banca examinadora explorou o conhecimento jurisprudencial e o domínio da legislação "seca" (art. 1º-C da Lei n. 9.494/97).

No 4º Concurso da DPU, realizado em 2010, o tópico mais relevante do conteúdo programático ficou com a Lei n. 9.784/99, que regula o processo administrativo no âmbito da Administração Pública Federal. Vejamos:

> Com a publicação da Lei n.º 9.784/1999, que regula o processo administrativo no âmbito da administração pública federal, houve significativa melhoria na proteção dos direitos dos administrados e na execução dos fins da administração pública. Com relação aos agentes administrativos, aos direitos e deveres dos servidores públicos e ao processo administrativo, julgue os próximos itens.

136 A lei mencionada estabelece normas básicas acerca do processo administrativo somente na administração federal e estadual direta.

137 O STF não pode acolher reclamação fundada em violação e enunciado da súmula vinculante contra decisão em processo administrativo do poder público federal.

Em cada um dos itens a seguir, é apresentada uma situação hipotética, seguida de uma assertiva a ser julgada, a respeito de agentes administrativos, regimes jurídicos e processo administrativo.

138 Carlos, servidor da Justiça Federal, responde a processo administrativo nesse órgão e requereu a aplicação da Lei n.º 9.784/1999 no âmbito desse processo. Nessa situação, é correto afirmar que tal aplicação é cabível.

139 Antônio José moveu, na justiça comum, ação para responsabilização civil contra o cônjuge de Sebastião. Nesse mesmo período, no órgão federal da administração direta em que trabalha, surgiu a necessidade de Antônio José presidir processo administrativo contra Sebastião. Nessa situação, Antônio José está impedido de atuar nesse processo administrativo.

140 Pedro Luís, servidor público federal, verificou, no ambiente de trabalho, ilegalidade de ato administrativo e decidiu revogá-lo para não prejudicar administrados que sofreriam efeitos danosos em consequência da aplicação desse ato. Nessa situação, a conduta de Pedro Luís está de acordo com o previsto na Lei n.º 9.784/1999.

De acordo com o gabarito definitivo, temos: Item 136 - Errado; Item 137 - Errado; Item 138 - Certo; Item 139 - Correto; Item 140 - Errado. Os quatro primeiros itens abordaram o conhecimento do processo administrativo, mais especificamente dos termos da Lei n. 9.784/99, e o último tratou da diferenciação entre anulação e revogação de ato administrativo.

No 5º Concurso da DPU, realizado em 2014, percebe-se um maior equilíbrio na distribuição das questões. Foram cobrados itens sobre atos administrativos (espécies), poderes da Administração (poder de polícia e hierarquia), limitações administrativas, bens públicos e organização da Administração Pública (desconcentração), bem como o tema Improbidade Administrativa, que é bastante cobrado nos concursos públicos em geral. Vejamos:

> Em relação a improbidade administrativa e responsabilidade civil do servidor público federal, julgue os itens subsequentes.
>
> **1** O rol de condutas tipificadas como atos de improbidade administrativa constante na Lei de Improbidade (Lei n.º 8.429/1992) é taxativo.
>
> **2** A responsabilidade civil do servidor público pela prática, no exercício de suas funções, de ato que acarrete prejuízo ao erário ou a terceiros pode decorrer tanto de ato omissivo quanto de ato comissivo, doloso ou culposo.

De acordo com o gabarito definitivo, temos: Item 01 – Errado e Item 02 – Correto. Os itens abordaram o conhecimento da improbidade administrativa, mais especificamente da literalidade da Lei n. 8.429/92 acerca das condutas tipificadas como atos de improbidade administrativa.

O 6º Concurso da DPU, realizado em 2017, contou com 10 itens sobre Direito Administrativo e uma distribuição igualmente equilibrada de temas explorados pela banca examinadora. De qualquer forma, tal como ocorreu nos concursos anteriores, destaco a ênfase em questões sobre responsabilidade civil do Estado e sobre improbidade administrativa. Vejamos:

> Com referência à organização administrativa, ao controle dos atos da administração pública e ao entendimento jurisprudencial acerca da responsabilidade civil do Estado, julgue os itens a seguir.
>
> **101** É objetiva a responsabilidade das pessoas jurídicas de direito privado prestadoras de serviços públicos em relação a terceiros, usuários ou não do serviço, podendo, ainda, o poder concedente responder subsidiariamente quando o concessionário causar prejuízos e não possuir meios de arcar com indenizações.
>
> Considerando o entendimento do STJ acerca do procedimento administrativo, da responsabilidade funcional dos servidores públicos e da improbidade administrativa, julgue os seguintes itens.
>
> **106** Em procedimento disciplinar por ato de improbidade administrativa, somente depois de ocorrido o trânsito em julgado administrativo será cabível a aplicação da penalidade de demissão.
>
> **107** Em ação de improbidade administrativa por ato que cause prejuízo ao erário, a decretação da indisponibilidade dos bens do acusado pode ocorrer antes do recebimento da petição inicial, desde que fique efetivamente demonstrado o risco de dilapidação de seu patrimônio.

> **108** É possível a instauração de procedimento administrativo disciplinar com base em denúncia anônima.

De acordo com o gabarito definitivo, temos: Item 101 - Certo; Item 106 - Errado; Item 107 - Errado, e Item 108 - Certo. Os itens abordaram o entendimento jurisprudencial do art. 37, § 6º, da CRFB e o conhecimento da improbidade administrativa, mais especificamente da literalidade da Lei n. 8.429/92 acerca do procedimento judicial (arts. 14 a 18 da Lei n. 8.429/93), bem como o entendimento do Superior Tribunal de Justiça, no sentido de que não há nulidade na instauração de PAD instaurado após a realização de investigação preliminar para averiguar o conteúdo de denúncia anônima, na medida em que, na forma do art. 143 da Lei 8.112/1990, a autoridade que tiver ciência de irregularidade no serviço público é obrigada a promover a sua apuração imediata (MS 21.084/DF, Rel. Ministro MAURO CAMPBELL MARQUES, PRIMEIRA SEÇÃO, julgado em 26/10/2016).

Ainda no 6º Concurso da DPU, realizado em 2017, houve especial atenção ao tema sobre controle dos atos da Administração Pública. Confira-se:

> **103** O controle judicial dos atos administrativos discricionários restringe-se ao aspecto da legalidade, estando, portanto, impedido o Poder Judiciário de apreciar motivação declinada expressamente pela autoridade administrativa.
>
> Jorge, servidor público federal ocupante de cargo de determinada carreira, foi, por meio administrativo, transferido para cargo de carreira diversa. Com referência a essa situação hipotética, julgue os itens subsequentes à luz do entendimento dos tribunais superiores.
>
> **104** O direito da administração pública de anular o referido ato administrativo se sujeita ao prazo decadencial de cinco anos.
>
> **105** A forma de provimento do cargo público na referida situação – transferência para cargo de carreira diversa – foi inconstitucional, por violar o princípio do concurso público; cabe à administração pública, no exercício do poder de autotutela, anular o ato ilegal, respeitado o direito ao contraditório e à ampla defesa.

Pelo gabarito definitivo, temos: Item 103 - Errado; Item 104 - Errado, e Item 105 - Certo. Os itens abordaram o entendimento doutrinário acerca dos limites de controle dos atos administrativos discricionários pelo Poder Judiciário, com ênfase na renomada teoria dos motivos determinantes, bem como a jurisprudência do Supremo Tribunal Federal acerca da impossibilidade de que se consolide, em razão da decadência, o ato administrativo acoimado de vício ao postulado do concurso público (MS 26860, Relator(a): Min. LUIZ FUX, Tribunal Pleno, julgado em 02/04/2014).

Conjugando as tabelas acima, verifica-se que nos três últimos concursos da DPU foram exigidos conhecimentos sobre Atos Administrativos e sobre Improbidade Administrativa, bem como sobre Intervenção do Estado na Propriedade (com ênfase especificamente em Desapropriação). Assim, é possível inferir que tais temas merecem especial atenção do candidato para as próximas provas.

5. DOUTRINA, JURISPRUDÊNCIA E "LEI SECA" NOS CONCURSOS DA DPU

A regulamentação da DPU prevê que, em todos os pontos do programa poderão ser cobrados conhecimentos doutrinários e o posicionamento dominante do Supremo Tribunal Federal, dos Tribunais Superiores e da Turma Nacional de Uniformização.

Observando as questões já apresentadas na análise das provas objetivas, constata-se que as bancas examinadoras exigem, com frequência, o conhecimento sobre a literalidade da legislação ("legislação seca").

A jurisprudência, por sua vez, tem sido cada vez mais objeto de questionamento pelas bancas examinadoras nos concursos públicos em geral. Tal tendência certamente também ocorrerá com destaque ainda maior nos próximos concursos da DPU.

Percebe-se nas questões mencionadas acima que, apesar de menos evidente, a doutrina possui alguma relevância nas questões sobre Direito Administrativo. Alguns assuntos parecem mais propícios para arguições com base no conhecimento doutrinário, tal qual foi o caso dos itens que abordavam teorias e evolução histórica da Responsabilidade Civil do Estado, bem como o pensamento consagrado de Hely Lopes Meirelles sobre a teoria dos motivos determinantes.

6. DICAS FINAIS PARA OS CANDIDATOS

O concurso da DPU, num primeiro momento, parece ser assustador em razão das peculiaridades do edital. Essa característica acaba desestimulando vários candidatos bem preparados. Para aqueles que realmente almejam o cargo de Defensor Público Federal, é importante ter a consciência de que os desafios do edital poderão ser superados com um estudo bem direcionado e, sobretudo, pautado na objetividade.

Particularmente, acredito que a "fórmula" para a aprovação nos concursos públicos em geral seja:

Aprovação = "Lei Seca" + Jurisprudência + Doutrina + Resolução de Exercícios.

No âmbito do Direito Administrativo, enfatizo sempre a importância de um estudo cuidadoso dos últimos informativos do Supremo Tribunal Federal, do Superior Tribunal de Justiça e da Turma Nacional de Uniformização, além da inevitável leitura da legislação, tendo como destaque os temas já mencionados anteriormente.

Com relação ao estudo da legislação, recomendo aos candidatos uma atenção especial aos seguintes pontos:

- CRFB/88 (destaque para os art. 5º; arts. 18 a 33; arts. 37 a 43; arts. 70 a 75; art. 84; arts. 182 a 186; arts. 196 a 198; arts. 231 e 232, todos da CRFB, além do art. 68 do ADCT);
- Decreto-lei n. 200/67;
- Lei n. 13.303/16;
- Lei n. 12.527/11;
- Lei n. 9.784/99;
- Decreto n. 20.910/32;
- Lei n. 9.873/99;
- Decreto-lei n. 9.760/46;
- Decreto-lei n. 3.365/41;
- Decreto-lei n. 25/37;
- Lei n. 4.132/62;
- Lei n. 8.112/90;
- Lei n. 8.745/93;
- Lei n. 12.846/13;

– Lei n. 8.429/92.

Assim, fica como sugestão ao candidato que procure equilibrar o estudo da doutrina com a leitura da legislação e, principalmente, da jurisprudência. Convém, aqui, recomendar alguns instrumentos, tal como o site “Dizer o Direito”.

DIREITO DO TRABALHO

1. BIBLIOGRAFIA INDICADA

O livro "Série Provas & Concursos – Direito do Trabalho", do autor Rogerio Nascimento Renzetti Filho, tem tido boas referências dos concurseiros. O livro parece ter uma proposta direcionada para concursos públicos, com redação objetiva, questões de provas anteriores e baixo custo.

Pela Editora Juspodivm, há algumas opções para aqueles que gostam de estudar por resumos. Um exemplo é o "Direito do Trabalho para Concursos Públicos", dos renomados professores Rafael Tonassi Souto e Renato Saraiva.

Outro exemplo é o "Resumos para Concursos – Direito do Trabalho", da Juíza do Trabalho Simone Soares Bernardes. Trata-se de livro atualizado, de baixo custo, com ênfase em concurso público e perfil mais resumido.

Na mesma linha, temos o "Resumo de Direito do Trabalho", do professor Henrique Correia, para aqueles que optam por obras mais sintéticas e voltadas para concursos públicos.

Os livros mais resumidos podem ser opção melhor para o conteúdo de Direito do Trabalho nas provas da DPU, pois, como veremos, houve uma valorização dessa disciplina pela banca examinadora. Assim, é recomendável conciliar o estudo da legislação e da jurisprudência com uma doutrina mais resumida. A preocupação é que seja uma obra voltada para concurso público e, sobretudo, que esteja atualizada com a reforma trabalhista.

2. CONTEÚDO PROGRAMÁTICO NOS EDITAIS DA DPU

A Resolução n. 118, de 05 de novembro de 2015, que dispõe sobre os concursos públicos para ingresso na carreira de Defensor Público Federal, destaca mais de vinte disciplinas a serem objeto de arguição nas provas objetivas, dissertativas e orais.

Vejamos o conteúdo programático nos últimos quatro concursos já realizados:

Edital	Conteúdo Programático (Direito do Trabalho)
6º Concurso (Edital publicado em 12 de junho de 2017, com retificação)	1 Definição, fontes, autonomia. 2 Contrato de trabalho e relação de trabalho. 2.1 Lei aplicável ao contrato de trabalho. 2.2 Suspensão e interrupção do contrato de trabalho. 2.3 Alteração do contrato individual de trabalho. 2.4 Rescisão do contrato de trabalho. 2.5 A justa causa, seus efeitos e repercussões. 2.6 Danos morais. 2.6.1 Assédio moral. 2.6.2 Assédio sexual. 3 Sujeitos do contrato de trabalho. 3.1 Empregado. 3.2 Empregador. 3.2.1 Empresa e estabelecimento. 3.2.2 Grupo econômico. 3.2.3 Sucessão de empregadores. 4 Duração do trabalho. 4.1 Repouso semanal remunerado. 4.2 Férias anuais e remuneradas. 5 Salário e remuneração. 6 Salário mínimo. 7 Adicionais legais. 8 Salário profissional. 9 Salário-família. 10 Salário-educação. 11 Décimo-terceiro salário. 12 Salário do menor e do aprendiz. 13 Aviso prévio. 14 Indenizações em decorrência da dispensa do empregado. 15 FGTS. 16 Seguro-desemprego. 17 O Programa de Integração Social. 18 Estabilidade. 19 Paralisação temporária ou definitiva do trabalho. 20 O direito de greve e seu exercício. 21 Força maior no Direito do Trabalho. 22 Trabalho extraordinário e trabalho noturno. 23 Periculosidade e insalubridade. 24 Férias. 25 Trabalho da mulher. 26 Trabalho do menor. 27 Direitos trabalhista dos empregados domésticos. 28 Direitos trabalhistas dos índios. 29 Direitos trabalhistas dos imigrantes e dos refugiados. 30 Trabalho escravo e Tráfico de pessoas na atualidade. 31 Terceirização. 31.1 Os entes estatais e a terceirização. 31.2 Responsabilização no serviço terceirizado.

Edital	Conteúdo Programático (Direito do Trabalho)
5º Concurso (Edital publicado em 31 de outubro de 2014).	1 Definição, fontes, autonomia. 2 Contrato de trabalho e relação de trabalho. 2.1 Lei aplicável ao contrato de trabalho. 2.2 Suspensão e interrupção do contrato de trabalho. 2.3 Alteração do contrato individual de trabalho. 2.4 Rescisão do contrato de trabalho. 2.5. A justa causa, seus efeitos e repercussões. 3 Sujeitos do contrato de trabalho. 3.1 Empregado. 3.2 Empregador. 3.2.1 Empresa e estabelecimento. 3.2.2. Grupo econômico. 3.2.3 Sucessão de empregadores. 4 Duração do trabalho. 4.1 Repouso semanal remunerado. 4.2 Férias anuais e remuneradas. 5 Salário e remuneração. 6 Salário mínimo. 7 Adicionais legais. 8 Salário profissional. 9 Salário-família. 10 Salário-educação. 11 13º salário. 12 Salário do menor e do aprendiz. 13 Aviso prévio. 14 Indenizações em decorrência da dispensa do empregado. 15 FGTS. 16 Seguro-desemprego. 17 O Programa de Integração Social. 18 Estabilidade. 19 Paralisação temporária ou definitiva do trabalho. 20 O direito de greve e seu exercício. 21 Força maior no Direito do Trabalho. 22 Trabalho extraordinário e trabalho noturno. 23 Periculosidade e insalubridade. 24 Férias. 25 Trabalho da mulher. 26 Trabalho do menor. 27 Trabalho avulso. 28 Trabalho doméstico. 29 Terceirização. 30 A Organização Internacional do Trabalho.
4º Concurso (Edital publicado em 31 de dezembro de 2009).	1 Direito do trabalho: definição, fontes. 2 Contrato individual de trabalho: conceito, requisitos, classificação. 3 Sujeitos do contrato de trabalho. 4 Responsabilidade solidária de empresas. Sucessão de empresas. 5 Salário e remuneração. 6 13º salário. 7 Salário-família. Salário-educação. Salário do menor e do aprendiz. 8 Equiparação salarial. 9 Suspensão e interrupção do contrato de trabalho. 10 Paralisação temporária ou definitiva do trabalho. 11 Força maior no direito do trabalho. 12 Alteração do contrato individual de trabalho. 13 Justa causa de despedida do empregado. 14 Rescisão do contrato de trabalho. 15 Aviso prévio. 16 Indenizações em decorrência de dispensa do empregado. 17 Fundo de Garantia do Tempo de Serviço. 18 Estabilidade. 19 Reintegração do empregado estável. 20 Inquérito para apuração de falta grave. 21 Trabalho extraordinário e trabalho noturno. 22 Repouso semanal remunerado. 23 Férias: direito do empregado, época de concessão e remuneração. 24

Edital	Conteúdo Programático (Direito do Trabalho)
4º Concurso (Edital publicado em 31 de dezembro de 2009).	Periculosidade e insalubridade. 25 Trabalho da mulher. Estabilidade da gestante. Trabalho noturno e trabalho proibido. 26 Trabalho do menor.
3º Concurso (Edital publicado em 5 de setembro de 2007).	1 Direito do trabalho: definição, fontes. 2 Contrato individual de trabalho: conceito, requisitos, classificação. 3 Sujeitos do contrato de trabalho. 4 Responsabilidade solidária de empresas. Sucessão de empresas. 5 Salário e remuneração. 6 13.º salário. 7 Salário-família. Salário-educação. Salário do menor e do aprendiz. 8 Equiparação salarial. 9 Suspensão e interrupção do contrato de trabalho. 10 Paralisação temporária ou definitiva do trabalho. 11 Força maior no direito do trabalho. 12 Alteração do contrato individual de trabalho. 13 Justa causa de despedida do empregado. 14 Rescisão do contrato de trabalho. 15 Aviso prévio. 16 Indenizações em decorrência de dispensa do empregado. 17 Fundo de Garantia do Tempo de Serviço. 18 Estabilidade. 19 Reintegração do empregado estável. 20 Inquérito para apuração de falta grave. 21 Trabalho extraordinário e trabalho noturno. 22 Repouso semanal remunerado. 23 Férias: direito do empregado, época de concessão e remuneração. 24 Periculosidade e insalubridade. 25 Trabalho da mulher. Estabilidade da gestante. Trabalho noturno e trabalho proibido. 26 Trabalho do menor.

Os dois últimos certames trouxeram semelhantes conteúdos programáticos (editais de 2014 e 2017), o que representa uma tendência para os próximos concursos. Ressalte-se que a disciplina Direito do Trabalho ganhou destaque no último certame da DPU, o que provavelmente também ocorrerá nas próximas provas objetivas.

Trata-se de conteúdo extenso, o que surge como um desafio para o candidato.

De acordo com o último edital, serão quatro as Bancas Examinadoras, cada uma responsável por um grupo de disciplinas. Atualmente, o Grupo III é formado por: Direito Administrativo, Direito do Trabalho, Direito Processual do Trabalho, Direito Previdenciário e da Assistência Social e Princípios Institucionais da Defensoria Pública.

3. ANÁLISE GERAL DAS ÚLTIMAS PROVAS OBJETIVAS

Nos últimos concursos realizados, a Defensoria Pública da União optou pela execução da primeira etapa por instituição especializada (CESPE/CEBRASPE), o que poderá refletir numa tendência para os próximos editais.

Após a análise das quatro últimas provas objetivas, realizadas *entre 2007 e 2017*, ou seja, aproximadamente dez anos de interregno, foi possível verificar a seguinte distribuição de questões conforme os tópicos do conteúdo programático. Vejamos:

6º Concurso (Edital publicado em 12 de junho de 2017, com retificação).	
Tópico do Conteúdo Programático	**Quantidade de Itens[73]**
1 Definição, fontes, autonomia.	00 item
2 Contrato de trabalho e relação de trabalho. 2.1 Lei aplicável ao contrato de trabalho. 2.2 Suspensão e interrupção do contrato de trabalho. 2.3 Alteração do contrato individual de trabalho. 2.4 Rescisão do contrato de trabalho. 2.5 A justa causa, seus efeitos e repercussões. 2.6 Danos morais. 2.6.1 Assédio moral. 2.6.2 Assédio sexual.	03 itens
3 Sujeitos do contrato de trabalho. 3.1 Empregado. 3.2 Empregador. 3.2.1 Empresa e estabelecimento. 3.2.2 Grupo econômico. 3.2.3 Sucessão de empregadores.	00 item
4 Duração do trabalho. 4.1 Repouso semanal remunerado. 4.2 Férias anuais e remuneradas.	01 item
5 Salário e remuneração.	00 item
6 Salário mínimo.	00 item
7 Adicionais legais.	00 item

73. Quantidade "aproximada" de itens, pois, algumas podem envolver o conhecimento relacionado a mais de um tópico do conteúdo programático.

6º Concurso (Edital publicado em 12 de junho de 2017, com retificação).	
Tópico do Conteúdo Programático	**Quantidade de Itens**
8 Salário profissional.	00 item
9 Salário-família.	00 item
10 Salário-educação.	00 item
11 Décimo-terceiro salário.	00 item
12 Salário do menor e do aprendiz.	00 item
13 Aviso prévio.	00 item
14 Indenizações em decorrência da dispensa do empregado.	00 item
15 FGTS.	01 item
16 Seguro-desemprego.	02 itens
17 O Programa de Integração Social.	00 item
18 Estabilidade.	02 itens
19 Paralisação temporária ou definitiva do trabalho.	00 item
20 O direito de greve e seu exercício.	01 item
21 Força maior no Direito do Trabalho.	00 item
22 Trabalho extraordinário e trabalho noturno.	00 item
23 Periculosidade e insalubridade.	01 item
24 Férias.	00 item
25 Trabalho da mulher.	00 item

6º Concurso (Edital publicado em 12 de junho de 2017, com retificação).	
Tópico do Conteúdo Programático	**Quantidade de Itens**
26 Trabalho do menor.	00 item
27 Direitos trabalhista dos empregados domésticos.	00 item
28 Direitos trabalhistas dos índios.	00 item
29 Direitos trabalhistas dos imigrantes e dos refugiados.	00 item
30 Trabalho escravo e Tráfico de pessoas na atualidade.	00 item
31 Terceirização. 31.1 Os entes estatais e a terceirização. 31.2 Responsabilização no serviço terceirizado.	01 item
Total de itens:	**12 itens**

5º Concurso (Edital publicado em 31 de outubro de 2014).	
Tópico do Conteúdo Programático	**Quantidade de Itens[74]**
1 Definição, fontes, autonomia.	00 item
2 Contrato de trabalho e relação de trabalho. 2.1 Lei aplicável ao contrato de trabalho. 2.2 Suspensão e interrupção do contrato de trabalho. 2.3 Alteração do contrato individual de trabalho. 2.4 Rescisão do contrato de trabalho. 2.5. A justa causa, seus efeitos e repercussões.	04 item
3 Sujeitos do contrato de trabalho. 3.1 Empregado. 3.2 Empregador. 3.2.1 Empresa e estabelecimento. 3.2.2. Grupo econômico. 3.2.3 Sucessão de empregadores.	00 item

74. Quantidade "aproximada" de itens, pois, algumas podem envolver o conhecimento relacionado a mais de um tópico do conteúdo programático.

5º Concurso (Edital publicado em 31 de outubro de 2014).	
Tópico do Conteúdo Programático	**Quantidade de Itens**
4 Duração do trabalho. 4.1 Repouso semanal remunerado. 4.2 Férias anuais e remuneradas.	01 item
5 Salário e remuneração.	02 itens
6 Salário mínimo.	00 item
7 Adicionais legais.	00 item
8 Salário profissional.	00 item
9 Salário-família.	00 item
10 Salário-educação.	00 item
11 13º salário.	00 item
12 Salário do menor e do aprendiz.	00 item
13 Aviso prévio.	00 item
14 Indenizações em decorrência da dispensa do empregado.	00 item
15 FGTS.	02 itens
16 Seguro-desemprego.	01 item
17 O Programa de Integração Social.	01 item
18 Estabilidade.	00 item
19 Paralisação temporária ou definitiva do trabalho.	00 item
20 O direito de greve e seu exercício.	00 item
21 Força maior no Direito do Trabalho.	00 item

5º Concurso (Edital publicado em 31 de outubro de 2014).	
Tópico do Conteúdo Programático	**Quantidade de Itens**
22 Trabalho extraordinário e trabalho noturno.	01 item
23 Periculosidade e insalubridade.	01 item
24 Férias.	00 item
25 Trabalho da mulher.	01 item
26 Trabalho do menor.	00 item
27 Trabalho avulso.	00 item
28 Trabalho doméstico.	00 item
29 Terceirização.	01 item
30 A Organização Internacional do Trabalho.	00 item
Total de itens:	**15 itens**

4º Concurso (Edital publicado em 31 de dezembro de 2009).	
Tópico do Conteúdo Programático	**Quantidade de Itens[78]**
1 Direito do trabalho: definição, fontes.	00 item
2 Contrato individual de trabalho: conceito, requisitos, classificação.	00 item

75. Quantidade "aproximada" de itens, pois, algumas podem envolver o conhecimento relacionado a mais de um tópico do conteúdo programático. Além disso, optou-se por fazer a classificação das questões com base no conteúdo programático do último edital, pois, em razão das diferenças com os editais anteriores, os dados estatísticos ficariam pouco fidedignos.

4º Concurso (Edital publicado em 31 de dezembro de 2009).	
Tópico do Conteúdo Programático	**Quantidade de Itens**
3 Sujeitos do contrato de trabalho.	00 item
4 Responsabilidade solidária de empresas. Sucessão de empresas.	00 item
5 Salário e remuneração.	00 item
6 13º salário.	00 item
7 Salário-família. Salário-educação. Salário do menor e do aprendiz.	01 item
8 Equiparação salarial.	02 itens
9 Suspensão e interrupção do contrato de trabalho.	00 item
10 Paralisação temporária ou definitiva do trabalho.	00 item
11 Força maior no direito do trabalho.	00 item
12 Alteração do contrato individual de trabalho.	00 item
13 Justa causa de despedida do empregado.	00 item
14 Rescisão do contrato de trabalho.	00 item
15 Aviso prévio.	00 item
16 Indenizações em decorrência de dispensa do empregado.	01 item
17 Fundo de Garantia do Tempo de Serviço.	02 itens
18 Estabilidade.	00 item
19 Reintegração do empregado estável.	00 item
20 Inquérito para apuração de falta grave.	00 item

4º Concurso (Edital publicado em 31 de dezembro de 2009).	
Tópico do Conteúdo Programático	**Quantidade de Itens**
21 Trabalho extraordinário e trabalho noturno.	00 item
22 Repouso semanal remunerado.	00 item
23 Férias: direito do empregado, época de concessão e remuneração.	02 itens
24 Periculosidade e insalubridade.	00 item
25 Trabalho da mulher. Estabilidade da gestante. Trabalho noturno e trabalho proibido.	02 itens
26 Trabalho do menor.	00 item
Total de itens:	10 itens

3º Concurso (Edital publicado em 5 de setembro de 2007).	
Tópico do Conteúdo Programático	**Quantidade de Itens**[76]
1 Direito do trabalho: definição, fontes.	00 item
2 Contrato individual de trabalho: conceito, requisitos, classificação.	00 item
3 Sujeitos do contrato de trabalho.	00 item
4 Responsabilidade solidária de empresas. Sucessão de empresas.	00 item

76. Quantidade "aproximada" de itens, pois, algumas podem envolver o conhecimento relacionado a mais de um tópico do conteúdo programático. Além disso, optou-se por fazer a classificação das questões com base no conteúdo programático do último edital, pois, em razão das diferenças com os editais anteriores, os dados estatísticos ficariam pouco fidedignos.

3º Concurso (Edital publicado em 5 de setembro de 2007).	
Tópico do Conteúdo Programático	**Quantidade de Itens**
5 Salário e remuneração.	01 item
6 13.º salário.	00 item
7 Salário-família. Salário-educação. Salário do menor e do aprendiz.	00 item
8 Equiparação salarial.	00 item
9 Suspensão e interrupção do contrato de trabalho.	01 item
10 Paralisação temporária ou definitiva do trabalho.	00 item
11 Força maior no direito do trabalho.	00 item
12 Alteração do contrato individual de trabalho.	00 item
13 Justa causa de despedida do empregado.	00 item
14 Rescisão do contrato de trabalho.	00 item
15 Aviso prévio.	00 item
16 Indenizações em decorrência de dispensa do empregado.	03 itens
17 Fundo de Garantia do Tempo de Serviço.	00 item
18 Estabilidade.	00 item
19 Reintegração do empregado estável.	00 item
20 Inquérito para apuração de falta grave.	00 item
21 Trabalho extraordinário e trabalho noturno.	02 itens
22 Repouso semanal remunerado.	00 item
23 Férias: direito do empregado, época de concessão e remuneração.	00 item
24 Periculosidade e insalubridade.	00 item

3º Concurso (Edital publicado em 5 de setembro de 2007).	
Tópico do Conteúdo Programático	**Quantidade de Itens**
25 Trabalho da mulher. Estabilidade da gestante. Trabalho noturno e trabalho proibido.	01 item
26 Trabalho do menor.	00 item
Total de itens:	**08 itens**

Consolidando os dados do 5º e do 6º concurso público da DPU, realizados em 2014 e 2017, respectivamente, podemos elaborar a seguinte tabela:

Consolidado I (concursos realizados nos anos de 2014 e 2017)	
Tópico do Conteúdo Programático	**Quantidade de Itens[77]**
1 Definição, fontes, autonomia.	00 item
2 Contrato de trabalho e relação de trabalho. 2.1 Lei aplicável ao contrato de trabalho. 2.2 Suspensão e interrupção do contrato de trabalho. 2.3 Alteração do contrato individual de trabalho. 2.4 Rescisão do contrato de trabalho. 2.5 A justa causa, seus efeitos e repercussões. 2.6 Danos morais. 2.6.1 Assédio moral. 2.6.2 Assédio sexual.	07 itens
3 Sujeitos do contrato de trabalho. 3.1 Empregado. 3.2 Empregador. 3.2.1 Empresa e estabelecimento. 3.2.2 Grupo econômico. 3.2.3 Sucessão de empregadores.	00 item
4 Duração do trabalho. 4.1 Repouso semanal remunerado. 4.2 Férias anuais e remuneradas.	02 itens
5 Salário e remuneração.	02 itens
6 Salário mínimo.	00 item

77. Quantidade "aproximada" de itens, pois, algumas podem envolver o conhecimento relacionado a mais de um tópico do conteúdo programático.

Consolidado I (concursos realizados nos anos de 2014 e 2017)	
Tópico do Conteúdo Programático	**Quantidade de Itens**
7 Adicionais legais.	00 item
8 Salário profissional.	00 item
9 Salário-família.	00 item
10 Salário-educação.	00 item
11 Décimo-terceiro salário.	00 item
12 Salário do menor e do aprendiz.	00 item
13 Aviso prévio.	00 item
14 Indenizações em decorrência da dispensa do empregado.	00 item
15 FGTS.	03 itens
16 Seguro-desemprego.	03 itens
17 O Programa de Integração Social.	01 item
18 Estabilidade.	02 itens
19 Paralisação temporária ou definitiva do trabalho.	00 item
20 O direito de greve e seu exercício.	01 item
21 Força maior no Direito do Trabalho.	00 item
22 Trabalho extraordinário e trabalho noturno.	01 item
23 Periculosidade e insalubridade.	02 itens
24 Férias.	00 item
25 Trabalho da mulher.	01 item
26 Trabalho do menor.	00 item
27 Direitos trabalhista dos empregados domésticos.	00 item

Consolidado I (concursos realizados nos anos de 2014 e 2017)	
Tópico do Conteúdo Programático	**Quantidade de Itens**
28 Direitos trabalhistas dos índios.	00 item
29 Direitos trabalhistas dos imigrantes e dos refugiados.	00 item
30 Trabalho escravo e Tráfico de pessoas na atualidade.	00 item
31 Terceirização. 31.1 Os entes estatais e a terceirização. 31.2 Responsabilização no serviço terceirizado.	02 itens
Total de itens:	**27 itens**

Por conta da proximidade dos editais, convém fazer também a consolidação do 3º e do 4º concurso público da DPU, realizados em 2007 e 2010, respectivamente, temos os seguintes dados:

Consolidado II (concursos realizados nos anos de 2007 e 2010)	
Tópico do Conteúdo Programático	**Quantidade de Itens**[78]
1 Direito do trabalho: definição, fontes.	00 item
2 Contrato individual de trabalho: conceito, requisitos, classificação.	00 item
3 Sujeitos do contrato de trabalho.	00 item
4 Responsabilidade solidária de empresas. Sucessão de empresas.	00 item
5 Salário e remuneração.	01 item

78. Quantidade "aproximada" de itens, pois, algumas podem envolver o conhecimento relacionado a mais de um tópico do conteúdo programático. Além disso, optou-se por fazer a classificação das questões com base no conteúdo programático do último edital, pois, em razão das diferenças com os editais anteriores, os dados estatísticos ficariam pouco fidedignos.

Consolidado II (concursos realizados nos anos de 2007 e 2010)	
Tópico do Conteúdo Programático	**Quantidade de Itens**
6 13º salário.	00 item
7 Salário-família. Salário-educação. Salário do menor e do aprendiz.	01 item
8 Equiparação salarial.	02 itens
9 Suspensão e interrupção do contrato de trabalho.	01 item
10 Paralisação temporária ou definitiva do trabalho.	00 item
11 Força maior no direito do trabalho.	00 item
12 Alteração do contrato individual de trabalho.	00 item
13 Justa causa de despedida do empregado.	00 item
14 Rescisão do contrato de trabalho.	00 item
15 Aviso prévio.	00 item
16 Indenizações em decorrência de dispensa do empregado.	04 itens
17 Fundo de Garantia do Tempo de Serviço.	02 itens
18 Estabilidade.	00 item
19 Reintegração do empregado estável.	00 item
20 Inquérito para apuração de falta grave.	00 item
21 Trabalho extraordinário e trabalho noturno.	02 itens
22 Repouso semanal remunerado.	00 item
23 Férias: direito do empregado, época de concessão e remuneração.	02 itens

Consolidado II (concursos realizados nos anos de 2007 e 2010)	
Tópico do Conteúdo Programático	**Quantidade de Itens**
24 Periculosidade e insalubridade.	00 item
25 Trabalho da mulher. Estabilidade da gestante. Trabalho noturno e trabalho proibido.	03 itens
26 Trabalho do menor.	00 item
Total de itens:	**18 itens**

Na análise dos itens e na identificação conforme os conteúdos programáticos, alguns assuntos poderiam ser colocados em mais de um tópico, pois, mesclam temas diversos.

Procurou-se, intencionalmente, dar especial atenção aos certames ocorridos a partir de 2007. É que o longo tempo decorrido desde então – ou seja, mais de 10 anos – poderia levar a resultados estatísticos deturpados em razão das mudanças no conteúdo programático do edital e no perfil nos concursos públicos mais recentemente.

4. ALGUNS PONTOS ESPECÍFICOS MAIS RELEVANTES NAS PROVAS OBJETIVAS

Avaliando as tabelas consolidadas acima, percebe-se que há um tópico considerado a parte "fundamental" no estudo do Direito do Trabalho: contrato de trabalho e relação de trabalho, incluindo os subtópicos suspensão e interrupção do contrato de trabalho; alteração do contrato individual de trabalho, e rescisão do contrato de trabalho.

Além desse tópico, que pode ser chamado de "mínimo essencial" no conhecimento do Direito do Trabalho, alguns outros temas foram recorrentes nas provas da DPU e, portanto, podem ser os diferenciais na aprovação do candidato. Vejamos alguns deles.

Nas três últimas provas objetivas, realizadas em 2010, 2014 e 2017, respectivamente, o examinador questionou acerca do Fundo de

Garantia do Tempo de Serviço – FGTS, o que certamente será uma tendência para os próximos certames. Com efeito, a regulamentação da conta fundiária passou por recentes alterações legislativas e de entendimento jurisprudencial no STF e no TST. Ademais, o FGTS é um assunto tratado, cotidianamente, pelos defensores públicos federais no cumprimento da missão constitucional em favor dos trabalhadores.

Vejamos como esse tema (FGTS) foi cobrado em cada certame:

> (6º Concurso Público da DPU, realizado em 2017)
>
> A respeito do FGTS e do direito de greve, julgue os itens seguintes.
>
> [...]
>
> **122** O empregado com deficiência poderá movimentar sua conta vinculada ao FGTS quando, por prescrição médica, necessitar adquirir órtese ou prótese para favorecer sua acessibilidade e inclusão social.
>
> (5º Concurso Público da DPU, realizado em 2014)
>
> Quanto ao FGTS, ao seguro-desemprego e ao PIS, julgue os itens que se seguem.
>
> [...]
>
> **111** A exigência, feita pelo empregador a um de seus empregados, para este prestar serviços alheios ao contrato de trabalho configura motivo que possibilita ao empregado a movimentação da respectiva conta vinculada no FGTS para saque do saldo referente ao contrato.
>
> **112** Segundo recente entendimento do STF, o prazo prescricional para cobrança de valores não depositados no FGTS é de trinta anos, observado o limite de dois anos após a extinção do contrato de trabalho.
>
> (4º Concurso Público da DPU, realizado em 2010)
>
> Julgue os itens a seguir, acerca do Fundo de Garantia por Tempo de Serviço (FGTS).
>
> **103** A estabilidade decenal, a estabilidade contratual e a derivada de regulamento de empresa são incompatíveis com o regime do FGTS.
>
> **104** Os reflexos de horas extras sobre os depósitos fundiários que venham a ser postulados por empregado perante a justiça do trabalho são alcançados pela prescrição quinquenal.

Os gabaritos definitivos apontaram as respostas: Item 122 – Certo; Item 111 – Certo; Item 112 – Errado; Item 103 – Errado, e Item 104 – Certo.

O item 122 remete à literalidade do art. 20, XVIII, da Lei n. 8.036/90, com alterações em 2015.

O item 111 trata da interpretação do art. 483 da CLT c/c art. 20, I, da Lei n. 8.036/90.

O item 112 está incorreto, porque, segundo o STF, houve superação de entendimento anterior sobre prescrição trintenária no julgamento do ARE 709212, Relator(a): Min. GILMAR MENDES, Tribunal Pleno, julgado em 13/11/2014. Ver redação da Súmula 362/TST.

O item 103 está incorreto, pois, tanto a estabilidade contratual quanto a derivada de regulamento de empresa são compatíveis com o regime do FGTS. Por outro lado, a estabilidade legal decenal é incompatível, na medida em que é renunciada com a opção pelo FGTS.

O item 104 foi considerado correto, nos termos da Súmula 206/ TST: "a prescrição da pretensão relativa às parcelas remuneratórias alcança o respectivo recolhimento da contribuição para o FGTS". Diferentemente do que ocorre com a prescrição do FGTS como parcela principal, em que, conforme o caso, a prescrição pode ser trintenária (ver nova redação da Súmula 362/TST).

Observe que, nos itens acima, o conhecimento do FGTS foi cobrado com base na literalidade da legislação ("legislação seca"), bem como no entendimento jurisprudencial do STF e do TST.

Outro tema que foi cobrado nas últimas quatro provas da DPU – realizadas em 2017, 2014, 2010 e 2007, respectivamente – versa acerca do trabalho da mulher, em especial a estabilidade em prol da gestante. O fato de ter sido cobrado em praticamente todos os certames da DPU, aliado às discussões atuais sobre o papel da mulher no mercado de trabalho e os reflexos das reformas trabalhista e previdenciária para a trabalhadora, permite concluir que o assunto será, novamente, exigido nas próximas provas objetivas. Vejamos:

> (6º Concurso Público da DPU, realizado em 2017)
>
> A respeito da estabilidade no trabalho e da terceirização trabalhista, julgue os itens a seguir, tendo como referência o entendimento dos tribunais superiores.
>
> [...]
>
> **116** Situação hipotética: Em acordo coletivo de trabalho, foi incluída cláusula que aumenta o prazo de estabilidade provisória das empregadas gestantes admitidas por prazo indeterminado, de cento e oitenta

dias para duzentos e dez dias. Assertiva: Nessa situação, a cláusula será válida, mesmo resultando em tratamento diferenciado entre as empregadas admitidas por prazo indeterminado e as admitidas por prazo determinado.

117 Em razão do princípio constitucional de proteção ao nascituro, assegura-se à empregada pública grávida, mesmo que ela tenha sido contratada sem prévia aprovação em concurso público, a continuidade laboral em razão da garantia de emprego à gestante.

(5º Concurso Público da DPU, realizado em 2014)

Julgue os seguintes itens, relativos a remuneração, gratificação natalina e duração do contrato de emprego.

[...]

107 Segundo entendimento do STF, a norma da CLT que prevê a obrigatoriedade de um intervalo para descanso de, no mínimo, quinze minutos antes do início do período extraordinário do trabalho da mulher é constitucional, uma vez que tal tratamento não fere a isonomia.

(4º Concurso Público da DPU, realizado em 2010)

Acerca do trabalho da mulher e da estabilidade provisória da gestante, julgue os itens subsequentes.

101 Ao empregador é vedado empregar mulheres em serviço que demande o emprego de força muscular superior a 20 quilos, ainda que o trabalho seja ocasional, não estando compreendida, em tal vedação, a remoção de material feita por impulsão ou tração de vagonetes sobre trilhos, de carros de mão ou por quaisquer aparelhos mecânicos.

102 Considerando-se que a estabilidade constitui garantia de emprego, a estabilidade provisória da gestante garante unicamente a reintegração da trabalhadora, sendo cabível a conversão em indenização tão-somente quando o juiz entender que a reintegração é desaconselhável, por existir elevado grau de animosidade entre as partes.

(3º Concurso Público da DPU, realizado em 2007)

Julgue os itens que se seguem de acordo com as normas trabalhistas e a jurisprudência dos tribunais.

[...]

102 Segundo a jurisprudência, a confirmação da gravidez, para fins de estabilidade gestante, é de caráter subjetivo, de modo que o direito à estabilidade depende da comunicação da gravidez ao empregador.

Os gabaritos definitivos apontaram as respostas, respectivamente: Item 116 - Certo; Item 117 - Errado; Item 107 - Certo; Item 101 - Errado; Item 102 (4º Concurso) - Errado; Item 102 (3º Concurso) - Errado.

O item 117 está incorreto com base na Súmula 363/TST: "a contratação de servidor público, após a CF/1988, sem prévia aprovação em concurso público, encontra óbice no respectivo art. 37, II e § 2º, somente lhe conferindo direito ao pagamento da contraprestação pactuada, em relação ao número de horas trabalhadas, respeitado o valor da hora do salário mínimo, e dos valores referentes aos depósitos do FGTS".

O item 101 está incorreto com base na redação do art. 390 da CLT: ao empregador é vedado empregar a mulher em serviço que demande o emprego de força muscular superior a 20 (vinte) quilos para o trabalho continuo, ou 25 (vinte e cinco) quilos para o trabalho ocasional. Não está compreendida na determinação deste artigo a remoção de material feita por impulsão ou tração de vagonetes sobre trilhos, de carros de mão ou quaisquer aparelhos mecânicos.

O item 102 (do 4º Concurso) está incorreto com base na Súmula 244/TST: "II - A garantia de emprego à gestante só autoriza a reintegração se esta se der durante o período de estabilidade. Do contrário, a garantia restringe-se aos salários e demais direitos correspondentes ao período de estabilidade".

O item 102 (do 3º Concurso) está incorreto também com base na Súmula 244/TST: "I - O desconhecimento do estado gravídico pelo empregador não afasta o direito ao pagamento da indenização decorrente da estabilidade (art. 10, II, "b" do ADCT)".

Novamente, nos itens acima, é possível observar que o conhecimento do tema "trabalho da mulher" - em especial a estabilidade conferida à gestante - foi cobrado com base na literalidade da legislação ("legislação seca"), bem como no entendimento jurisprudencial do STF e do TST.

Outro tema cobrado nos dois últimos concursos e que, certamente, poderá ser objeto de arguição nas próximas provas objetivas é o "seguro-desemprego". Veja como o assunto foi cobrado:

(6º Concurso Público da DPU, realizado em 2017)

Julgue os itens a seguir, relativos a rescisão do contrato de trabalho e seguro-desemprego.

> [...]
>
> **113** Caso se identifique, em ação de fiscalização do Ministério do Trabalho, situação em que trabalhadores estejam reduzidos a condição análoga à de escravo, esses trabalhadores deverão ser resgatados e terão direito ao recebimento do seguro-desemprego.
>
> **114** O empregado doméstico que for dispensado terá direito ao benefício do seguro-desemprego se a dispensa se der sem justa causa, mas não terá esse direito se a dispensa se der por justa causa ou por rescisão indireta.
>
> (5º Concurso Público da DPU, realizado em 2014)
>
> Quanto ao FGTS, ao seguro-desemprego e ao PIS, julgue os itens que se seguem.
>
> **109** Segundo o STJ, o levantamento judicial do valor referente ao seguro-desemprego, que tem por finalidade prover assistência financeira ao trabalhador desempregado em virtude de dispensa sem justa causa, inclusive a indireta, e ao trabalhador resgatado de regime de trabalho forçado ou da condição análoga à de escravo, deve ser requerido à justiça do trabalho.
>
> [...]

Os gabaritos definitivos apontaram as respostas, respectivamente: Item 113 – Certo; Item 114 – Errado, e Item 109 – Errado.

O item 114 tem resposta no art. 26 c/c art. 27, parágrafo único, da LC n. 150/15, que regulamenta o seguro-desemprego para empregados domésticos e as hipóteses de rescisão por culpa do empregador.

O item 109 está incorreto, pois, o STJ havia decidido que "o seguro-desemprego constitui benefício da seguridade social mantido por recursos arrecadados pela União. Afasta-se a incidência da EC nº 45/2004, já que inexiste discussão em torno de relação de trabalho" (CC 57.520/SP, Rel. Ministra ELIANA CALMON, PRIMEIRA SEÇÃO, julgado em 23/05/2007). Por outro lado, veja recente situação peculiar, também julgada pelo STJ, no sentido de que "pretende a parte autora receber valores concernentes ao seguro-desemprego, bem como ver declarada a inexistência de pretérito vínculo laboral. Exegese do art. 114, I, da CF. Nesse contexto, em que se controverte, prejudicialmente, acerca da existência de vínculo de trabalho capaz de inviabilizar a percepção do seguro-desemprego, revela-se competente a Justiça Obreira para apreciar e decidir a lide" (CC 143.776/SP, Rel. Ministro SÉRGIO KUKINA, PRIMEIRA SEÇÃO, julgado em 25/11/2015).

Perceba que o tema "seguro-desemprego", por fazer parte do cotidiano da atuação institucional da Defensoria Pública da União, também merece especial atenção pelo candidato. Nesse sentido, o conhecimento da literalidade da legislação – p. ex., a Lei n. 7.988/90 e a LC n. 150/15 – e da jurisprudência do STJ e do TST são importantes para o êxito na prova objetiva.

5. DOUTRINA, JURISPRUDÊNCIA E "LEI SECA" NOS CONCURSOS DA DPU

Observando as questões já apresentadas na análise das provas objetivas em Direito do Trabalho, constata-se que as bancas examinadoras exigem, com frequência, o conhecimento da jurisprudência do STF e do TST. Várias questões são extraídas de ementas de julgados e/ou súmulas.

O conhecimento da literalidade da legislação – por exemplo, a CLT, a legislação do FGTS e do seguro-desemprego – também é essencial para a prova de Direito do Trabalho. Assim, a leitura – e memorização – dos dispositivos continua sendo uma exigência para o sucesso do candidato. Vimos que vários itens foram retirados, literalmente, dos dispositivos da legislação que rege as relações trabalhistas.

O estudo da doutrina possui alguma relevância para os próximos certames da DPU, mas, possivelmente, em aspectos pontuais a serem cuidadosamente selecionados pelo candidato para melhor aproveitamento do tempo de estudo. Portanto, de maneira estratégica, convém que o candidato selecione com cuidado alguns capítulos específicos da bibliografia de sua preferência.

6. DICAS FINAIS PARA OS CANDIDATOS

Uma das principais atuações institucionais da Defensoria Pública da União é a prestação de assistência jurídica integral e gratuita aos trabalhadores perante a Justiça do Trabalho.

Durante alguns anos, em razão do reduzido número de defensores públicos federais, houve uma restrição no atendimento de demandas trabalhistas pelas unidades da DPU em todo o país.

Com o crescimento do quadro de defensores e a melhoria na estrutura da instituição, as unidades locais da DPU passaram a prestar, efetivamente, a assistência jurídica também no âmbito trabalhista, cumprindo integralmente seu mister constitucional. Tal fato pode ser uma das justificativas para o aumento do nível de exigência das disciplinas Direito do Trabalho e Processo do Trabalho nos últimos concursos públicos para provimento dos cargos de defensores públicos federais. Com efeito, é necessário selecionar candidatos capacitados na esfera trabalhista.

A prova de Direito do Trabalho ganhou destaque nos dois últimos certames da DPU, cuja incidência passou a ser de 12 a 15 itens, respectivamente, em cada prova. Isso demonstra que o Direito do Trabalho, aliado à disciplina Direito Processual do Trabalho, merece uma atenção especial do candidato, pois, em termos quantitativos, pode ser o fator decisivo na obtenção de pontos mínimos para a convocação para a segunda fase.

Com as recentes alterações na legislação em razão da reforma trabalhista, a tendência é que a banca examinadora tenha ainda mais exigência quanto ao conteúdo de Direito do Trabalho e Processo do Trabalho.

Tenha especial atenção a alguns temas mais comuns na prática cotidiana dos defensores públicos federais (p. ex., seguro-desemprego; FGTS; estabilidade da gestante; terceirização etc.).

DIREITO PROCESSUAL DO TRABALHO

1. BIBLIOGRAFIA INDICADA

O livro "Direito Processual do Trabalho", do autor José Cairo Júnior, pode ser uma boa opção para quem deseja uma obra mais completa, mas, ao mesmo tempo, com um direcionamento para concursos públicos, uma vez que está atualizado e de acordo com a jurisprudência do STF e do TST.

Para os que preferem resumos, a sugestão é o "Resumos para Concursos – Processo do Trabalho", da Juíza do Trabalho Simone Soares Bernardes, que também escreve sobre Direito Material do Trabalho. Trata-se de obra objetiva, direcionada para concursos públicos e de custo mais reduzido.

Alguns autores consagrados possuem obras mais resumidas e com perfil mais adequado para os concurseiros. Cito a "Coleção Fundamentos – Direito Processual do Trabalho", do jurista Sergio Pinto Martins.

Os livros mais resumidos podem ser opção melhor para o conteúdo de Direito do Trabalho nas provas da DPU, pois, como veremos, houve uma valorização dessa disciplina pela banca examinadora. Assim, é recomendável conciliar o estudo da legislação e da jurisprudência com uma doutrina mais resumida. A preocupação é que seja uma obra voltada para concurso público e, sobretudo, que esteja atualizada com a reforma trabalhista.

2. CONTEÚDO PROGRAMÁTICO NOS EDITAIS DA DPU

A Resolução n. 118, de 05 de novembro de 2015, que dispõe sobre os concursos públicos para ingresso na carreira de Defensor Público Federal, destaca mais de vinte disciplinas a serem objeto de arguição nas provas objetivas, dissertativas e orais.

Vejamos o conteúdo programático nos últimos quatro concursos já realizados:

Edital	Conteúdo Programático (Direito Processual do Trabalho)
6º Concurso (Edital publicado em 12 de junho de 2017, com retificação)	1 Justiça do Trabalho. 1.1 Organização. 1.2 Competência. 2 Princípios gerais que informam o processo trabalhista. 3 Interpretação e integração das normas processuais. 3.1 Aplicabilidade do CPC no processo trabalhista. 4 Partes, procuradores, representação e substituição processual. 4.1 Assistência Judiciária. Justiça Gratuita. 4.2 ***Jus Postulandi***. 5 Atos, termos e prazos processuais. 5.1 Comunicação dos atos processuais. 6 Dissídio individual. 6.1 Processo de conhecimento. 6.1.1 Petição inicial: requisitos, emenda, aditamento, indeferimento. 6.1.2. Audiência. 6.1.3 Conciliação. 6.1.4 Resposta do reclamado. 6.1.4.1 Defesa direta e indireta. 6.1.4.2 Revelia. 6.1.4.3 Exceções. 6.1.4.4 Contestação. 6.1.4.5 Compensação. 6.1.4.6 Reconvenção. 7 Intervenção de terceiros no processo trabalhista. 8 Provas no processo do trabalho. 8.1 Princípios. 8.2 Interrogatórios. 8.3 Confissão e consequências. 8.4 Documentos. 8.5 Incidente de falsidade. 8.6 Perícia. 8.7 Testemunhas. 8.7.1 Compromisso, impedimentos e consequências. 8.8 Ônus da prova no processo do trabalho. 9 Sentença. 10 Nulidades no processo trabalhista. 11 Recursos no processo trabalhista. 12 Execução no processo trabalhista. 13 Embargos à execução no processo trabalhista. 14 Procedimentos especiais civis admissíveis no processo trabalhista: ação de consignação em pagamento, ação de prestação de contas, mandado de segurança e ação monitória. 15 Aplicação subsidiária da Lei de Execuções Fiscais. 16 Ação civil pública em matéria trabalhista. Legitimados, substituição processual, condenação genérica e liquidação. Coisa julgada e litispendência. 17 Tutela antecipatória de mérito e tutelas cautelares no Direito Processual do Trabalho. 18 Procedimento sumaríssimo. 19 Súmulas da jurisprudência uniformizada do Tribunal Superior do Trabalho.

Edital	Conteúdo Programático (Direito Processual do Trabalho)
5º Concurso (Edital publicado em 31 de outubro de 2014).	1. Justiça do Trabalho. 1.1 Organização. 1.2 Competência. 2 Princípios gerais que informam o processo trabalhista. 3 Prescrição e decadência. 4 Dissídios individuais. 5 Nulidades no processo trabalhista. 6 Recursos no processo trabalhista. 7 Execução no processo trabalhista. 8 Embargos à execução no processo trabalhista. 9 Processos especiais. 9.1 Ação rescisória. 9.2 Mandado de segurança.
4º Concurso (Edital publicado em 31 de dezembro de 2009).	1 Justiça do trabalho. Organização. Competência. 2 Princípios gerais que informam o processo trabalhista. 3 Prescrição e decadência. 4 Dissídios individuais. 5 Dissídios coletivos. 6 Nulidades no processo trabalhista. 7 Recursos no processo trabalhista. 8 Execução no processo trabalhista. 9 Embargos à execução no processo trabalhista. 10 Processos especiais. Ação rescisória. Mandado de segurança.
3º Concurso (Edital publicado em 5 de setembro de 2007).	27 Justiça do trabalho. Organização. Competência. 28 Princípios gerais que informam o processo trabalhista. 29 Prescrição e decadência. 30 Dissídios individuais. 31 Dissídios coletivos. 32 Nulidades no processo trabalhista. 33 Recursos no processo trabalhista. 34 Execução no processo trabalhista. 35 Embargos à execução no processo trabalhista. 36 Processos especiais. Ação rescisória. Mandado de segurança.

O último certame trouxe conteúdo programático (edital de 2017) muito mais amplo que os demais certames anteriores, o que denota uma mudança na postura da banca examinadora em relação ao Direito Processual do Trabalho e, provavelmente, uma tendência para os próximos concursos.

Ressalte-se que a disciplina Direito Material do Trabalho ganhou destaque no último certame da DPU, o que provavelmente também refletirá no âmbito processual.

De acordo com o último edital, serão quatro as Bancas Examinadoras, cada uma responsável por um grupo de disciplinas. Atualmente, o Grupo III é formado por: Direito Administrativo, Direito do Trabalho, Direito Processual do Trabalho, Direito Previdenciário e da Assistência Social e Princípios Institucionais da Defensoria Pública.

3. ANÁLISE GERAL DAS ÚLTIMAS PROVAS OBJETIVAS

Nos últimos concursos realizados, a Defensoria Pública da União optou pela execução da primeira etapa por instituição especializada (CESPE/CEBRASPE), o que poderá refletir numa tendência para os próximos editais.

Após a análise das quatro últimas provas objetivas, realizadas *entre 2007 e 2017*, ou seja, aproximadamente dez anos de interregno, foi possível verificar a seguinte distribuição de questões conforme os tópicos do conteúdo programático. Vejamos:

6º Concurso (Edital publicado em 12 de junho de 2017, com retificação).	
Tópico do Conteúdo Programático	**Quantidade de Itens[79]**
1 Justiça do Trabalho. 1.1 Organização. 1.2 Competência.	00 item
2 Princípios gerais que informam o processo trabalhista.	00 item
3 Interpretação e integração das normas processuais. 3.1 Aplicabilidade do CPC no processo trabalhista.	00 item
4 Partes, procuradores, representação e substituição processual. 4.1 Assistência Judiciária. Justiça Gratuita. 4.2 Jus Postulandi.	01 item
5 Atos, termos e prazos processuais. 5.1 Comunicação dos atos processuais.	00 item
6 Dissídio individual. 6.1 Processo de conhecimento. 6.1.1 Petição inicial: requisitos, emenda, aditamento, indeferimento. 6.1.2. Audiência. 6.1.3 Conciliação. 6.1.4 Resposta do reclamado. 6.1.4.1 Defesa direta e indireta. 6.1.4.2 Revelia. 6.1.4.3 Exceções. 6.1.4.4 Contestação. 6.1.4.5 Compensação. 6.1.4.6 Reconvenção.	02 itens
7 Intervenção de terceiros no processo trabalhista.	00 item

79. Quantidade "aproximada" de itens, pois, algumas podem envolver o conhecimento relacionado a mais de um tópico do conteúdo programático.

6º Concurso (Edital publicado em 12 de junho de 2017, com retificação).	
Tópico do Conteúdo Programático	**Quantidade de Itens**
8 Provas no processo do trabalho. 8.1 Princípios. 8.2 Interrogatórios. 8.3 Confissão e consequências. 8.4 Documentos. 8.5 Incidente de falsidade. 8.6 Perícia. 8.7 Testemunhas. 8.7.1 Compromisso, impedimentos e consequências. 8.8 Ônus da prova no processo do trabalho.	01 item
9 Sentença.	00 item
10 Nulidades no processo trabalhista.	00 item
11 Recursos no processo trabalhista.	02 itens
12 Execução no processo trabalhista.	01 item
13 Embargos à execução no processo trabalhista.	00 item
14 Procedimentos especiais civis admissíveis no processo trabalhista: ação de consignação em pagamento, ação de prestação de contas, mandado de segurança e ação monitória.	00 item
15 Aplicação subsidiária da Lei de Execuções Fiscais.	00 item
16 Ação civil pública em matéria trabalhista. Legitimados, substituição processual, condenação genérica e liquidação. Coisa julgada e litispendência.	01 item
17 Tutela antecipatória de mérito e tutelas cautelares no Direito Processual do Trabalho.	01 item
18 Procedimento sumaríssimo.	01 item
19 Súmulas da jurisprudência uniformizada do Tribunal Superior do Trabalho.	00 item
Total de itens:	**10 itens**

5º Concurso (Edital publicado em 31 de outubro de 2014).	
Tópico do Conteúdo Programático	**Quantidade de Itens[80]**
1. Justiça do Trabalho. 1.1 Organização. 1.2 Competência.	01 item
2 Princípios gerais que informam o processo trabalhista.	01 item
3 Prescrição e decadência.	01 item
4 Dissídios individuais.	00 item
5 Nulidades no processo trabalhista.	00 item
6 Recursos no processo trabalhista.	03 itens
7 Execução no processo trabalhista.	01 item
8 Embargos à execução no processo trabalhista.	00 item
9 Processos especiais. 9.1 Ação rescisória. 9.2 Mandado de segurança.	03 itens
Total de itens:	**10 itens**

4º Concurso (Edital publicado em 31 de dezembro de 2009).	
Tópico do Conteúdo Programático	**Quantidade de Itens[81]**
1 Justiça do trabalho. Organização. Competência.	00 item
2 Princípios gerais que informam o processo trabalhista.	00 item

80. Quantidade "aproximada" de itens, pois, algumas podem envolver o conhecimento relacionado a mais de um tópico do conteúdo programático.

81. Quantidade "aproximada" de itens, pois, algumas podem envolver o conhecimento relacionado a mais de um tópico do conteúdo programático. Além disso, optou-se por fazer a classificação das questões com base no conteúdo programático do último edital, pois, em razão das diferenças com os editais anteriores, os dados estatísticos ficariam pouco fidedignos.

4º Concurso (Edital publicado em 31 de dezembro de 2009).	
Tópico do Conteúdo Programático	**Quantidade de Itens**
3 Prescrição e decadência.	00 item
4 Dissídios individuais.	00 item
5 Dissídios coletivos.	00 item
6 Nulidades no processo trabalhista.	00 item
7 Recursos no processo trabalhista.	02 itens
8 Execução no processo trabalhista.	00 item
9 Embargos à execução no processo trabalhista.	01 item
10 Processos especiais. Ação rescisória. Mandado de segurança.	02 itens
Total de itens:	**05 itens**

3º Concurso (Edital publicado em 5 de setembro de 2007).	
Tópico do Conteúdo Programático	**Quantidade de Itens[82]**
27 Justiça do trabalho. Organização. Competência.	02 itens
28 Princípios gerais que informam o processo trabalhista.	00 item
29 Prescrição e decadência.	01 item
30 Dissídios individuais.	00 item

82. Quantidade "aproximada" de itens, pois, algumas podem envolver o conhecimento relacionado a mais de um tópico do conteúdo programático. Além disso, optou-se por fazer a classificação das questões com base no conteúdo programático do último edital, pois, em razão das diferenças com os editais anteriores, os dados estatísticos ficariam pouco fidedignos.

3º Concurso (Edital publicado em 5 de setembro de 2007).	
Tópico do Conteúdo Programático	**Quantidade de Itens**
31 Dissídios coletivos.	00 item
32 Nulidades no processo trabalhista.	00 item
33 Recursos no processo trabalhista.	01 item
34 Execução no processo trabalhista.	00 item
35 Embargos à execução no processo trabalhista.	00 item
36 Processos especiais. Ação rescisória. Mandado de segurança.	01 item
Total de itens:	**05 itens**

O programa do 6º concurso público, realizado em 2017, divergiu significativamente dos editais anteriores. Por conta das semelhanças dos conteúdos programáticos, podemos consolidar os dados do 3º, 4º e 5º concursos públicos da DPU, realizados em 2007, 2010 e 2014, respectivamente, podemos elaborar a seguinte tabela:

Consolidado (concursos realizados nos anos de 2007 a 2014)	
Tópico do Conteúdo Programático	**Quantidade de Itens**
1. Justiça do Trabalho. 1.1 Organização. 1.2 Competência.	03 itens
2 Princípios gerais que informam o processo trabalhista.	01 item
3 Prescrição e decadência.	02 itens
4 Dissídios individuais.	00 item
5 Nulidades no processo trabalhista.	00 item

Consolidado (concursos realizados nos anos de 2007 a 2014)	
Tópico do Conteúdo Programático	**Quantidade de Itens**
6 Recursos no processo trabalhista.	06 itens
7 Execução no processo trabalhista.	01 item
8 Embargos à execução no processo trabalhista.	01 item
9 Processos especiais. 9.1 Ação rescisória. 9.2 Mandado de segurança.	06 itens
Total de itens:	**20 itens**

Na análise dos itens e na identificação conforme os conteúdos programáticos, alguns assuntos poderiam ser colocados em mais de um tópico, pois, mesclam temas diversos.

Procurou-se, intencionalmente, dar especial atenção aos certames ocorridos a partir de 2007. É que o longo tempo decorrido desde então – ou seja, mais de 10 anos – poderia levar a resultados estatísticos deturpados em razão das mudanças no conteúdo programático do edital e no perfil nos concursos públicos mais recentemente.

4. ALGUNS PONTOS ESPECÍFICOS MAIS RELEVANTES NAS PROVAS OBJETIVAS

Alguns temas em Processo do Trabalho foram recorrentes nas provas da DPU e, portanto, podem ser os diferenciais na aprovação do candidato. Vejamos alguns deles.

Os tópicos "recursos no processo trabalhista" e "processos especiais" – incluindo mandado de segurança e ação rescisória no âmbito do processo trabalhista – foram objetos de arguição nos quatro últimos concursos da DPU, realizados entre os anos de 2007 e 2017. Portanto, certamente será uma tendência para os próximos certames. Veja os exemplos:

(6º Concurso Público da DPU, realizado em 2017)

Em relação aos recursos no processo do trabalho, à execução trabalhista e ao mandado de segurança na justiça do trabalho, julgue os itens que se seguem à luz do entendimento do TST.

129 Na hipótese de recolhimento insuficiente do depósito recursal, somente haverá deserção do recurso se, no prazo de cinco dias da intimação, o recorrente não complementar e comprovar o pagamento.

[...]

131 O agravo de petição só será recebido se o recorrente delimitar as matérias e os valores impugnados e apresentar a respectiva monta atualizada até a data de interposição do recurso.

132 A tutela provisória concedida na sentença pode ser impugnada pela via do mandado de segurança, admitindo-se a obtenção do efeito suspensivo por requerimento do impetrante.

(5º Concurso Público da DPU, realizado em 2014)

Em relação aos recursos no direito processual do trabalho, julgue os itens a seguir.

119 Caso seja imposta multa por litigância de má-fé a uma das partes do processo trabalhista, o recolhimento do valor dessa multa, segundo entendimento do TST, constituirá pressuposto objetivo para a interposição dos recursos de natureza trabalhista pela parte apenada com a referida sanção pecuniária.

120 Na justiça do trabalho, segundo entendimento consolidado pelo TST, é tido como extemporâneo o recurso interposto antes de ser publicado o acórdão impugnado.

121 Segundo entendimento do TST, o benefício da justiça gratuita poderá ser requerido em qualquer tempo ou grau de jurisdição, e, se o requerimento do benefício for feito na fase recursal, deverá ser formulado até o prazo final das contrarrazões do alusivo recurso.

(4º Concurso Público da DPU, realizado em 2010)

Com relação à competência em matéria recursal e aos recursos no processo trabalhista, julgue os itens subsequentes.

113 Das decisões proferidas pelos tribunais regionais do trabalho ou por suas turmas, em processo incidente de embargos de terceiro, somente deve ser admitido recurso de revista quando elas contiverem contrariedade a súmula de jurisprudência uniforme do Tribunal Superior do Trabalho e violação direta da CF.

> **114** Das decisões das turmas nos tribunais regionais do trabalho assim organizados não cabe recurso para o Tribunal Pleno, exceto contra multas impostas por esses órgãos fracionários.
>
> (3º Concurso Público da DPU, realizado em 2007)
>
> Julgue os itens a seguir com base na legislação e na jurisprudência trabalhistas.
>
> [...]
>
> **107** Não é cabível mandado de segurança contra tutela antecipada concedida antes da sentença, por existir recurso próprio.

O gabarito definitivo apontou, respectivamente, as seguintes respostas: Item 129 - Certo; Item 131 - Errado; Item 132 - Errado; Item 119 - Errado; Item 120 - Certo; Item 121 - Errado; Item 113 - Errado; Item 114 - Certo, e Item 107 - Errado.

Conforme já ressaltado anteriormente, a proposta da presente obra não é ensinar o aluno o conteúdo de cada uma das disciplinas do programa, mas apontar alguns aspectos estatísticos acerca da incidência de cada tópico do edital nos últimos certames. Nesse sentido, eis aqui um claro exemplo de que, com base na observação das quatro últimas provas da DPU, os temas acima ("recursos no processo trabalhista" e "processos especiais") certamente estarão presentes na próxima prova objetiva e, portanto, merecerão atenção do candidato.

Outro exemplo extraído das três últimas provas objetivas são os tópicos "execução no processo trabalhista" e "embargos à execução no processo trabalhista". Vejamos:

> (6º Concurso Público da DPU, realizado em 2017)
>
> Em relação aos recursos no processo do trabalho, à execução trabalhista e ao mandado de segurança na justiça do trabalho, julgue os itens que se seguem à luz do entendimento do TST.
>
> [...]
>
> **130** Deverá ser requerida nos próprios autos da execução trabalhista a devolução de valores levantados a maior em execução de sentença devido a equívoco nos cálculos realizados na liquidação.
>
> [...]
>
> (5º Concurso Público da DPU, realizado em 2014)
>
> Julgue os itens que se seguem, referentes à ação rescisória, ao mandado de segurança e à execução trabalhista.

122 O TST firmou recente entendimento no sentido de ser possível a penhora do valor referente à restituição de imposto de renda retido na fonte pelo empregador para pagamento da execução trabalhista.

[...]

(4º Concurso Público da DPU, realizado em 2010)

Acerca da execução no processo trabalhista e dos embargos a ela inerentes, julgue o item seguinte.

115 No caso de execução por carta precatória, os embargos de terceiro podem ser oferecidos no juízo deprecante ou no deprecado, sendo competente para o julgamento o deprecante, pelo fato de ser o responsável pela ordenação da apreensão, ainda que os referidos embargos tratem unicamente de vícios ou irregularidades da penhora, avaliação ou alienação de bens praticados pelo juízo deprecado.

O gabarito definitivo apontou, respectivamente, as seguintes respostas: Item 130 – Errado; Item 122 – Errado, e Item 115 – Errado.

As três últimas provas objetivas da DPU exigiram conhecimentos acerca dos temas "execução no processo trabalhista" e "embargos à execução no processo trabalhista". Logo, é muito provável que tais conteúdos estejam presentes nas próximas provas objetivas.

Por fim, o tópico "ação civil pública em matéria trabalhista", previsto no edital do 6º concurso público da DPU foi objeto de arguição na prova objetiva e, em razão da importância para a atividade institucional dos defensores públicos federais, surge como uma aposta para os próximos certames. Vejamos como o assunto foi cobrado:

Acerca da justiça gratuita, da prova pericial, do procedimento sumaríssimo e da ação civil pública na justiça do trabalho, julgue os itens seguintes.

[...]

127 De acordo com o TST, em ação civil pública, é possível a exigibilidade, antes do trânsito em julgado, de multa por descumprimento de obrigação de fazer imposta em sentença proferida nos autos do processo.

O gabarito definitivo apontou o Item 127 – Certo. Com efeito, o Pleno do Tribunal Superior do Trabalho entendeu que é admissível a exigibilidade do pagamento de multa em ação civil pública antes do trânsito em julgado da decisão condenatória, mediante depósito em juízo. O levantamento pelo beneficiário, porém, somente ocorrerá após o trânsito em julgado (ver E-RR-161200-53.2004.5.03.0103).

5. DOUTRINA, JURISPRUDÊNCIA E “LEI SECA” NOS CONCURSOS DA DPU

As bancas examinadoras exigiram o conhecimento da jurisprudência do STF e do TST em vários itens, sendo que algumas questões são extraídas, literalmente, de ementas de julgados e/ou súmulas.

O conhecimento da literalidade da legislação também é essencial para a prova de Direito Processual do Trabalho. Assim, a leitura – e memorização – dos dispositivos continua sendo uma exigência para o sucesso do candidato.

O estudo da doutrina possui alguma relevância para os próximos certames da DPU, mas, possivelmente, em aspectos pontuais a serem cuidadosamente selecionados pelo candidato para melhor aproveitamento do tempo de estudo.

6. DICAS FINAIS PARA OS CANDIDATOS

Como já exposto na parte de Direito Material do Trabalho, uma das principais atuações institucionais da Defensoria Pública da União é a prestação de assistência jurídica integral e gratuita aos trabalhadores perante a justiça trabalhista.

Durante alguns anos, em razão do reduzido número de defensores públicos federais, houve uma restrição no atendimento de demandas trabalhistas pelas unidades da DPU em todo o país.

Com o crescimento do quadro de defensores e a melhoria na estrutura da instituição, as unidades locais da DPU passaram a prestar, efetivamente, a assistência jurídica também no âmbito trabalhista, cumprindo integralmente seu mister constitucional. Tal fato pode ser uma das justificativas para o aumento do nível de exigência das disciplinas Direito do Trabalho e Processo do Trabalho nos últimos concursos públicos para provimento dos cargos de defensores públicos federais. Com efeito, é necessário selecionar candidatos capacitados na esfera trabalhista.

O Direito do Trabalho ganhou destaque nos dois últimos certames da DPU. Isso demonstra que tanto o Direito Material do Trabalho quanto o Direito Processual do Trabalho passaram a merecer uma atenção especial do candidato. É que, em termos quantitativos, tais disciplinas superam outras igualmente importantes, o que pode ser decisivo na obtenção de pontos mínimos para a convocação para a segunda fase.

Com as recentes alterações na legislação em razão da reforma trabalhista, a tendência é que a banca examinadora tenha ainda mais exigência quanto ao conteúdo de Direito do Trabalho e Processo do Trabalho.

Por fim, convém estudar os eventuais reflexos do novo Código de Processo Civil no âmbito do processo trabalhista, o que, inclusive, chegou a ser objeto de regulamentação pelo TST.

DIREITO PREVIDENCIÁRIO

1. BIBLIOGRAFIA INDICADA

O Direito Previdenciário é um dos ramos jurídicos de maior atuação da Defensoria Pública da União na esfera judicial e extrajudicial. Consequentemente, se apresenta como uma das disciplinas de maior destaque no concurso público não apenas pelo conteúdo, mas também pela elevada qualidade técnica das questões elaboradas pela banca examinadora nos últimos certames.

Em razão da quantidade de disciplinas que compõem o conteúdo programático da Defensoria Pública da União – mais de 20 disciplinas –, a estratégia na distribuição dos estudos será fundamental para o sucesso do concurseiro.

A escolha da bibliografia depende muito do gosto de cada candidato. Alguns fazem questão de estudar por obras mais completas. Outros concurseiros, como era o meu caso, preferem materiais mais resumidos. Aqui, darei apenas as minhas impressões pessoais para os que almejam o concurso da DPU.

Particularmente, acredito que o livro "Curso de Direito e Processo Previdenciário", do professor Frederico Amado, pela Editora Juspodivm, é atualmente uma das melhores obras sobre o assunto. Trata-se de um Manual completo e com bom nível de aprofundamento. Além disso, a obra tem sido continuamente atualizada, inclusive com base na jurisprudência, e é de fácil obtenção no mercado. No entanto, essa indicação bibliográfica possui dois aspectos que podem se tornar "dificultadores" para os concurseiros: (i) trata-se de obra muito extensa e (ii) com nível de aprofundamento, em alguns pontos, que vai muito além da exigência regularmente observada nos concursos públicos.

Como uma opção alternativa, pautada pela objetividade e baixo custo de aquisição, o mesmo autor (Frederico Amado) publicou a "Sinopses para Concursos – Direito Previdenciário", também pela Editora Juspodivm, sendo uma obra bem mais resumida e direcionada para prova objetivas. Em termos estratégicos, apesar de certas limitações no conteúdo, é opção mais adequada para os concursos públicos em geral, inclusive da DPU, diante da necessidade de compatibilizar o estudo com diversas outras disciplinas.

O "Curso de Direito Previdenciário", do professor Fábio Zambite Ibrahim, p. ex., é uma das referências dentre as obras jurídicas brasileiras na área. O livro já foi, inclusive, utilizado pela banca examinadora do CESPE em concursos anteriores da Defensoria Pública da União. Contudo, é necessário avaliar se, especificamente para fins de concurso público, a volume vai além do propósito esperado pelos candidatos.

Para aqueles que não estão se dedicando integralmente aos concursos públicos e que precisam conciliar os estudos com a atividade profissional e/ou estudo acadêmico, pode-se optar por livros no mercado que também possuem bom nível de aprofundamento e que estão em sintonia com a jurisprudência. É o caso, p. ex., do recente "Manual de Direito Previdenciário", de João Batista Lazzari e Carlos Alberto de Castro.

Além dos livros doutrinários, recomendo os livros com resolução de exercícios. É o caso, p. ex., da coleção "Revisaço", disponibilizado pela Ed. Juspodivm.

Por fim, vale à pena dar uma conferida nas obras do "Dizer o Direito", que trazem os principais julgados do STF e do STJ.

2. CONTEÚDO PROGRAMÁTICO NOS EDITAIS DA DPU

O Direito Previdenciário é uma das mais de vinte disciplinas objeto de arguição nas provas objetivas, dissertativas e orais.

A comparação entre o conteúdo programático exigido nos editais dos últimos quatro concursos já realizados é importante para que o candidato perceba o "amadurecimento" da banca examinadora ao longo dos anos. De fato, o conteúdo foi continuamente ampliado e refinado, com uma distribuição mais técnica no âmbito da ciência do Direito Previdenciário. Vejamos:

Edital	**Conteúdo Programático (Direito Previdenciário)**
6º Concurso (Edital publicado em 12 de junho de 2017, com retificação)	1 Seguridade Social. 1.1 Conceito. 1.2 Evolução histórica. 1.3 Princípios da solidariedade, universalidade, seletividade e distributividade. 1.4. Princípio da Proibição da Proteção insuficiente. Princípio da Dignidade Humana, Mínimo Existencial e Princípio da Proibição do Retrocesso Social. Princípio da Reserva do Possível. 2. O Regime Geral de Previdência Social (Lei nº 8.213/1991 e suas alterações). 2.1 Os beneficiários. 2.1.1 Segurado. 2.1.2 Segurado facultativo de baixa renda (Lei nº 12.470/2011). 2.1.1.1 Perda da condição de segurado. 2.1.1.2 O período de graça. 2.1.1.3 O trabalhador rural. 2.1.1.4 O trabalhador doméstico. 2.1.1.5 O estagiário. 2.1.2 Dependentes. 2.1.2.1 Relações familiares não convencionais. 2.1.2.1.1 Relações homoafetivas. 2.1.2.1.2 Vínculos conjugais múltiplos. 2.1.2.1.3 Os agregados. 2.1.3 Filiação e inscrição. 2.2 As prestações. 2.2.1 Salário-de-benefício. 2.2.2 Renda mensal. 2.2.3 Reajustes, revisões e valor real. 2.3 Os benefícios. 2.3.1 Benefícios urbanos e rurais. 2.3.2 Auxílio-doença. 2.3.3 Abono de permanência em serviço. 2.3.4 Aposentadoria por invalidez. 2.3.5 Aposentadoria por tempo de contribuição. 2.3.6 Aposentadoria por idade. 2.3.7 Aposentadoria especial. 2.3.8 Pensão por morte. 2.3.9 As pensões especiais. 2.3.10 Salário-maternidade. 2.3.11 Salário-família. 2.3.12 Auxílio reclusão. 2.3.13 Benefício de ex-combatentes e seringueiros. 2.3.14 O abono anual. 2.3.15 Serviços. Habilitação, reabilitação e serviço social. Contribuições sociais. Natureza e espécies 2.3.16 Cumulação de benefícios. 2.4 Tempo de serviço e contagem recíproca. 2.5 A desaposentação. 3 Custeio do RGPS (Lei nº 8.212/1991 e suas alterações). 3.1 Contribuições sociais. 3.2 Natureza e espécies. 3.3 Salário-de-contribuição. 3.4 Carência. 3.5 Renda Mensal Inicial. 3.6 Cálculo de benefícios. Valores mínimo e máximo. 4 Prescrição e Decadência em direito

Edital	Conteúdo Programático (Direito Previdenciário)
6º Concurso (Edital publicado em 12 de junho de 2017, com retificação)	previdenciário. 5 Regime Próprio dos servidores civis e militares da União. 5.1 Pontos de convergência e divergência em relação ao Regime Geral. 6 Assistência Social. 6.1 Conceito. 6.2 Habilitação e reabilitação profissional. 6.3 Benefícios de prestação continuada. 6.4 Cumulação entre benefícios assistenciais e entre benefícios assistenciais e benefícios previdenciários. 6.5 Cobrança de benefícios recebidos indevidamente: fundamentação e limites. 7 Processo Administrativo previdenciário. 7.1 Direito ao melhor benefício. 7.2 Direito do segurado à ampla defesa e contraditório. 8 Ações previdenciárias. 8.1 Competência. 8.2 Juizados Especiais Federais. 9 Questões previdenciárias. 9.1 Prévio ingresso do pedido de benefícios no âmbito administrativo. 9.2 Prioridade na tramitação judicial.
5º Concurso (Edital publicado em 31 de outubro de 2014).	1 Seguridade Social. 1.1 Conceito. 1.2 Evolução histórica. 1.3 Princípios da solidariedade, universalidade, seletividade e distributividade. 2 O Regime Geral de Previdência Social. 2.1 Os beneficiários. 2.1.1 Segurado. 2.1.1.1 Perda da condição de segurado. 2.1.1.2 O período de graça. 2.1.1.3 O trabalhador rural. 2.1.1.4 O trabalhador doméstico. 2.1.1.5 O estagiário. 2.1.2 Dependentes. 2.1.2.1 Relações familiares não convencionais. 2.1.2.1.1 Relações homoafetivas. 2.1.2.1.2 Vínculos conjugais múltiplos. 2.1.2.1.3 Os agregados. 2.1.3 Filiação e inscrição. 2.2 As prestações. 2.2.1 Salário-de-benefício. 2.2.2 Renda mensal. 2.2.3 Reajustamento. 2.3 Os benefícios. 2.3.1 Benefícios urbanos e rurais. 2.3.2 Auxílio-doença. 2.3.3 Abono de permanência em serviço. 2.3.4 Aposentadoria por invalidez. 2.3.5 Aposentadoria por tempo de contribuição. 2.3.6 Aposentadoria por idade. 2.3.7 Aposentadoria especial. 2.3.8 Pensão por morte. 2.3.9 As pensões especiais. 2.3.10 Salário-maternidade. 2.3.11 Salário-família. 2.3.12 Auxílio reclusão. 2.3.13 Benefício de ex-combatentes e seringueiros. 2.3.14 O abono anual. 2.3.15 Cumulação de benefícios. 2.4 Tempo de serviço e contagem recíproca. 2.5 A desaposentação. 3 O regime próprio dos servidores civis da União. 3.1 Pontos de convergência e divergência em relação ao Regime Geral. 4 O regime próprio dos servidores militares da União. 4.1 Pontos de convergência e divergência em relação ao Regime Geral. 4.2 Pontos de convergência e divergência em relação ao regime próprio dos servidores

Edital	Conteúdo Programático (Direito Previdenciário)
5º Concurso (Edital publicado em 31 de outubro de 2014).	civis da União. 5 Assistência Social. 5.1 Conceito. 5.2 Habilitação e reabilitação profissional. 5.3 Benefícios de prestação continuada. 5.4 Cumulação entre benefícios assistenciais e entre benefícios assistenciais e benefícios previdenciários.
4º Concurso (Edital publicado em 31 de dezembro de 2009).	1 Seguridade Social. 1.1 Origem e evolução legislativa no Brasil. 1.2 Conceituação. 1.3 Organização e princípios constitucionais. 2 Legislação Previdenciária. 2.1 Conteúdo, fontes, autonomia. 2.3 Aplicação das normas previdenciárias. Vigência, hierarquia, interpretação e integração. 2.4 Orientação dos Tribunais Superiores. 3 Regime Geral de Previdência Social. 3.1 Segurados obrigatórios. 3.2 Filiação e inscrição. 3.3 Conceito, características e abrangência: empregado, empregado doméstico, empresário, trabalhador autônomo, equiparado a trabalhador autônomo, trabalhador avulso, segurado especial. 3.4 Segurado facultativo: conceito, características, filiação e inscrição. 3.5 Trabalhadores excluídos do Regime Geral. 4 Empresa e empregador doméstico: conceito previdenciário.
3º Concurso (Edital publicado em 5 de setembro de 2007).	1 Seguridade Social. 1.1 Origem e evolução legislativa no Brasil. 1.2 Conceituação. 1.3 Organização e princípios constitucionais. 2 Legislação Previdenciária. 2.1 Conteúdo, fontes, autonomia. 2.3 Aplicação das normas previdenciárias. Vigência, hierarquia, interpretação e integração. 2.4 Orientação dos Tribunais Superiores. 3 Regime Geral de Previdência Social. 3.1 Segurados obrigatórios. 3.2 Filiação e inscrição. 3.3 Conceito, características e abrangência: empregado, empregado doméstico, empresário, trabalhador autônomo, equiparado a trabalhador autônomo, trabalhador avulso, segurado especial. 3.4 Segurado facultativo: conceito, características, filiação e inscrição. 3.5 Trabalhadores excluídos do Regime Geral. 4 Empresa e empregador doméstico: conceito previdenciário. 5 Benefícios Previdenciários

Ressalte-se que houve a publicação do Edital n. 2 – DPU, de 29 de junho de 2017, com significativas alterações dos objetos de avaliação na parte de Direito Previdenciário.

Trata-se de conteúdo extenso, sobretudo se analisado em conjunto com as mais de vinte disciplinas que compõem o edital. Portanto, é necessário avaliar, estrategicamente, as matérias a serem mais estudadas.

De acordo com o último edital, serão quatro as Bancas Examinadoras, cada uma responsável por um grupo de disciplinas. Atualmente, o Direito Previdenciário compõe o Grupo III, ao lado do Direito do Trabalho, Direito Processual do Trabalho, Direito Administrativo e Princípios Institucionais da Defensoria Pública.

Em todos os pontos do programa poderão ser cobrados conhecimentos doutrinários e o posicionamento dominante do Supremo Tribunal Federal, dos Tribunais Superiores e da Turma Nacional de Uniformização.

3. ANÁLISE GERAL DAS ÚLTIMAS PROVAS OBJETIVAS

Nos últimos concursos realizados, a Defensoria Pública da União optou pela execução da primeira etapa por instituição especializada (CESPE/CEBRASPE), o que poderá refletir numa tendência para os próximos editais.

Após a análise das quatro últimas provas objetivas, realizadas *entre 2007 e 2017*, foi possível verificar a seguinte distribuição de questões conforme os tópicos do conteúdo programático. Vejamos:

6º Concurso (Edital publicado em 12 de junho de 2017, com retificação).	
Tópico do Conteúdo Programático	**Quantidade de Itens[83]**
1 Seguridade Social. 1.1 Conceito. 1.2 Evolução histórica. 1.3 Princípios da solidariedade, universalidade, seletividade e distributividade. 1.4. Princípio da Proibição da Proteção insuficiente. Princípio da Dignidade Humana, Mínimo Existencial e Princípio da Proibição do Retrocesso Social. Princípio da Reserva do Possível.	02 itens

83. Quantidade "aproximada" de itens, pois, algumas podem envolver o conhecimento relacionado a mais de um tópico do conteúdo programático.

6º Concurso (Edital publicado em 12 de junho de 2017, com retificação).	
Tópico do Conteúdo Programático	**Quantidade de Itens**
2. O Regime Geral de Previdência Social (Lei nº 8.213/1991 e suas alterações). 2.1 Os beneficiários. 2.1.1 Segurado. 2.1.2 Segurado facultativo de baixa renda (Lei nº 12.470/2011). 2.1.1.1 Perda da condição de segurado. 2.1.1.2 O período de graça. 2.1.1.3 O trabalhador rural. 2.1.1.4 O trabalhador doméstico. 2.1.1.5 O estagiário. 2.1.2 Dependentes. 2.1.2.1 Relações familiares não convencionais. 2.1.2.1.1 Relações homoafetivas. 2.1.2.1.2 Vínculos conjugais múltiplos. 2.1.2.1.3 Os agregados. 2.1.3 Filiação e inscrição. 2.2 As prestações. 2.2.1 Salário-de-benefício. 2.2.2 Renda mensal. 2.2.3 Reajustes, revisões e valor real. 2.3 Os benefícios. 2.3.1 Benefícios urbanos e rurais. 2.3.2 Auxílio-doença. 2.3.3 Abono de permanência em serviço. 2.3.4 Aposentadoria por invalidez. 2.3.5 Aposentadoria por tempo de contribuição. 2.3.6 Aposentadoria por idade. 2.3.7 Aposentadoria especial. 2.3.8 Pensão por morte. 2.3.9 As pensões especiais. 2.3.10 Salário-maternidade. 2.3.11 Salário-família. 2.3.12 Auxílio reclusão. 2.3.13 Benefício de ex-combatentes e seringueiros. 2.3.14 O abono anual. 2.3.15 Serviços. Habilitação, reabilitação e serviço social. Contribuições sociais. Natureza e espécies 2.3.16 Cumulação de benefícios. 2.4 Tempo de serviço e contagem recíproca. 2.5 A desaposentação.	05 itens
3 Custeio do RGPS (Lei nº 8.212/1991 e suas alterações). 3.1 Contribuições sociais. 3.2 Natureza e espécies. 3.3 Salário-de-contribuição. 3.4 Carência. 3.5 Renda Mensal Inicial. 3.6 Cálculo de benefícios. Valores mínimo e máximo.	02 itens
4 Prescrição e Decadência em direito previdenciário.	01 item
5 Regime Próprio dos servidores civis e militares da União. 5.1 Pontos de convergência e divergência em relação ao Regime Geral.	00 item
6 Assistência Social. 6.1 Conceito. 6.2 Habilitação e reabilitação profissional. 6.3 Benefícios de prestação continuada. 6.4 Cumulação entre benefícios assistenciais e entre benefícios assistenciais e benefícios previdenciários. 6.5 Cobrança de benefícios recebidos indevidamente: fundamentação e limites.	00 item
7 Processo Administrativo previdenciário. 7.1 Direito ao melhor benefício. 7.2 Direito do segurado à ampla defesa e contraditório.	00 item

6º Concurso (Edital publicado em 12 de junho de 2017, com retificação).	
Tópico do Conteúdo Programático	**Quantidade de Itens**
8 Ações previdenciárias. 8.1 Competência. 8.2 Juizados Especiais Federais.	00 item
9 Questões previdenciárias. 9.1 Prévio ingresso do pedido de benefícios no âmbito administrativo. 9.2 Prioridade na tramitação judicial.	00 item
Total de itens:	**10 itens**

5º Concurso (Edital publicado em 31 de outubro de 2014).	
Tópico do Conteúdo Programático	**Quantidade de Itens[84]**
1 Seguridade Social. 1.1 Conceito. 1.2 Evolução histórica. 1.3 Princípios da solidariedade, universalidade, seletividade e distributividade.	00 item
2 O Regime Geral de Previdência Social. 2.1 Os beneficiários. 2.1.1 Segurado. 2.1.1.1 Perda da condição de segurado. 2.1.1.2 O período de graça. 2.1.1.3 O trabalhador rural. 2.1.1.4 O trabalhador doméstico. 2.1.1.5 O estagiário. 2.1.2 Dependentes. 2.1.2.1 Relações familiares não convencionais. 2.1.2.1.1 Relações homoafetivas. 2.1.2.1.2 Vínculos conjugais múltiplos. 2.1.2.1.3 Os agregados. 2.1.3 Filiação e inscrição. 2.2 As prestações. 2.2.1 Salário-de-benefício. 2.2.2 Renda mensal. 2.2.3 Reajustamento. 2.3 Os benefícios. 2.3.1 Benefícios urbanos e rurais. 2.3.2 Auxílio-doença. 2.3.3 Abono de permanência em serviço. 2.3.4 Aposentadoria por invalidez. 2.3.5 Aposentadoria por tempo de contribuição. 2.3.6 Aposentadoria por idade. 2.3.7 Aposentadoria especial. 2.3.8 Pensão por morte. 2.3.9 As pensões especiais. 2.3.10 Salário-maternidade. 2.3.11 Salário-família. 2.3.12 Auxílio reclusão. 2.3.13 Benefício de ex-combatentes e seringueiros. 2.3.14 O abono anual. 2.3.15 Cumulação de benefícios. 2.4 Tempo de serviço e contagem recíproca. 2.5 A desaposentação.	15 itens

84. Quantidade "aproximada" de itens, pois, algumas podem envolver o conhecimento relacionado a mais de um tópico do conteúdo programático.

5º Concurso (Edital publicado em 31 de outubro de 2014).	
Tópico do Conteúdo Programático	**Quantidade de Itens**
3 O regime próprio dos servidores civis da União. 3.1 Pontos de convergência e divergência em relação ao Regime Geral.	00 item
4 O regime próprio dos servidores militares da União. 4.1 Pontos de convergência e divergência em relação ao Regime Geral. 4.2 Pontos de convergência e divergência em relação ao regime próprio dos servidores civis da União.	00 item
5 Assistência Social. 5.1 Conceito. 5.2 Habilitação e reabilitação profissional. 5.3 Benefícios de prestação continuada. 5.4 Cumulação entre benefícios assistenciais e entre benefícios assistenciais e benefícios previdenciários.	00 item
Total de itens:	**15 itens**

4º Concurso (Edital publicado em 31 de dezembro de 2009).	
Tópico do Conteúdo Programático	**Quantidade de Itens**[85]
1 Seguridade Social. 1.1 Origem e evolução legislativa no Brasil. 1.2 Conceituação. 1.3 Organização e princípios constitucionais.	01 item
2 Legislação Previdenciária. 2.1 Conteúdo, fontes, autonomia. 2.3 Aplicação das normas previdenciárias. Vigência, hierarquia, interpretação e integração. 2.4 Orientação dos Tribunais Superiores.	01 item
3 Regime Geral de Previdência Social. 3.1 Segurados obrigatórios. 3.2 Filiação e inscrição. 3.3 Conceito, características e abrangência: empregado, empregado doméstico, empresário, trabalhador autônomo, equiparado a trabalhador autônomo, trabalhador avulso, segurado especial. 3.4 Segurado facultativo: conceito, características, filiação e inscrição. 3.5 Trabalhadores excluídos do Regime Geral.	07 itens

85. Quantidade "aproximada" de itens, pois, algumas podem envolver o conhecimento relacionado a mais de um tópico do conteúdo programático.

4º Concurso (Edital publicado em 31 de dezembro de 2009).	
Tópico do Conteúdo Programático	**Quantidade de Itens**
4 Empresa e empregador doméstico: conceito previdenciário.	01 item
Total de itens:	**10 itens**

3º Concurso (Edital publicado em 5 de setembro de 2007).	
Tópico do Conteúdo Programático	**Quantidade de Itens**[86]
1 Seguridade Social. 1.1 Origem e evolução legislativa no Brasil. 1.2 Conceituação. 1.3 Organização e princípios constitucionais.	02 itens
2 Legislação Previdenciária. 2.1 Conteúdo, fontes, autonomia. 2.3 Aplicação das normas previdenciárias. Vigência, hierarquia, interpretação e integração. 2.4 Orientação dos Tribunais Superiores.	00 item
3 Regime Geral de Previdência Social. 3.1 Segurados obrigatórios. 3.2 Filiação e inscrição. 3.3 Conceito, características e abrangência: empregado, empregado doméstico, empresário, trabalhador autônomo, equiparado a trabalhador autônomo, trabalhador avulso, segurado especial. 3.4 Segurado facultativo: conceito, características, filiação e inscrição. 3.5 Trabalhadores excluídos do Regime Geral.	08 itens
4 Empresa e empregador doméstico: conceito previdenciário.	00 item
5 Benefícios Previdenciários	08 itens
Total de itens:	**18 itens**

86. Quantidade "aproximada" de itens, pois, algumas podem envolver o conhecimento relacionado a mais de um tópico do conteúdo programático.

Ressalte-se que, na análise dos itens e na identificação conforme os conteúdos programáticos, alguns assuntos poderiam ser colocados em mais de um tópico, pois, mesclam temas diversos.

Por fim, é importante ressaltar que a análise objeto desta obra procurou, intencionalmente, dar especial atenção aos certames ocorridos a partir de 2007. É que o longo tempo decorrido desde então - ou seja, mais de 10 anos - poderia levar a resultados estatísticos deturpados em razão das mudanças no conteúdo programático e no perfil nos concursos públicos mais recentemente.

4. ALGUNS PONTOS ESPECÍFICOS MAIS RELEVANTES NAS PROVAS OBJETIVAS

As tabelas acima permitem observar que existe relativa variação nos temas cobrados em Direito Previdenciário. O conhecimento da Lei n. 8.213/91, notadamente nos tópicos sobre "Benefícios Previdenciários" (benefícios previdenciários em espécie) e sobre "Beneficiários" (segurados e dependentes), representa uma parcela significativa do número de questões cobradas nos concursos anteriores.

A análise cuidadosa de cada prova permite constatar que existem, efetivamente, temas que foram mais recorrentes nos últimos concursos. Vejamos alguns tópicos específicos.

A evolução histórica da Seguridade Social não é um tema muito explorado, mas, coincidentemente, em duas provas, exigiu-se do candidato o conhecimento sobre a Lei Eloy Chaves. Veja como o assunto foi abordado, respectivamente, no item 122 do 4º Concurso da DPU (edital publicado em 2010) e no item 133 do 6º Concurso da DPU (edital publicado em 2017):

> **122** A Lei Eloy Chaves (Decreto Legislativo n.º 4.682/1923), considerada o marco da Previdência Social no Brasil, criou as caixas de aposentadoria e pensões das empresas de estradas de ferro, sendo esse sistema mantido e administrado pelo Estado.
>
> **133** A Lei Eloy Chaves, de 1923, foi um marco na legislação previdenciária no Brasil, pois unificou os diversos institutos de aposentadoria e criou o INPS.

De acordo com o gabarito definitivo, temos: Item 122 - Errado e Item 133 - Errado. O Decreto Legislativo n. 4.682, de 24 de janeiro de

1923, chamado de "Lei Eloy Chaves", criou as Caixas de Aposentadoria e Pensões dos ferroviários, em cada empresa de estrada de ferro no território nacional, sendo tal sistema mantido pelas empresas, e não pelo Estado, com previsão dos benefícios de aposentadoria, pensão por morte e assistência médica. Apesar de ser um sistema previdenciário bastante incipiente, é considerada por parte da doutrina como o primórdio da história da Previdência Social no Brasil.

A parte principiológica do Direito Previdenciário também não foi muito explorada nas provas anteriores. Contudo, no 6º Concurso da DPU, realizado em 2017, vieram dois itens sobre o assunto, o que pode demonstrar uma tendência da banca examinadora para explorar a parte de princípios com mais ênfase nos próximos certames. Além disso, o conhecimento dos princípios é importante para que o candidato compreenda a matéria como um todo. Vamos a alguns exemplos do concurso realizado em 2017:

> **134** Dado o princípio da universalidade de cobertura, a seguridade social tem abrangência limitada àqueles segurados que contribuem para o sistema.
>
> **136** O princípio da equidade na forma de participação no custeio do RGPS não veda a existência de alíquotas de contribuições diferenciadas entre empregadores nem entre empregados.

De acordo com o gabarito definitivo, temos: Item 134 – Errado e Item 136 – Correto. Com efeito, o princípio da universalidade do atendimento (art. 194, parágrafo único, I, da CRFB) pode abranger também aqueles que não contribuem para o sistema, notadamente no caso da Saúde e da Assistência Social. Além disso, há o princípio da equidade na forma de participação no custeio (art. 194, parágrafo único, V, da CRFB), com previsão legal de alíquotas diferenciadas entre empregadores e empregados, podendo ser inclusive diferenciadas em razão da atividade econômica, da utilização intensiva de mão-de-obra, do porte da empresa ou da condição estrutural do mercado de trabalho (art. 194, § 9º, da CRFB).

Um tema bastante explorado pela banca examinadora trata dos segurados. Com efeito, no 3º Concurso da DPU, realizado em 2007, houve uma cobrança significativa de questões acerca dos segurados do RGPS. Vejamos:

> **120** Considere a seguinte situação hipotética.

Sérgio é estagiário em uma empresa de informática, recebendo remuneração superior a 2 salários mínimos. Seu vínculo com a empresa obedece ao que dispõe a Lei n.º 6.494/1977, que disciplina os estágios de estudantes de estabelecimento de ensino superior e profissionalizante do ensino médio. Nessa situação, Sérgio, mesmo exercendo atividade remunerada, caso queira, poderá filiar-se ao RGPS na qualidade de segurado facultativo.

121 A idade mínima para filiação ao RGPS é de 16 anos, ressalvados os contratos especiais com idade limite inicial de 14 anos, ajustados nos termos da legislação trabalhista, de forma escrita e por prazo determinado, assegurando ao menor e ao aprendiz um programa de aprendizagem e formação técnico-profissional metódica compatível com o seu desenvolvimento físico, moral e psicológico.

122 Considere que João e Fernanda sejam árbitros de futebol e atuem, de acordo com a Lei n.º 9.615/1998, sem vínculo empregatício com as entidades desportivas diretivas em que atuam. Nessa situação hipotética, João e Fernanda podem ser inscritos na previdência social na qualidade de segurados facultativos, tendo em vista inexistir qualquer disposição legal que os obrigue a serem filiados ao regime geral.

123 De acordo com o Estatuto da Criança e do Adolescente, em cada município haverá um conselho tutelar, órgão permanente e autônomo, não jurisdicional, encarregado pela sociedade de zelar pelo cumprimento dos direitos da criança e do adolescente, composto de 5 membros escolhidos pela comunidade. O exercício dessa atividade pública vincula o conselheiro ao RGPS na qualidade de empregado, pois equivale ao exercício de cargo em comissão.

De acordo com o gabarito definitivo, temos: Item 120 – Correto; Item 121 – Correto; Item 122 – Errado, e Item 123 – Errado. O primeiro item explorou a qualidade de segurado facultativo com base nos arts. 11, § 1º, VII, do Decreto n. 3.048/99 (o bolsista e o estagiário que prestam serviços a empresa de acordo com a Lei n. 6.494/77)[87]. O segundo item (item 121) explorou a idade mínima de filiação ao RGPS, que, segundo a normatização do INSS, a partir da vigência da EC n. 20/98, passou a ser de dezesseis anos, exceto para menor aprendiz, que é de quatorze anos, nos termos do art. 7º, XXXIII, da Constituição Federal

87. Ressalte-se que a Lei n. 6.494/77 foi revogada. O atual texto normativo é a Lei n. 11.788/08, que dispõe sobre o estágio de estudantes.

de 1988. O item 122 trata dos árbitros de competições desportivas, que possuem vínculo na qualidade de contribuinte individual (art. 9º, § 15, XIV, do Decreto n. 3.048/99). O último item (item 123) trata da função de conselheiro tutelar, que também se enquadra como contribuinte individual (art. 9º, § 15, XIV, do Decreto n. 3.048/99). Portanto, exigiu-se do candidato um conhecimento aprofundado da legislação previdenciária, mais especificamente o teor do Decreto n. 3.048/99.

No 4º Concurso da DPU, cujo edital foi publicado em 2010, os segurados do RGPS também tiveram destaque. Vejamos alguns itens cobrados:

> **118** Suponha que João, servidor público federal aposentado, tenha sido eleito síndico do condomínio em que reside e que a respectiva convenção condominial não preveja remuneração para o desempenho dessa função. Nesse caso, João pode filiar-se ao Regime Geral da Previdência Social (RGPS) na condição de segurado facultativo e formalizar sua inscrição com o pagamento da primeira contribuição.
>
> **119** Considere que Pedro explore, individualmente, em sua propriedade rural, atividade de produtor agropecuário em área contínua equivalente a 3 módulos fiscais, em região do Pantanal matogrossense, e que, durante os meses de dezembro, janeiro e fevereiro de cada ano, explore atividade turística na mesma propriedade, fornecendo hospedagem rústica. Nessa situação, Pedro é considerado segurado especial.
>
> **120** Considere que Lucas tenha exercido, individualmente, de modo sustentável, durante toda a vida, a atividade de seringueiro na região amazônica, tendo os frutos dessa atividade sido sua única fonte de renda. Após o falecimento dele, os herdeiros - demonstrados os pressupostos de filiação - poderão requerer a inscrição de Lucas, como segurado especial, no RGPS.

De acordo com o gabarito definitivo, temos: Item 118 - Errado; Item 119 - Correto, e Item 120 - Correto. Com relação ao item 118, o art. 11, § 1º, II, do Decreto n. 3.048/99 prevê que pode filiar-se facultativamente o síndico de condomínio, quando não remunerado, mas o § 2º do mesmo dispositivo prevê que é vedada a filiação ao RGPS, na qualidade de segurado facultativo, de pessoa participante de regime próprio de previdência social. O item 119 trata dos segurados especiais, que pelo art. 11, VII e § 8º, da Lei n. 8.213/91, poderá explorar atividade agropecuária em área de até quatro módulos fiscais e não terá sua condição descaracterizada pela exploração da atividade turística da propriedade rural, inclusive com hospedagem, por não mais de 120 dias ao ano. Finalmente, o item 120 também recai sobre segurado especial que explore atividade de seringueiro ou extrativista vegetal (art. 11, VII, "a", da Lei n. 8.213/91).

Aliás, a figura do segurado especial e do síndico como segurado do RGPS foram, novamente, objeto do 5º Concurso da DPU, realizado em 2014. Confira-se:

> **126** Aquele que, como contrapartida pelo desempenho das atividades de síndico do condomínio edilício onde resida, seja dispensado do pagamento da taxa condominial, sem receber qualquer outro tipo de remuneração, enquadra-se como segurado facultativo do RGPS.
>
> **128** O fato de um dos integrantes do seu núcleo familiar desempenhar atividade urbana não implica, por si só, a descaracterização do trabalhador rural como segurado especial, devendo-se proceder à análise do caso concreto.

De acordo com o gabarito definitivo, temos o Item 126 – Errado e o Item 128 – Correto. O art. 11, § 1º, II, do Decreto n. 3.048/99 prevê que pode filiar-se facultativamente o síndico de condomínio, quando não remunerado e tal remuneração pode ser direta ou indireta, p. ex., quando dispensado do pagamento da taxa condominial, caso em que ele será segurado obrigatório (contribuinte individual) do RGPS. O item 128 trata dos segurados especiais e, nesse caso, exigiu-se o conhecimento literal da Súmula 41/TNU: a circunstância de um dos integrantes do núcleo familiar desempenhar atividade urbana não implica, por si só, a descaracterização do trabalhador rural como segurado especial, condição que deve ser analisada no caso concreto.

No 6º Concurso da DPU, realizado em 2017, como já era de se esperar, o tema "segurados" foi novamente cobrado:

> **138** O segurado aposentado pelo RGPS que passar a auferir renda na condição de trabalhador autônomo será segurado obrigatório em relação a essa atividade e participará do custeio da seguridade social.

De acordo com o gabarito definitivo, temos o Item 138 – Correto. A resposta está na literalidade do art. 11, § 3º, da Lei n.8.213/91: o aposentado pelo RGPS que estiver exercendo ou que voltar a exercer atividade abrangida por este Regime é segurado obrigatório em relação a essa atividade, ficando sujeito às contribuições de que trata a Lei n. 8.212/91, para fins de custeio da Seguridade Social.

A parte de benefícios previdenciários em espécie é bastante exigida nos concursos da DPU. Por exemplo, no 5º Concurso da DPU, realizado em 2014, temos:

> **130** Considere a seguinte situação hipotética.
>
> José, trabalhador urbano, preencheu o requisito da idade para requerer aposentadoria por idade no ano de 2005, mas, à época, não havia atingido o número mínimo de contribuições previsto na tabela progressiva de carência constante do art. 142 da Lei n.º 8.213/1991.
>
> Nessa situação hipotética, é correto afirmar que a carência foi definida, com base na tabela progressiva, em função do ano de 2005, no qual José completou a idade mínima para concessão do benefício, ainda que tal período de carência só tenha sido preenchido em 2009, por exemplo. Ocorreu, portanto, o denominado congelamento da carência.
>
> **131** Conforme entendimento do STF, o direito à aposentadoria especial pressupõe a efetiva exposição do trabalhador a agente nocivo à sua saúde, de modo que, se o equipamento de proteção individual for realmente capaz de neutralizar a nocividade, não haverá respaldo à concessão constitucional de aposentadoria especial.

De acordo com o gabarito definitivo, temos: Item 130 - Anulado e Item 131 - Correto. Com relação ao item 130, o item foi considerado Correto no gabarito preliminar e a anulação teve como justificativa da banca examinadora: "o assunto abordado no item extrapolou os objetos de avaliação indicados no edital de abertura do concurso". A resposta estava na Súmula 44/TNU: "para efeito de aposentadoria urbana por idade, a tabela progressiva de carência prevista no art. 142 da Lei nº 8.213/91 deve ser aplicada em função do ano em que o segurado completa a idade mínima para concessão do benefício, ainda que o período de carência só seja preenchido posteriormente", que consagrou o "congelamento da carência". Quanto ao item 131, o Supremo Tribunal Federal fixou entendimento de que o direito à aposentadoria especial pressupõe a efetiva exposição do trabalhador a agente nocivo a sua saúde, de modo que, se o Equipamento de Proteção Individual (EPI) for realmente capaz de neutralizar a nocividade, não haverá respaldo constitucional à aposentadoria especial (Tema 555 - ARE 664335).

5. DOUTRINA, JURISPRUDÊNCIA E "LEI SECA" NOS CONCURSOS DA DPU

A regulamentação da DPU prevê que, em todos os pontos do programa poderão ser cobrados conhecimentos doutrinários e o posicionamento dominante do Supremo Tribunal Federal, dos Tribunais Superiores e da Turma Nacional de Uniformização.

Observando as questões já apresentadas na análise das provas objetivas, constata-se que as bancas examinadoras exigem, com frequência, o conhecimento sobre a literalidade da legislação ("legislação seca"), sobretudo, no âmbito do Direito Previdenciário, os dispositivos constitucionais (arts. 194 a 204 da CRFB), da Lei n. 8.213/91 e do Decreto n. 3.048/99.

Aliás, com as recentes alterações normativas na legislação previdenciária, surge para o candidato o desafio de memorizar os dispositivos legais e também compreender os critérios temporais de aplicação das normas previdenciárias. É o caso, por exemplo, da aplicação de normas que regem a pensão por morte conforme a data do óbito do segurado instituidor.

A jurisprudência, por sua vez, tem sido cada vez mais objeto de questionamento pelas bancas examinadoras, inclusive nos concursos da Defensoria Pública. Para o Direito Previdenciário, além da jurisprudência do STF e STJ, é muito importante que o candidato conheça o teor das súmulas aprovadas pela TNU, pois, frequentemente são cobradas na literalidade.

6. DICAS FINAIS PARA OS CANDIDATOS

O concurso da DPU, num primeiro momento, parece ser assustador em razão das peculiaridades do edital. Essa característica acaba desestimulando vários candidatos bem preparados. Para aqueles que realmente almejam o cargo de Defensor Público Federal, é importante ter a consciência de que os desafios do edital poderão ser superados com um estudo bem direcionado e, sobretudo, pautado na objetividade.

Particularmente, para todas as disciplinas, acredito que a "fórmula" para a aprovação nos concursos públicos em geral seja:

Aprovação = "Lei Seca" + Jurisprudência + Doutrina + Resolução de Exercícios.

Enfatizo sempre a importância de um estudo cuidadoso dos últimos informativos do Supremo Tribunal Federal, do Superior Tribunal de Justiça e da Turma Nacional de Uniformização, além da inevitável leitura da legislação, tendo como destaque os temas já mencionados anteriormente.

Com relação ao estudo da legislação, recomendo aos candidatos uma atenção especial aos seguintes pontos:

– CRFB/88 (destaque para os arts. 37 a 41 e arts. 194 a 204 da CRFB);

– Lei n. 8.212/91;

– Lei n. 8.213/91;

– Lei n. 10.666/93;

– Decreto n. 3.048/99;

– Lei n. 8.742/93, e

– Lei n. 8.080/90.

Assim, fica como sugestão ao candidato que procure equilibrar o estudo da doutrina com a leitura da legislação e, principalmente, da jurisprudência. Convém, aqui, recomendar alguns instrumentos, tal como o site "Dizer o Direito".

PRINCÍPIOS INSTITUCIONAIS DA DEFENSORIA PÚBLICA

1. BIBLIOGRAFIA INDICADA

O conhecimento dos Princípios Institucionais da Defensoria Pública é uma das exigências imprescindíveis para aqueles que almejam o cargo de Defensor Público da União.

Para a prova objetiva, trata-se de disciplina relativamente mais simples de ser estudada e que, portanto, pode acabar sendo o diferencial na aprovação dos candidatos, uma vez que a classificação é disputada ponto a ponto.

Em termos de bibliografia, por se tratar de um tópico muito específico, é importante que o candidato busque uma obra resumida e que aborde o tema de forma objetiva. Uma das dificuldades para o candidato está em localizar livros que estejam atualizados e que, preferencialmente, tenha sido redigida por membros da própria carreira.

Uma obra relativamente recente é "Princípios Institucionais da Defensoria Pública", de Diogo Esteves e Franklyn Roger Alves.

Outra obra conhecida, mas que aparentemente não tem sido atualizada há alguns anos, é "Princípios Institucionais da Defensoria Pública da União", de Arcênio Brauner Júnior.

Particularmente, acredito que esta disciplina poderá ser bem estudada pelos candidatos com base na legislação seca e na jurisprudência.

Também recomendo os livros com resolução de exercícios. É o caso, p. ex., da coleção "Revisaço", disponibilizado pela Ed. Juspodivm.

Por fim, convém fazer uma pesquisa sobre precedentes que tratam da Defensoria Pública nas obras do "Dizer o Direito", que trazem os principais julgados do STF e do STJ.

2. CONTEÚDO PROGRAMÁTICO NOS EDITAIS DA DPU

A comparação entre o conteúdo programático exigido nos editais dos últimos quatro concursos já realizados é importante para que o candidato perceba o "amadurecimento" da banca examinadora ao longo dos anos. Vejamos:

Edital	Conteúdo Programático (Princípios Institucionais da Defensoria Pública)
6º Concurso (Edital publicado em 12 de junho de 2017, com retificação)	1 Acesso à Justiça e Direitos Humanos. 1.1 Direito à assistência jurídica gratuita. 1.1.1 A evolução da prestação a assistência jurídica no Brasil. 1.1.2 A Defensoria Pública na Constituição da República. 1.1.3 O status constitucional da Defensoria Pública. 2 A Defensoria Pública da União. 2.1 Lei Complementar nº 80/1994 e suas alterações. 2.1.1 Os objetivos e funções institucionais da Defensoria Pública da União. 2.1.2 A organização da Defensoria Pública da União. 2.2 O Defensor Público Federal. 2.2.1 Garantias e prerrogativas dos membros da Defensoria Pública da União. 2.2.2 A independência funcional. 2.2.3 A capacidade postulatória do Defensor Público Federal. 2.2.4 Atribuições e deveres, impedimentos, incompatibilidade e suspeições do Defensor Público Federal. 2.3 A transação, a mediação e a conciliação no âmbito da Defensoria Pública. 2.4 A tutela coletiva no âmbito da Defensoria Pública. 2.4.1 A legitimidade da Defensoria Pública para a tutela dos direitos difusos, coletivos e individuais homogêneos. 2.4.2 A legitimidade da Defensoria Pública para firmar Termo de Ajustamento de Conduta (TAC). 2.4.3 A solução extrajudicial de conflitos coletivos pela Defensoria Pública. 2.5 A curadoria especial. 2.6 A atuação em prol de pessoas jurídicas. 3 Lei nº 1.060/1950. 4 Assistência jurídica gratuita e gratuidade de justiça. Distinções. 5 Princípios da ampla defesa e do contraditório e o dever funcional do Defensor Público. 6 A advocacia dativa. 7 Atuação do Defensor Nacional e Regional de direitos humanos. Resolução CSDPU nº 127/2016.

Edital	Conteúdo Programático (Princípios Institucionais da Defensoria Pública)
5º Concurso (Edital publicado em 31 de outubro de 2014).	1 Acesso à Justiça e Direitos Humanos. 1.1 Direito à assistência jurídica gratuita. 1.1.1 A evolução da prestação a assistência jurídica no Brasil. 1.1.2 A Defensoria Pública na Constituição da República. 1.1.3 O status constitucional da Defensoria Pública. 2 A Defensoria Pública da União. 2.1 A Lei Complementar nº 80/1994. 2.1.1 Os objetivos e funções institucionais da Defensoria Pública da União. 2.1.2 A organização da Defensoria Pública da União. 2.2 O Defensor Público Federal. 2.2.1 Garantias e prerrogativas dos membros da Defensoria Pública da União. 2.2.2 A independência funcional. 2.2.3 A capacidade postulatória do Defensor Público Federal. 2.2.4 Atribuições e deveres, impedimentos, incompatibilidade e suspeições do Defensor Público Federal. 2.3 A transação, a mediação e a conciliação no âmbito da Defensoria Pública. 2.4 A tutela coletiva no âmbito da Defensoria Pública. 2.4.1 A legitimidade da Defensoria Pública para a tutela dos direitos difusos, coletivos e individuais homogêneos. 2.4.2 A legitimidade da Defensoria Pública para firmar Termo de Ajustamento de Conduta (TAC). 2.4.3 A solução extrajudicial de conflitos coletivos pela Defensoria Pública. 2.5 A curadoria especial. 2.6 A atuação em prol de pessoas jurídicas. 3 A Lei nº 1.060/1950. 4 Assistência jurídica gratuita e gratuidade de justiça. Distinções. 5 Princípios da ampla defesa e do contraditório e o dever funcional do Defensor Público. 6 A advocacia dativa.
4º Concurso (Edital publicado em 31 de dezembro de 2009).	1 A Defensoria Pública da União. A Defensoria Pública na Constituição da República. Atribuições e Prerrogativas dos Defensores Públicos. 2 A Lei nº 1.060/50 e suas posteriores alterações. Presunção de Hipossuficiência. 3 Organização da Defensoria Pública da União. A Defensoria Pública como Instituição essencial à função jurisdicional do Estado. A Lei Complementar Federal nº 80/94. 4 A Defensoria Pública como Instituição essencial à Justiça e à Conciliação. O Defensor Público e o instrumento de transação como título executivo extrajudicial. 5 Garantias e Prerrogativas do Defensor Público. Autonomia Funcional e o poder de requisição do Defensor Público. 6 Princípios Institucionais. Princípios da isonomia, ampla defesa e do contraditório e o dever funcional do Defensor Público. 7 Garantias e Prerrogativas do Defensor Público. 8 Direito à Assistência Jurídica Pública. Defensoria Pública e Justiça Gratuita: distinções. Pressupostos para

Edital	Conteúdo Programático (Princípios Institucionais da Defensoria Pública)
4º Concurso (Edital publicado em 31 de dezembro de 2009).	obtenção da Justiça Gratuita. 9 A Defensoria Pública e o patrocínio de pessoas jurídicas. 10 O Defensor Público e a Curadoria Especial. 11 A Defensoria Pública e a Advocacia: distinções. O Estatuto da OAB (Lei nº 8.906/94) e a Lei Complementar Federal nº 80/94. O Defensor Público da União. Atribuições e Deveres. Impedimentos. Incompatibilidade. Suspeições. 12 A atuação do Defensor Público nos conflitos coletivos 13 Garantias e Prerrogativas do Defensor Público. Autonomia Funcional e o Poder de requisição do Defensor Público. 14 O Defensor Público e a natureza da representação do assistido em juízo. Amplitude da Lei nº 1.060/50 e suas alterações. 15 Prerrogativas processuais do Defensor Público. A intimação pessoal e o prazo em dobro. Do livre exercício das funções da Defensoria Pública.
3º Concurso (Edital publicado em 5 de setembro de 2007).	1. A Defensoria Pública da União. A Defensoria Pública na Constituição da República. Atribuições e Prerrogativas dos Defensores Públicos. 2. A Lei nº 1.060/50 e suas posteriores alterações. Presunção de Hipossuficiência. 3. Organização da Defensoria Pública da União. A Defensoria Pública como Instituição essencial à função jurisdicional do Estado. A Lei Complementar 80/94. 4. A Defensoria Pública como Instituição essencial à Justiça e à Conciliação. O Defensor Público e o instrumento de transação como título executivo extrajudicial. 5. Garantias e Prerrogativas do Defensor Público. Autonomia Funcional e o poder de requisição do Defensor Público. 6. Princípios Institucionais. Princípios da isonomia, ampla defesa e do contraditório e o dever funcional do Defensor Público. 7. Garantias e Prerrogativas do Defensor Público. 8. Direito à Assistência Jurídica Pública. Defensoria Pública e Justiça Gratuita: distinções. Pressupostos para obtenção da Justiça Gratuita. 9. A Defensoria Pública e o patrocínio de pessoas jurídicas. 10. O Defensor Público e a Curadoria Especial. 11. A Defensoria Pública e a Advocacia: distinções. O Estatuto da OAB (Lei nº 8.906/94) e a Lei Complementar Federal nº 80/94.O Defensor Público da União. Atribuições e Deveres. Impedimentos. Incompatibilidade. Suspeições. 12. A Atuação do Defensor Público nos conflitos coletivos 13. Garantias e Prerrogativas do Defensor Público. Autonomia Funcional e o Poder de requisição do Defensor Público. 14. O Defensor Público

Edital	Conteúdo Programático (Princípios Institucionais da Defensoria Pública)
3º Concurso (Edital publicado em 5 de setembro de 2007).	e a natureza da representação do assistido em juízo. Amplitude da Lei nº 1.060/50 e suas alterações. 15. Prerrogativas processuais do Defensor Público. A intimação pessoal e o prazo em dobro. Do livre exercício das funções da Defensoria Pública.

Ressalte-se que houve a publicação do Edital n. 2 - DPU, de 29 de junho de 2017, com alterações dos objetos de avaliação na parte de Princípios Institucionais.

Importante observar que a parte de Princípios Institucionais acaba tendo contato com outros ramos do Direito, o que recomenda ao candidato um estudo interdisciplinar. É o caso, por exemplo, dos reflexos do Novo CPC nas atividades dos Defensores Públicos, bem como questões processuais penais relacionadas com a atuação funcional dos defensores públicos.

De acordo com o último edital, serão quatro as Bancas Examinadoras, cada uma responsável por um grupo de disciplinas. Atualmente, "Princípios Institucionais" compõe o Grupo III, ao lado do Direito Previdenciário, Direito do Trabalho, Direito Processual do Trabalho e Direito Administrativo.

Em todos os pontos do programa poderão ser cobrados conhecimentos doutrinários e o posicionamento dominante do Supremo Tribunal Federal, dos Tribunais Superiores e da Turma Nacional de Uniformização.

3. ANÁLISE GERAL DAS ÚLTIMAS PROVAS OBJETIVAS

Nos últimos concursos realizados, a Defensoria Pública da União optou pela execução da primeira etapa por instituição especializada (CESPE/CEBRASPE), o que poderá refletir numa tendência para os próximos editais.

Após a análise das quatro últimas provas objetivas, realizadas *entre 2007 e 2017*, foi possível verificar a seguinte distribuição de questões conforme os tópicos do conteúdo programático. Vejamos:

6º Concurso (Edital publicado em 12 de junho de 2017, com retificação).	
Tópico do Conteúdo Programático	**Quantidade de Itens[88]**
1 Acesso à Justiça e Direitos Humanos. 1.1 Direito à assistência jurídica gratuita. 1.1.1 A evolução da prestação a assistência jurídica no Brasil. 1.1.2 A Defensoria Pública na Constituição da República. 1.1.3 O status constitucional da Defensoria Pública.	03 itens
2 A Defensoria Pública da União. 2.1 Lei Complementar nº 80/1994 e suas alterações. 2.1.1 Os objetivos e funções institucionais da Defensoria Pública da União. 2.1.2 A organização da Defensoria Pública da União. 2.2 O Defensor Público Federal. 2.2.1 Garantias e prerrogativas dos membros da Defensoria Pública da União. 2.2.2 A independência funcional. 2.2.3 A capacidade postulatória do Defensor Público Federal. 2.2.4 Atribuições e deveres, impedimentos, incompatibilidade e suspeições do Defensor Público Federal. 2.3 A transação, a mediação e a conciliação no âmbito da Defensoria Pública. 2.4 A tutela coletiva no âmbito da Defensoria Pública. 2.4.1 A legitimidade da Defensoria Pública para a tutela dos direitos difusos, coletivos e individuais homogêneos. 2.4.2 A legitimidade da Defensoria Pública para firmar Termo de Ajustamento de Conduta (TAC). 2.4.3 A solução extrajudicial de conflitos coletivos pela Defensoria Pública. 2.5 A curadoria especial. 2.6 A atuação em prol de pessoas jurídicas.	04 Itens
3 Lei nº 1.060/1950.	00 item
4 Assistência jurídica gratuita e gratuidade de justiça. Distinções.	01 item
5 Princípios da ampla defesa e do contraditório e o dever funcional do Defensor Público.	00 item
6 A advocacia dativa.	00 item
7 Atuação do Defensor Nacional e Regional de direitos humanos. Resolução CSDPU nº 127/2016.	00 item
Total de itens:	**08 itens**

88. Quantidade "aproximada" de itens, pois, algumas podem envolver o conhecimento relacionado a mais de um tópico do conteúdo programático.

5º Concurso (Edital publicado em 31 de outubro de 2014).	
Tópico do Conteúdo Programático	**Quantidade de Itens[89]**
1 Acesso à Justiça e Direitos Humanos. 1.1 Direito à assistência jurídica gratuita. 1.1.1 A evolução da prestação a assistência jurídica no Brasil. 1.1.2 A Defensoria Pública na Constituição da República. 1.1.3 O status constitucional da Defensoria Pública.	02 itens
2 A Defensoria Pública da União. 2.1 A Lei Complementar nº 80/1994. 2.1.1 Os objetivos e funções institucionais da Defensoria Pública da União. 2.1.2 A organização da Defensoria Pública da União. 2.2 O Defensor Público Federal. 2.2.1 Garantias e prerrogativas dos membros da Defensoria Pública da União. 2.2.2 A independência funcional. 2.2.3 A capacidade postulatória do Defensor Público Federal. 2.2.4 Atribuições e deveres, impedimentos, incompatibilidade e suspeições do Defensor Público Federal. 2.3 A transação, a mediação e a conciliação no âmbito da Defensoria Pública. 2.4 A tutela coletiva no âmbito da Defensoria Pública. 2.4.1 A legitimidade da Defensoria Pública para a tutela dos direitos difusos, coletivos e individuais homogêneos. 2.4.2 A legitimidade da Defensoria Pública para firmar Termo de Ajustamento de Conduta (TAC). 2.4.3 A solução extrajudicial de conflitos coletivos pela Defensoria Pública. 2.5 A curadoria especial. 2.6 A atuação em prol de pessoas jurídicas.	07 itens
3 A Lei nº 1.060/1950.	00 item
4 Assistência jurídica gratuita e gratuidade de justiça. Distinções.	01 item
5 Princípios da ampla defesa e do contraditório e o dever funcional do Defensor Público.	00 item
6 A advocacia dativa	00 item
Total de itens:	**10 itens**

89. Quantidade "aproximada" de itens, pois, algumas podem envolver o conhecimento relacionado a mais de um tópico do conteúdo programático.

4º Concurso (Edital publicado em 31 de dezembro de 2009).	
Tópico do Conteúdo Programático	**Quantidade de Itens[90]**
1 A Defensoria Pública da União. A Defensoria Pública na Constituição da República. Atribuições e Prerrogativas dos Defensores Públicos.	01 item
2 A Lei nº 1.060/50 e suas posteriores alterações. Presunção de Hipossuficiência.	00 item
3 Organização da Defensoria Pública da União. A Defensoria Pública como Instituição essencial à função jurisdicional do Estado. A Lei Complementar Federal nº 80/94.	02 itens
4 A Defensoria Pública como Instituição essencial à Justiça e à Conciliação. O Defensor Público e o instrumento de transação como título executivo extrajudicial.	00 item
5 Garantias e Prerrogativas do Defensor Público. Autonomia Funcional e o poder de requisição do Defensor Público.	00 item
6 Princípios Institucionais. Princípios da isonomia, ampla defesa e do contraditório e o dever funcional do Defensor Público.	02 itens
7 Garantias e Prerrogativas do Defensor Público.	00 item
8 Direito à Assistência Jurídica Pública. Defensoria Pública e Justiça Gratuita: distinções. Pressupostos para obtenção da Justiça Gratuita.	00 item
9 A Defensoria Pública e o patrocínio de pessoas jurídicas.	01 item
10 O Defensor Público e a Curadoria Especial.	00 item
11 A Defensoria Pública e a Advocacia: distinções. O Estatuto da OAB (Lei nº 8.906/94) e a Lei Complementar Federal nº 80/94. O Defensor Público da União. Atribuições e Deveres. Impedimentos. Incompatibilidade. Suspeições.	00 item

90. Quantidade "aproximada" de itens, pois, algumas podem envolver o conhecimento relacionado a mais de um tópico do conteúdo programático.

4º Concurso (Edital publicado em 31 de dezembro de 2009).	
Tópico do Conteúdo Programático	**Quantidade de Itens**
12 A atuação do Defensor Público nos conflitos coletivos.	01 item
13 Garantias e Prerrogativas do Defensor Público. Autonomia Funcional e o Poder de requisição do Defensor Público.	01 item
14 O Defensor Público e a natureza da representação do assistido em juízo. Amplitude da Lei nº 1.060/50 e suas alterações.	00 item
15 Prerrogativas processuais do Defensor Público. A intimação pessoal e o prazo em dobro. Do livre exercício das funções da Defensoria Pública.	02 itens
Total de itens:	**10 itens**

3º Concurso (Edital publicado em 5 de setembro de 2007).	
Tópico do Conteúdo Programático	**Quantidade de Itens**[91]
1. A Defensoria Pública da União. A Defensoria Pública na Constituição da República. Atribuições e Prerrogativas dos Defensores Públicos.	01 item
2. A Lei nº 1.060/50 e suas posteriores alterações. Presunção de Hipossuficiência.	
3. Organização da Defensoria Pública da União. A Defensoria Pública como Instituição essencial à função jurisdicional do Estado. A Lei Complementar 80/94.	04 itens
4. A Defensoria Pública como Instituição essencial à Justiça e à Conciliação. O Defensor Público e o instrumento de transação como título executivo extrajudicial.	

91. Quantidade "aproximada" de itens, pois, algumas podem envolver o conhecimento relacionado a mais de um tópico do conteúdo programático.

3º Concurso (Edital publicado em 5 de setembro de 2007).	
Tópico do Conteúdo Programático	**Quantidade de Itens**
5. Garantias e Prerrogativas do Defensor Público. Autonomia Funcional e o poder de requisição do Defensor Público.	01 item
6. Princípios Institucionais. Princípios da isonomia, ampla defesa e do contraditório e o dever funcional do Defensor Público.	03 itens
7. Garantias e Prerrogativas do Defensor Público.	
8. Direito à Assistência Jurídica Pública. Defensoria Pública e Justiça Gratuita: distinções. Pressupostos para obtenção da Justiça Gratuita.	
9. A Defensoria Pública e o patrocínio de pessoas jurídicas.	
10. O Defensor Público e a Curadoria Especial.	
11. A Defensoria Pública e a Advocacia: distinções. O Estatuto da OAB (Lei nº 8.906/94) e a Lei Complementar Federal nº 80/94. b) O Defensor Público da União. Atribuições e Deveres. Impedimentos. Incompatibilidade. Suspeições.	
12. A Atuação do Defensor Público nos conflitos coletivos	
13. Garantias e Prerrogativas do Defensor Público. Autonomia Funcional e o Poder de requisição do Defensor Público.	
14. O Defensor Público e a natureza da representação do assistido em juízo. Amplitude da Lei nº 1.060/50 e suas alterações.	01 item
15. Prerrogativas processuais do Defensor Público. A intimação pessoal e o prazo em dobro. Do livre exercício das funções da Defensoria Pública.	
Total de itens:	**10 itens**

Ressalte-se que, na análise dos itens e na identificação conforme os conteúdos programáticos, alguns assuntos poderiam ser colocados em mais de um tópico, pois, mesclam temas diversos.

Por fim, é importante ressaltar que a análise objeto desta obra procurou, intencionalmente, dar especial atenção aos certames ocorridos a partir de 2007. É que o longo tempo decorrido desde então - ou seja, mais de 10 anos - poderia levar a resultados estatísticos deturpados em razão das mudanças no conteúdo programático e no perfil nos concursos públicos mais recentemente.

4. ALGUNS PONTOS ESPECÍFICOS MAIS RELEVANTES NAS PROVAS OBJETIVAS

O estudo dos "Princípios Institucionais" deve partir, prioritariamente, das normas constitucionais que regem a Defensoria Pública e da Lei Orgânica da Defensoria Pública (LC n. 80/94). Contudo, a jurisprudência tem tido papel de destaque nos últimos certames, razão pela qual o candidato deve traçar uma estratégia que inclua a leitura dos informativos relacionados com a atividade funcional dos Defensores Públicos.

Vejamos como a jurisprudência foi cobrada, em profundidade, pela banca examinadora, sobretudo no 6º Concurso da DPU, realizado em 2017. A maioria dos itens foi elaborada, prioritariamente, com base na jurisprudência. Vejamos:

> A respeito do tratamento constitucional conferido à DP, da organização e do funcionamento da DPU e da responsabilidade funcional de seus membros, julgue os itens a seguir.
>
> **145** Conforme o entendimento do STF, a autonomia funcional conferida pela CF às DPs, que lhes assegura a iniciativa de propor seu orçamento, não inclui a prévia participação desses órgãos na elaboração das respectivas leis de diretrizes orçamentárias.
>
> **146** De acordo com o entendimento do STJ, enquanto os estados, mediante lei específica, não organizarem suas DPs para atuarem continuamente na capital federal, o acompanhamento dos processos em trâmite naquela corte será prerrogativa da DPU.
>
> No que se refere às atribuições institucionais da DP, à assistência jurídica gratuita e à gratuidade da justiça, julgue os itens seguintes.
>
> **147** Segundo a jurisprudência do STJ, o benefício da assistência judiciária gratuita gera efeitos *ex nunc* e, uma vez concedido, afasta a necessidade de renovação do pedido em cada instância.

148 De acordo com o entendimento do STJ, apesar de ser função institucional do órgão, a função de curador especial é hipótese de atuação atípica, desvinculada da comprovação de pobreza pelo beneficiário, razão por que a DP faz jus a honorários advocatícios pelo seu exercício.

149 De acordo com o entendimento do STF, a legitimidade da DP para atuar em ações que visem resguardar o interesse de pessoas necessitadas limita-se à tutela de direitos coletivos e individuais homogêneos.

De acordo com o gabarito definitivo, temos: Item 145 – Errado; Item 146 – Certo; Item 147 – Certo; Item 148 – Errado, e Item 149 – Errado.

O Item 145 foi elaborado com base nos entendimentos fixados, pelo STF, no julgamento da ADI 5381 MC-Ref e da ADI 5287, cuja leitura das ementas é primordial para o candidato, e firmou, por exemplo, o entendimento de que "a fixação de limite para a proposta de orçamento a ser enviado pela Defensoria Pública, na Lei de Diretrizes Orçamentárias, não pode ser feita sem participação desse órgão autônomo, conjuntamente com os demais Poderes, como exigido, por extensão, pelo art. 99, § 1º, da Constituição Federal" (ADI 5381 MC-Ref, julgado em 18/05/2016).

O item 146 reproduz, quase literalmente, o entendimento firmado pelo STJ no sentido de que, enquanto os Estados, mediante lei específica, não organizarem suas Defensorias Públicas para atuarem continuamente nesta Capital Federal, inclusive com sede própria, o acompanhamento dos processos em trâmite nesta Corte constitui prerrogativa da Defensoria Pública da União – DPU (AgRg no HC 378.088/SC, julgado em 06/12/2016).

O item 147 reproduz a ideia consagrada, por exemplo, no AgRg no AREsp 783.396/MG, julgado em 04/02/2016, quando afirma que "a eventual concessão dos benefícios da gratuidade de justiça opera efeitos *ex nunc*, não podendo, dessa forma, retroagir à data de interposição do recurso especial". Ressalte-se que, com o Novo CPC, o candidato deverá ficar atento às inovações legislativas acerca do tema, bem como acompanhar a evolução jurisprudencial.

O item 148 está errado, pois, "é inviável o arbitramento e adiantamento de honorários advocatícios à Defensoria Pública nas demandas em que seus representantes figurem como curadores especiais, pois se trata de atividade intrínseca às suas funções institucionais, cuja remuneração se dá mediante subsídio, em parcela única" (AgInt no REsp 1.373.126/AL, julgado em 05/05/2016).

Por fim, o Item 149 também está errado em função do entendimento do STF no sentido de que "a Defensoria Pública tem legitimidade para a propositura de ação civil pública que vise a promover a tutela judicial de direitos difusos e coletivos de que sejam titulares, em tese, pessoas necessitadas" (RE 733433, julgado em 04/11/2015).

No 5º Concurso da DPU, realizado em 2014, a jurisprudência também teve destaque na maioria dos itens:

> Julgue os itens seguintes, relativos às disposições da Lei Complementar n.º 80/1994 e à independência funcional da DP.
>
> **143** Embora o legislador tenha previsto que os membros da DPU possam requisitar de autoridade pública e de seus agentes exames, certidões, perícias, vistorias, diligências, processos, documentos, informações e esclarecimentos, o STF firmou entendimento no sentido de que tal norma não se compatibiliza com a CF, pois implica interferência em outros poderes e causa prejuízo na paridade de armas que deve haver entre as partes.
>
> **144** Não obstante o legislador ter vedado aos membros da DPU o recebimento de honorários em razão de suas atribuições, o STJ firmou entendimento no sentido de que serão devidos honorários advocatícios sucumbenciais em favor da DP quando esta patrocinar demanda ajuizada contra ente federativo ao qual ela não pertença.
>
> Em relação à assistência jurídica gratuita, à capacidade postulatória do DP federal, à tutela coletiva da DP e à DP na CF, julgue os itens subsequentes.
>
> **146** A representação processual pela DPU independe da apresentação de procuração geral para o foro e se faz exclusivamente por DP integrante de seu quadro funcional, não havendo a possibilidade de que seus membros sejam recrutados em caráter precário, segundo entendimento mais atualizado do STF.
>
> **147** Segundo entendimento do STF, a proposta orçamentária da DP poderá ser inserida na do Poder Executivo, juntamente com as das secretarias de estado ou com as dos ministérios, no âmbito federal, não constituindo tal inserção desrespeito à autonomia administrativa da instituição, nem ingerência no estabelecimento de sua programação financeira.

148 Se uma cidadã brasileira, reconhecidamente pobre na forma da lei, for vítima de estupro, a DP – desde que estruturada e aparelhada –, conforme entendimento do STF, terá legitimidade para oferecer a respectiva denúncia criminal.

149 Segundo o STJ, a DP tem legitimidade para ajuizar ações coletivas em defesa de interesses difusos, coletivos ou individuais homogêneos, sendo que, no tocante aos difusos, sua legitimidade será ampla, independentemente de haver benefício a um grupo de pessoas necessitadas, haja vista que o direito tutelado pertence a pessoas indeterminadas. No entanto, quando se tratar de interesses coletivos ou individuais homogêneos, a legitimação deverá ser restrita às pessoas notadamente necessitadas.

150 A assistência jurídica integral e gratuita é garantida aos que comprovarem insuficiência de recursos, sejam eles pessoas naturais ou jurídicas. No caso de pessoas jurídicas de direito privado, é pacífica a jurisprudência do STJ no sentido de que a concessão desse benefício somente será possível quando for efetivamente comprovado seu estado de miserabilidade ou a precariedade de sua situação financeira, não bastando a simples declaração de pobreza.

De acordo com o gabarito definitivo, temos: Item 143 – (anulada); Item 144 – Certo; Item 146 – Certo; Item 147 – Errado; Item 148 – Errado; Item 149 – Certo, e Item 150 – Certo.

Com relação ao Item 143, a questão foi considerada inicialmente Correta, pois, o STF havia entendido que "é inconstitucional a requisição por defensores públicos a autoridade pública, a seus agentes e a entidade particular de certidões, exames, perícias, vistorias, diligências, processos, documentos, informações, esclarecimentos e providências, necessários ao exercício de suas atribuições: exacerbação das prerrogativas asseguradas aos demais advogados. Inconstitucionalidade do art. 178, inc. IV, alínea a, da Constituição fluminense" (ADI 230, Relator(a): Min. CÁRMEN LÚCIA, Tribunal Pleno, julgado em 01/02/2010). Entretanto, a banca examinadora entendeu que a redação do item permite dupla interpretação: a de que a norma que rege os membros da DPU é inconstitucional e a de que seria inconstitucional a norma que dispõe sobre a requisição em si. Por esse motivo, optou-se pela anulação.

O Item 144 segue o entendimento do STJ de que "são devidos honorários advocatícios à Defensoria Pública quando a atuação se dá em face de ente federativo diverso do qual pertença, consoante entendimento sumulado no enunciado n. 421 desta Corte" (AgInt no REsp 1644456/RS, Rel. Ministra REGINA HELENA COSTA, PRIMEIRA TURMA, julgado em 12/12/2017). Nesse ponto, aliás, o candidato deve se atentar para a nova redação do art. 4º, XXI, da LC n. 80/94.

O Item 146 parte do art. 44, XI, da LC n. 80/94, segundo a qual os membros da DPU podem representar a parte, em feito administrativo ou judicial, independentemente de mandato, ressalvados os casos para os quais a lei exija poderes especiais. Na sequência, versa sobre entendimento do STF no sentido de que "por desempenhar, com exclusividade, um mister estatal genuíno e essencial à jurisdição, a Defensoria Pública não convive com a possibilidade de que seus agentes sejam recrutados em caráter precário. Urge estruturá-la em cargos de provimento efetivo e, mais que isso, cargos de carreira" (ADI 3700, Relator(a): Min. CARLOS BRITTO, Tribunal Pleno, julgado em 15/10/2008).

O Item 147 reproduziu entendimento do STF de que "a inserção da Defensoria Pública em capítulo destinado à proposta orçamentária do Poder Executivo, juntamente com as Secretarias de Estado, constitui desrespeito à autonomia administrativa da instituição, além de ingerência indevida no estabelecimento de sua programação administrativa e financeira" (ADPF 307 MC-Ref, Relator(a): Min. DIAS TOFFOLI, Tribunal Pleno, julgado em 19/12/2013).

O Item 148 versa sobre a tese da inconstitucionalidade progressiva do art. 68 do CPP, segundo a qual o Ministério Público somente tem legitimidade para propor ação civil *ex delicto* em favor de pessoas pobres nas hipóteses em que a Defensoria Pública não estiver organizada no respectivo ente da Federação (RE 135328, Relator(a): Min. MARCO AURÉLIO, Tribunal Pleno, julgado em 29/06/1994).

O Item 149 traduz a jurisprudência do STJ, que afirmou "a Defensoria Pública tem pertinência subjetiva para ajuizar ações coletivas em defesa de interesses difusos, coletivos ou individuais homogêneos, sendo que no tocante aos difusos, sua legitimidade será ampla (basta que possa beneficiar grupo de pessoas necessitadas), haja vista que o direito tutelado é pertencente a pessoas indeterminadas. No entanto, em se tratando de interesses coletivos em sentido estrito ou individuais homogêneos, diante de grupos determinados de lesados, a legitimação deverá ser restrita às pessoas notadamente necessitadas"

(REsp 1192577/RS, Rel. Ministro LUIS FELIPE SALOMÃO, QUARTA TURMA, julgado em 15/05/2014).

O Item 150 reproduziu julgado do STJ no sentido de que " à pessoa jurídica é possível a concessão do benefício da assistência judiciária gratuita somente quando comprovada a precariedade de sua situação financeira - mesmo se em regime de liquidação extrajudicial ou falência -, não havendo falar em presunção de miserabilidade" (AgRg no AREsp 570.332/DF, Rel. Ministro RAUL ARAÚJO, QUARTA TURMA, julgado em 21/10/2014). Nesse ponto, o candidato deve ter atenção para distinguir "assistência jurídica gratuita" e "gratuidade de justiça", que é um dos pontos específicos previstos no edital.

No 4º Concurso da DPU, cujo edital foi lançado em 2010, a jurisprudência também foi cobrada em relação aos temas de prerrogativas funcionais (intimação pessoal), critérios de concessão de assistência judiciária gratuita e atuação da DPU no âmbito da tutela coletiva. Vejamos:

> Acerca da Defensoria Pública, conforme previsto na Constituição Federal de 1988, da intimação pessoal e do prazo para atuação, julgue o item a seguir.
>
> **181** Segundo entendimento do STJ, o defensor público deve ser intimado, pessoalmente, de todos os atos do processo, sob pena de nulidade.
>
> Com relação ao patrocínio de pessoas jurídicas e à atuação do defensor em conflitos coletivos, julgue os itens subsequentes. **183** Segundo entendimento do STJ, é vedado à Defensoria Pública prestar assistência judiciária a pessoa jurídica.
>
> **184** De acordo com entendimento do STJ, a Defensoria Pública tem legitimidade para propor tanto a ação principal quanto a ação cautelar em ações civis coletivas que buscam auferir responsabilidade por danos causados ao meio ambiente.

De acordo com o gabarito definitivo, temos: Item 181 - Certo; Item 183 - Errado, e Item 184 - Certo. Quanto ao Item 181, o STJ já consagrava, há vários anos, que a intimação do defensor público é pessoal e a falta dessa intimação implica nulidade absoluta (HC 54.062/SP, Rel. Ministro NILSON NAVES, SEXTA TURMA, julgado em 30/05/2006), sendo tal prerrogativa reforçada pela nova redação do arts. 44, I, 89, I, e 128, I, da LC n. 80/94, inclusive mediante entrega dos autos com vista. O Item 183 aponta situação corriqueira, em que a Defensoria Pública atua em favor de pessoa jurídica (p. ex., nos casos de revelia e citação por edital), cabendo ao candidato distinguir "assistência jurídica gratuita" e "gratuidade de justiça", que é um dos pontos específicos previstos no edital. Por fim, o Item 184 traz questão frequentemente abordada em provas objetivas, conforme demonstrado acima, acerca da legitimidade da Defensoria Pública em sede de tutela coletiva.

O 3º Concurso da DPU, cujo edital foi publicado em 2007, trouxe um perfil de prova bem mais simples na parte de "Princípios Institucionais", sendo que preponderou a exigência do conhecimento literal da LC n. 80/94. Vejamos como exemplo:

> A respeito da Lei Complementar n.º 80/1994, julgue os próximos itens.
>
> **192** A DPGU tem como chefe o Defensor Público-Geral, que é nomeado pelo presidente da República, entre os integrantes da carreira com mais de 35 anos de idade, após aprovação de seu nome pela maioria absoluta dos membros do Senado Federal, para mandato de dois anos, permitida uma recondução, precedida de nova aprovação do Senado Federal.
>
> **193** Aos membros da DPGU é vedado exercer atividade político-partidária, mesmo que eles não atuem na justiça eleitoral.

De acordo com o gabarito definitivo, temos: Item 192 – Certo e Item 193 – Errado. A resposta aos itens decorre da literalidade do art. 6º (na redação original) e do art. 46, VI, da LC n. 80/94.

Ainda no 3º Concurso da DPU, realizado em 2007, foi exigida do candidato a distinção dos institutos "assistência jurídica gratuita" e "gratuidade de justiça". Vejamos:

> Quanto ao regime constitucional da Defensoria Pública, julgue o item que se segue.
>
> **191** A existência de advogado particular não afasta o direito à assistência judiciária, mas afasta o direito ao prazo em dobro.

De acordo com o gabarito definitivo, temos o Item 191 – Certo. Importante ressaltar que o candidato deve ficar atento ao assunto, sobretudo com as mudanças do Novo CPC acerca da Defensoria Pública (arts. 185 a 187 do CPC) e da gratuidade da justiça (arts. 98 a 102 do CPC).

Por fim, foi identificado um item na prova do 6º Concurso da DPU, ocorrido em 2017, que trouxe abordagem doutrinária acerca dos "Princípios Institucionais". Vejamos:

> **144** Entre os modelos de assistência jurídica dos Estados contemporâneos, o Brasil adotou, na CF, o sistema *salaried staff model*, o que significa que incumbe à DP a prestação de assistência jurídica integral e gratuita aos necessitados.

De acordo com o gabarito definitivo, o Item 144 foi considerado Certo. Dentre os modelos de assistência jurídica adotados no direito comparado, identifica-se, dentre eles, o modelo *Salaried Staff* adotado pelo art. 134 da CRFB, que prevê a Defensoria como instituição democrática responsável pela prestação da assistência jurídica integral e gratuita (art. 5º, LXXIV, da CRFB), em que o Estado mantém membros próprios (Defensores Públicos) para atender a população economicamente hipossuficiente através de assistência jurídica integral e gratuita[92].

5. DOUTRINA, JURISPRUDÊNCIA E "LEI SECA" NOS CONCURSOS DA DPU

A regulamentação da DPU prevê que, em todos os pontos do programa poderão ser cobrados conhecimentos doutrinários e o posicionamento dominante do Supremo Tribunal Federal, dos Tribunais Superiores e da Turma Nacional de Uniformização.

A parte de "Princípios Institucionais da Defensoria Pública", certamente, pode surpreender o candidato menos preparado para a prova da Defensoria Pública da União.

É que a análise das últimas provas da DPU mostrou que o perfil de avaliação da banca examinadora mudou bastante ao longo dos anos. Partiu-se de um padrão de prova mais simples – em que bastava ao

92. Para mais informações sobre o assunto, recomendo o seguinte artigo: *NEVES, Thiago Burlani. A legitimidade em sentido amplo da Defensoria Pública para propor ação civil pública em defesa do meio ambiente saudável. In: Âmbito Jurídico, Rio Grande, XVII, n. 122, mar 2014. Disponível em: <http://www.ambito-juridico.com.br/site/?n_link=revista_artigos_leitura&artigo_id=14539>. Acesso em maio 2018.*

candidato a leitura, p. ex., da LC n. 80/94 –, para um perfil de avaliação concentrado na jurisprudência do Supremo Tribunal Federal e do Superior Tribunal de Justiça. A partir de agora, o candidato deve acompanhar os informativos sobre questões relacionadas com a atividade funcional da Defensoria e de seus membros.

Os exemplos de questões acima também mostraram que o nível de arguição da banca examinadora evoluiu significativamente para também abranger questões sobre aspectos financeiro-orçamentários da Defensoria Pública, tendo como principal enfoque a autonomia da Instituição.

Em razão das mudanças legislativas ocorridas nas normas constitucionais e infraconstitucionais – inclusive com os reflexos do novo CPC – que tratam da Defensoria Pública, o candidato deve ficar atento à superação de entendimentos consagrados em precedentes mais antigos.

A exigência de conhecimento doutrinário nessa parte do conteúdo programático, em termos gerais, foi inexpressiva. Prevaleceu o domínio da jurisprudência e da legislação. Contudo, o último concurso trouxe um item sobre os modelos de assistência jurídica no direito comparado, o que merece atenção do candidato, pois, pode traduzir uma tendência da banca examinadora para os próximos certames.

6. DICAS FINAIS PARA OS CANDIDATOS

Particularmente, para todas as disciplinas, acredito que a "fórmula" para a aprovação nos concursos públicos em geral seja:

Aprovação = "Lei Seca" + Jurisprudência + Doutrina + Resolução de Exercícios.

Na parte de "Princípios Institucionais da Defensoria Pública", uma dica importante para o sucesso do candidato é a atenção especial para as inovações legislativas (p. ex., EC n. 80/2014 e LC n. 132/09), bem como os reflexos do novo CPC nas atividades dos Defensores Públicos.

Além disso, em função da jurisprudência cobrada nos concursos anteriores, recomendo que o candidato utilize algumas ferramentas disponibilizadas no sítio eletrônico do Supremo Tribunal Federal, por exemplo, as pesquisas "A Constituição e o Supremo" e "Informativo por Temas". Tais ferramentas reúnem de maneira sistematizada os principais julgados da Corte acerca de diversos assuntos, inclusive de interesse da Defensoria Pública.

Com relação ao estudo da legislação, recomendo aos candidatos uma atenção especial aos seguintes pontos:

– CRFB/88 (destaque para os arts. 5º, LXXIV, 21, XIII, 22, XVII, 24, XIII, 48, IX, 61, § 1º, II, *d*, 134, 135 e 168 da CRFB, dentre outros);

– LC n. 80/94 (com alterações legislativas), e

– Lei n. 1.060/50 (com alterações legislativas).

Assim, fica como sugestão ao candidato que procure equilibrar a leitura da legislação e, principalmente, da jurisprudência.

DIREITO CONSTITUCIONAL

1. BIBLIOGRAFIA INDICADA

O estudo para a primeira etapa do concurso da Defensoria Pública da União precisa se pautar na distribuição adequada de tempo investido em cada uma das mais de 20 disciplinas previstas no edital. Para o sucesso, a escolha do material de estudo adequado torna-se crucial.

O clássico "Curso de Direito Constitucional Positivo", do professor José Afonso da Silva, é uma das melhores obras sobre o assunto. A obra tem sido atualizada e, apesar do custo, é de fácil obtenção no mercado. O autor é um dos mais respeitados juristas perante as bancas de examinadores. No entanto, trata-se de obra muito extensa e que possui alguns entendimentos do autor que podem não estar em sintonia com a jurisprudência do STF.

Outras obras podem ser citadas. Vários colegas concurseiros me relataram o gosto pelo "Curso de Direito Constitucional", do Ministro Gilmar Mendes, que é uma das grandes obras jurídicas brasileiras. No entanto, especificamente para fins de concurso público, talvez seja uma obra que vai além do propósito esperado pelos candidatos.

Um livro que ficaria em posição "intermediária", ou seja, que atenderia tanto a razoável aprofundamento, é a obra "Direito Constitucional" do Ministro Alexandre de Moraes.

Em termos estratégicos, sobretudo para aqueles que não estão se dedicando integralmente aos concursos públicos e que precisam conciliar os estudos com a atividade profissional, pode-se optar por outras obras no mercado que também possuem bom nível de aprofundamento e que estão em sintonia com a jurisprudência do STF. É o caso, p. ex., das obras de Direito Constitucional do professor Pedro Lenza e dos professores Marcelo Alexandrino e Vicente Paulo. São livros de redação agradável, com atualização constante e referências a questões dos últimos concursos públicos.

Além dos livros doutrinários, recomendo os livros com resolução de exercícios. É o caso, p. ex., da obra "Revisaço", editado pela Ed. Juspodivm.

Para quem gosta da Coleção Sinopses (Editora Juspodivm), fica a recomendação do volume de Direito Constitucional, dos autores Juliano Taveira Bernardes e Olavo Augusto Vianna Alves Ferreira, que é um livro resumido, de leitura agradável e com custo reduzido.

Por fim, convém dar uma conferida nas obras do "Dizer o Direito", que trazem com excelente didática os principais julgados do STF.

2. CONTEÚDO PROGRAMÁTICO NOS EDITAIS DA DPU

A Resolução n. 118, de 05 de novembro de 2015, que dispõe sobre os concursos públicos para ingresso na carreira de Defensor Público Federal, destaca mais de vinte disciplinas a serem objeto de arguição nas provas objetivas, dissertativas e orais.

Vejamos o conteúdo programático de Direito Constitucional, nos últimos quatro concursos já realizados:

Edital	Conteúdo Programático (Direito Constitucional)
6º Concurso (Edital publicado em 12 de junho de 2017, com retificação)	1 Evolução histórica do constitucionalismo. 2 A Constituição. 2.1 Noções fundamentais. 2.2 Concepções e teorias. 2.3 Tipologia. 2.4 Conteúdo e supremacia das normas constitucionais. 3 Poder Constituinte. 3.1 Conceito e origens. 3.2 Titularidade e legitimidade. 3.3 Natureza e limites. 3.4 Poder Constituinte originário e derivado. 3.5 Limitações ao Poder Constituinte derivado. 3.5.1 Limites formais e materiais. 3.5.2 Limites temporais e circunstanciais. 4 Normas constitucionais. 4.1 Normas constitucionais de organização, programáticas e definidoras de direitos. 4.2 Existência, validade,

Edital	Conteúdo Programático (Direito Constitucional)
6º Concurso (Edital publicado em 12 de junho de 2017, com retificação)	eficácia e efetividade das normas constitucionais. 4.3 Modalidades de eficácia da norma constitucional: direta, interpretativa e negativa. 4.4 Interpretação das normas constitucionais. 4.5 A técnica da ponderação. 5 Princípios constitucionais. 5.1 Supremacia da constituição. 5.2 Presunção de constitucionalidade. 5.3 Unidade da Constituição. 5.4 Interpretação conforme a Constituição. 5.5 Razoabilidade e proporcionalidade. 5.6 Efetividade. 6 O princípio da dignidade da pessoa humana. 6.1. O mínimo existencial. 6.2. Vedação de retrocesso. 7 Direitos e garantias fundamentais. 8 Direitos e deveres individuais e coletivos. 9 Direitos políticos. 10 Organização do Estado. 10.1 Organização político-administrativa. 10.2 União. 10.3 Estados Federados. 10.4 Distrito Federal. 10.5 Municípios. 11 Poder Judiciário. 11.1 Conselho Nacional de Justiça. 11.2 Supremo Tribunal Federal. 11.3 Tribunais Superiores. 11.4 Justiça Federal. 11.5 Justiça do Trabalho. 11.6 Justiça Militar da União. 11.7 Justiça Eleitoral. 12 Ministério Público. 13 Defensoria Pública. 14 Advocacia e da Advocacia Pública. 15 Controle de constitucionalidade. 15.1 Sistemas. 15.2 Controle difuso e controle concentrado de constitucionalidade. 15.3 Ação direta de inconstitucionalidade e ação declaratória de constitucionalidade. 15.4 Arguição de descumprimento de preceito fundamental. 15.5 Inconstitucionalidade por omissão. 15.6 Mandado de injunção. 16 Remédios constitucionais. 16.1 Habeas corpus. 16.2 Habeas data. 16.3 Mandado de segurança. 17 Controle judicial de políticas públicas. 18 Direito à saúde. 18.1 Sistema Único de Saúde. 19 Direito Constitucional Ambiental.
5º Concurso (Edital publicado em 31 de outubro de 2014).	1 Evolução histórica do constitucionalismo. 2 A Constituição. 2.1 Noções fundamentais. 2.2 Concepções e teorias. 2.3 Tipologia. 2.4 Conteúdo e supremacia das normas constitucionais. 3 Poder Constituinte. 3.1 Conceito e origens. 3.2 Titularidade e legitimidade. 3.3 Natureza e limites. 3.4 Poder Constituinte originário e derivado. 3.5 Limitações ao Poder Constituinte derivado. 3.5.1 Limites formais e materiais. 3.5.2 Limites temporais e circunstanciais. 4 Normas constitucionais. 4.1 Normas constitucionais de organização, programáticas e definidoras de direitos. 4.2 Existência, validade, eficácia e efetividade das normas constitucionais. 4.3 Modalidades de eficácia da norma constitucional: direta, interpretativa e negativa. 4.4 Interpretação das normas

Edital	Conteúdo Programático (Direito Constitucional)
5º Concurso (Edital publicado em 31 de outubro de 2014).	constitucionais. 4.5 A técnica da ponderação. 5 Princípios constitucionais. 5.1 Supremacia da constituição. 5.2 Presunção de constitucionalidade. 5.3 Unidade da Constituição. 5.4 Interpretação conforme a Constituição. 5.5 Razoabilidade e proporcionalidade. 5.6 Efetividade. 6 O princípio da dignidade da pessoa humana. 6.1. O mínimo existencial. 6.2. Vedação de retrocesso. 7 Direitos e garantias fundamentais. 8 Direitos e deveres individuais e coletivos. 9 Direitos políticos. 10 Organização do Estado. 10.1 Organização político-administrativa. 10.2 União. 10.3 Estados Federados. 10.4 Distrito Federal. 10.5 Municípios. 11 Poder Judiciário. 11.1 Conselho Nacional de Justiça. 11.2 Supremo Tribunal Federal. 11.3 Tribunais Superiores. 11.4 Justiça Federal. 11.5 Justiça do Trabalho. 11.6 Justiça Militar da União. 11.7 Justiça Eleitoral. 12 Ministério Público. 13 Defensoria Pública. 14 Advocacia e da Advocacia Pública. 15 Controle de constitucionalidade. 15.1 Sistemas. 15.2 Controle difuso e controle concentrado de constitucionalidade. 15.3 Ação direta de inconstitucionalidade e ação declaratória de constitucionalidade. 15.4 Arguição de descumprimento de preceito fundamental. 15.5 Inconstitucionalidade por omissão. 15.6 Mandado de injunção. 16 Remédios constitucionais. 16.1 Habeas corpus. 16.2 Habeas data. 16.3 Mandado de segurança. 17 Controle judicial de políticas públicas. 18 Direito à saúde. 18.1 Sistema Único de Saúde. 19 Direito Constitucional Ambiental.
4º Concurso (Edital publicado em 31 de dezembro de 2009).	1 Constituição: conceito, objeto e classificações. 1.1 Supremacia da Constituição. 1.2 Aplicabilidade das normas constitucionais. 1.3 Interpretação das normas constitucionais. 2 Dos princípios fundamentais. 2.1 Dos direitos e garantias fundamentais. 2.2 Dos direitos e deveres individuais e coletivos. 2.3 Dos direitos políticos. 2.4 Dos partidos políticos. 3 Da organização do Estado. 3.1 Da organização político-administrativa. 3.2 Da União. 3.3 Dos estados federados. 3.4 Dos Municípios. 3.5 Da intervenção no Estado, no Município. 3.6 Da administração pública. Disposições gerais. Dos servidores públicos. 4 Da organização dos poderes no Estado. 4.1 Do poder legislativo. Do processo legislativo. Da fiscalização contábil, financeira e orçamentária. Do Tribunal de Contas da União. 4.2 Do Poder Executivo. Atribuições e responsabilidades do presidente da

Edital	Conteúdo Programático (Direito Constitucional)
4º Concurso (Edital publicado em 31 de dezembro de 2009).	República. 4.3 Do Poder Judiciário. Disposições gerais. Do Supremo Tribunal Federal. Dos Tribunais superiores. Dos Tribunais e Juízes eleitorais e militares. Das funções essenciais à justiça. 4.4 Do Ministério Público. 4.5 Da Defensoria Pública. 4.6 Do estatuto da Ordem dos Advogados do Brasil. 5 Do controle da constitucionalidade: sistemas. 5.1 Ação declaratória de constitucionalidade e ação direita de inconstitucionalidade. 5.2 O controle de constitucionalidade das leis municipais. 6 Do Sistema Tributário Nacional. 6.1 Dos Princípios gerais. 6.2 Das limitações do poder de tributar. 6.3 Dos impostos da União, dos Estados e dos Municípios. 6.4 Da repartição das receitas tributárias.
3º Concurso (Edital publicado em 5 de setembro de 2007).	1 Evolução constitucional do Brasil. 2 Constituição: conceito e classificação. 3 Normas constitucionais: classificação. 4 Preâmbulo, normas constitucionais programáticas e princípios constitucionais. 5 Disposições constitucionais transitórias. 6 Hermenêutica constitucional. 7 Poder constituinte. 8 Controle de constitucionalidade: direito comparado. Sistema brasileiro. Evolução histórica. Normas constitucionais inconstitucionais. 9 Declaração de inconstitucionalidade sem redução de texto e declaração conforme a constituição. 10 Inconstitucionalidade por omissão. 11 Ação direta de inconstitucionalidade: origem, evolução e estado atual. 12 Ação declaratória de constitucionalidade. 13 Arguição de descumprimento de preceito fundamental. 14 Da declaração de direitos: histórico; teoria jurídica e teoria política. 15 Direitos e garantias individuais e coletivos. 16 Princípio da legalidade e da reserva legal. 17 Princípio da isonomia. 18 Regime constitucional da propriedade. 19 Princípio do devido processo legal, do contraditório e da ampla defesa. 20 Habeas corpus, mandado de segurança, mandado de injunção e habeas data. 21 Direitos difusos coletivos e individuais homogêneos. 22 Direitos sociais e sua efetivação. 23 Direito à Nacionalidade. 24 Direitos Políticos. 25 Estado federal: conceito e sistemas de repartição de competência, direito comparado, discriminação de competência na Constituição de 1988, Intervenção federal, Princípio da simetria constitucional. 26 Estado Democrático de Direito: fundamentos constitucionais e doutrinários. 27 Organização dos Poderes: mecanismos de freios e contrapesos. 28 União: competência. 29 Estado-membro; poder constituinte estadual: autonomia e

Edital	Conteúdo Programático (Direito Constitucional)
3º Concurso (Edital publicado em 5 de setembro de 2007).	limitações. 30 Estado-membro: competência e autonomia. 31 Poder Legislativo: organização; atribuições; processo legislativo. 32 Poder Executivo: presidencialismo e parlamentarismo; ministro de Estado. 33 Presidente
3º Concurso (Edital publicado em 5 de setembro de 2007).	da República: poder regulamentar; medidas provisórias. 34 Crimes de responsabilidade do presidente da República e dos ministros de Estado. 35 Poder Legislativo: prerrogativas e vedações. 36 Comissão Parlamentar de Inquérito. 37 Processo Legislativo. 38 Poder Judiciário: organização; estatuto constitucional da magistratura. 39 Supremo Tribunal Federal: organização e competência. Súmula Vinculante. 40 Conselho Nacional de Justiça e do Ministério Público. 41 Superior Tribunal de Justiça: organização e competência. Justiça federal: organização e competência. 42 Justiça do trabalho: organização e competência. 43 Ministério Público: princípios constitucionais. 44 Advocacia Pública e Advocacia: representação judicial e extrajudicial das pessoas jurídicas de direito público; consultoria e assessoramento jurídico do Poder Executivo; organização e funcionamento. 45 Defensoria Pública. 46 Ordem econômica e ordem financeira. 47 Intervenção do Estado no domínio econômico. 48 Direitos e interesses das populações indígenas.

Os dois últimos certames trouxeram praticamente o mesmo conteúdo programático (editais de 2014 e 2017), o que representa uma tendência para os próximos concursos.

Trata-se de conteúdo extenso, sobretudo se analisado em conjunto com as mais de vinte disciplinas que compõem o edital. Além disso, boa parte dos temas se relaciona, direta ou indiretamente, com conteúdos de outras disciplinas.

De acordo com o último edital, serão quatro as Bancas Examinadoras, cada uma responsável por um grupo de disciplinas. Atualmente, o Direito Constitucional compõe o Grupo IV, ao lado do Direito Internacional, Direitos Humanos, Filosofia do Direito, Noções de Sociologia Jurídica e Noções de Ciência Política.

Os pontos do programa poderão ser cobrados com base em conhecimentos doutrinários e o posicionamento dominante do Supremo

Tribunal Federal, dos Tribunais Superiores e da Turma Nacional de Uniformização.

3. ANÁLISE GERAL DAS ÚLTIMAS PROVAS OBJETIVAS

Nos últimos concursos realizados, a Defensoria Pública da União optou pela execução da primeira etapa por instituição especializada (CESPE/CEBRASPE), o que poderá refletir numa tendência para os próximos editais.

Após a análise das quatro últimas provas objetivas, realizadas *entre 2007 e 2017*, ou seja, aproximadamente dez anos de interregno, foi possível verificar a seguinte distribuição de questões conforme os tópicos do conteúdo programático. Vejamos:

6º Concurso (Edital publicado em 12 de junho de 2017, com retificação).	
Tópico do Conteúdo Programático	**Quantidade de Itens[93]**
1 Evolução histórica do constitucionalismo.	01 item
2 A Constituição. 2.1 Noções fundamentais. 2.2 Concepções e teorias. 2.3 Tipologia. 2.4 Conteúdo e supremacia das normas constitucionais.	01 item
3 Poder Constituinte. 3.1 Conceito e origens. 3.2 Titularidade e legitimidade. 3.3 Natureza e limites. 3.4 Poder Constituinte originário e derivado. 3.5 Limitações ao Poder Constituinte derivado. 3.5.1 Limites formais e materiais. 3.5.2 Limites temporais e circunstanciais.	01 item
4 Normas constitucionais. 4.1 Normas constitucionais de organização, programáticas e definidoras de direitos. 4.2 Existência, validade, eficácia e efetividade das normas constitucionais. 4.3 Modalidades de eficácia da norma constitucional: direta, interpretativa e negativa. 4.4 Interpretação das normas constitucionais. 4.5 A técnica da ponderação.	00 item

93. Quantidade "aproximada" de itens, pois, algumas podem envolver o conhecimento relacionado a mais de um tópico do conteúdo programático.

6º Concurso (Edital publicado em 12 de junho de 2017, com retificação).	
Tópico do Conteúdo Programático	**Quantidade de Itens**
5 Princípios constitucionais. 5.1 Supremacia da constituição. 5.2 Presunção de constitucionalidade. 5.3 Unidade da Constituição. 5.4 Interpretação conforme a Constituição. 5.5 Razoabilidade e proporcionalidade. 5.6 Efetividade.	01 item
6 O princípio da dignidade da pessoa humana. 6.1. O mínimo existencial. 6.2. Vedação de retrocesso.	00 item
7 Direitos e garantias fundamentais.	05 itens
8 Direitos e deveres individuais e coletivos.	00 item
9 Direitos políticos.	00 item
10 Organização do Estado. 10.1 Organização político-administrativa. 10.2 União. 10.3 Estados Federados. 10.4 Distrito Federal. 10.5 Municípios.	01 item
11 Poder Judiciário. 11.1 Conselho Nacional de Justiça. 11.2 Supremo Tribunal Federal. 11.3 Tribunais Superiores. 11.4 Justiça Federal. 11.5 Justiça do Trabalho. 11.6 Justiça Militar da União. 11.7 Justiça Eleitoral.	01 item
12 Ministério Público.	00 item
13 Defensoria Pública.	01 item
14 Advocacia e da Advocacia Pública.	00 item
15 Controle de constitucionalidade. 15.1 Sistemas. 15.2 Controle difuso e controle concentrado de constitucionalidade. 15.3 Ação direta de inconstitucionalidade e ação declaratória de constitucionalidade. 15.4 Arguição de descumprimento de preceito fundamental. 15.5 Inconstitucionalidade por omissão. 15.6 Mandado de injunção.	01 item
16 Remédios constitucionais. 16.1 Habeas corpus. 16.2 Habeas data. 16.3 Mandado de segurança.	00 item
17 Controle judicial de políticas públicas.	00 item

6º Concurso (Edital publicado em 12 de junho de 2017, com retificação).	
Tópico do Conteúdo Programático	**Quantidade de Itens**
18 Direito à saúde. 18.1 Sistema Único de Saúde.	02 itens
19 Direito Constitucional Ambiental.	00 item
Total de itens:	**15 itens**

5º Concurso (Edital publicado em 31 de outubro de 2014).	
Tópico do Conteúdo Programático	**Quantidade de Itens[94]**
1 Evolução histórica do constitucionalismo.	01 item
2 A Constituição. 2.1 Noções fundamentais. 2.2 Concepções e teorias. 2.3 Tipologia. 2.4 Conteúdo e supremacia das normas constitucionais.	00 item
3 Poder Constituinte. 3.1 Conceito e origens. 3.2 Titularidade e legitimidade. 3.3 Natureza e limites. 3.4 Poder Constituinte originário e derivado. 3.5 Limitações ao Poder Constituinte derivado. 3.5.1 Limites formais e materiais. 3.5.2 Limites temporais e circunstanciais.	01 item
4 Normas constitucionais. 4.1 Normas constitucionais de organização, programáticas e definidoras de direitos. 4.2 Existência, validade, eficácia e efetividade das normas constitucionais. 4.3 Modalidades de eficácia da norma constitucional: direta, interpretativa e negativa. 4.4 Interpretação das normas constitucionais. 4.5 A técnica da ponderação.	00 item
5 Princípios constitucionais. 5.1 Supremacia da constituição. 5.2 Presunção de constitucionalidade. 5.3 Unidade da Constituição. 5.4 Interpretação conforme a Constituição. 5.5 Razoabilidade e proporcionalidade. 5.6 Efetividade.	00 item

94. Quantidade "aproximada" de itens, pois, algumas podem envolver o conhecimento relacionado a mais de um tópico do conteúdo programático.

5º Concurso (Edital publicado em 31 de outubro de 2014).	
Tópico do Conteúdo Programático	**Quantidade de Itens**
6 O princípio da dignidade da pessoa humana. 6.1. O mínimo existencial. 6.2. Vedação de retrocesso.	00 item
7 Direitos e garantias fundamentais.	02 item
8 Direitos e deveres individuais e coletivos.	02 item
9 Direitos políticos.	00 item
10 Organização do Estado. 10.1 Organização político-administrativa. 10.2 União. 10.3 Estados Federados. 10.4 Distrito Federal. 10.5 Municípios.	00 item
11 Poder Judiciário. 11.1 Conselho Nacional de Justiça. 11.2 Supremo Tribunal Federal. 11.3 Tribunais Superiores. 11.4 Justiça Federal. 11.5 Justiça do Trabalho. 11.6 Justiça Militar da União. 11.7 Justiça Eleitoral.	00 item
12 Ministério Público.	00 item
13 Defensoria Pública.	02 itens
14 Advocacia e da Advocacia Pública.	00 item
15 Controle de constitucionalidade. 15.1 Sistemas. 15.2 Controle difuso e controle concentrado de constitucionalidade. 15.3 Ação direta de inconstitucionalidade e ação declaratória de constitucionalidade. 15.4 Arguição de descumprimento de preceito fundamental. 15.5 Inconstitucionalidade por omissão. 15.6 Mandado de injunção.	04 itens
16 Remédios constitucionais. 16.1 Habeas corpus. 16.2 Habeas data. 16.3 Mandado de segurança.	00 item
17 Controle judicial de políticas públicas.	00 item
18 Direito à saúde. 18.1 Sistema Único de Saúde.	00 item
19 Direito Constitucional Ambiental.	00 item
Total de itens:	**12 itens**

4º Concurso (Edital publicado em 31 de dezembro de 2009).	
Tópico do Conteúdo Programático	**Quantidade de Itens[95]**
1 Evolução histórica do constitucionalismo.	00 item
2 A Constituição. 2.1 Noções fundamentais. 2.2 Concepções e teorias. 2.3 Tipologia. 2.4 Conteúdo e supremacia das normas constitucionais.	00 item
3 Poder Constituinte. 3.1 Conceito e origens. 3.2 Titularidade e legitimidade. 3.3 Natureza e limites. 3.4 Poder Constituinte originário e derivado. 3.5 Limitações ao Poder Constituinte derivado. 3.5.1 Limites formais e materiais. 3.5.2 Limites temporais e circunstanciais.	00 item
4 Normas constitucionais. 4.1 Normas constitucionais de organização, programáticas e definidoras de direitos. 4.2 Existência, validade, eficácia e efetividade das normas constitucionais. 4.3 Modalidades de eficácia da norma constitucional: direta, interpretativa e negativa. 4.4 Interpretação das normas constitucionais. 4.5 A técnica da ponderação.	01 item
5 Princípios constitucionais. 5.1 Supremacia da constituição. 5.2 Presunção de constitucionalidade. 5.3 Unidade da Constituição. 5.4 Interpretação conforme a Constituição. 5.5 Razoabilidade e proporcionalidade. 5.6 Efetividade.	00 item
6 O princípio da dignidade da pessoa humana. 6.1. O mínimo existencial. 6.2. Vedação de retrocesso.	00 item
7 Direitos e garantias fundamentais.	01 item
8 Direitos e deveres individuais e coletivos.	01 item
9 Direitos políticos.	00 item
10 Organização do Estado. 10.1 Organização político-administrativa. 10.2 União. 10.3 Estados Federados. 10.4 Distrito Federal. 10.5 Municípios.	04 itens

95. Quantidade "aproximada" de itens, pois, algumas podem envolver o conhecimento relacionado a mais de um tópico do conteúdo programático. Além disso, optou-se por fazer a classificação das questões com base no conteúdo programático do último edital, pois, em razão das diferenças com os editais anteriores, os dados estatísticos ficariam pouco fidedignos.

4º Concurso (Edital publicado em 31 de dezembro de 2009).	
Tópico do Conteúdo Programático	**Quantidade de Itens**
11 Poder Judiciário. 11.1 Conselho Nacional de Justiça. 11.2 Supremo Tribunal Federal. 11.3 Tribunais Superiores. 11.4 Justiça Federal. 11.5 Justiça do Trabalho. 11.6 Justiça Militar da União. 11.7 Justiça Eleitoral.	02 itens
12 Ministério Público.	00 item
13 Defensoria Pública.	01 item
14 Advocacia e da Advocacia Pública.	00 item
15 Controle de constitucionalidade. 15.1 Sistemas. 15.2 Controle difuso e controle concentrado de constitucionalidade. 15.3 Ação direta de inconstitucionalidade e ação declaratória de constitucionalidade. 15.4 Arguição de descumprimento de preceito fundamental. 15.5 Inconstitucionalidade por omissão. 15.6 Mandado de injunção.	03 itens
16 Remédios constitucionais. 16.1 Habeas corpus. 16.2 Habeas data. 16.3 Mandado de segurança.	00 item
17 Controle judicial de políticas públicas.	00 item
18 Direito à saúde. 18.1 Sistema Único de Saúde.	00 item
19 Direito Constitucional Ambiental.	00 item
Total de itens:	**13 itens**

3º Concurso (Edital publicado em 5 de setembro de 2007).	
Tópico do Conteúdo Programático	**Quantidade de Itens[96]**
1 Evolução histórica do constitucionalismo.	00 item

96. Quantidade "aproximada" de itens, pois, algumas podem envolver o conhecimento relacionado a mais de um tópico do conteúdo programático. Além disso, optou-se por fazer a classificação das questões com base no conteúdo programático do último edital, pois, em razão das diferenças com os editais anteriores, os dados estatísticos ficariam pouco fidedignos.

3º Concurso (Edital publicado em 5 de setembro de 2007).	
Tópico do Conteúdo Programático	**Quantidade de Itens**
2 A Constituição. 2.1 Noções fundamentais. 2.2 Concepções e teorias. 2.3 Tipologia. 2.4 Conteúdo e supremacia das normas constitucionais.	00 item
3 Poder Constituinte. 3.1 Conceito e origens. 3.2 Titularidade e legitimidade. 3.3 Natureza e limites. 3.4 Poder Constituinte originário e derivado. 3.5 Limitações ao Poder Constituinte derivado. 3.5.1 Limites formais e materiais. 3.5.2 Limites temporais e circunstanciais.	02 itens
4 Normas constitucionais. 4.1 Normas constitucionais de organização, programáticas e definidoras de direitos. 4.2 Existência, validade, eficácia e efetividade das normas constitucionais. 4.3 Modalidades de eficácia da norma constitucional: direta, interpretativa e negativa. 4.4 Interpretação das normas constitucionais. 4.5 A técnica da ponderação.	00 item
5 Princípios constitucionais. 5.1 Supremacia da constituição. 5.2 Presunção de constitucionalidade. 5.3 Unidade da Constituição. 5.4 Interpretação conforme a Constituição. 5.5 Razoabilidade e proporcionalidade. 5.6 Efetividade.	00 item
6 O princípio da dignidade da pessoa humana. 6.1. O mínimo existencial. 6.2. Vedação de retrocesso.	01 item
7 Direitos e garantias fundamentais.	01 item
8 Direitos e deveres individuais e coletivos.	00 item
9 Direitos políticos.	00 item
10 Organização do Estado. 10.1 Organização político-administrativa. 10.2 União. 10.3 Estados Federados. 10.4 Distrito Federal. 10.5 Municípios.	01 item
11 Poder Judiciário. 11.1 Conselho Nacional de Justiça. 11.2 Supremo Tribunal Federal. 11.3 Tribunais Superiores. 11.4 Justiça Federal. 11.5 Justiça do Trabalho. 11.6 Justiça Militar da União. 11.7 Justiça Eleitoral.	08 itens

3º Concurso (Edital publicado em 5 de setembro de 2007).	
Tópico do Conteúdo Programático	**Quantidade de Itens**
12 Ministério Público.	00 item
13 Defensoria Pública.	01 item
14 Advocacia e da Advocacia Pública.	00 item
15 Controle de constitucionalidade. 15.1 Sistemas. 15.2 Controle difuso e controle concentrado de constitucionalidade. 15.3 Ação direta de inconstitucionalidade e ação declaratória de constitucionalidade. 15.4 Arguição de descumprimento de preceito fundamental. 15.5 Inconstitucionalidade por omissão. 15.6 Mandado de injunção.	10 itens
16 Remédios constitucionais. 16.1 Habeas corpus. 16.2 *Habeas data*. 16.3 Mandado de segurança.	00 item
17 Controle judicial de políticas públicas.	00 item
18 Direito à saúde. 18.1 Sistema Único de Saúde.	00 item
19 Direito Constitucional Ambiental.	00 item
Total de itens:	**24 itens**

Consolidando os dados acima, podemos elaborar a seguinte tabela:

Consolidado (concursos realizados entre os anos de 2007 e 2017)	
Tópico do Conteúdo Programático	**Quantidade de Itens**[97]
1 Evolução histórica do constitucionalismo.	02 itens
2 A Constituição. 2.1 Noções fundamentais. 2.2 Concepções e teorias. 2.3 Tipologia. 2.4 Conteúdo e supremacia das normas constitucionais.	01 item

97. Quantidade "aproximada" de itens, pois, algumas podem envolver o conhecimento relacionado a mais de um tópico do conteúdo programático. Classificação das questões feita com base no conteúdo programático do último edital.

Consolidado (concursos realizados entre os anos de 2007 e 2017)	
Tópico do Conteúdo Programático	**Quantidade de Itens**
3 Poder Constituinte. 3.1 Conceito e origens. 3.2 Titularidade e legitimidade. 3.3 Natureza e limites. 3.4 Poder Constituinte originário e derivado. 3.5 Limitações ao Poder Constituinte derivado. 3.5.1 Limites formais e materiais. 3.5.2 Limites temporais e circunstanciais.	04 itens
4 Normas constitucionais. 4.1 Normas constitucionais de organização, programáticas e definidoras de direitos. 4.2 Existência, validade, eficácia e efetividade das normas constitucionais. 4.3 Modalidades de eficácia da norma constitucional: direta, interpretativa e negativa. 4.4 Interpretação das normas constitucionais. 4.5 A técnica da ponderação.	01 item
5 Princípios constitucionais. 5.1 Supremacia da constituição. 5.2 Presunção de constitucionalidade. 5.3 Unidade da Constituição. 5.4 Interpretação conforme a Constituição. 5.5 Razoabilidade e proporcionalidade. 5.6 Efetividade.	01 item
6 O princípio da dignidade da pessoa humana. 6.1. O mínimo existencial. 6.2. Vedação de retrocesso.	01 item
7 Direitos e garantias fundamentais.	09 itens
8 Direitos e deveres individuais e coletivos.	03 itens
9 Direitos políticos.	00 item
10 Organização do Estado. 10.1 Organização político-administrativa. 10.2 União. 10.3 Estados Federados. 10.4 Distrito Federal. 10.5 Municípios.	06 itens
11 Poder Judiciário. 11.1 Conselho Nacional de Justiça. 11.2 Supremo Tribunal Federal. 11.3 Tribunais Superiores. 11.4 Justiça Federal. 11.5 Justiça do Trabalho. 11.6 Justiça Militar da União. 11.7 Justiça Eleitoral.	11 itens
12 Ministério Público.	00 item
13 Defensoria Pública.	05 itens
14 Advocacia e da Advocacia Pública.	00 item

Consolidado (concursos realizados entre os anos de 2007 e 2017)	
Tópico do Conteúdo Programático	**Quantidade de Itens**
15 Controle de constitucionalidade. 15.1 Sistemas. 15.2 Controle difuso e controle concentrado de constitucionalidade. 15.3 Ação direta de inconstitucionalidade e ação declaratória de constitucionalidade. 15.4 Arguição de descumprimento de preceito fundamental. 15.5 Inconstitucionalidade por omissão. 15.6 Mandado de injunção.	18 itens
16 Remédios constitucionais. 16.1 *Habeas corpus*. 16.2 Habeas data. 16.3 Mandado de segurança.	00 item
17 Controle judicial de políticas públicas.	00 item
18 Direito à saúde. 18.1 Sistema Único de Saúde.	02 itens
19 Direito Constitucional Ambiental.	00 item
Total de itens:	**64 itens**

Ressalte-se que, na análise dos itens e na identificação conforme os conteúdos programáticos, alguns assuntos poderiam ser colocados em mais de um tópico, pois, mesclam temas diversos.

Por fim, é importante ressaltar que a análise objeto desta obra procurou, intencionalmente, dar especial atenção aos certames ocorridos a partir de 2007. É que o longo tempo decorrido desde então – ou seja, mais de 10 anos – poderia levar a resultados estatísticos deturpados em razão das mudanças no conteúdo programático do edital e no perfil nos concursos públicos mais recentemente.

4. ALGUNS PONTOS ESPECÍFICOS MAIS RELEVANTES NAS PROVAS OBJETIVAS

Em Direito Constitucional, o destaque dos assuntos exigidos pela banca examinadora é o controle de constitucionalidade, o que, aliás, também ocorre em certames de outras carreiras jurídicas.

Em segundo lugar, destacam-se as questões relacionadas com o Poder Judiciário, inclusive a parte de competência.

Na sequência, apesar de não ter sido grande o número de questões sobre o assunto, verifico que houve a cobrança, em todas as provas objetivas da DPU, dos aspectos constitucionais relacionados com a Defensoria Pública. Certamente será objeto de arguição nas próximas provas, até mesmo por que o assunto também se relaciona diretamente com outro ponto do conteúdo programático: princípios institucionais da Defensoria Pública.

Vejamos abaixo outros tópicos específicos que merecem atenção do candidato.

No 6º Concurso da DPU, realizado em 2017, o tema "direito à saúde" foi objeto de arguição em duas questões que mesclavam o conhecimento da literalidade da Constituição Federal e a jurisprudência do Supremo Tribunal Federal. Vejamos:

> Lúcio foi internado em um hospital da rede privada para submeter-se a tratamento médico eletivo a ser realizado pelo SUS. Na unidade hospitalar onde ele foi internado, os quartos individuais superiores são reservados a pacientes particulares, e àqueles que desfrutam do atendimento gratuito são disponibilizados quartos coletivos de nível básico. Com o intuito de utilizar um quarto individual, por ser mais confortável, Lúcio se prontificou a pagar o valor da diferença entre as modalidades dos quartos, o que foi recusado pelo hospital, que informou ser vedado o uso das acomodações superiores por pacientes atendidos pelo SUS, mesmo mediante pagamento complementar.
>
> Considerando essa situação hipotética, julgue os seguintes itens com base na posição majoritária e atual do STF.
>
> **161** É vedado às instituições privadas com fins lucrativos participarem do SUS, as quais não podem, ainda, oferecer quartos com custos diferentes para pacientes sujeitos ao mesmo procedimento médico.
>
> **162** A vedação à internação de Lúcio em acomodações superiores mediante o pagamento da diferença é constitucional: o atendimento pelo SUS é orientado, entre outros critérios, pela isonomia.

Pelo gabarito definitivo, o Item 161 foi considerado Errado e o Item 162 foi considerado Correto. No caso, a questão foi extraída do art. 199, § 1º, da CRFB – as instituições privadas poderão participar de forma complementar do sistema único de saúde, segundo diretrizes deste, mediante contrato de direito público ou convênio, tendo preferência as entidades filantrópicas e as sem fins lucrativos –, bem como da jurisprudência do STF, segundo a qual "é constitucional a regra que veda, no âmbito do Sistema Único de Saúde, a internação em acomodações superiores, bem como o atendimento diferenciado por médico do próprio Sistema Único de Saúde (SUS) ou por conveniado, mediante o pagamento da diferença dos valores correspondentes" (RE 581488, Relator(a): Min. DIAS TOFFOLI, Tribunal Pleno, julgado em 03/12/2015).

É importante perceber que o aprofundamento do tema "tutela da saúde" é fundamental para o sucesso do candidato. Conforme mencionado em outros capítulos, trata-se de assunto bastante difundido na atuação da instituição e que se relaciona com vários outras disciplinas previstas no conteúdo programático (p. ex., com o Direito Administrativo e com o Direito Processual Civil). Logo, merece bastante atenção do concurseiro.

O tópico "poder constituinte" do conteúdo programático também tem sido recorrente nas provas objetivas. Cito o exemplo do 5º Concurso Público da DPU, ocorrido em 2015, que trouxe três itens sobre o assunto, cobrados com base na jurisprudência do STF:

> No tocante ao poder constituinte e aos limites ao poder de reforma, julgue os itens que se seguem.
>
> **152** A proteção dos limites materiais ao poder de reforma constitucional não alcança a redação do texto constitucional, visando sua existência a evitar a ruptura com princípios que expressam o núcleo essencial da CF.
>
> **153** Desde que observem a cláusula de reserva de plenário, os tribunais podem declarar a revogação de normas legais anteriores à CF com ela materialmente incompatíveis.
>
> **154** De acordo com o STF, é possível o controle judicial de constitucionalidade de emendas constitucionais, desde que ele ocorra por meio da ação direta de inconstitucionalidade ou da arguição de descumprimento de preceito fundamental e desde que, na emenda, haja violação de cláusula pétrea.

O gabarito definitivo indicou: Item 152 – Correto; Item 153 – Errado, e Item 154 – Errado. Com efeito, a Constituição não assegura a proteção ao texto (literalidade) de uma cláusula pétrea, mas apenas impede a proposta de emenda constitucional "tendente a abolir" (art. 60, § 4º, da CRFB). Conforme a jurisprudência do STF, "a violação ao princípio da reserva de plenário exige que a norma seja declarada inconstitucional, ou tenha sua aplicação negada pelo Tribunal de origem, o que não ocorre no caso sub examine, porque o dispositivo tido por desconsiderado, em frontal confronto ao determinado pela Súmula Vinculante 10 do STF, foi editado em momento anterior ao da promulgação da Constituição Federal de 1988, não se submetendo à cláusula de reserva de plenário, mas somente ao juízo de recepção nas normas" (Rcl 18931 AgR, Relator(a): Min. LUIZ FUX, Primeira Turma, julgado em 10/02/2015). Por fim, entende o STF que "não se admite, no sistema brasileiro, o controle jurisdicional de constitucionalidade material de projetos de lei (controle preventivo de normas em curso de formação). O que a jurisprudência do STF tem admitido, como exceção, é 'a legitimidade do parlamentar - e somente do parlamentar - para impetrar mandado de segurança com a finalidade de coibir atos praticados no processo de aprovação de lei ou emenda constitucional incompatíveis com disposições constitucionais que disciplinam o processo legislativo' (MS 24.667, Pleno, Min. Carlos Velloso, DJ de 23.04.04). Nessas excepcionais situações, em que o vício de inconstitucionalidade está diretamente relacionado a aspectos formais e procedimentais da atuação legislativa, a impetração de segurança é admissível, segundo a jurisprudência do STF, porque visa a corrigir vício já efetivamente concretizado no próprio curso do processo de formação da norma, antes mesmo e independentemente de sua final aprovação ou não" (MS 32033, Relator(a): Min. GILMAR MENDES, Relator(a) p/ Acórdão: Min. TEORI ZAVASCKI, Tribunal Pleno, julgado em 20/06/2013).

A temática sobre direitos e garantias individuais também é frequente nas provas da DPU, notadamente pela atuação dos defensores públicos federais, cuja abordagem costuma ser feita com base na literalidade do texto constitucional e na jurisprudência do STF. Vejamos o exemplo do 4º Concurso Público da DPU, realizado em 2010:

> A respeito dos direitos e garantias fundamentais e dos direitos políticos, julgue os itens a seguir.
>
> **158** A exigência legal de visto do advogado para o registro de atos e contratos constitutivos de pessoas jurídicas ofende os princípios constitucionais da isonomia e da liberdade associativa.
>
> **159** Conforme entendimento do STF com base no princípio da vedação do anonimato, os escritos apócrifos não podem justificar, por

> si sós, desde que isoladamente considerados, a imediata instauração da *persecutio criminis*, salvo quando forem produzidos pelo acusado, ou, ainda, quando constituírem eles próprios o corpo de delito.

O gabarito definitivo considerou: Item 158 - Errado e Item 159 - Certo. Com relação ao primeiro item, o STF decidiu que "a obrigatoriedade do visto de advogado para o registro de atos e contratos constitutivos de pessoas jurídicas (artigo 1º, § 2º, da Lei n. 8.906/1994) não ofende os princípios constitucionais da isonomia e da liberdade associativa" (ADI 1194, Relator(a): Min. MAURÍCIO CORRÊA, Relator(a) p/ Acórdão: Min. CÁRMEN LÚCIA, Tribunal Pleno, julgado em 20/05/2009). Quanto ao segundo item, a Corte entendeu que "o escrito anônimo não autoriza, desde que isoladamente considerado, a imediata instauração de 'persecutio criminis'. Peças apócrifas não podem ser formalmente incorporadas a procedimentos instaurados pelo Estado, salvo quando forem produzidas pelo acusado ou, ainda, quando constituírem, elas próprias, o corpo de delito (como sucede com bilhetes de resgate no crime de extorsão mediante sequestro, ou como ocorre com cartas que evidenciem a prática de crimes contra a honra, ou que corporifiquem o delito de ameaça ou que materializem o 'crimen falsi', p.ex.)" (HC 98458, Relator(a): Min. AYRES BRITTO, Relator(a) p/ Acórdão: Min. CELSO DE MELLO, Segunda Turma, julgado em 31/05/2011).

5. DOUTRINA, JURISPRUDÊNCIA E "LEI SECA" NOS CONCURSOS DA DPU

Em todos os pontos do programa poderão ser cobrados conhecimentos doutrinários e o posicionamento dominante do Supremo Tribunal Federal, dos Tribunais Superiores e da Turma Nacional de Uniformização.

Observando as questões já apresentadas na análise das provas objetivas em Direito Constitucional, constata-se que as bancas examinadoras exigem, com frequência, o conhecimento sobre a jurisprudência do STF. Várias questões são extraídas de ementas de julgados e/ou informativos da Corte.

De fato, a jurisprudência tem sido cada vez mais objeto de questionamento pelas bancas examinadoras nos concursos públicos em geral. Tal tendência certamente também ocorrerá com destaque ainda maior nos próximos concursos da DPU.

O conhecimento da literalidade da Constituição Federal também é essencial para a prova de Direito Constitucional. Assim, a leitura - e memorização - dos dispositivos constitucionais continua sendo uma exigência para o sucesso do candidato.

A doutrina também possui alguma relevância nas questões em Direito Constitucional, mas em aspectos pontuais. É que alguns assuntos parecem mais propícios às arguições com base no conhecimento doutrinário. Foi o caso dos itens que abordavam as teorias e a evolução histórica do constitucionalismo, bem como sobre controle de constitucionalidade e a interpretação das normas constitucionais. Portanto, de maneira estratégica, convém que o candidato selecione com cuidado alguns capítulos da bibliografia de Direito Constitucional para maior aprofundamento doutrinário.

6. DICAS FINAIS PARA OS CANDIDATOS

No âmbito do Direito Constitucional, faça um estudo cuidadoso dos últimos informativos do Supremo Tribunal Federal, além da inevitável leitura da Constituição Federal, tendo como destaque os temas já mencionados anteriormente. Por fim, selecione na bibliografia escolhida alguns capítulos específicos para o aprofundamento doutrinário (p. ex., controle de constitucionalidade, histórico do constitucionalismo, concepções e teorias constitucionais, etc.).

DIREITO INTERNACIONAL

1. BIBLIOGRAFIA INDICADA

A obra "Direito Internacional Público e Privado", do professor Paulo Henrique Gonçalves Portela, parece ser a mais recomendável atualmente para os concursos públicos em geral. Trata-se de obra atualizada, abrangente, com redação agradável e direcionada para concursos públicos.

Outra obra que tem recebido ótimas críticas é o "Curso De Direito Internacional Público", do professor Valerio de Oliveira Mazzuoli, o que pode ser uma alternativa para o concurseiro.

Dentre as obras clássicas, o "Direito Internacional Público – Curso Elementar", do consagrado Francisco Rezek, é uma obra de referência para os estudiosos do assunto, mas, por razões óbvias, não parece ser a mais adequada para concursos públicos em geral.

Para quem gosta de resumos, fica a recomendação do "RESUMOS PARA CONCURSOS - DIREITO INTERNACIONAL PÚBLICO E PRIVADO", da autora Maria Beatriz Ribeiro Gonçalves, que é um livro resumido e com custo reduzido.

Por fim, convém dar uma conferida nas obras do "Dizer o Direito", que trazem com excelente didática os principais julgados do STF e STJ.

2. CONTEÚDO PROGRAMÁTICO NOS EDITAIS DA DPU

A Resolução n. 118, de 05 de novembro de 2015, que dispõe sobre os concursos públicos para ingresso na carreira de Defensor Público Federal, destaca mais de vinte disciplinas a serem objeto de arguição nas provas objetivas, dissertativas e orais.

Vejamos o conteúdo programático nos últimos quatro concursos já realizados:

Edital	Conteúdo Programático (Direito Internacional)
6º Concurso (Edital publicado em 12 de junho de 2017, com retificação)	1 Nacionalidade. 1.1 Aquisição de nacionalidade. 1.2 Mudança de nacionalidade. 1.3 Perda de nacionalidade. 1.4 Naturalização. 1.5 Direitos especiais dos portugueses. 2 Lei de Imigração. 2.1 Migrante. 2.2 Visitante. 2.3 Apátrida. 2.4 Asilado. 2.5 Entrada no território nacional e impedimento. 2.6 Medidas de retirada compulsória. 2.6.1 Repatriação. 2.6.2 Deportação. 2.6.3 Expulsão. 2.7 Emigrante. 2.8 Medidas de cooperação. 2.8.1 Extradição. 2.8.2 Transferência de execução da pena. 2.8.3 Transferência de pessoa condenada. 3 A Lei de Introdução às Normas do Direito Brasileiro. 3.1 A lei determinadora do estatuto pessoal. 4 Ordem pública. 4.1 Definição, aplicação. 4.2 Os três níveis da ordem pública. 5 Homologação de sentenças estrangeiras. 6 Carta rogatória e Auxílio direto. 7 O Protocolo de Cooperação e Assistência Jurisdicional em matéria Civil, Comercial, Trabalhista e Administrativa do MERCOSUL (Protocolo de Las Leñas). 8 O sequestro internacional de menores. 8.1 A Convenção de Haia sobre os aspectos civis do Sequestro Internacional de Crianças. 9 A prestação de alimentos no exterior. 9.1 Convenção de Nova York sobre Prestação de Alimentos no Estrangeiro. 10 Cooperação internacional em matéria de assistência jurídica gratuita. 11 Transferência de pessoas condenadas. 12 Conflitos de leis no espaço. 13 Conflitos de jurisdição. 13.1 As hipóteses legais de exercício de jurisdição pela autoridade jurisdicional brasileira. 14 Imunidade de jurisdição. 14.1 Imunidade de execução. 15 Direito dos Tratados. 15.1 A Convenção de Viena sobre o Direito dos Tratados. 15.2 A relação entre o Direito Internacional e o Direito Interno. 15.3 interpretação e aplicação dos Tratados. 16 Fontes do Direito Internacional. 17 O costume internacional. 18 O *jus cogens*. 19 Pessoas internacionais. 19.1 Estados. 19.2 Organizações Internacionais. 19.3 O indivíduo. 20 A livre circulação de pessoas no MERCOSUL. 21 O Tribunal Penal Internacional. 21.1 A entrega de nacionais. 21.2 A prisão perpétua. 22 O Direito Ambiental internacional. 22.1 A Declaração do Rio sobre Ambiente e Desenvolvimento. 23 Direito Internacional dos Refugiados. 23.1 Refugiados. 23.2 Deslocados Internos. 23.3 CONARE. 23.4 ACNUR.

Edital	Conteúdo Programático (Direito Internacional)
5º Concurso (Edital publicado em 31 de outubro de 2014).	1 Nacionalidade. 1.1 Aquisição de nacionalidade. 1.2 Mudança de nacionalidade. 1.3 Perda de nacionalidade. 1.4 Naturalização. 1.5 Direitos especiais dos portugueses. 2 Condição jurídica do estrangeiro. 2.1 A entrada do estrangeiro. 2.2 Os direitos dos estrangeiros admitidos. 2.3 Saída compulsória do estrangeiro. 2.3.1 Extradição. 2.3.2 Expulsão. 2.3.3. Deportação. 3 A Lei de Introdução às Normas do Direito Brasileiro. 3.1 A lei determinadora do estatuto pessoal. 4 Ordem pública. 4.1 Definição, aplicação. 4.2 Os três níveis da ordem pública. 5 Homologação de sentenças estrangeiras. 6 Cartas rogatórias. 7 O Protocolo de Cooperação e Assistência Jurisdicional em matéria Civil, Comercial, Trabalhista e Administrativa do MERCOSUL (Protocolo de Las Leñas). 8 O sequestro internacional de menores. 8.1 A Convenção de Haia sobre os aspectos civis do Sequestro Internacional de Crianças. 9 A prestação de alimentos no exterior. 9.1 Convenção de Nova York sobre Prestação de Alimentos no Estrangeiro. 10 Cooperação internacional em matéria de assistência jurídica gratuita. 11 Transferência de pessoas condenadas. 12 Conflitos de leis no espaço. 13 Conflitos de jurisdição. 13.1 As hipóteses legais de exercício de jurisdição pela autoridade jurisdicional brasileira. 14 Imunidade de jurisdição. 14.1 Imunidade de execução. 15 Direito dos Tratados. 15.1 A Convenção de Viena sobre o Direito dos Tratados. 15.2 A relação entre o Direito Internacional e o Direito Interno. 15.3 interpretação e aplicação dos Tratados. 16 Fontes do Direito Internacional. 17 O costume internacional. 18 O *jus cogens*. 19 Pessoas internacionais. 19.1 Estados. 19.2 Organizações Internacionais. 19.3 O indivíduo. 20 A livre circulação de pessoas no MERCOSUL. 21 O Tribunal Penal Internacional. 21.1 A entrega de nacionais. 21.2 A prisão perpétua. 22 O Direito Ambiental internacional. 22.1 A Declaração do Rio sobre Ambiente e Desenvolvimento.
4º Concurso (Edital publicado em 31 de dezembro de 2009).	DIREITO INTERNACIONAL PRIVADO: 1 Nacionalidade: brasileiros natos e naturalizados. 1.1 Estrangeiros: condição jurídica (Lei nº 6.815/1980). 1.1.2 Deportação. 1.1.2.1 Expulsão. 1.1.2.2 Extradição. 1.1.2.3 Refúgio (Lei nº 9.474/1997) e asilo político. 2 Conflito de leis no espaço. 2.1 Elementos de conexão. 2.2 Fontes brasileiras de direito internacional privado. 2.3 Direito processual civil internacional (princípios gerais, aplicação do direito

Edital	Conteúdo Programático (Direito Internacional)
4º Concurso (Edital publicado em 31 de dezembro de 2009).	estrangeiro, competência internacional, litispendência, fraude à lei, ordem pública e direito adquirido). 2.4 Carta rogatória. 2.5 Homologação de sentença estrangeira. DIREITO INTERNACIONAL PÚBLICO: 1 História e fontes de direito dos tratados. 2 Obrigações e compromissos internacionais. 3 Costume internacional. 4 Entes de direito internacional. 5 Estados. 6 Organizações internacionais. 7 Personalidade internacional. 8 Direito de integração. 9 Direito do MERCOSUL. 10 Ordenamento jurídico internacional. 11 Direitos territoriais de jurisdição.
3º Concurso (Edital publicado em 5 de setembro de 2007).	DIREITO INTERNACIONAL PRIVADO: 1 Nacionalidade: brasileiros natos e naturalizados. 1.1. Estrangeiros: condição jurídica (Lei n.º 6.815/1980). 1.1.2 Deportação. 1.1.2.1 Expulsão. 1.1.2.2 Extradição. 1.1.2.3 Refúgio (Lei n.º 9.474/1997) e asilo político. 2 Conflito de leis no espaço. 2.1 Elementos de conexão. 2.2 Fontes brasileiras de direito internacional privado. 2.3 Direito processual civil internacional (princípios gerais, aplicação do direito estrangeiro, competência internacional, litispendência, fraude à lei, ordem pública e direito adquirido). 2.4 Carta rogatória. 2.5 Homologação de sentença estrangeira. DIREITO INTERNACIONAL PÚBLICO: 1 História e fontes de direito dos tratados. 2 Obrigações e compromissos internacionais. 3 Costume internacional. 4 Entes de direito internacional. 5 Estados. 6 Organizações internacionais. 7 Personalidade internacional. 8 Direito de integração. 9 Direito do MERCOSUL. 10 Ordenamento jurídico internacional. 11 Direitos territoriais de jurisdição.

Os dois últimos certames trouxeram semelhantes conteúdos programáticos (editais de 2014 e 2017), o que representa uma tendência para os próximos concursos.

Trata-se de conteúdo extenso, sobretudo se analisado em conjunto com as mais de vinte disciplinas que compõem o edital.

De acordo com o último edital, serão quatro as Bancas Examinadoras, cada uma responsável por um grupo de disciplinas. Atualmente, o Direito Internacional compõe o Grupo IV, ao lado do Direito Constitucional, Direitos Humanos, Filosofia do Direito, Noções de Sociologia Jurídica e Noções de Ciência Política.

3. ANÁLISE GERAL DAS ÚLTIMAS PROVAS OBJETIVAS

Após a análise das quatro últimas provas objetivas, realizadas *entre 2007 e 2017*, ou seja, aproximadamente dez anos de interregno, foi possível verificar a seguinte distribuição de questões conforme os tópicos do conteúdo programático. Vejamos:

6º Concurso (Edital publicado em 12 de junho de 2017, com retificação).	
Tópico do Conteúdo Programático	**Quantidade de Itens[98]**
1 Nacionalidade. 1.1 Aquisição de nacionalidade. 1.2 Mudança de nacionalidade. 1.3 Perda de nacionalidade. 1.4 Naturalização. 1.5 Direitos especiais dos portugueses.	02 itens
2 Lei de Imigração. 2.1 Migrante. 2.2 Visitante. 2.3 Apátrida. 2.4 Asilado. 2.5 Entrada no território nacional e impedimento. 2.6 Medidas de retirada compulsória. 2.6.1 Repatriação. 2.6.2 Deportação. 2.6.3 Expulsão. 2.7 Emigrante. 2.8 Medidas de cooperação. 2.8.1 Extradição. 2.8.2 Transferência de execução da pena. 2.8.3 Transferência de pessoa condenada.	04 itens
3 A Lei de Introdução às Normas do Direito Brasileiro. 3.1 A lei determinadora do estatuto pessoal.	00 item
4 Ordem pública. 4.1 Definição, aplicação. 4.2 Os três níveis da ordem pública.	00 item
5 Homologação de sentenças estrangeiras.	03 item
6 Carta rogatória e Auxílio direto.	00 item
7 O Protocolo de Cooperação e Assistência Jurisdicional em matéria Civil, Comercial, Trabalhista e Administrativa do MERCOSUL (Protocolo de Las Leñas).	00 item

98. Quantidade "aproximada" de itens, pois, algumas podem envolver o conhecimento relacionado a mais de um tópico do conteúdo programático.

6º Concurso (Edital publicado em 12 de junho de 2017, com retificação).	
Tópico do Conteúdo Programático	**Quantidade de Itens**
8 O sequestro internacional de menores. 8.1 A Convenção de Haia sobre os aspectos civis do Sequestro Internacional de Crianças.	00 item
9 A prestação de alimentos no exterior. 9.1 Convenção de Nova York sobre Prestação de Alimentos no Estrangeiro.	00 item
10 Cooperação internacional em matéria de assistência jurídica gratuita.	00 item
11 Transferência de pessoas condenadas.	00 item
12 Conflitos de leis no espaço.	00 item
13 Conflitos de jurisdição. 13.1 As hipóteses legais de exercício de jurisdição pela autoridade jurisdicional brasileira.	00 item
14 Imunidade de jurisdição. 14.1 Imunidade de execução.	03 itens
15 Direito dos Tratados. 15.1 A Convenção de Viena sobre o Direito dos Tratados. 15.2 A relação entre o Direito Internacional e o Direito Interno. 15.3 interpretação e aplicação dos Tratados.	00 item
16 Fontes do Direito Internacional.	00 item
17 O costume internacional.	00 item
18 O *jus cogens*.	00 item
19 Pessoas internacionais. 19.1 Estados. 19.2 Organizações Internacionais. 19.3 O indivíduo.	00 item
20 A livre circulação de pessoas no MERCOSUL.	00 item
21 O Tribunal Penal Internacional. 21.1 A entrega de nacionais. 21.2 A prisão perpétua.	00 item
22 O Direito Ambiental internacional. 22.1 A Declaração do Rio sobre Ambiente e Desenvolvimento.	00 item

6º Concurso (Edital publicado em 12 de junho de 2017, com retificação).	
Tópico do Conteúdo Programático	**Quantidade de Itens**
23 Direito Internacional dos Refugiados. 23.1 Refugiados. 23.2 Deslocados Internos. 23.3 CONARE. 23.4 ACNUR.	00 item
Total de itens:	**12 itens**

5º Concurso (Edital publicado em 31 de outubro de 2014).	
Tópico do Conteúdo Programático	**Quantidade de Itens**[99]
1 Nacionalidade. 1.1 Aquisição de nacionalidade. 1.2 Mudança de nacionalidade. 1.3 Perda de nacionalidade. 1.4 Naturalização. 1.5 Direitos especiais dos portugueses.	00 item
2 Condição jurídica do estrangeiro. 2.1 A entrada do estrangeiro. 2.2 Os direitos dos estrangeiros admitidos. 2.3 Saída compulsória do estrangeiro. 2.3.1 Extradição. 2.3.2 Expulsão. 2.3.3. Deportação.	02 itens
3 A Lei de Introdução às Normas do Direito Brasileiro. 3.1 A lei determinadora do estatuto pessoal.	01 item
4 Ordem pública. 4.1 Definição, aplicação. 4.2 Os três níveis da ordem pública.	00 item
5 Homologação de sentenças estrangeiras.	00 item
6 Cartas rogatórias.	00 item
7 O Protocolo de Cooperação e Assistência Jurisdicional em matéria Civil, Comercial, Trabalhista e Administrativa do MERCOSUL (Protocolo de Las Leñas).	01 item

99. Quantidade "aproximada" de itens, pois, algumas podem envolver o conhecimento relacionado a mais de um tópico do conteúdo programático.

5º Concurso (Edital publicado em 31 de outubro de 2014).	
Tópico do Conteúdo Programático	**Quantidade de Itens**
8 O sequestro internacional de menores. 8.1 A Convenção de Haia sobre os aspectos civis do Sequestro Internacional de Crianças.	00 item
9 A prestação de alimentos no exterior. 9.1 Convenção de Nova York sobre Prestação de Alimentos no Estrangeiro.	01 item
10 Cooperação internacional em matéria de assistência jurídica gratuita.	00 item
11 Transferência de pessoas condenadas.	00 item
12 Conflitos de leis no espaço.	00 item
13 Conflitos de jurisdição. 13.1 As hipóteses legais de exercício de jurisdição pela autoridade jurisdicional brasileira.	01 item
14 Imunidade de jurisdição. 14.1 Imunidade de execução.	01 item
15 Direito dos Tratados. 15.1 A Convenção de Viena sobre o Direito dos Tratados. 15.2 A relação entre o Direito Internacional e o Direito Interno. 15.3 interpretação e aplicação dos Tratados.	02 itens
16 Fontes do Direito Internacional.	00 item
17 O costume internacional.	01 item
18 O *jus cogens*.	01 item
19 Pessoas internacionais. 19.1 Estados. 19.2 Organizações Internacionais. 19.3 O indivíduo.	01 item
20 A livre circulação de pessoas no MERCOSUL.	00 item
21 O Tribunal Penal Internacional. 21.1 A entrega de nacionais. 21.2 A prisão perpétua.	00 item
22 O Direito Ambiental internacional. 22.1 A Declaração do Rio sobre Ambiente e Desenvolvimento.	00 item
Total de itens:	**12 itens**

4º Concurso (Edital publicado em 31 de dezembro de 2009).	
Tópico do Conteúdo Programático	**Quantidade de Itens[100]**
1 Nacionalidade: brasileiros natos e naturalizados. 1.1 Estrangeiros: condição jurídica (Lei nº 6.815/1980). 1.1.2 Deportação. 1.1.2.1 Expulsão. 1.1.2.2 Extradição. 1.1.2.3 Refúgio (Lei nº 9.474/1997) e asilo político.	05 itens
2 Conflito de leis no espaço. 2.1 Elementos de conexão. 2.2 Fontes brasileiras de direito internacional privado. 2.3 Direito processual civil internacional (princípios gerais, aplicação do direito estrangeiro, competência internacional, litispendência, fraude à lei, ordem pública e direito adquirido). 2.4 Carta rogatória. 2.5 Homologação de sentença estrangeira.	09 itens
1 História e fontes de direito dos tratados.	00 item
2 Obrigações e compromissos internacionais.	00 item
3 Costume internacional.	01 item
4 Entes de direito internacional.	00 item
5 Estados.	00 item
6 Organizações internacionais.	00 item
7 Personalidade internacional.	00 item
8 Direito de integração.	00 item
9 Direito do MERCOSUL.	00 item
10 Ordenamento jurídico internacional.	00 item
11 Direitos territoriais de jurisdição.	00 item
Total de itens:	**15 itens**

100. Quantidade "aproximada" de itens, pois, algumas podem envolver o conhecimento relacionado a mais de um tópico do conteúdo programático. Além disso, optou-se por fazer a classificação das questões com base no conteúdo programático do último edital, pois, em razão das diferenças com os editais anteriores, os dados estatísticos ficariam pouco fidedignos.

3º Concurso (Edital publicado em 5 de setembro de 2007).	
Tópico do Conteúdo Programático	**Quantidade de Itens[101]**
1 Nacionalidade: brasileiros natos e naturalizados. 1.1 Estrangeiros: condição jurídica (Lei nº 6.815/1980). 1.1.2 Deportação. 1.1.2.1 Expulsão. 1.1.2.2 Extradição. 1.1.2.3 Refúgio (Lei nº 9.474/1997) e asilo político.	02 itens
2 Conflito de leis no espaço. 2.1 Elementos de conexão. 2.2 Fontes brasileiras de direito internacional privado. 2.3 Direito processual civil internacional (princípios gerais, aplicação do direito estrangeiro, competência internacional, litispendência, fraude à lei, ordem pública e direito adquirido). 2.4 Carta rogatória. 2.5 Homologação de sentença estrangeira.	03 itens
1 História e fontes de direito dos tratados.	02 itens
2 Obrigações e compromissos internacionais.	00 item
3 Costume internacional.	01 item
4 Entes de direito internacional.	00 item
5 Estados.	00 item
6 Organizações internacionais.	00 item
7 Personalidade internacional.	00 item
8 Direito de integração.	02 itens
9 Direito do MERCOSUL.	00 item

101. Quantidade "aproximada" de itens, pois, algumas podem envolver o conhecimento relacionado a mais de um tópico do conteúdo programático. Além disso, optou-se por fazer a classificação das questões com base no conteúdo programático do último edital, pois, em razão das diferenças com os editais anteriores, os dados estatísticos ficariam pouco fidedignos.

3º Concurso (Edital publicado em 5 de setembro de 2007).	
Tópico do Conteúdo Programático	**Quantidade de Itens**
10 Ordenamento jurídico internacional.	00 item
11 Direitos territoriais de jurisdição.	00 item
Total de itens:	**10 itens**

Consolidando os dados dos dois últimos concursos, cujos conteúdos programáticos são semelhantes, podemos elaborar a seguinte tabela:

Consolidado (concursos realizados nos anos de 2014 e 2017)	
Tópico do Conteúdo Programático	**Quantidade de Itens[102]**
1 Nacionalidade. 1.1 Aquisição de nacionalidade. 1.2 Mudança de nacionalidade. 1.3 Perda de nacionalidade. 1.4 Naturalização. 1.5 Direitos especiais dos portugueses.	02 itens
2 Lei de Imigração. 2.1 Migrante. 2.2 Visitante. 2.3 Apátrida. 2.4 Asilado. 2.5 Entrada no território nacional e impedimento. 2.6 Medidas de retirada compulsória. 2.6.1 Repatriação. 2.6.2 Deportação. 2.6.3 Expulsão. 2.7 Emigrante. 2.8 Medidas de cooperação. 2.8.1 Extradição. 2.8.2 Transferência de execução da pena. 2.8.3 Transferência de pessoa condenada.	06 itens
3 A Lei de Introdução às Normas do Direito Brasileiro. 3.1 A lei determinadora do estatuto pessoal.	01 item

102. Quantidade "aproximada" de itens, pois, algumas podem envolver o conhecimento relacionado a mais de um tópico do conteúdo programático.

Consolidado (concursos realizados nos anos de 2014 e 2017)	
Tópico do Conteúdo Programático	**Quantidade de Itens**
4 Ordem pública. 4.1 Definição, aplicação. 4.2 Os três níveis da ordem pública.	00 item
5 Homologação de sentenças estrangeiras.	03 itens
6 Carta rogatória e Auxílio direto.	00 item
7 O Protocolo de Cooperação e Assistência Jurisdicional em matéria Civil, Comercial, Trabalhista e Administrativa do MERCOSUL (Protocolo de Las Leñas).	01 item
8 O sequestro internacional de menores. 8.1 A Convenção de Haia sobre os aspectos civis do Sequestro Internacional de Crianças.	00 item
9 A prestação de alimentos no exterior. 9.1 Convenção de Nova York sobre Prestação de Alimentos no Estrangeiro.	01 item
10 Cooperação internacional em matéria de assistência jurídica gratuita.	00 item
11 Transferência de pessoas condenadas.	00 item
12 Conflitos de leis no espaço.	00 item
13 Conflitos de jurisdição. 13.1 As hipóteses legais de exercício de jurisdição pela autoridade jurisdicional brasileira.	01 item
14 Imunidade de jurisdição. 14.1 Imunidade de execução.	04 itens
15 Direito dos Tratados. 15.1 A Convenção de Viena sobre o Direito dos Tratados. 15.2 A relação entre o Direito Internacional e o Direito Interno. 15.3 interpretação e aplicação dos Tratados.	02 itens
16 Fontes do Direito Internacional.	00 item
17 O costume internacional.	01 item

Consolidado (concursos realizados nos anos de 2014 e 2017)	
Tópico do Conteúdo Programático	**Quantidade de Itens**
18 O *jus cogens*.	01 item
19 Pessoas internacionais. 19.1 Estados. 19.2 Organizações Internacionais. 19.3 O indivíduo.	01 item
20 A livre circulação de pessoas no MERCOSUL.	00 item
21 O Tribunal Penal Internacional. 21.1 A entrega de nacionais. 21.2 A prisão perpétua.	00 item
22 O Direito Ambiental internacional. 22.1 A Declaração do Rio sobre Ambiente e Desenvolvimento.	00 item
23 Direito Internacional dos Refugiados. 23.1 Refugiados. 23.2 Deslocados Internos. 23.3 CONARE. 23.4 ACNUR.	00 item
Total de itens:	**24 itens**

Na análise dos itens e na identificação conforme os conteúdos programáticos, alguns assuntos poderiam ser colocados em mais de um tópico, pois, mesclam temas diversos.

Por fim, é importante ressaltar que a análise objeto desta obra procurou, intencionalmente, dar especial atenção aos certames ocorridos a partir de 2007. É que o longo tempo decorrido desde então – ou seja, mais de 10 anos – poderia levar a resultados estatísticos deturpados em razão das mudanças no conteúdo programático do edital e no perfil nos concursos públicos mais recentemente.

4. ALGUNS PONTOS ESPECÍFICOS MAIS RELEVANTES NAS PROVAS OBJETIVAS

Na parte de Direito Internacional, além dos tradicionais temas relacionados, p. ex., com Direito dos Tratados e com Fontes do Direito Internacional – inclusive costume internacional e *jus cogens* –, que também são assuntos bastante exigidos em vários outros concursos públicos, os últimos certames da DPU deram ênfase à parte de nacionalidade e de condição jurídica dos estrangeiros, tópicos cuja probabilidade de incidência nas próximas provas objetivas é muito grande em razão das alterações legislativas recentes e da jurisprudência do STF.

No 6º Concurso da DPU, realizado em 2017, o tema "nacionalidade" foi objeto de arguição da seguinte forma:

> A respeito de nacionalidade, julgue os itens a seguir.
>
> **163** Situação hipotética: Laura, filha de mãe brasileira e pai argentino, nasceu no estrangeiro e, depois de ter atingido a maioridade, veio residir no Brasil, tendo optado pela nacionalidade brasileira. Assertiva: Nessa situação, a homologação da opção pela nacionalidade brasileira terá efeitos *ex tunc* e Laura será considerada brasileira desde o seu nascimento.
>
> **164** Brasileiro nato que, tendo perdido a nacionalidade brasileira em razão da aquisição de outra nacionalidade, readquiri-la mediante o atendimento dos requisitos necessários terá o status de brasileiro naturalizado.

O gabarito oficial apontou as respostas: Item 163 – Correto e Item 164 – Errado. O Item 163 trata do art. 12, I, *c*, da CRFB c/c arts. 214 e 215 do Decreto n. 9.199/17. Com relação ao Item 164, o art. 254 do Decreto n. 9.199/2017, que regulamenta a Lei de Migração, diz que "o brasileiro que houver perdido a nacionalidade, em razão do disposto no inciso II do § 4º do art. 12 da Constituição, poderá, se cessada a causa, readquiri-la ou ter revogado o ato que declarou a sua perda" e seu § 7º prevê: "o deferimento do requerimento de reaquisição ou a revogação da perda importará no restabelecimento da nacionalidade originária brasileira".

Observe que os itens foram elaborados com base no conhecimento da literalidade da Constituição e da Lei de Migração. Com efeito, em razão das inovações, a Lei n. 13.445/17 (Lei de Migração) e seu regulamento (Decreto n. 9.199/17) certamente serão objeto de arguição nos próximos concursos públicos da DPU.

O assunto (nacionalidade) é exigido desde o 3º Concurso Público da DPU, realizado em 2007:

> A nacionalidade, vínculo jurídico que faz da pessoa um dos elementos componentes da dimensão pessoal do Estado, distingue-se da cidadania, condição pela qual um indivíduo possui o gozo e o exercício

> dos direitos políticos. Há diferentes formas e critérios de aquisição da nacionalidade. Com relação à condição de nacional e de estrangeiro a ser submetido ao processo de naturalização, julgue os itens seguintes.
>
> **108** A nacionalidade do indivíduo pode ser originária ou adquirida. No Brasil, não há distinção de direitos em razão do tipo de nacionalidade.
>
> **109** Nos termos da legislação infraconstitucional, um estrangeiro pode adquirir a nacionalidade brasileira mesmo que não saiba falar nem escrever em português.

Constou no gabarito oficial: Item 108 – Errado e Item 109 – Anulado. Quanto ao item 108, a Constituição prevê, sim, distinções de direitos em razão do tipo de nacionalidade (p. ex., art. 12, §§ 2º e 3º, da CRFB). Com relação o item 109, a banca examinadora justificou: "anulado em decorrência de emprego de terminologia distinta da expressa na Lei do Estatuto Estrangeiro (Lei n.º 6.815/1980, art. 112, inciso IV), que menciona os termos 'ler e escrever', e não 'falar/ escrever', como está no item".

Novamente no 6º Concurso Público da DPU, realizado em 2017, a banca examinadora cobrou tema frequente nos certames da Defensoria e que, provavelmente, estará nas próximas provas objetivas: carta rogatória e homologação de decisões estrangeiras. Confira-se:

> De acordo com o entendimento do STJ acerca da homologação de sentenças estrangeiras, julgue os itens seguintes.
>
> **168** Pode ser homologada sentença penal estrangeira que determine o perdimento de imóvel situado no Brasil reconhecido como produto de crime de lavagem de dinheiro.
>
> **169** A existência de sentença estrangeira transitada em julgado que verse sobre guarda ou obrigação de alimentos impede a propositura de nova ação de guarda ou de alimentos na justiça brasileira.
>
> **170** O caráter laico do Estado brasileiro impede a homologação de sentenças estrangeiras eclesiásticas de anulação de matrimônio confirmadas pela Santa Sé.

O gabarito definitivo apontou as seguintes respostas: Item 168 – Certo; Item 169 – Errado, e Item 170 – Errado.

O Item 168 traduz o que ficou decidido no SEC 10.612-FI, Rel. Min. Laurita Vaz, julgado em 18/5/2016, segundo o qual é possível a homologação de sentença penal estrangeira que determine o perdimento de imóvel situado no Brasil em razão de o bem ser produto do crime de lavagem de dinheiro. De fato, não prospera a alegação de que a homologação de sentença estrangeira de expropriação de bem imóvel - situado no Brasil - reconhecido como proveniente de atividades ilícitas ocasionaria ofensa à soberania nacional, pautada no argumento de que competiria à autoridade judiciária brasileira conhecer de ações relativas a imóvel situado no País, de acordo com o previsto no art. 12, § 1º, da LINDB, bem como no art. 89, I, do CPC/1973 (Informativo n. 586/STJ).

O Item 169 está incorreto, pois, segundo o STJ, "a existência de sentença estrangeira transitada em julgado não impede a instauração de ação de guarda perante o Poder Judiciário brasileiro, eis que a sentença de guarda e alimentos não é imutável" (SEC 6.485/EX, Rel. Ministro GILSON DIPP, CORTE ESPECIAL, julgado em 03/09/2014).

O Item 170 está incorreto, porque, "a homologação de sentenças eclesiásticas em matéria matrimonial será realizada nos termos da legislação brasileira atinente a matéria, de modo que, confirmadas pelo órgão superior de controle da Santa Sé são consideradas sentenças estrangeiras e deverão ser homologadas de acordo com a legislação brasileira vigente", logo, "a assinatura do Acordo entre o Brasil e a Santa Sé relativo ao Estatuto Jurídico da Igreja Católica no Brasil tem suporte no art. 19, § 1º, da Constituição, que autoriza a colaboração entre o Estado e confissões religiosas em prol do interesse público [...] vale salientar quanto ao procedimento, que o Código de Direito Canônico assegura plenamente o direito de defesa e os princípios da igualdade e do contraditório" (SEC 11.962/EX, Rel. Ministro FELIX FISCHER, CORTE ESPECIAL, julgado em 04/11/2015).

Perceba que o tema "homologação de sentença estrangeira", a exemplo do que ocorreu nos três itens acima, geralmente aborda assuntos extraídos da jurisprudência do Superior Tribunal de Justiça. Também é importante ficar atento às inovações trazidas pelo Código de Processo Civil de 2015.

No 4º Concurso da DPU, realizado em 2010, a carta rogatória e a homologação de sentença estrangeira também foram objetos de arguição:

> Acerca de carta rogatória e homologação de sentença estrangeira, julgue os seguintes itens.

> **8** Por constituírem forma de cooperação internacional clássica, as cartas rogatórias estrangeiras são cumpridas no Brasil, independentemente de se referirem ou não a processos de competência exclusiva dos tribunais brasileiros.
>
> **9** A sentença proferida por tribunal estrangeiro tem eficácia no Brasil depois de homologada pelo STF.
>
> **10** Um dos requisitos para que a sentença estrangeira seja homologada no Brasil é terem as partes sido citadas ou haver-se legalmente verificado a revelia.

O gabarito definitivo apontou as seguintes respostas: Item 08 – Errado; Item 09 – Errado, e Item 10 – Certo. Com relação ao Item 08, o art. 6º da Resolução n. 9/2005/STJ previa que não será homologada sentença estrangeira ou concedido *exequatur* a carta rogatória que ofendam a soberania ou a ordem pública. Logo, caso a carta rogatória se refira a processo de competência exclusiva dos tribunais brasileiros, então não foi observada a competência absoluta do juízo brasileiro (usurpação de competência), ferindo, assim, a ordem pública e a soberania do país, motivo pelo qual, em tese, não será concedido o *exequatur* do STJ. Quanto ao Item 09, a homologação de sentença estrangeira, hoje, é desenvolvida perante o Superior Tribunal de Justiça. Quanto ao Item 10, devia-se obedecer aos requisitos impostos pelo art. 15 da LINDB e art. 5º da Resolução n. 9/2005 do STJ, conforme redações vigentes na época.

Repare que, nesse caso, a banca examinadora deu ênfase à literalidade da legislação, incluindo as normas emanadas do STJ. Repito: é importante ficar atento às eventuais inovações trazidas pelo Código de Processo Civil de 2015, bem como os reflexos do tema ("homologação de decisão estrangeira") na atual redação do Regimento Interno do STJ.

5. DOUTRINA, JURISPRUDÊNCIA E "LEI SECA" NOS CONCURSOS DA DPU

Na parte de Direito Internacional, também poderão ser cobrados conhecimentos doutrinários e o posicionamento dominante do Supremo Tribunal Federal dos Tribunais Superiores.

Observando as questões já apresentadas na análise das provas objetivas em Direito Constitucional, constata-se que as bancas examinadoras exigem, com frequência, o conhecimento sobre a jurisprudência do STF e do STJ. Várias questões são extraídas de ementas de julgados e/ou informativos das Cortes, o que, aliás, é uma tendência nos concursos públicos em geral.

O conhecimento da literalidade da Constituição Federal e da legislação infraconstitucional internacionalista (p. ex., Lei de Migração) também é essencial para a prova de Direito Internacional. Assim, a leitura – e memorização – dos dispositivos continua sendo uma exigência para o sucesso do candidato.

A doutrina também possui relevância nas questões em Direito Internacional, sobretudo em temas relacionados com Direito dos Tratados, fontes do direito internacional, personalidade jurídica internacional, MERCOSUL e etc.. Portanto, de maneira estratégica, convém que o candidato selecione com cuidado alguns capítulos da bibliografia escolhida para maior aprofundamento doutrinário.

6. DICAS FINAIS PARA OS CANDIDATOS

No âmbito do Direito Internacional, faça um estudo cuidadoso dos últimos informativos do Supremo Tribunal Federal e do Superior Tribunal de Justiça, além da inevitável leitura das inovações legislativas sobre o tema.

Determinados temas em Direito Internacional são recorrentes na atividade institucional da Defensoria Pública da União: Protocolo de Cooperação e Assistência Jurisdicional do MERCOSUL (Protocolo de Las Leñas); sequestro internacional de menores, e prestação de alimentos no exterior cooperação internacional em matéria de assistência jurídica gratuita, dentre outros. Portanto, como a banca examinadora tem tido uma preocupação cada vez mais frequente com a interdisciplinaridade em assuntos próprios da atuação dos defensores públicos, tais capítulos surgem como "apostas" para as próximas provas objetivas.

DIREITOS HUMANOS

1. BIBLIOGRAFIA INDICADA

Para fins de concursos públicos, a obra "Direito Internacional Público e Privado – Incluindo Noções de Direitos Humanos e Comunitário", do professor Paulo Henrique Gonçalves Portela, além de ser uma das mais indicadas para a disciplina Direitos Internacionais, também abrange a parte de Noções de Direitos Humanos. Trata-se de obra atualizada, abrangente, com redação agradável e direcionada para concursos.

Para fins de aprofundamento, com eminente cunho acadêmico, merece menção a obra "Curso de Direitos Humanos", do renomado professor André de Carvalho Ramos, que tem conteúdo abrangente e tem sido atualizada, mas talvez ultrapasse as exigências para fins de concursos públicos.

Outra obra que tem recebido ótimas críticas, pois, concilia doutrina, jurisprudência e resolução de exercícios, é o "Revisaço Direitos Humanos – 700 Questões Comentadas", dos professores Paulo Henrique Gonçalves Portela, Bruna Pinotti Garcia Oliveira e Rafael de Lazari, o que pode ser uma alternativa para o concurseiro.

Dentre as obras clássicas, o "Direito Internacional Público – Curso Elementar", do consagrado Francisco Rezek, é uma obra de referência para os estudiosos do assunto, mas, por razões óbvias, não parece ser a mais adequada para concursos públicos em geral.

Para quem gosta de resumos, fica a recomendação do livro "Sinopses para Concursos – Direitos Humanos", do autor Rafael Barretto, que é um livro resumido e com custo reduzido.

2. CONTEÚDO PROGRAMÁTICO NOS EDITAIS DA DPU

A Resolução n. 118, de 05 de novembro de 2015, que dispõe sobre os concursos públicos para ingresso na carreira de Defensor Público Federal, destaca mais de vinte disciplinas a serem objeto de arguição nas provas objetivas, dissertativas e orais.

Vejamos o conteúdo programático nos últimos quatro concursos já realizados:

Edital	Conteúdo Programático (Direitos Humanos)
6º Concurso (Edital publicado em 12 de junho de 2017, com retificação)	1 Teoria geral dos direitos humanos. 1.1 Construção histórica. 1.2 Características. 1.3 Princípios. 2 Declaração Universal dos Direitos Humanos. 2.1 Antecedentes do Direito Internacional dos Direitos Humanos. 2.2 Princípio da universalidade. 2.2.1 Universalismo abstrato e cidadania universal. 2.2.2 Universalismo de linhas paralelas, concepção multicultural dos direitos humanos e relativismo cultural. 2.2.3 Universalismo de confluência e concepção intercultural de direitos humanos. 2.3 Princípio da indivisibilidade: gerações dos direitos humanos. 3 Sistema internacionais de proteção e promoção dos direitos humanos. 3.1 Sistema Global de Direitos Humanos. 3.1.1 Antecedentes históricos, ONU, ACNUDH e os diversos tratados internacionais de direitos humanos. 3.1.2 Sistema da Carta e o Conselho de Direitos Humanos. 3.1.3 Sistema Convencional e os Comitês dos tratados. 3.1.4 Os casos brasileiros no Sistema Global. 3.1.5 A Defensoria Pública da União e o Sistema Global. 3.2 Sistemas regionais de proteção e promoção dos direitos humanos e o Sistema interamericano de direitos humanos. 3.2.1 Antecedentes históricos, OEA, a Convenção Americana de Direitos Humanos e os diversos tratados interamericanos de direitos humanos. 3.2.2 Sistema da Carta da OEA. 3.2.3 Sistema da Convenção Americana de Direitos Humanos. 3.2.4 Sistema da Corte Interamericana de Direitos Humanos. 3.2.4.1 Procedimento Contencioso. 3.2.4.2 Procedimento Consultivo. 3.2.4.3 Controle de convencionalidade. 3.2.4.4 Medidas

Edital	Conteúdo Programático (Direitos Humanos)
6º Concurso (Edital publicado em 12 de junho de 2017, com retificação)	provisórias. 3.2.4.5 Os casos brasileiros na Corte. 3.2.5 Comissão Interamericana de Direitos Humanos. 3.2.5.1 Fase do Primeiro Relatório. 3.2.5.2 Fase do Segundo Relatório. 3.2.5.3 Medidas Cautelares. 3.2.5.4 Os casos brasileiros na Comissão 3.2.5.5 A Comissão e suas diversas funções. 3.2.6 Defensor Público Interamericano. 3.2.6.1 Associação Interamericana de Defensorias Públicas (AIDEF). 3.2.6 A Defensoria Pública da União e o Sistema Interamericano. 3.3 Sistema Brasileiro de Direitos Humanos. 3.3.1 Os tratados internacionais de direitos humanos e a Constituição. 3.3.2 Incidente de Deslocamento de Competência. 3.3.3 Política Nacional de Direitos Humanos – PNDH. 3.3.4 Conselho de Direitos Humanos. 3.3.5 Instituição Nacional de Direitos Humanos e os Princípios de Paris. 3.4 MERCOSUL e os direitos humanos. 4 Direitos
6º Concurso (Edital publicado em 12 de junho de 2017, com retificação)	civis e políticos. 5 Democracia na América. 5.1 Cláusula democrática. 5.2 Leis de anistia, Comissão da Verdade, Justiça de Transição e reparação das vítimas. 6 Desaparecimento forçado. 7 Tortura e outros tratamentos ou penas cruéis, desumanas ou degradantes. 7.1 Sistema Nacional de Prevenção e Combate à Tortura. 7.2 Comitê Nacional de Prevenção e Combate à Tortura. 7.3 Mecanismo Nacional de Prevenção e Combate à Tortura. 8 Direitos econômicos, sociais e culturais. 9 Direitos dos Trabalhadores Migrantes. 10 Direitos das pessoas com deficiência e mobilidade reduzida. 11 Direito das Mulheres. 12 Direito das Crianças. 13 Direito dos Idosos. 14 Direito à diversidade sexual, liberdade de orientação sexual e transexualidade. 15 Tráfico de pessoas. 16 Violência de gênero e de identidade. 17 Igualdade racial e combate ao racismo. 17.1 Estatuto da Igualdade Racial. 17.3 Sistema Nacional de Promoção da Igualdade Racial. 17.4 Ações afirmativas. 18 Identidade e reconhecimento das minorias étnicas. 18.1 Convenção 169 da OIT e as comunidades e povos tradicionais. 18.1.1 Direito de autoidentificação e à diferenciação étnica. 18.1.2 Territorialidade e tradicionalidade. 18.1.3 Direito de autodeterminação e participação política. 18.1.4 Dever de consulta livre, prévia e informada. 18.1.5 Direito de participação no resultado da exploração econômica. 18.2 Proteção do patrimônio cultural material e imaterial. 18.3 Estado plurinacional, pluriétnico e multicultural. 18.4 Direito

Edital	Conteúdo Programático (Direitos Humanos)
6º Concurso (Edital publicado em 12 de junho de 2017, com retificação)	das comunidades e povos tradicionais. 18.4.1 Política Nacional de Desenvolvimento Sustentável dos Povos e Comunidades Tradicionais. 18.4.2 Conselho Nacional dos Povos e Comunidades Tradicionais. 18.4.3 Direito à biodiversidade. 18.4.4 Proteção do conhecimento tradicional. 18.5 Direito dos povos indígenas. 18.6 Direito das comunidades negras tradicionais e quilombolas. 19 Combate ao trabalho escravo e escravidão contemporânea. 20 Combate ao escalpelamento. 21 Direitos dos moradores de rua. 22 Direito dos catadores de lixo e recicladores. 23 Outros grupos vulneráveis que merecem especial proteção da Defensoria Pública da União. 24 Defensor Nacional e Defensores Regionais dos Direitos Humanos.
5º Concurso (Edital publicado em 31 de outubro de 2014).	1 Origem, essência e finalidade dos direitos humanos. 2 A constitucionalização dos direitos humanos. 2.1 A Constituição da República Federativa do Brasil. 2.1.1 Os princípios constitucionais a reger o Brasil nas relações internacionais. 2.1.2 Os tratados internacionais de proteção dos direitos humanos. 2.1.3 A hierarquia dos tratados internacionais de direitos humanos. 2.1.4 A internalização dos tratados internacionais de direitos humanos. 3 A proteção internacional dos direitos humanos. 3.1 A Declaração Universal dos Direitos do Homem. 3.2 O Pacto Internacional dos Direitos Econômicos, Sociais e Culturais. 3.3 O Pacto Internacional dos Direitos Civis e Políticos. 3.4 A Convenção Interamericana de Direitos Humanos. 3.4.1 A Comissão Interamericana de Direitos Humanos. 3.4.2 A Corte Interamericana de Direitos Humanos. 3.4.3 O acesso ao sistema interamericano. 4 A proteção a minorias e demais grupos vulneráveis. 4.1 A proteção à mulher, à criança e ao idoso. 4.1.2 A Convenção sobre a Eliminação de Todas as Formas de Discriminação contra a Mulher. 4.1.3 O Protocolo Adicional à Convenção das Nações Unidas contra o Crime Organizado Transnacional Relativo à Prevenção, Repressão e Punição do Tráfico de Pessoas, em Especial Mulheres e Crianças. 4.1.4 O Estatuto da Criança e do Adolescente. 4.1.5 O Estatuto do Idoso. 4.2 O combate ao racismo. 4.2.1 A Convenção sobre a Eliminação de Todas as Formas de Discriminação Racial. 4.2.2 O Estatuto da Igualdade Racial. 4.3 O índio. 4.4 Os quilombolas e as demais comunidades tradicionais. 4.5 A proteção ao deficiente. 4.5.1 A Convenção sobre os Direitos das

Edital	Conteúdo Programático (Direitos Humanos)
5º Concurso (Edital publicado em 31 de outubro de 2014).	Pessoas com Deficiência. 4.6 A liberdade de credo. 4.7 A liberdade sexual e a transexualidade. 4.8 O refúgio. 4.8.1 A Convenção relativa ao Estatuto dos Refugiados. 4.9 O direito ao asilo.
4º Concurso (Edital publicado em 31 de dezembro de 2009).	1 Estrutura jurídica: Conceitos básicos de Direito Internacional – Direito Internacional dos Direitos Humanos; Direito Internacional Humanitário. 2 Aplicação da lei. 2.1 Premissas: aplicação da Lei nos Estados Democráticos; conduta ética e legal na aplicação da Lei. 2.2 Responsabilidades: prevenção e detecção do crime; manutenção da ordem pública. 2.3 Poderes: captura; detenção; uso da força e de armas de fogo (práticas de tiro). 2.4 Para grupos vulneráveis: mulheres; crianças e adolescentes; vítimas da criminalidade e do abuso de poder; refugiados e deslocados internos. 3 Comando e gestão: procedimentos de supervisão e revisão; investigação de violações dos direitos humanos. 4 Direito Internacional dos Direitos Humanos. 4.1 Sistema Interamericano de direitos humanos 5 Conselho de Defesa dos Direitos da Pessoa Humana (Lei nº 4.319 de 1964).
3º Concurso (Edital publicado em 5 de setembro de 2007).	1 Estrutura jurídica: Conceitos básicos de Direito Internacional – Direito Internacional dos Direitos Humanos; Direito Internacional Humanitário. 2 Aplicação da lei. 2.1 Premissas: aplicação da Lei nos Estados Democráticos; conduta ética e legal na aplicação da Lei. 2.2 Responsabilidades: prevenção e detecção do crime; manutenção da ordem pública. 2.3 Poderes: captura; detenção; uso da força e de armas de fogo (práticas de tiro). 2.4 Para grupos vulneráveis: mulheres; crianças e adolescentes; vítimas da criminalidade e do abuso de poder; refugiados e deslocados internos. 3 Comando e gestão: procedimentos de supervisão e revisão; investigação de violações dos direitos humanos. 4 Direito Internacional dos Direitos Humanos. 4.1 Sistema Interamericano de direitos humanos 5 Conselho de Defesa dos Direitos da Pessoa Humana (Lei nº 4.319 de 1964).

Houve mudanças significativas no conteúdo programático dos editais do concurso público da DPU nos anos de 2007 a 2017, com uma crescente ampliação dos tópicos da disciplina.

A tendência é que os próximos editais reproduzam o conteúdo do edital referente ao 6º concurso público da DPU, que trouxe programa extenso e bastante diversificado, sobretudo se analisado em conjunto com as mais de vinte disciplinas que compõem o edital.

Alguns tópicos em Direitos Humanos coincidem, total ou parcialmente, com conteúdos exigidos em outras disciplinas (p. ex., Direito Constitucional, Direito Internacional, Noções de Sociologia Jurídica e etc.).

De acordo com o último edital, serão quatro as Bancas Examinadoras, cada uma responsável por um grupo de disciplinas. Atualmente, os Direitos Humanos compõem o Grupo IV, ao lado do Direito Constitucional, Direito Internacional, Filosofia do Direito, Noções de Sociologia Jurídica e Noções de Ciência Política.

3. ANÁLISE GERAL DAS ÚLTIMAS PROVAS OBJETIVAS

Após a análise das quatro últimas provas objetivas, realizadas *entre 2007 e 2017*, ou seja, aproximadamente dez anos de interregno, foi possível verificar a seguinte distribuição de questões conforme os tópicos do conteúdo programático. Vejamos:

6º Concurso (Edital publicado em 12 de junho de 2017, com retificação).	
Tópico do Conteúdo Programático	**Quantidade de Itens**[103]
1 Teoria geral dos direitos humanos. 1.1 Construção histórica. 1.2 Características. 1.3 Princípios.	00 item
2 Declaração Universal dos Direitos Humanos. 2.1 Antecedentes do Direito Internacional dos Direitos Humanos. 2.2 Princípio da universalidade. 2.2.1 Universalismo abstrato e cidadania universal. 2.2.2 Universalismo de linhas paralelas, concepção multicultural dos direitos humanos e relativismo cultural. 2.2.3 Universalismo de confluência e concepção intercultural de direitos humanos. 2.3 Princípio da indivisibilidade: gerações dos direitos humanos.	00 item

103. Quantidade "aproximada" de itens, pois, algumas podem envolver o conhecimento relacionado a mais de um tópico do conteúdo programático.

6º Concurso (Edital publicado em 12 de junho de 2017, com retificação).	
Tópico do Conteúdo Programático	**Quantidade de Itens**
3 Sistema internacionais de proteção e promoção dos direitos humanos. 3.1 Sistema Global de Direitos Humanos. 3.1.1 Antecedentes históricos, ONU, ACNUDH e os diversos tratados internacionais de direitos humanos. 3.1.2 Sistema da Carta e o Conselho de Direitos Humanos. 3.1.3 Sistema Convencional e os Comitês dos tratados. 3.1.4 Os casos brasileiros no Sistema Global. 3.1.5 A Defensoria Pública da União e o Sistema Global. 3.2 Sistemas regionais de proteção e promoção dos direitos humanos e o Sistema interamericano de direitos humanos. 3.2.1 Antecedentes históricos, OEA, a Convenção Americana de Direitos Humanos e os diversos tratados interamericanos de direitos humanos. 3.2.2 Sistema da Carta da OEA. 3.2.3 Sistema da Convenção Americana de Direitos Humanos. 3.2.4 Sistema da Corte Interamericana de Direitos Humanos. 3.2.4.1 Procedimento Contencioso. 3.2.4.2 Procedimento Consultivo. 3.2.4.3 Controle de convencionalidade. 3.2.4.4 Medidas provisórias. 3.2.4.5 Os casos brasileiros na Corte. 3.2.5 Comissão Interamericana de Direitos Humanos. 3.2.5.1 Fase do Primeiro Relatório. 3.2.5.2 Fase do Segundo Relatório. 3.2.5.3 Medidas Cautelares. 3.2.5.4 Os casos brasileiros na Comissão 3.2.5.5 A Comissão e suas diversas funções. 3.2.6 Defensor Público Interamericano. 3.2.6.1 Associação Interamericana de Defensorias Públicas (AIDEF). 3.2.6 A Defensoria Pública da União e o Sistema Interamericano. 3.3 Sistema Brasileiro de Direitos Humanos. 3.3.1 Os tratados internacionais de direitos humanos e a Constituição. 3.3.2 Incidente de Deslocamento de Competência. 3.3.3 Política Nacional de Direitos Humanos – PNDH. 3.3.4 Conselho de Direitos Humanos. 3.3.5 Instituição Nacional de Direitos Humanos e os Princípios de Paris. 3.4 MERCOSUL e os direitos humanos.	00 item
4 Direitos civis e políticos.	00 item
5 Democracia na América. 5.1 Cláusula democrática. 5.2 Leis de anistia, Comissão da Verdade, Justiça de Transição e reparação das vítimas.	00 item
6 Desaparecimento forçado.	00 item
7 Tortura e outros tratamentos ou penas cruéis, desumanas ou degradantes. 7.1 Sistema Nacional de Prevenção e Combate à Tortura. 7.2 Comitê Nacional de Prevenção e Combate à Tortura. 7.3 Mecanismo Nacional de Prevenção e Combate à Tortura.	00 item

6º Concurso (Edital publicado em 12 de junho de 2017, com retificação).	
Tópico do Conteúdo Programático	**Quantidade de Itens**
8 Direitos econômicos, sociais e culturais.	00 item
9 Direitos dos Trabalhadores Migrantes.	00 item
10 Direitos das pessoas com deficiência e mobilidade reduzida.	00 item
11 Direito das Mulheres.	00 item
12 Direito das Crianças.	00 item
13 Direito dos Idosos.	01 item
14 Direito à diversidade sexual, liberdade de orientação sexual e transexualidade.	00 item
15 Tráfico de pessoas.	00 item
16 Violência de gênero e de identidade.	00 item
17 Igualdade racial e combate ao racismo. 17.1 Estatuto da Igualdade Racial. 17.3 Sistema Nacional de Promoção da Igualdade Racial. 17.4 Ações afirmativas.	00 item
18 Identidade e reconhecimento das minorias étnicas. 18.1 Convenção 169 da OIT e as comunidades e povos tradicionais. 18.1.1 Direito de autoidentificação e à diferenciação étnica. 18.1.2 Territorialidade e tradicionalidade. 18.1.3 Direito de autodeterminação e participação política. 18.1.4 Dever de consulta livre, prévia e informada. 18.1.5 Direito de participação no resultado da exploração econômica. 18.2 Proteção do patrimônio cultural material e imaterial. 18.3 Estado plurinacional, pluriétnico e multicultural. 18.4 Direito das comunidades e povos tradicionais. 18.4.1 Política Nacional de Desenvolvimento Sustentável dos Povos e Comunidades Tradicionais. 18.4.2 Conselho Nacional dos Povos e Comunidades Tradicionais. 18.4.3 Direito à biodiversidade. 18.4.4 Proteção do conhecimento tradicional. 18.5 Direito dos povos indígenas. 18.6 Direito das comunidades negras tradicionais e quilombolas.	01 item
19 Combate ao trabalho escravo e escravidão contemporânea.	00 item
20 Combate ao escalpelamento.	01 item

6º Concurso (Edital publicado em 12 de junho de 2017, com retificação).	
Tópico do Conteúdo Programático	**Quantidade de Itens**
21 Direitos dos moradores de rua.	01 item
22 Direito dos catadores de lixo e recicladores.	01 item
23 Outros grupos vulneráveis que merecem especial proteção da Defensoria Pública da União.	00 item
24 Defensor Nacional e Defensores Regionais dos Direitos Humanos.	03 itens
Total de itens:	**08 itens**

5º Concurso (Edital publicado em 31 de outubro de 2014).	
Tópico do Conteúdo Programático	**Quantidade de Itens**[104]
1 Origem, essência e finalidade dos direitos humanos.	00 item
2 A constitucionalização dos direitos humanos. 2.1 A Constituição da República Federativa do Brasil. 2.1.1 Os princípios constitucionais a reger o Brasil nas relações internacionais. 2.1.2 Os tratados internacionais de proteção dos direitos humanos. 2.1.3 A hierarquia dos tratados internacionais de direitos humanos. 2.1.4 A internalização dos tratados internacionais de direitos humanos.	00 item
3 A proteção internacional dos direitos humanos. 3.1 A Declaração Universal dos Direitos do Homem. 3.2 O Pacto Internacional dos Direitos Econômicos, Sociais e Culturais. 3.3 O Pacto Internacional dos Direitos Civis e Políticos. 3.4 A Convenção Interamericana de Direitos Humanos. 3.4.1 A Comissão Interamericana de Direitos Humanos. 3.4.2 A Corte Interamericana de Direitos Humanos. 3.4.3 O acesso ao sistema interamericano.	03 itens

104. Quantidade "aproximada" de itens, pois, algumas podem envolver o conhecimento relacionado a mais de um tópico do conteúdo programático.

5º Concurso (Edital publicado em 31 de outubro de 2014).	
Tópico do Conteúdo Programático	**Quantidade de Itens**
4 A proteção a minorias e demais grupos vulneráveis. 4.1 A proteção à mulher, à criança e ao idoso. 4.1.2 A Convenção sobre a Eliminação de Todas as Formas de Discriminação contra a Mulher. 4.1.3 O Protocolo Adicional à Convenção das Nações Unidas contra o Crime Organizado Transnacional Relativo à Prevenção, Repressão e Punição do Tráfico de Pessoas, em Especial Mulheres e Crianças. 4.1.4 O Estatuto da Criança e do Adolescente. 4.1.5 O Estatuto do Idoso. 4.2 O combate ao racismo. 4.2.1 A Convenção sobre a Eliminação de Todas as Formas de Discriminação Racial. 4.2.2 O Estatuto da Igualdade Racial. 4.3 O índio. 4.4 Os quilombolas e as demais comunidades tradicionais. 4.5 A proteção ao deficiente. 4.5.1 A Convenção sobre os Direitos das Pessoas com Deficiência. 4.6 A liberdade de credo. 4.7 A liberdade sexual e a transexualidade. 4.8 O refúgio. 4.8.1 A Convenção relativa ao Estatuto dos Refugiados. 4.9 O direito ao asilo.	05 itens
Total de itens:	**08 itens**

4º Concurso (Edital publicado em 31 de dezembro de 2009).	
Tópico do Conteúdo Programático	**Quantidade de Itens[105]**
1 Estrutura jurídica: Conceitos básicos de Direito Internacional – Direito Internacional dos Direitos Humanos; Direito Internacional Humanitário.	00 item
2 Aplicação da lei. 2.1 Premissas: aplicação da Lei nos Estados Democráticos; conduta ética e legal na aplicação da Lei. 2.2 Responsabilidades: prevenção e detecção do crime; manutenção da ordem pública. 2.3 Poderes: captura; detenção; uso da força e de armas de fogo (práticas de tiro). 2.4 Para grupos vulneráveis: mulheres; crianças e adolescentes; vítimas da criminalidade e do abuso de poder; refugiados e deslocados internos.	05 itens

105. Quantidade "aproximada" de itens, pois, algumas podem envolver o conhecimento relacionado a mais de um tópico do conteúdo programático. Além disso, optou-se por fazer a classificação das questões com base no conteúdo programático do último edital, pois, em razão das diferenças com os editais anteriores, os dados estatísticos ficariam pouco fidedignos.

4º Concurso (Edital publicado em 31 de dezembro de 2009).	
Tópico do Conteúdo Programático	**Quantidade de Itens**
3 Comando e gestão: procedimentos de supervisão e revisão; investigação de violações dos direitos humanos.	00 item
4 Direito Internacional dos Direitos Humanos. 4.1 Sistema Interamericano de direitos humanos	05 itens
5 Conselho de Defesa dos Direitos da Pessoa Humana (Lei nº 4.319 de 1964).	02 itens
Total de itens:	**12 itens**

3º Concurso (Edital publicado em 5 de setembro de 2007).	
Tópico do Conteúdo Programático	**Quantidade de Itens**[106]
1 Estrutura jurídica: Conceitos básicos de Direito Internacional – Direito Internacional dos Direitos Humanos; Direito Internacional Humanitário.	02 itens
2 Aplicação da lei. 2.1 Premissas: aplicação da Lei nos Estados Democráticos; conduta ética e legal na aplicação da Lei. 2.2 Responsabilidades: prevenção e detecção do crime; manutenção da ordem pública. 2.3 Poderes: captura; detenção; uso da força e de armas de fogo (práticas de tiro). 2.4 Para grupos vulneráveis: mulheres; crianças e adolescentes; vítimas da criminalidade e do abuso de poder; refugiados e deslocados internos.	01 item
3 Comando e gestão: procedimentos de supervisão e revisão; investigação de violações dos direitos humanos.	02 itens

106. Quantidade "aproximada" de itens, pois, algumas podem envolver o conhecimento relacionado a mais de um tópico do conteúdo programático. Além disso, optou-se por fazer a classificação das questões com base no conteúdo programático do último edital, pois, em razão das diferenças com os editais anteriores, os dados estatísticos ficariam pouco fidedignos.

3º Concurso (Edital publicado em 5 de setembro de 2007).	
Tópico do Conteúdo Programático	**Quantidade de Itens**
4 Direito Internacional dos Direitos Humanos. 4.1 Sistema Interamericano de direitos humanos	05 itens
5 Conselho de Defesa dos Direitos da Pessoa Humana (Lei nº 4.319 de 1964).	00 item
Total de itens:	**10 itens**

Consolidando os dados dos dois últimos concursos, cujos conteúdos programáticos são semelhantes, podemos elaborar a seguinte tabela:

Consolidado 1 (concursos realizados nos anos de 2014 e 2017)	
Tópico do Conteúdo Programático	**Quantidade de Itens[107]**
1 Teoria geral dos direitos humanos. 1.1 Construção histórica. 1.2 Características. 1.3 Princípios.	00 item
2 Declaração Universal dos Direitos Humanos. 2.1 Antecedentes do Direito Internacional dos Direitos Humanos. 2.2 Princípio da universalidade. 2.2.1 Universalismo abstrato e cidadania universal. 2.2.2 Universalismo de linhas paralelas, concepção multicultural dos direitos humanos e relativismo cultural. 2.2.3 Universalismo de confluência e concepção intercultural de direitos humanos. 2.3 Princípio da indivisibilidade: gerações dos direitos humanos.	00 item

107. Quantidade "aproximada" de itens, pois, algumas podem envolver o conhecimento relacionado a mais de um tópico do conteúdo programático.

Consolidado 1 (concursos realizados nos anos de 2014 e 2017)	
Tópico do Conteúdo Programático	**Quantidade de Itens**
3 Sistema internacionais de proteção e promoção dos direitos humanos. 3.1 Sistema Global de Direitos Humanos. 3.1.1 Antecedentes históricos, ONU, ACNUDH e os diversos tratados internacionais de direitos humanos. 3.1.2 Sistema da Carta e o Conselho de Direitos Humanos. 3.1.3 Sistema Convencional e os Comitês dos tratados. 3.1.4 Os casos brasileiros no Sistema Global. 3.1.5 A Defensoria Pública da União e o Sistema Global. 3.2 Sistemas regionais de proteção e promoção dos direitos humanos e o Sistema interamericano de direitos humanos. 3.2.1 Antecedentes históricos, OEA, a Convenção Americana de Direitos Humanos e os diversos tratados interamericanos de direitos humanos. 3.2.2 Sistema da Carta da OEA. 3.2.3 Sistema da Convenção Americana de Direitos Humanos. 3.2.4 Sistema da Corte Interamericana de Direitos Humanos. 3.2.4.1 Procedimento Contencioso. 3.2.4.2 Procedimento Consultivo. 3.2.4.3 Controle de convencionalidade. 3.2.4.4 Medidas provisórias. 3.2.4.5 Os casos brasileiros na Corte. 3.2.5 Comissão Interamericana de Direitos Humanos. 3.2.5.1 Fase do Primeiro Relatório. 3.2.5.2 Fase do Segundo Relatório. 3.2.5.3 Medidas Cautelares. 3.2.5.4 Os casos brasileiros na Comissão 3.2.5.5 A Comissão e suas diversas funções. 3.2.6 Defensor Público Interamericano. 3.2.6.1 Associação Interamericana de Defensorias Públicas (AIDEF). 3.2.6 A Defensoria Pública da União e o Sistema Interamericano. 3.3 Sistema Brasileiro de Direitos Humanos. 3.3.1 Os tratados internacionais de direitos humanos e a Constituição. 3.3.2 Incidente de Deslocamento de Competência. 3.3.3 Política Nacional de Direitos Humanos – PNDH. 3.3.4 Conselho de Direitos Humanos. 3.3.5 Instituição Nacional de Direitos Humanos e os Princípios de Paris. 3.4 MERCOSUL e os direitos humanos.	03 itens
4 Direitos civis e políticos.	00 item
5 Democracia na América. 5.1 Cláusula democrática. 5.2 Leis de anistia, Comissão da Verdade, Justiça de Transição e reparação das vítimas.	00 item
6 Desaparecimento forçado.	00 item
7 Tortura e outros tratamentos ou penas cruéis, desumanas ou degradantes. 7.1 Sistema Nacional de Prevenção e Combate à Tortura. 7.2 Comitê Nacional de Prevenção e Combate à Tortura. 7.3 Mecanismo Nacional de Prevenção e Combate à Tortura.	00 item

Consolidado 1 (concursos realizados nos anos de 2014 e 2017)	
Tópico do Conteúdo Programático	**Quantidade de Itens**
8 Direitos econômicos, sociais e culturais.	00 item
9 Direitos dos Trabalhadores Migrantes.	00 item
10 Direitos das pessoas com deficiência e mobilidade reduzida.	00 item
11 Direito das Mulheres.	00 item
12 Direito das Crianças.	00 item
13 Direito dos Idosos.	01 item
14 Direito à diversidade sexual, liberdade de orientação sexual e transexualidade.	00 item
15 Tráfico de pessoas.	00 item
16 Violência de gênero e de identidade.	00 item
17 Igualdade racial e combate ao racismo. 17.1 Estatuto da Igualdade Racial. 17.3 Sistema Nacional de Promoção da Igualdade Racial. 17.4 Ações afirmativas.	00 item
18 Identidade e reconhecimento das minorias étnicas. 18.1 Convenção 169 da OIT e as comunidades e povos tradicionais. 18.1.1 Direito de autoidentificação e à diferenciação étnica. 18.1.2 Territorialidade e tradicionalidade. 18.1.3 Direito de autodeterminação e participação política. 18.1.4 Dever de consulta livre, prévia e informada. 18.1.5 Direito de participação no resultado da exploração econômica. 18.2 Proteção do patrimônio cultural material e imaterial. 18.3 Estado plurinacional, pluriétnico e multicultural. 18.4 Direito das comunidades e povos tradicionais. 18.4.1 Política Nacional de Desenvolvimento Sustentável dos Povos e Comunidades Tradicionais. 18.4.2 Conselho Nacional dos Povos e Comunidades Tradicionais. 18.4.3 Direito à biodiversidade. 18.4.4 Proteção do conhecimento tradicional. 18.5 Direito dos povos indígenas. 18.6 Direito das comunidades negras tradicionais e quilombolas.	06 itens

Consolidado 1 (concursos realizados nos anos de 2014 e 2017)	
Tópico do Conteúdo Programático	**Quantidade de Itens**
19 Combate ao trabalho escravo e escravidão contemporânea.	00 item
20 Combate ao escalpelamento.	01 item
21 Direitos dos moradores de rua.	01 item
22 Direito dos catadores de lixo e recicladores.	01 item
23 Outros grupos vulneráveis que merecem especial proteção da Defensoria Pública da União.	00 item
24 Defensor Nacional e Defensores Regionais dos Direitos Humanos.	03 itens
Total de itens:	**16 itens**

Consolidando os dados dos 4º e 5º concursos públicos da DPU, cujos conteúdos programáticos são semelhantes, podemos elaborar a seguinte tabela:

Consolidado 2 (concursos realizados nos anos de 2007 e 2010)	
Tópico do Conteúdo Programático	**Quantidade de Itens**[108]
1 Estrutura jurídica: Conceitos básicos de Direito Internacional – Direito Internacional dos Direitos Humanos; Direito Internacional Humanitário.	02 itens

108. Quantidade "aproximada" de itens, pois, algumas podem envolver o conhecimento relacionado a mais de um tópico do conteúdo programático. Além disso, optou-se por fazer a classificação das questões com base no conteúdo programático do último edital, pois, em razão das diferenças com os editais anteriores, os dados estatísticos ficariam pouco fidedignos.

Consolidado 2 (concursos realizados nos anos de 2007 e 2010)	
Tópico do Conteúdo Programático	**Quantidade de Itens**
2 Aplicação da lei. 2.1 Premissas: aplicação da Lei nos Estados Democráticos; conduta ética e legal na aplicação da Lei. 2.2 Responsabilidades: prevenção e detecção do crime; manutenção da ordem pública. 2.3 Poderes: captura; detenção; uso da força e de armas de fogo (práticas de tiro). 2.4 Para grupos vulneráveis: mulheres; crianças e adolescentes; vítimas da criminalidade e do abuso de poder; refugiados e deslocados internos.	06 itens
3 Comando e gestão: procedimentos de supervisão e revisão; investigação de violações dos direitos humanos.	02 itens
4 Direito Internacional dos Direitos Humanos. 4.1 Sistema Interamericano de direitos humanos	10 itens
5 Conselho de Defesa dos Direitos da Pessoa Humana (Lei nº 4.319 de 1964).	02 itens
Total de itens:	**22 itens**

Na análise dos itens e na identificação conforme os conteúdos programáticos, alguns assuntos poderiam ser colocados em mais de um tópico, pois, mesclam temas diversos.

Por fim, é importante ressaltar que a análise objeto desta obra procurou, intencionalmente, dar especial atenção aos certames ocorridos a partir de 2007. É que o longo tempo decorrido desde então – ou seja, mais de 10 anos – poderia levar a resultados estatísticos deturpados em razão das mudanças no conteúdo programático do edital e no perfil nos concursos públicos mais recentemente.

4. ALGUNS PONTOS ESPECÍFICOS MAIS RELEVANTES NAS PROVAS OBJETIVAS

Mantendo a preocupação de correlacionar o conhecimento teórico com aspectos práticos da atuação da DPU, um dos tópicos mais relevantes para a prova objetiva – e que, certamente, será objeto de questionamento nos próximos concursos – é a "identidade e reconhecimento das minorias étnicas", com ênfase no estudo da proteção a minorias e demais grupos vulneráveis.

Vejamos, como exemplo, alguns itens cobrados no 6º Concurso Público da DPU, em 2017:

> Acerca da proteção a grupos vulneráveis, julgue os seguintes itens.
>
> **175** Embora, como meta da Política Nacional de Resíduos Sólidos, seja um nítido avanço civilizatório, a eliminação dos lixões representa sério risco de agravamento da precariedade da condição social dos catadores que neles laboram.
>
> **176** O reconhecimento da ascendência quilombola pelas autoridades federais independe de a própria comunidade atribuir-se essa característica.
>
> **177** A recuperação da autoestima pela pessoa escalpelada constitui aspecto fundamental a ser considerado para se estabelecer o alcance da assistência jurídica que a ela será prestada.
>
> **178** A parcela da população que utiliza como moradia ruínas de edifícios abandonados pelos proprietários está incluída na mesma proteção dedicada àqueles que estão em situação de rua.

O gabarito definitivo apontou as seguintes respostas: Item 175 – Correto; Item 176 – Errado; Item 177 – Correto, e Item 178 – Correto. O item 176 pode ser considerado incorreto, pois, as comunidades quilombolas são grupos étnicos – predominantemente constituídos pela população negra –, que se autodefinem a partir das relações com a terra, o parentesco, o território, a ancestralidade, as tradições e práticas culturais próprias, ou seja, é a própria comunidade que se autorreconhece "remanescente de quilombo"[109]. Os demais itens foram considerados corretos.

É importante observar que as questões não versam sobre conceitos e/ou temas doutrinários, mas tratam de assuntos recorrentes na prática institucional da Defensoria Pública: catadores de lixo e recicladores; comunidades remanescentes de quilombos; vítimas escalpeladas[110], moradores de rua etc.

---

109. Para aprofundamento, sugiro: [*www.incra.gov.br/estrutura-fundiaria/quilombolas*].

110. Para entender melhor a importância do tema na atuação da Defensoria Pública da União, não deixe de ler o artigo "Escalpelamento: Política Pública para A População

No 5º Concurso Público da DPU, realizado em 2014, não foi diferente. Temas semelhantes foram abordados na prova objetiva, tendo a prática da atividade institucional dos defensores públicos federais como viés. Veja os itens abaixo:

> Objetivando duplicar as estradas de acesso a determinado município, a prefeitura desse município terá de realizar a desocupação de terrenos de sua propriedade onde se encontram um grupo de quilombolas, um grupo de imigrantes estrangeiros em situação irregular no país, um grupo de ex-moradores de rua e um grupo remanescente de outra ocupação irregular recentemente desalojado com violência pelas forças de segurança pública.
>
> A respeito dessa situação hipotética, julgue os itens a seguir, considerando as normas regentes da proteção a minorias e demais grupos vulneráveis.
>
> **175** Considerando-se que o grupo de quilombolas não tem titulação da propriedade ou reconhecimento oficial de sua cultura e de suas tradições, a ele devem ser aplicadas as mesmas medidas protetivas que aos demais grupos.
>
> **176** Cabe à DP, entre outros órgãos, promover ações que visem garantir às populações ocupantes dos referidos terrenos, quando de sua remoção, o recebimento de aluguel social até que elas sejam definitivamente alocadas por meio de programas de moradia popular.
>
> **177** Em relação aos imigrantes estrangeiros em situação irregular, devem ser adotadas, pela DP, medidas que garantam seu retorno imediato ao país de origem, estando a adoção de medidas protetivas afastada, dada a condição irregular desses imigrantes no Brasil.
>
> Com relação aos direitos humanos, julgue os itens que se seguem.
>
> **178** Ainda que sua aparência seja feminina, o transexual não está amparado pela legislação de proteção às mulheres, uma vez que, na aplicação dessa legislação específica, deve-se considerar o gênero constante no registro civil do agredido.

Invisível", da defensora pública Luciene Strada de Oliveira, publicado na Edição n. 09/2016 da Revista da Defensoria Pública da União. Há também a notícia: [*www.dpu.def.br/noticias-para-slideshow/27603-dpu-atua-para-prevenir-acidentes-de-escalpelamento-e-reparar-vitimas*].

O gabarito definitivo apontou as seguintes respostas: Item 175 - Errado; Item 176 - Certo; Item 177 - Errado, e Item 178 - Errado.

O item 175 está incorreto, pois, o art. 68 do ADCT diz que, aos remanescentes das comunidades dos quilombos que estejam ocupando suas terras é reconhecida a propriedade definitiva, devendo o Estado emitir-lhes os títulos respectivos.

O item 177 está incorreto, pois, há medidas protetivas previstas na legislação, tal como pode ser extraído, por exemplo, da redação do art. 8º da Lei n. 9.474/97, que define mecanismos para a implementação do Estatuto dos Refugiados: o ingresso irregular no território nacional não constitui impedimento para o estrangeiro solicitar refúgio às autoridades competentes.

Com relação ao item 178, o STJ já decidiu que "a interpretação conjugada dos arts. 55 e 58 da Lei n. 6.015/73 confere amparo legal para que transexual operado obtenha autorização judicial para a alteração de seu prenome, substituindo-o por apelido público e notório pelo qual é conhecido no meio em que vive" (REsp 737.993/MG, Rel. Ministro JOÃO OTÁVIO DE NORONHA, QUARTA TURMA, julgado em 10/11/2009). Na mesma linha de raciocínio, as proteções da Lei Maria da Penha (Lei n. 11.340/06), em tese, resguardam quem exerce o papel social de mulher, seja biológica, transgênero ou transexual[111].

Note que temas semelhantes foram abordados na parte de Direitos Humanos com relação à proteção das denominadas "minorias": comunidades remanescentes de quilombos; moradores de rua; imigrantes em situação irregular, e transexuais.

5. DOUTRINA, JURISPRUDÊNCIA E "LEI SECA" NOS CONCURSOS DA DPU

Na parte de Direitos Humanos, também poderão ser cobrados conhecimentos doutrinários e o posicionamento dominante do Supremo Tribunal Federal dos Tribunais Superiores.

O estudo da doutrina é importante na parte de Direitos Humanos. A tendência da banca examinadora, de acordo com os últimos

111. Sobre o tema, leia interessante notícia no CONJUR: *www.conjur.com.br/2017-jun-10/lei-maria-penha-protege-tambem-mulher-transgenero-homem-gay.*

certames, não é questionar sobre conceitos elementares da disciplina. Entretanto, verifica-se que o conhecimento doutrinário básico do tema é relevante para a resposta aos questionamentos pautados essencialmente em casos ou situações concretas.

É provável, ainda, que os questionamentos sobre conceitos doutrinários de Direitos Humanos sejam pautados em casos concretos analisados pela jurisprudência do STF e do STJ.

6. DICAS FINAIS PARA OS CANDIDATOS

Na parte de Direitos Humanos, o conteúdo programático previsto no edital é extenso e bastante diversificando, o que não se coaduna com a quantidade relativamente pequena de itens exigidos nas provas objetivas dessa disciplina. Nas duas últimas provas objetivas, por exemplo, foram cobrados 08 itens em cada, o que corresponde a apenas 4% do número total de 200 itens. Comparando a extensão do conteúdo programático, conclui-se que, estrategicamente, o aprofundamento no estudo da disciplina Direitos Humanos pode significar um investimento muito pesado de tempo e energia por parte do concurseiro, o que provavelmente impactaria negativamente no estudo de outras disciplinas igualmente importantes.

Perceba, ainda, que alguns itens referentes ao conteúdo programático de Direitos Humanos está total ou parcialmente abrangido por outras disciplinas (p. ex., Direito Constitucional e Direito Internacional), de forma que uma preparação estratégica em outros ramos do Direito poderá favorecer o candidato na abrangência do conteúdo de Direitos Humanos.

As últimas provas objetivas têm demonstrado que a banca examinadora tem uma preocupação com o aspecto prático da atuação institucional da Defensoria Pública no âmbito da proteção dos Direitos Humanos, o que poderá servir de norte para o candidato durante sua preparação para a prova objetiva. Ou seja, tenha sempre em mente aqueles aspectos do conteúdo programático que se ligam diretamente à atuação dos defensores públicos.

Em outras palavras: de maneira geral, nos últimos certames, as questões não versavam sobre conceitos e/ou temas doutrinários, mas tratavam de assuntos recorrentes na prática institucional da Defensoria Pública.

FILOSOFIA DO DIREITO

1. BIBLIOGRAFIA INDICADA

É preciso ter cuidado na escolha de alguma bibliografia para as disciplinas Filosofia do Direito, Sociologia Jurídica e Ciência Política, pois, existem excelentes obras no mercado. Entretanto, os livros de cunho eminentemente acadêmico podem demandar um tempo de preparação muito longo dos candidatos, o que prejudicará o estudo de outras disciplinas igualmente importantes para a prova objetiva.

Um livro recente lançado pela Editora Juspodivm é o "Manual de Filosofia e Teoria do Direito", do professor Bernardo Montalvão, que pode ser uma boa indicação para o concurso da DPU. Trata-se de uma obra mais volumosa e que demanda um investimento maior.

Outra opção seria o livro "Noções Gerais de Direito e Formação Humanística", de João Paulo Lordelo. Apesar de não ser uma obra específica de Filosofia do Direito e tampouco para a Defensoria Pública da União, o conteúdo oferecido, selecionado em pontos específicos, certamente irá contribuir com a preparação do concurseiro para diversas carreiras que possuem a Filosofia do Direito dentre o conteúdo programático. Além disso, aborda outros temas relacionados com Sociologia Jurídica e Ciência Política.

2. CONTEÚDO PROGRAMÁTICO NOS EDITAIS DA DPU

A Resolução n. 118, de 05 de novembro de 2015, que dispõe sobre os concursos públicos para ingresso na carreira de Defensor Público

Federal, destaca mais de vinte disciplinas a serem objeto de arguição nas provas objetivas, dissertativas e orais.

Vejamos o conteúdo programático nos últimos quatro concursos já realizados:

Edital	Conteúdo Programático Filosofia do Direito
6º Concurso (Edital publicado em 12 de junho de 2017, com retificação)	1 Conceito e tarefa da Filosofia do Direito. 2 História da Filosofia do Direito no Brasil. 2.1 Teoria tridimensional do direito. 3 A estrutura do Direito. 3.1 Teoria da norma jurídica. 3.1.1 Divisão estrutural entre regras e princípios. 3.1.2 Conflito de normas e colisão de princípios. 3.2 Teoria do ordenamento jurídico. 3.3 O positivismo jurídico e seus críticos. 4 Modelos teóricos do Direito. 4.1 O normativismo de Hans Kelsen. 4.2 O debate entre Herbert Hart e Ronald Dworkin. 4.3 O pós-positivismo. 5 Relações entre Direito e Moral. 5.1 Deontologia Jurídica. 6 Interpretação do Direito. 6.1 Métodos tradicionais de interpretação. 6.2 Originalismo e principialismo na interpretação constitucional. 7 Teorias contemporâneas da Justiça. 7.1 O utilitarismo. 7.2 O liberalismo-igualitário de John Rawls. 7.3 O libertarismo. 7.4 O comunitarismo. 8 A desobediência civil.
5º Concurso (Edital publicado em 31 de outubro de 2014).	1 Conceito e tarefa da Filosofia do Direito. 2 A estrutura do Direito. 2.1 Teoria da norma jurídica. 2.1.1 Divisão estrutural entre regras e princípios. 2.1.2 Conflito de normas e colisão de princípios. 2.2 Teoria do ordenamento jurídico. 2.3 O positivismo jurídico e seus críticos. 3 Modelos teóricos do Direito. 3.1 O normativismo de Hans Kelsen. 3.2 O debate entre Herbert Hart e Ronald Dworkin. 3.3 O pós-positivismo. 4 Relações entre Direito e Moral. 5 Interpretação do Direito. 5.1 Métodos tradicionais de interpretação. 5.2 Originalismo e principialismo na interpretação constitucional. 6 Teorias contemporâneas da Justiça. 6.1 O utilitarismo. 6.2 O liberalismo-igualitário de John Rawls. 6.3 O libertarismo. 6.4 O comunitarismo.

Edital	Conteúdo Programático Filosofia do Direito
4º Concurso (Edital publicado em 31 de dezembro de 2009).	1 Conceituação e natureza. 1.1 Origem existencial e histórica. 2 Filosofia Antiga: A controvérsia entre filosofia e sofística. 2.2 Conhecimento sensível e inteligível. 3 Racionalismo e Empirismo. 4. Filosofia do Direito: Fontes do Direito segundo o Jusnaturalismo, o Positivismo Jurídico e o Direito Alternativo.
3º Concurso (Edital publicado em 5 de setembro de 2007).	1 Conceituação e natureza. 1.1 Origem existencial e histórica. 2 Filosofia Antiga: A controvérsia entre filosofia e sofística. 2.2 Conhecimento sensível e inteligível. 3 Racionalismo e Empirismo. 4. Filosofia do Direito: Fontes do Direito segundo o Jusnaturalismo, o Positivismo Jurídico e o Direito Alternativo.

A análise do conteúdo programático de cada um dos editais mostra que houve uma brusca alteração na disciplina Filosofia do Direito. Apesar da "instabilidade", é possível apostar que os próximos certames seguirão mais ou menos o conteúdo programático do último edital, pois, houve uma semelhança notória entre os editais de 2014 e 2017.

Trata-se de conteúdo relativamente extenso e de grande cunho doutrinário, o que pode ser um desafio para o candidato.

De acordo com o último edital, serão quatro as Bancas Examinadoras, cada uma responsável por um grupo de disciplinas. Atualmente, o Grupo IV é composto por Direito Constitucional, Direito Internacional, Direitos Humanos, Filosofia do Direito, Noções de Sociologia Jurídica e Noções de Ciência Política.

3. ANÁLISE GERAL DAS ÚLTIMAS PROVAS OBJETIVAS

Nos últimos concursos realizados, a Defensoria Pública da União optou pela execução da primeira etapa por instituição especializada (CESPE/CEBRASPE), o que poderá refletir numa tendência para os próximos editais.

Após a análise das quatro últimas provas objetivas, realizadas *entre 2007 e 2017*, ou seja, aproximadamente dez anos de interregno, foi possível verificar a seguinte distribuição de questões conforme os tópicos do conteúdo programático. Vejamos:

6º Concurso (Edital publicado em 12 de junho de 2017, com retificação).	
Tópico do Conteúdo Programático	**Quantidade de Itens[112]**
1 Conceito e tarefa da Filosofia do Direito.	00 item
2 História da Filosofia do Direito no Brasil. 2.1 Teoria tridimensional do direito.	00 item
3 A estrutura do Direito. 3.1 Teoria da norma jurídica. 3.1.1 Divisão estrutural entre regras e princípios. 3.1.2 Conflito de normas e colisão de princípios. 3.2 Teoria do ordenamento jurídico. 3.3 O positivismo jurídico e seus críticos.	01 item
4 Modelos teóricos do Direito. 4.1 O normativismo de Hans Kelsen. 4.2 O debate entre Herbert Hart e Ronald Dworkin. 4.3 O pós-positivismo.	02 itens
5 Relações entre Direito e Moral. 5.1 Deontologia Jurídica.	00 item
6 Interpretação do Direito. 6.1 Métodos tradicionais de interpretação. 6.2 Originalismo e principialismo na interpretação constitucional.	01 item
7 Teorias contemporâneas da Justiça. 7.1 O utilitarismo. 7.2 O liberalismo-igualitário de John Rawls. 7.3 O libertarismo. 7.4 O comunitarismo.	02 itens
8 A desobediência civil.	00 item
Total de itens:	**06 itens**

112. Quantidade "aproximada" de itens, pois, algumas podem envolver o conhecimento relacionado a mais de um tópico do conteúdo programático.

5º Concurso (Edital publicado em 31 de outubro de 2014).	
Tópico do Conteúdo Programático	**Quantidade de Itens[113]**
1 Conceito e tarefa da Filosofia do Direito.	00 item
2 História da Filosofia do Direito no Brasil. 2.1 Teoria tridimensional do direito.	00 item
3 A estrutura do Direito. 3.1 Teoria da norma jurídica. 3.1.1 Divisão estrutural entre regras e princípios. 3.1.2 Conflito de normas e colisão de princípios. 3.2 Teoria do ordenamento jurídico. 3.3 O positivismo jurídico e seus críticos.	01 item
4 Modelos teóricos do Direito. 4.1 O normativismo de Hans Kelsen. 4.2 O debate entre Herbert Hart e Ronald Dworkin. 4.3 O pós-positivismo.	02 itens
5 Relações entre Direito e Moral. 5.1 Deontologia Jurídica.	00 item
6 Interpretação do Direito. 6.1 Métodos tradicionais de interpretação. 6.2 Originalismo e principialismo na interpretação constitucional.	00 item
7 Teorias contemporâneas da Justiça. 7.1 O utilitarismo. 7.2 O liberalismo-igualitário de John Rawls. 7.3 O libertarismo. 7.4 O comunitarismo.	03 itens
8 A desobediência civil.	00 item
Total de itens:	**06 itens**

113. Quantidade "aproximada" de itens, pois, algumas podem envolver o conhecimento relacionado a mais de um tópico do conteúdo programático. Além disso, optou-se por fazer a classificação das questões com base no conteúdo programático do último edital, pois, em razão das diferenças com os editais anteriores, os dados estatísticos ficariam pouco fidedignos.

4º Concurso (Edital publicado em 31 de dezembro de 2009).	
Tópico do Conteúdo Programático	**Quantidade de Itens**[114]
1 Conceituação e natureza. 1.1 Origem existencial e histórica.	00 item
2 Filosofia Antiga: A controvérsia entre filosofia e sofística. 2.2 Conhecimento sensível e inteligível.	01 item
3 Racionalismo e Empirismo.	02 itens
4. Filosofia do Direito: Fontes do Direito segundo o Jusnaturalismo, o Positivismo Jurídico e o Direito Alternativo.	00 item
Total de itens:	**03 itens**

3º Concurso (Edital publicado em 5 de setembro de 2007).	
Tópico do Conteúdo Programático	**Quantidade de Itens**[115]
1 Conceituação e natureza. 1.1 Origem existencial e histórica.	01 item
2 Filosofia Antiga: A controvérsia entre filosofia e sofística. 2.2 Conhecimento sensível e inteligível.	02 itens
3 Racionalismo e Empirismo.	00 item

114. Quantidade "aproximada" de itens, pois, algumas podem envolver o conhecimento relacionado a mais de um tópico do conteúdo programático. Além disso, optou-se por fazer a classificação das questões com base no conteúdo programático do último edital, pois, em razão das diferenças com os editais anteriores, os dados estatísticos ficariam pouco fidedignos.

115. Quantidade "aproximada" de itens, pois, algumas podem envolver o conhecimento relacionado a mais de um tópico do conteúdo programático. Além disso, optou-se por fazer a classificação das questões com base no conteúdo programático do último edital, pois, em razão das diferenças com os editais anteriores, os dados estatísticos ficariam pouco fidedignos.

3º Concurso (Edital publicado em 5 de setembro de 2007).	
Tópico do Conteúdo Programático	**Quantidade de Itens**
4. Filosofia do Direito: Fontes do Direito segundo o Jusnaturalismo, o Positivismo Jurídico e o Direito Alternativo.	00 item
Total de itens:	**03 itens**

Consolidando os dados dos concursos realizados em 2014 e 2017, podemos elaborar a seguinte tabela:

Consolidado (concursos realizados nos anos de 2014 e 2017)	
Tópico do Conteúdo Programático	**Quantidade de Itens[116]**
1 Conceito e tarefa da Filosofia do Direito.	00 item
2 História da Filosofia do Direito no Brasil. 2.1 Teoria tridimensional do direito.	00 item
3 A estrutura do Direito. 3.1 Teoria da norma jurídica. 3.1.1 Divisão estrutural entre regras e princípios. 3.1.2 Conflito de normas e colisão de princípios. 3.2 Teoria do ordenamento jurídico. 3.3 O positivismo jurídico e seus críticos.	02 itens
4 Modelos teóricos do Direito. 4.1 O normativismo de Hans Kelsen. 4.2 O debate entre Herbert Hart e Ronald Dworkin. 4.3 O pós-positivismo.	04 itens
5 Relações entre Direito e Moral. 5.1 Deontologia Jurídica.	00 item

116. Quantidade "aproximada" de itens, pois, algumas podem envolver o conhecimento relacionado a mais de um tópico do conteúdo programático. Além disso, optou-se por fazer a classificação das questões com base no conteúdo programático do último edital, pois, em razão das diferenças com os editais anteriores, os dados estatísticos ficariam pouco fidedignos.

Consolidado (concursos realizados nos anos de 2014 e 2017)	
Tópico do Conteúdo Programático	**Quantidade de Itens**
6 Interpretação do Direito. 6.1 Métodos tradicionais de interpretação. 6.2 Originalismo e principialismo na interpretação constitucional.	01 item
7 Teorias contemporâneas da Justiça. 7.1 O utilitarismo. 7.2 O liberalismo-igualitário de John Rawls. 7.3 O libertarismo. 7.4 O comunitarismo.	05 itens
8 A desobediência civil.	00 item
Total de itens:	**12 itens**

Ressalte-se que, na análise dos itens e na identificação conforme os conteúdos programáticos, alguns assuntos poderiam ser colocados em mais de um tópico, pois, mesclam temas diversos.

Por fim, é importante ressaltar que a análise objeto desta obra procurou, intencionalmente, dar especial atenção aos certames ocorridos a partir de 2007. É que o longo tempo decorrido desde então – ou seja, mais de 10 anos – poderia levar a resultados estatísticos deturpados em razão das mudanças no conteúdo programático do edital e no perfil nos concursos públicos mais recentemente.

4. ALGUNS PONTOS ESPECÍFICOS MAIS RELEVANTES NAS PROVAS OBJETIVAS

Antes de apresentar a análise das provas objetivas, faço dois alertas. Primeiro, o objetivo desta obra não é ensinar a Filosofia do Direito, mas apenas demonstrar como o tema tem sido cobrado nos últimos concursos, orientando o estudo do aluno com base no material didático e a bibliografia escolhida. Segundo, em razão da grande mudança no perfil de questionamento dos últimos concursos da DPU, convém focarmos apenas nas provas realizadas em 2014 e 2017, que provavelmente representam a tendência dos próximos certames.

Para o conteúdo de Filosofia do Direito, é relevante identificarmos alguns pensadores mencionados pela banca examinadora.

No 6º Concurso Público da DPU, realizado em 2017, três autores foram destacados: Kelsen, Hart e Dworkin.

> Tendo como referência as diversas teorias da filosofia do direito, julgue os itens a seguir.
>
> [...]
>
> **185** Para Kelsen, no sentido lógico-jurídico, a norma fundamental define a validade do conteúdo das normas jurídicas positivadas no ordenamento.
>
> **186** Enquanto Hart conceitua o direito como o conjunto de ordens coercitivas emanadas da autoridade soberana, Dworkin entende que o direito é um conceito interpretativo derivado da melhor justificação moral das regras e princípios de uma comunidade política.

Pelo gabarito definitivo, temos: Item 185 - Errado e Item 186 - Errado. Com efeito, Kelsen desenvolveu dois sentidos para a palavra Constituição: o sentido lógico-jurídico e o sentido jurídico-positivo. Kelsen desenvolveu um fundamento formal (normativo) para a Constituição em seu sentido jurídico-positivo – a norma fundamental hipotética –, que existiria, segundo ele, apenas como pressuposto lógico de validade das normas constitucionais positivadas[117]. Quanto ao segundo item, Hart adota um modelo complexo de Direito, com a união de normas primárias e secundárias, assim, a partir do aspecto interno e externo das regras e desta reunião de diferentes ordens de normas que autor dá conta do caráter institucionalizado do Direito[118]. Para Dworkin, a descrição do direito como um sistema de regras em sentido estrito, que segue uma gramática lógica de tipo "tudo ou nada", ocultaria a natureza moral da gramática mais complexa da linguagem jurídica, também constituída pela "gramática lógica dos princípios", que não funcionam como "tudo ou nada", pois envolve ponderação e/ou balanceamento que somente é realizado por meio de justificação argumentativa[119].

---

117. A propósito, confira-se o didático artigo do professor Luciano Dutra em [http://genjuridico.com.br/2017/03/10/conceito-e-sentidos-de-constituicao/].

118. [https://enciclopediajuridica.pucsp.br/verbete/137/edicao-1/o-conceito-de-direito-em-hart].

119. [https://enciclopediajuridica.pucsp.br/verbete/126/edicao-1/ronald-dworkin---teorico-do-direito].

No 5º Concurso Público da DPU, realizado em 2014, novamente, houve referência aos três autores (Kelsen, Hart e Dworkin), além de Charles Taylor e John Rawls. Confira-se:

> Com relação à filosofia do direito, julgue os próximos itens.
>
> **183** Segundo Rawls, idealizador do liberalismo-igualitário – proposta que relaciona os conceitos de justiça e de equidade –, cada pessoa deve ter um direito igual ao sistema total mais extenso de liberdades básicas compatíveis com um sistema de liberdade similar para todos, o que ele considera o primeiro princípio da justiça.
>
> **184** A teoria comunitarista, que tem Charles Taylor como um dos seus principais teóricos, surgiu no contexto da Guerra Fria, em oposição ao liberalismo.
>
> [...]
>
> **186** Herbert Hart considera que o direito é identificado a partir de um critério de validade de regras, enquanto Ronald Dworkin entende ser o direito um conceito interpretativo.
>
> **187** Na teoria pura do direito de Kelsen, a interpretação autêntica é realizada pelo órgão aplicador do direito, ou seja, tanto pelo Poder Judiciário quanto pelo Poder Legislativo.

O gabarito definitivo apontou: Item 183 – Correto; Item 184 – Correto; Item 186 – Correto, e Item 187 – Correto. Como todos os itens foram considerados corretos pela banca examinadora, convém a leitura atenta de cada um deles, pois, os enunciados poderão servir de estudo para os próximos certames. Ressalte-se que o conhecimento da distinção entre as linhas comunitarista – que traz tendências de autores como Alasdair MacIntyre, Charles Taylor e Michael Sandel – e as linhas liberais – p. ex., John Rawls e Ronald Dworkin – é fundamental para o estudo da Filosofia do Direito.

5. DOUTRINA, JURISPRUDÊNCIA E “LEI SECA” NOS CONCURSOS DA DPU

Observando as questões já apresentadas na análise das provas objetivas em Filosofia do Direito, constata-se que as bancas examinadoras exigem o conhecimento da doutrina. De qualquer forma, é possível que nos próximos certames haja a contextualização dos conceitos doutrinários da Filosofia do Direito com exemplos extraídos da jurisprudência e/ou da legislação.

6. DICAS FINAIS PARA OS CANDIDATOS

O conteúdo programático dos quatro últimos editais mostra que houve uma brusca alteração na disciplina Filosofia do Direito. É provável que os próximos certames seguirão mais ou menos o conteúdo programático do último edital, pois, houve uma semelhança notória entre os editais de 2014 e 2017.

Procure ter uma visão geral sobre os seguintes autores: Kelsen, Herbert Hart, Ronald Dworkin, Charles Taylor e John Rawls. Além disso, identifique algumas "palavras-chaves" do pensamento de cada um deles, associando-os às respectivas correntes filosóficas (p. ex., Kelsen – positivismo; Dworkin – liberalismo pós-positivista; Taylor – comunitarismo, e etc.) e ao contexto histórico de cada uma delas.

Analisando as provas anteriores, percebe-se que, para fins de concurso público, o que a banca examinadora espera do candidato é uma visão geral das linhas filosóficas norteadas por cada um desses autores, situando-as nos respectivos momentos históricos e identificando seus conceitos fundamentais.

Cuidado com as pesquisas na *internet*, pois, nem sempre refletem o conhecimento adequado. Por outro lado, existe um instrumento gratuito, elaborado com qualidade por estudiosos do assunto e que poderá ajudar o candidato nesse propósito: a Enciclopédia Jurídica da PUC/SP (https://enciclopediajuridica.pucsp.br/).

Em Filosofia do Direito, o destaque para a prova objetiva será, inevitavelmente, a doutrina. Contudo, o examinador terá que ter a precaução de evitar questões com divergências entre os autores, sob pena de nulidade das questões. Assim, a tendência é que se busque a formulação de indagações de maneira cuidadosa para que se afastem interpretações divergentes igualmente sustentáveis do ponto de vista doutrinário.

NOÇÕES DE SOCIOLOGIA JURÍDICA

1. BIBLIOGRAFIA INDICADA

É preciso ter cuidado na escolha de alguma bibliografia para as disciplinas Filosofia do Direito, Sociologia Jurídica e Ciência Política. Existem algumas obras no mercado, entretanto, os livros de cunho eminentemente acadêmico podem demandar um tempo de preparação muito longo dos candidatos, além de apresentar posições doutrinárias controversas, o que prejudicará o estudo para a prova objetiva.

Especificamente na parte de Sociologia Jurídica, há uma carência de livros resumidos e direcionados especificamente para concursos públicos. Uma alternativa seria o livro "Noções Gerais de Direito e Formação Humanística", de João Paulo Lordelo. Apesar de não ser uma obra específica de Filosofia do Direito e tampouco para a Defensoria Pública da União, o conteúdo oferecido, selecionado em pontos específicos, certamente irá contribuir com a preparação do concurseiro para diversas carreiras que possuem a Sociologia Jurídica dentre o conteúdo programático.

Também de maneira alternativa, determinados termos previstos no edital podem ser consultados nos verbetes de alguns dicionários especializados, tal como a obra acadêmica "Dicionário de Política", do renomado professor Norberto Bobbio.

Alguns cursos preparatórios específicos para a DPU têm produzido materiais relacionados com tais disciplinas e que poderão ser úteis para a preparação do concurseiro.

2. CONTEÚDO PROGRAMÁTICO NOS EDITAIS DA DPU

A Resolução n. 118, de 05 de novembro de 2015, que dispõe sobre os concursos públicos para ingresso na carreira de Defensor Público Federal, destaca mais de vinte disciplinas a serem objeto de arguição nas provas objetivas, dissertativas e orais.

Vejamos o conteúdo programático nos últimos quatro concursos já realizados:

Edital	Conteúdo Programático Noções de Sociologia Jurídica
6º Concurso (Edital publicado em 12 de junho de 2017, com retificação)	1 Perspectivas sociológicas do Direito. 1.1 O Direito como Ciência. 1.2 O Direito como Ideologia. 2 A ciência jurídica como ciência social. 3 Positivismo, Marxismo e Historicismo. 4 Fundamentos sociais da ordem jurídica. 5 Os grupos sociais e o Direito. 6 Direito estatal e direito extra-estatal. 6.1 Controle social. 6.2 Estratificação social. 7 Conflito social e conflito jurídico. 8 A função simbólica do Direito. 9 Eficácia do Direito e legitimidade da ordem jurídica. 10 Opinião pública. 11 Direito e Revolução.
5º Concurso (Edital publicado em 31 de outubro de 2014).	1 Perspectivas sociológicas do Direito. 1.1 O Direito como Ciência. 1.2 O Direito como Ideologia. 2 A ciência jurídica como ciência social. 3 Positivismo, Marxismo e Historicismo. 4 Fundamentos sociais da ordem jurídica. 5 Os grupos sociais e o Direito. 6 Direito estatal e direito extraestatal. 7 Conflito social e conflito jurídico. 8 A função simbólica do Direito. 9 Eficácia do Direito e legitimidade da ordem jurídica. 10 Opinião pública.
4º Concurso (Edital publicado em 31 de dezembro de 2009).	1 Origem e conceito. 2 Estratificação, Mobilidade e Desigualdade Sociais. 3 Relações de Poder e Legitimação na Interpretação Sociológica.
3º Concurso (Edital publicado em 5 de setembro de 2007).	1. Origem e conceito. 2 Estratificação, Mobilidade e Desigualdade Sociais. 3 Relações de Poder e Legitimação na Interpretação Sociológica.

A análise do conteúdo programático de cada um dos editais mostra que houve uma brusca alteração na disciplina Noções de Sociologia Jurídica. Provavelmente, os próximos certames seguirão mais ou menos o conteúdo programático do último edital, pois, houve uma semelhança notória entre os dois editais de 2014 e 2017.

Trata-se de conteúdo pouco extenso. Contudo, a ausência de bibliografia específica e direcionada para concurso público, aliado ao fato de ser tema de grande cunho doutrinário, pode ser um desafio para o candidato.

De acordo com o último edital, serão quatro as Bancas Examinadoras, cada uma responsável por um grupo de disciplinas. Atualmente, o Grupo IV é composto por Direito Constitucional, Direito Internacional, Direitos Humanos, Filosofia do Direito, Noções de Sociologia Jurídica e Noções de Ciência Política.

3. ANÁLISE GERAL DAS ÚLTIMAS PROVAS OBJETIVAS

Nos últimos concursos realizados, a Defensoria Pública da União optou pela execução da primeira etapa por instituição especializada (CESPE/CEBRASPE), o que poderá refletir numa tendência para os próximos editais.

Após a análise das quatro últimas provas objetivas, realizadas *entre 2007 e 2017*, ou seja, aproximadamente dez anos de interregno, foi possível verificar a seguinte distribuição de questões conforme os tópicos do conteúdo programático. Vejamos:

6º Concurso (Edital publicado em 12 de junho de 2017, com retificação).	
Tópico do Conteúdo Programático	**Quantidade de Itens[120]**
1 Perspectivas sociológicas do Direito. 1.1 O Direito como Ciência. 1.2 O Direito como Ideologia.	00 item

120. Quantidade "aproximada" de itens, pois, algumas podem envolver o conhecimento relacionado a mais de um tópico do conteúdo programático.

6º Concurso (Edital publicado em 12 de junho de 2017, com retificação).	
Tópico do Conteúdo Programático	**Quantidade de Itens**
2 A ciência jurídica como ciência social.	00 item
3 Positivismo, Marxismo e Historicismo.	02 itens
4 Fundamentos sociais da ordem jurídica.	00 item
5 Os grupos sociais e o Direito.	00 item
6 Direito estatal e direito extra-estatal. 6.1 Controle social. 6.2 Estratificação social.	03 itens
7 Conflito social e conflito jurídico.	00 item
8 A função simbólica do Direito.	01 item
9 Eficácia do Direito e legitimidade da ordem jurídica.	00 item
10 Opinião pública.	00 item
11 Direito e Revolução.	00 item
Total de itens:	**06 itens**

5º Concurso (Edital publicado em 31 de outubro de 2014).	
Tópico do Conteúdo Programático	**Quantidade de Itens**[121]
1 Perspectivas sociológicas do Direito. 1.1 O Direito como Ciência. 1.2 O Direito como Ideologia.	02 itens
2 A ciência jurídica como ciência social.	00 item
3 Positivismo, Marxismo e Historicismo.	02 itens

121. Quantidade "aproximada" de itens, pois, algumas podem envolver o conhecimento relacionado a mais de um tópico do conteúdo programático.

5º Concurso (Edital publicado em 31 de outubro de 2014).	
Tópico do Conteúdo Programático	**Quantidade de Itens**
4 Fundamentos sociais da ordem jurídica.	00 item
5 Os grupos sociais e o Direito.	01 item
6 Direito estatal e direito extra-estatal.	00 item
7 Conflito social e conflito jurídico.	01 item
8 A função simbólica do Direito.	00 item
9 Eficácia do Direito e legitimidade da ordem jurídica.	00 item
10 Opinião pública.	00 item
Total de itens:	**06 itens**

4º Concurso (Edital publicado em 31 de dezembro de 2009).	
Tópico do Conteúdo Programático	**Quantidade de Itens[122]**
1 Origem e conceito.	00 item
2 Estratificação, Mobilidade e Desigualdade Sociais.	02 itens
3 Relações de Poder e Legitimação na Interpretação Sociológica.	01 item
Total de itens:	**03 itens**

122. Quantidade "aproximada" de itens, pois, algumas podem envolver o conhecimento relacionado a mais de um tópico do conteúdo programático. Além disso, optou-se por fazer a classificação das questões com base no conteúdo programático do último edital, pois, em razão das diferenças com os editais anteriores, os dados estatísticos ficariam pouco fidedignos.

3º Concurso (Edital publicado em 5 de setembro de 2007).	
Tópico do Conteúdo Programático	**Quantidade de Itens**[123]
1 Origem e conceito.	02 itens
2 Estratificação, Mobilidade e Desigualdade Sociais.	01 item
3 Relações de Poder e Legitimação na Interpretação Sociológica.	01 item
Total de itens:	**04 itens**

Consolidando os dados dos concursos realizados em 2014 e 2017, podemos elaborar a seguinte tabela:

Consolidado (concursos realizados nos anos de 2014 e 2017)	
Tópico do Conteúdo Programático	**Quantidade de Itens**[124]
1 Perspectivas sociológicas do Direito. 1.1 O Direito como Ciência. 1.2 O Direito como Ideologia.	02 itens
2 A ciência jurídica como ciência social.	00 item
3 Positivismo, Marxismo e Historicismo.	04 itens
4 Fundamentos sociais da ordem jurídica.	00 item
5 Os grupos sociais e o Direito.	01 item

123. Quantidade "aproximada" de itens, pois, algumas podem envolver o conhecimento relacionado a mais de um tópico do conteúdo programático. Além disso, optou-se por fazer a classificação das questões com base no conteúdo programático do último edital, pois, em razão das diferenças com os editais anteriores, os dados estatísticos ficariam pouco fidedignos.

124. Quantidade "aproximada" de itens, pois, algumas podem envolver o conhecimento relacionado a mais de um tópico do conteúdo programático.

Consolidado (concursos realizados nos anos de 2014 e 2017)	
Tópico do Conteúdo Programático	**Quantidade de Itens**
6 Direito estatal e direito extra-estatal. 6.1 Controle social. 6.2 Estratificação social.	03 itens
7 Conflito social e conflito jurídico.	01 item
8 A função simbólica do Direito.	01 item
9 Eficácia do Direito e legitimidade da ordem jurídica.	00 item
10 Opinião pública.	00 item
11 Direito e Revolução.	00 item
Total de itens:	**12 itens**

Ressalte-se que, na análise dos itens e na identificação conforme os conteúdos programáticos, alguns assuntos poderiam ser colocados em mais de um tópico, pois, mesclam temas diversos.

Por fim, é importante ressaltar que a análise objeto desta obra procurou, intencionalmente, dar especial atenção aos certames ocorridos a partir de 2007. É que o longo tempo decorrido desde então – ou seja, mais de 10 anos – poderia levar a resultados estatísticos deturpados em razão das mudanças no conteúdo programático do edital e no perfil nos concursos públicos mais recentemente.

4. ALGUNS PONTOS ESPECÍFICOS MAIS RELEVANTES NAS PROVAS OBJETIVAS

Antes de apresentar a análise das provas objetivas, novamente, faço dois alertas. Primeiro, o objetivo desta obra não é ensinar a Filosofia do Direito, a Sociologia Jurídica e/ou a Ciência Política, mas apenas demonstrar como o tema tem sido cobrado nos últimos concursos, orientando o estudo do aluno com base no material e na bibliografia escolhida. Segundo, em razão da mudança no perfil de questionamento dos últimos concursos da DPU, convém focarmos apenas nas provas de 2014 e 2017, que provavelmente representam a tendência dos próximos certames para essas disciplinas.

Para o conteúdo de Noções de Sociologia Jurídica, é relevante identificarmos alguns temas que foram mencionados pela banca examinadora. Isso permitirá ao candidato que oriente seus estudos e busque uma bibliografia resumida sobre tais assuntos.

No 6º Concurso Público da DPU, realizado em 2017, a função simbólica do Direito, o conceito de Direito estatal e as ideias de controle social e estratificação social foram abordadas com base em um caso concreto que tratava de ocupação desordenada de imóvel particular por centenas de famílias. Vejamos:

> Em uma ação de reintegração de posse, foi determinada a remoção de centenas de famílias, que havia anos tinham fixado moradia no local e compartilhavam a prestação de serviços mútuos. Antes da ocupação, o espaço era um terreno abandonado de propriedade da massa falida de uma empresa em débito com a fazenda pública, única credora habilitada. A comunidade, além da mobilização junto aos governos municipal e estadual com o objetivo de regularizar a ocupação, havia, por meio de sua associação, procurado o órgão da DP, que, na oportunidade, ajuizou ação de desapropriação indireta, que ainda não havia sido julgada. Quando do cumprimento da decisão de reintegração de posse, diante da resistência dos integrantes da ocupação, registrou-se o uso desproporcional de violência pela força policial, tendo a ação resultado em prisões, pessoas feridas e perda de objetos pessoais dos moradores.
>
> A respeito dessa situação hipotética e de ideias relacionadas à sociologia do direito, julgue os itens a seguir.
>
> **189** A decisão judicial em apreço – de reintegração de posse – é exemplo do efeito simbólico que a norma sobre a função social da propriedade representa no ordenamento jurídico brasileiro.
>
> **190** A remoção das famílias com o emprego da força policial tipifica o controle social classificado como externo e positivo.
>
> **191** Sob a perspectiva quantitativa weberiana, o espaço de moradia é uma característica que diferencia os grupos sociais e localiza os indivíduos na estratificação social.
>
> **192** É possível identificar a existência concorrente de sistemas de direito estatal e extraestatal na situação apresentada, na medida em que, a

> despeito da ausência de regularização formal da ocupação, existe uma pluralidade de interações sociais com efeitos jurídicos reconhecidos.
>
> **193** Embora seja possível contestar sua legitimidade, a ação policial em questão está amparada no monopólio do uso da violência legal pelo Estado.
>
> **194** A decisão judicial tomada, de reintegração de posse, exemplifica a ideia historicista da sociologia do direito, segundo a qual a superestrutura jurídica obedece às forças materiais da estrutura econômica.

Pelo gabarito definitivo, temos: Item 189 - Correto; Item 190 - Errado; Item 191 - Correto; Item 192 - Anulado[125]; Item 193 - Correto, e Item 194 - Errado. Para o Item 190, Norberto Bobbio ensina que, por Controle social se entende o conjunto de meios de intervenção, quer positivos quer negativos, acionados por cada sociedade ou grupo social a fim de induzir os próprios membros a se conformarem às normas que a caracterizam, de impedir e desestimular os comportamentos contrários às mencionadas normas, de restabelecer condições de conformação, também em relação a uma mudança do sistema normativo (Dicionário de Política, 11ª Ed. 1998). Dentre os controles sociais positivos podemos imaginar aquelas que orientam o comportamento dos indivíduos com base em algum sentimento positivo de bom funcionamento do sistema. Pelo item 194, a ideia de que a superestrutura jurídica obedece às forças materiais da estrutura econômica parece apontar mais a concepção marxista, pois, segundo Norberto Bobbio, para Karl Marx, Direito e Estado pertencem ambos à esfera da superestrutura, denominada "superestrutura jurídica e política" na conhecida passagem, que constitui um texto, da Crítica da economia política (Dicionário de Política, 11ª Ed. 1998).

No 5º Concurso da DPU, realizado em 2014, houve uma atenção especial do examinador às concepções positivistas e marxistas do Direito, bem como ao entendimento do Direito como uma ciência:

> Quanto à sociologia jurídica, julgue os itens subsequentes.
>
> **190** O positivismo jurídico representa o conjunto das teorias da Escola da Exegese. De acordo com essa escola, o direito só pode ser

125. Segundo a banca examinadora, a redação da situação hipotética à qual o item se vincula prejudicou seu julgamento objetivo.

> considerado como fruto do trabalho do legislador (direito estatal) e as leis devem ser interpretadas racional e logicamente.
>
> **191** Apesar de suas singularidades, o direito é uma ciência social aplicada, e sua aplicação depende de outras ciências sociais; entretanto, essa dependência recai, em sua quase totalidade, sobre a sociologia.
>
> **192** Sob o ponto de vista da teoria marxista, a ideologia pode ser compreendida como uma falsa representação. De acordo com esse entendimento, a ideologia jurídica pode ser um instrumento de dominação exercido pelo Poder Judiciário em relação aos seus jurisdicionados.
>
> [...]
>
> **194** No que se refere à ideia de direito como ciência, o formalismo jurídico, que surgiu no século XIX e serviu para constituir a ciência jurídica, teve seus fundamentos a partir da ciência empírica da realidade social, ou seja, da sociologia.

O gabarito oficial apontou as seguintes respostas: Item 190 - Correto; Item 191 - Errado; Item 192 - Errado; Item 193 - Correto, e Item 194 - Correto. De fato, o Direito é uma ciência social aplicada, na medida em que seu estudo busca entender as necessidades e as consequências da vida em sociedade e, nesse sentido, sua aplicação depende igualmente de conhecimentos multidisciplinares, dentre eles a sociologia. A ideologia não seria um instrumento de dominação exercido pelo Poder Judiciário, pois, segundo Norberto Bobbio, o conceito marxista da falsa consciência diz respeito a todo sistema de crenças e, para Marx, é falsa consciência não apenas as asserções e as interpretações, mas também e, sobretudo, os valores e os ideais da Ideologia burguesa (Dicionário de Política, 11ª Ed., 1998, Verbete: Ideologia).

Ainda no 5º Concurso Público da DPU, realizado em 2014, questionou-se acerca dos grupos sociais também com base em um caso concreto. Vejamos:

> Por ocasião de um grande evento nacional, muitos jovens criticaram a organização desse evento nas redes sociais e, por fim, também nessas redes, combinaram manifestações de rua em grandes cidades do Brasil. Durante essas manifestações, houve depredação de prédios públicos sem que se identificasse quem teria causado os prejuízos, mas ainda assim as forças de segurança pública detiveram alguns jovens e feriram outros tantos. A mídia realizou ampla cobertura, inclusive da ação

das forças de repressão. Com referência a essa situação hipotética e tendo por base o conceito de grupos sociais, julgue o item abaixo.

189 Grupos que não tenham liderança organizada não podem ser considerados grupos sociais. Dessa forma, os problemas ocorridos nas citadas manifestações enquadram-se no conceito de turba e os que nelas cometeram infrações deverão ser responsabilizados individualmente.

O gabarito oficial apontou o Item 189 - Errado. Para ser considerado grupo social, não se exige liderança organizada e, além disso, a situação narrada na questão não apresenta características de "turba". Eva Maria Lakatos (Sociologia Geral, Atlas: 6ª ed., 1990) ensina que, quanto à origem, os grupos e "quase grupos" podem ser classificados em: (i) espontâneos - formam-se sem deliberação prévia, sem propósito especifico dos componentes, e (ii) contratuais/voluntários - obedecem a planos preestabelecidos e existe a intenção de criá-los, visando a uma finalidade determinada, e possuem estatutos que regulamentam seu funcionamento. O agregado, por sua vez, é uma reunião de pessoas frouxamente aglomeradas que, apesar da proximidade física, tem um mínimo de comunicação e de relações sociais (p. ex., manifestações públicas, agregados residenciais, agregados funcionais e os diferentes tipos de multidão). A subespécie "manifestações públicas" é agregado de pessoas reunidas deliberadamente com um determinado objetivo, participando de determinada ação coletiva, seguindo, geralmente, um plano preestabelecido. Por outro lado, a subespécie multidão é um agregado pacífico ou tumultuoso de pessoas ocupando determinado espaço físico. Uma das classificações de "multidão" é, justamente, a multidão ativa, turba ou turbamulta, que é caracterizada pela existência de um alvo ou objetivo para o qual se canaliza a ação, que, em geral, é agressiva e destrutiva (p. ex., grupos de pilhagem, motins, revoltas e linchamentos).

5. DOUTRINA, JURISPRUDÊNCIA E "LEI SECA" NOS CONCURSOS DA DPU

Observando as questões já apresentadas na análise das provas objetivas em Sociologia Jurídica, constata-se que as bancas examinadoras exigem o conhecimento da doutrina. De qualquer forma, é possível que nos próximos certames haja a contextualização dos conceitos doutrinários da Sociologia com exemplos extraídos de casos concretos e/ou da jurisprudência.

6. DICAS FINAIS PARA OS CANDIDATOS

O conteúdo programático dos quatro últimos editais mostra que houve uma brusca alteração na disciplina Sociologia Jurídica. É provável que os próximos certames seguirão mais ou menos o conteúdo programático do último edital, pois, houve uma semelhança notória entre os editais de 2014 e 2017.

Procure ter uma visão geral conceitos essenciais que, de certa forma, fazem parte do contexto de atuação institucional da Defensoria Pública: função simbólica, Direito estatal e extraestatal, controle social, estratificação social e grupos sociais. Além disso, conheça aspectos gerais das concepções positivistas e marxistas.

Diante da dificuldade bibliográfica para concursos públicos, a consulta pontual a dicionários específicos (Dicionário de Política ou Dicionário de Sociologia) pode ser útil.

Em Sociologia Jurídica, o destaque para a prova objetiva será, inevitavelmente, a doutrina. Contudo, o examinador terá que ter a precaução de evitar questões com notórias divergências entre os autores, sob pena de nulidade das questões. Assim, a tendência é que se busque a formulação de indagações de maneira cuidadosa para que se afastem interpretações divergentes igualmente sustentáveis do ponto de vista doutrinário.

NOÇÕES DE CIÊNCIA POLÍTICA

1. BIBLIOGRAFIA INDICADA

É preciso ter cuidado na escolha de alguma bibliografia para as disciplinas Filosofia do Direito, Noções de Sociologia Jurídica e Noções de Ciência Política. Existem algumas obras no mercado, entretanto, os livros de cunho eminentemente acadêmico podem demandar um tempo de preparação muito longo dos candidatos, além de apresentar posições doutrinárias controversas, o que prejudicará o estudo para a prova objetiva.

Na parte de Noções de Ciência Política, há uma carência de livros direcionados especificamente para concursos públicos.

Uma das obras mais importantes no meio jurídico é a "Ciência Política", do renomado professor Paulo Bonavides. Entretanto, trata-se de obra aprofundada e com cunho acadêmico que, possivelmente, vai muito além dos propósitos exigidos em uma prova objetiva. Além disso, tem um custo mais elevado para o bolso do concurseiro.

Determinados tópicos exigidos no conteúdo programático de Noções de Ciência Política (p. ex., conceito de Estado; acepções filosófica, jurídica e sociológica de Estado; elementos constitutivos do Estado; regimes, formas e sistemas de governo etc.) podem ser encontrados em alguns livros de Direito Constitucional e de Direito Administrativo. Isso permitirá que o candidato consiga conciliar o estudo de Ciência Política com tais disciplinas.

Também de maneira alternativa, determinados termos previstos no edital podem ser consultados nos verbetes de alguns dicionários especializados, tal como a obra acadêmica "Dicionário de Política", do renomado professor Norberto Bobbio.

Alguns cursos preparatórios específicos para a DPU têm produzido materiais relacionados com tais disciplinas e que poderão ser úteis para a preparação do concurseiro.

2. CONTEÚDO PROGRAMÁTICO NOS EDITAIS DA DPU

A Resolução n. 118, de 05 de novembro de 2015, que dispõe sobre os concursos públicos para ingresso na carreira de Defensor Público Federal, destaca mais de vinte disciplinas a serem objeto de arguição nas provas objetivas, dissertativas e orais.

Vejamos o conteúdo programático nos últimos quatro concursos já realizados:

Edital	Conteúdo Programático Noções de Ciência Política
6º Concurso (Edital publicado em 12 de junho de 2017, com retificação)	1 Origem e conceito. 2 Conceito de sociedade. 3 Conceito de Estado. 3.1 Acepções filosófica, jurídica e sociológica de Estado. 3.2 Elementos constitutivos. 4 O povo. 4.1 Conceito jurídico. 4.2 Conceito político. 4.3 Conceito sociológico. 5 Conceito de nação. 6 O poder do Estado. 6.1 Conceito. 6.2 Legitimidade do poder político. 6.3 A soberania. 7 Regime, formas e sistemas de governo. 7.1 As origens da ordem política. 8 Democracia. 8.1 Democracia representativa e democracia deliberativa. 8.2 Função política das ouvidorias externas, conferências e audiências públicas. 9 Políticas públicas. 9.1 Conceito e espécies. 9.2 Fases: definição, implementação, monitoramento. 10 Grupos de pressão.
5º Concurso (Edital publicado em 31 de outubro de 2014).	1 Origem e conceito. 2 Conceito de sociedade. 3 Conceito de Estado. 3.1 Acepções filosófica, jurídica e sociológica de Estado. 3.2 Elementos constitutivos. 4 O povo. 4.1 Conceito jurídico. 4.2 Conceito político. 4.3 Conceito sociológico. 5 Conceito de nação.

Edital	Conteúdo Programático Noções de Ciência Política
5º Concurso (Edital publicado em 31 de outubro de 2014).	6 O poder do Estado. 6.1 Conceito. 6.2 Legitimidade do poder político. 6.3 A soberania. 7 Regime, formas e sistemas de governo. 8 Democracia. 8.1 Democracia representativa e democracia deliberativa. 8.2 Função política das ouvidorias externas, conferências e audiências públicas. 9 Políticas públicas. 9.1 Conceito e espécies. 9.2 Fases: definição, implementação, monitoramento. 10 Grupos de pressão.
4º Concurso (Edital publicado em 31 de dezembro de 2009).	1 Origem e conceito. 2 Estado. 2.1 Concepções teóricas de Estado. 3 Capitalismo e Socialismo. 3.1 Liberalismo, Neoliberalismo e Marxismo. 3.2 Socialdemocracia e estado de bem-estar social. 4 Globalização econômica e financeira nos países em desenvolvimento.
3º Concurso (Edital publicado em 5 de setembro de 2007).	1.Origem e conceito. 2 Estado. 2.1 Concepções teóricas de Estado. 3 Capitalismo e Socialismo. 3.1 Liberalismo, Neoliberalismo e Marxismo. 3.2 Socialdemocracia e estado de bem estar social. 4 Globalização econômica e financeira nos países em desenvolvimento.

A análise do conteúdo programático de cada um dos editais mostra que também houve uma brusca alteração na disciplina Noções de Ciência Política. Provavelmente, os próximos certames seguirão mais ou menos o conteúdo programático do último edital, pois, houve uma semelhança notória entre os dois editais de 2014 e 2017.

Trata-se de conteúdo relativamente pequeno e que coincide, em parte, com outras disciplinas previstas no programa. Contudo, a ausência de bibliografia específica e direcionada para concurso público, aliado ao fato de ser tema de grande cunho doutrinário, pode ser um desafio para o candidato.

De acordo com o último edital, serão quatro as Bancas Examinadoras, cada uma responsável por um grupo de disciplinas. Atualmente, o Grupo IV é composto por Direito Constitucional, Direito Internacional, Direitos Humanos, Filosofia do Direito, Noções de Sociologia Jurídica e Noções de Ciência Política.

3. ANÁLISE GERAL DAS ÚLTIMAS PROVAS OBJETIVAS

Nos últimos concursos realizados, a Defensoria Pública da União optou pela execução da primeira etapa por instituição especializada (CESPE/CEBRASPE), o que poderá refletir numa tendência para os próximos editais.

Após a análise das quatro últimas provas objetivas, realizadas *entre 2007 e 2017*, ou seja, aproximadamente dez anos de interregno, foi possível verificar a seguinte distribuição de questões conforme os tópicos do conteúdo programático. Vejamos:

6º Concurso (Edital publicado em 12 de junho de 2017, com retificação).	
Tópico do Conteúdo Programático	**Quantidade de Itens[126]**
1 Origem e conceito.	01 item
2 Conceito de sociedade.	00 item
3 Conceito de Estado. 3.1 Acepções filosófica, jurídica e sociológica de Estado. 3.2 Elementos constitutivos.	00 item
4 O povo. 4.1 Conceito jurídico. 4.2 Conceito político. 4.3 Conceito sociológico.	00 item
5 Conceito de nação.	00 item
6 O poder do Estado. 6.1 Conceito. 6.2 Legitimidade do poder político. 6.3 A soberania.	01 item
7 Regime, formas e sistemas de governo. 7.1 As origens da ordem política.	01 item

126. Quantidade "aproximada" de itens, pois, algumas podem envolver o conhecimento relacionado a mais de um tópico do conteúdo programático.

6º Concurso (Edital publicado em 12 de junho de 2017, com retificação).	
Tópico do Conteúdo Programático	**Quantidade de Itens**
8 Democracia. 8.1 Democracia representativa e democracia deliberativa. 8.2 Função política das ouvidorias externas, conferências e audiências públicas.	02 itens
9 Políticas públicas. 9.1 Conceito e espécies. 9.2 Fases: definição, implementação, monitoramento.	00 item
10 Grupos de pressão.	01 item
Total de itens:	**06 itens**

5º Concurso (Edital publicado em 31 de outubro de 2014).	
Tópico do Conteúdo Programático	**Quantidade de Itens**[127]
1 Origem e conceito.	00 item
2 Conceito de sociedade.	00 item
3 Conceito de Estado. 3.1 Acepções filosófica, jurídica e sociológica de Estado. 3.2 Elementos constitutivos.	01 item
4 O povo. 4.1 Conceito jurídico. 4.2 Conceito político. 4.3 Conceito sociológico.	00 item
5 Conceito de nação.	00 item
6 O poder do Estado. 6.1 Conceito. 6.2 Legitimidade do poder político. 6.3 A soberania.	01 item
7 Regime, formas e sistemas de governo.	00 item

127. Quantidade "aproximada" de itens, pois, algumas podem envolver o conhecimento relacionado a mais de um tópico do conteúdo programático.

5º Concurso (Edital publicado em 31 de outubro de 2014).	
Tópico do Conteúdo Programático	**Quantidade de Itens**
8 Democracia. 8.1 Democracia representativa e democracia deliberativa. 8.2 Função política das ouvidorias externas, conferências e audiências públicas.	03 itens
9 Políticas públicas. 9.1 Conceito e espécies. 9.2 Fases: definição, implementação, monitoramento.	01 item
10 Grupos de pressão.	00 item
Total de itens:	**06 itens**

4º Concurso (Edital publicado em 31 de dezembro de 2009).	
Tópico do Conteúdo Programático	**Quantidade de Itens[128]**
1 Origem e conceito.	00 item
2 Estado. 2.1 Concepções teóricas de Estado.	02 itens
3 Capitalismo e Socialismo. 3.1 Liberalismo, Neoliberalismo e Marxismo. 3.2 Socialdemocracia e estado de bem-estar social.	02 itens
4 Globalização econômica e financeira nos países em desenvolvimento.	00 item
Total de itens:	**04 itens**

128. Quantidade "aproximada" de itens, pois, algumas podem envolver o conhecimento relacionado a mais de um tópico do conteúdo programático. Além disso, optou-se por fazer a classificação das questões com base no conteúdo programático do último edital, pois, em razão das diferenças com os editais anteriores, os dados estatísticos ficariam pouco fidedignos.

3º Concurso (Edital publicado em 5 de setembro de 2007).	
Tópico do Conteúdo Programático	**Quantidade de Itens[129]**
1 Origem e conceito.	00 item
2 Estado. 2.1 Concepções teóricas de Estado.	02 itens
3 Capitalismo e Socialismo. 3.1 Liberalismo, Neoliberalismo e Marxismo. 3.2 Socialdemocracia e estado de bem-estar social.	01 item
4 Globalização econômica e financeira nos países em desenvolvimento.	00 item
Total de itens:	**03 itens**

Consolidando os dados dos concursos realizados em 2014 e 2017, podemos elaborar a seguinte tabela:

Consolidado (concursos realizados nos anos de 2014 e 2017)	
Tópico do Conteúdo Programático	**Quantidade de Itens[130]**
1 Origem e conceito.	01 item
2 Conceito de sociedade.	00 item
3 Conceito de Estado. 3.1 Acepções filosófica, jurídica e sociológica de Estado. 3.2 Elementos constitutivos.	01 item

129. Quantidade "aproximada" de itens, pois, algumas podem envolver o conhecimento relacionado a mais de um tópico do conteúdo programático. Além disso, optou-se por fazer a classificação das questões com base no conteúdo programático do último edital, pois, em razão das diferenças com os editais anteriores, os dados estatísticos ficariam pouco fidedignos.

130. Quantidade "aproximada" de itens, pois, algumas podem envolver o conhecimento relacionado a mais de um tópico do conteúdo programático.

Consolidado (concursos realizados nos anos de 2014 e 2017)	
Tópico do Conteúdo Programático	**Quantidade de Itens**
4 O povo. 4.1 Conceito jurídico. 4.2 Conceito político. 4.3 Conceito sociológico.	00 item
5 Conceito de nação.	00 item
6 O poder do Estado. 6.1 Conceito. 6.2 Legitimidade do poder político. 6.3 A soberania.	02 itens
7 Regime, formas e sistemas de governo. 7.1 As origens da ordem política.	01 item
8 Democracia. 8.1 Democracia representativa e democracia deliberativa. 8.2 Função política das ouvidorias externas, conferências e audiências públicas.	05 itens
9 Políticas públicas. 9.1 Conceito e espécies. 9.2 Fases: definição, implementação, monitoramento.	01 item
10 Grupos de pressão.	01 item
Total de itens:	**12 itens**

Na análise dos itens e na identificação conforme os conteúdos programáticos, alguns assuntos poderiam ser colocados em mais de um tópico, pois, mesclam temas diversos.

Por fim, é importante ressaltar que a análise objeto desta obra procurou, intencionalmente, dar especial atenção aos certames ocorridos a partir de 2007. É que o longo tempo decorrido desde então – ou seja, mais de 10 anos – poderia levar a resultados estatísticos deturpados em razão das mudanças no conteúdo programático do edital e no perfil nos concursos públicos mais recentemente.

4. ALGUNS PONTOS ESPECÍFICOS MAIS RELEVANTES NAS PROVAS OBJETIVAS

Antes de apresentar a análise das provas objetivas, novamente, faço dois alertas. Primeiro, o objetivo desta obra não é ensinar a Filosofia do Direito, a Sociologia Jurídica e/ou a Ciência Política, mas apenas demonstrar como o tema tem sido cobrado nos últimos concursos, orientando o estudo do aluno com base no material e na bibliografia escolhida. Segundo, em razão da mudança no perfil de questionamento dos últimos concursos da DPU, convém focarmos apenas nas provas de 2014 e 2017, que provavelmente representam a tendência dos próximos certames para essas disciplinas.

Para o conteúdo de Noções de Ciência Política, é relevante identificarmos alguns conceitos mencionados pela banca examinadora. Isso permitirá ao candidato que oriente seus estudos e busque uma bibliografia resumida.

No 6º Concurso Público da DPU, realizado em 2017, a função simbólica do Direito, o conceito de Direito estatal e as ideias de controle social e estratificação social foram abordadas com base em um caso concreto que tratava de ocupação desordenada de imóvel particular por centenas de famílias. Vejamos:

> Em uma ação de reintegração de posse, foi determinada a remoção de centenas de famílias, que havia anos tinham fixado moradia no local e compartilhavam a prestação de serviços mútuos. Antes da ocupação, o espaço era um terreno abandonado de propriedade da massa falida de uma empresa em débito com a fazenda pública, única credora habilitada. A comunidade, além da mobilização junto aos governos municipal e estadual com o objetivo de regularizar a ocupação, havia, por meio de sua associação, procurado o órgão da DP, que, na oportunidade, ajuizou ação de desapropriação indireta, que ainda não havia sido julgada. Quando do cumprimento da decisão de reintegração de posse, diante da resistência dos integrantes da ocupação, registrou-se o uso desproporcional de violência pela força policial, tendo a ação resultado em prisões, pessoas feridas e perda de objetos pessoais dos moradores.
>
> A respeito dessa situação hipotética e de ideias relacionadas à sociologia do direito, julgue os itens a seguir.
>
> **189** A decisão judicial em apreço — de reintegração de posse – é exemplo do efeito simbólico que a norma sobre a função social da propriedade representa no ordenamento jurídico brasileiro.

190 A remoção das famílias com o emprego da força policial tipifica o controle social classificado como externo e positivo.

191 Sob a perspectiva quantitativa weberiana, o espaço de moradia é uma característica que diferencia os grupos sociais e localiza os indivíduos na estratificação social.

192 É possível identificar a existência concorrente de sistemas de direito estatal e extraestatal na situação apresentada, na medida em que, a despeito da ausência de regularização formal da ocupação, existe uma pluralidade de interações sociais com efeitos jurídicos reconhecidos.

193 Embora seja possível contestar sua legitimidade, a ação policial em questão está amparada no monopólio do uso da violência legal pelo Estado.

194 A decisão judicial tomada, de reintegração de posse, exemplifica a ideia historicista da sociologia do direito, segundo a qual a superestrutura jurídica obedece às forças materiais da estrutura econômica.

Pelo gabarito definitivo, temos: Item 189 - Correto; Item 190 - Errado; Item 191 - Correto; Item 192 - Anulado[131]; Item 193 - Correto, e Item 194 - Errado. Para o Item 190, Norberto Bobbio ensina que, por Controle social se entende o conjunto de meios de intervenção, quer positivos quer negativos, acionados por cada sociedade ou grupo social a fim de induzir os próprios membros a se conformarem às normas que a caracterizam, de impedir e desestimular os comportamentos contrários às mencionadas normas, de restabelecer condições de conformação, também em relação a uma mudança do sistema normativo (Dicionário de Política, 11ª Ed. 1998). Dentre os controles sociais positivos podemos imaginar aquelas que orientam o comportamento dos indivíduos com base em algum sentimento positivo de bom funcionamento do sistema. Pelo item 194, a ideia de que a superestrutura jurídica obedece às forças materiais da estrutura econômica parece apontar mais a concepção marxista, pois, segundo Norberto Bobbio, para Karl Marx, Direito e Estado pertencem ambos à esfera da superestrutura, denominada "superestrutura jurídica e política" na conhecida passagem, que constitui um texto, da Crítica da economia política (Dicionário de Política, 11ª Ed. 1998).

131. Segundo a banca examinadora, a redação da situação hipotética à qual o item se vincula prejudicou seu julgamento objetivo.

No 5º Concurso da DPU, realizado em 2014, houve uma atenção especial do examinador às concepções positivistas e marxistas do Direito, bem como ao entendimento do Direito como uma ciência:

> Quanto à sociologia jurídica, julgue os itens subsequentes.
>
> **190** O positivismo jurídico representa o conjunto das teorias da Escola da Exegese. De acordo com essa escola, o direito só pode ser considerado como fruto do trabalho do legislador (direito estatal) e as leis devem ser interpretadas racional e logicamente.
>
> **191** Apesar de suas singularidades, o direito é uma ciência social aplicada, e sua aplicação depende de outras ciências sociais; entretanto, essa dependência recai, em sua quase totalidade, sobre a sociologia.
>
> **192** Sob o ponto de vista da teoria marxista, a ideologia pode ser compreendida como uma falsa representação. De acordo com esse entendimento, a ideologia jurídica pode ser um instrumento de dominação exercido pelo Poder Judiciário em relação aos seus jurisdicionados.
>
> [...]
>
> **194** No que se refere à ideia de direito como ciência, o formalismo jurídico, que surgiu no século XIX e serviu para constituir a ciência jurídica, teve seus fundamentos a partir da ciência empírica da realidade social, ou seja, da sociologia.

O gabarito oficial apontou as seguintes respostas: Item 190 – Correto; Item 191 – Errado; Item 192 – Errado; Item 193 – Correto, e Item 194 – Correto. De fato, o Direito é uma ciência social aplicada, na medida em que seu estudo busca entender as necessidades e as consequências da vida em sociedade e, nesse sentido, sua aplicação depende igualmente de conhecimentos multidisciplinares, dentre eles a sociologia. A ideologia não seria um instrumento de dominação exercido pelo Poder Judiciário, pois, segundo Norberto Bobbio, o conceito marxista da falsa consciência diz respeito a todo sistema de crenças e, para Marx, é falsa consciência não apenas as asserções e as interpretações, mas também e, sobretudo, os valores e os ideais da Ideologia burguesa (Dicionário de Política, 11ª Ed., 1998, Verbete: Ideologia).

Ainda no 5º Concurso Público da DPU, realizado em 2014, questionou-se acerca dos grupos sociais também com base em um caso concreto. Vejamos:

> Por ocasião de um grande evento nacional, muitos jovens criticaram a organização desse evento nas redes sociais e, por fim, também nessas redes, combinaram manifestações de rua em grandes cidades do Brasil. Durante essas manifestações, houve depredação de prédios públicos sem que se identificasse quem teria causado os prejuízos, mas ainda assim as forças de segurança pública detiveram alguns jovens e feriram outros tantos. A mídia realizou ampla cobertura, inclusive da ação das forças de repressão. Com referência a essa situação hipotética e tendo por base o conceito de grupos sociais, julgue o item abaixo.
>
> **189** Grupos que não tenham liderança organizada não podem ser considerados grupos sociais. Dessa forma, os problemas ocorridos nas citadas manifestações enquadram-se no conceito de turba e os que nelas cometeram infrações deverão ser responsabilizados individualmente.

O gabarito oficial apontou o Item 189 – Errado. Para ser considerado grupo social, não se exige liderança organizada e, além disso, a situação narrada na questão não apresenta características de "turba". Eva Maria Lakatos (Sociologia Geral, Atlas: 6ª ed., 1990) ensina que, quanto à origem, os grupos e "quase grupos" podem ser classificados em: (i) espontâneos – formam-se sem deliberação prévia, sem propósito especifico dos componentes, e (ii) contratuais/voluntários – obedecem a planos preestabelecidos e existe a intenção de criá-los, visando a uma finalidade determinada, e possuem estatutos que regulamentam seu funcionamento. O agregado, por sua vez, é uma reunião de pessoas frouxamente aglomeradas que, apesar da proximidade física, tem um mínimo de comunicação e de relações sociais (p. ex., manifestações públicas, agregados residenciais, agregados funcionais e os diferentes tipos de multidão). A subespécie "manifestações públicas" é agregado de pessoas reunidas deliberadamente com um determinado objetivo, participando de determinada ação coletiva, seguindo, geralmente, um plano preestabelecido. Por outro lado, a subespécie multidão é um agregado pacífico ou tumultuoso de pessoas ocupando determinado espaço físico. Uma das classificações de "multidão" é, justamente, a multidão ativa, turba ou turbamulta, que é caracterizada pela existência de um alvo ou objetivo para o qual se canaliza a ação, que, em geral, é agressiva e destrutiva (p. ex., grupos de pilhagem, motins, revoltas e linchamentos).

5. DOUTRINA, JURISPRUDÊNCIA E "LEI SECA" NOS CONCURSOS DA DPU

Observando as questões já apresentadas na análise das provas objetivas em Sociologia Jurídica, constata-se que as bancas examinadoras exigem o conhecimento da doutrina. De qualquer forma, é possível que nos próximos certames haja a contextualização dos conceitos doutrinários da Sociologia com exemplos extraídos de casos concretos e/ou da jurisprudência.

6. DICAS FINAIS PARA OS CANDIDATOS

O conteúdo programático dos quatro últimos editais mostra que houve uma brusca alteração na disciplina Sociologia Jurídica. É provável que os próximos certames seguirão mais ou menos o conteúdo programático do último edital, pois, houve uma semelhança notória entre os editais de 2014 e 2017.

Procure ter uma visão geral conceitos essenciais que, de certa forma, fazem parte do contexto de atuação institucional da Defensoria Pública: função simbólica, Direito estatal e extraestatal, controle social, estratificação social e grupos sociais. Além disso, conheça aspectos gerais das concepções positivistas e marxistas.

Diante da dificuldade bibliográfica para concursos públicos, a consulta pontual a dicionários específicos (Dicionário de Política ou Dicionário de Sociologia) pode ser útil.

Em Sociologia Jurídica, o destaque para a prova objetiva será, inevitavelmente, a doutrina. Contudo, o examinador terá que ter a precaução de evitar questões com notórias divergências entre os autores, sob pena de nulidade das questões. Assim, a tendência é que se busque a formulação de indagações de maneira cuidadosa para que se afastem interpretações divergentes igualmente sustentáveis do ponto de vista doutrinário.

ANOTAÇÕES

ANOTAÇÕES

ANOTAÇÕES

ANOTAÇÕES

ANOTAÇÕES

ANOTAÇÕES

ANOTAÇÕES

ANOTAÇÕES

ANOTAÇÕES

ANOTAÇÕES

EDITORA JusPODIVM
www.editorajuspodivm.com.br